CACLO

首席法务官与风险控制系列丛书 1

公司首席法务官

企业的守夜人

健　君◎著

Corporate Chief Legal Officer

Night Watchman of the Company

法律出版社 | LAW PRESS

作者与江平教授合影

总序

公司律师兴则公司兴　公司兴则国家兴

一般来说，我们法律人有公务员、律师、公司律师①三条规模职业跑道，根据2015年中国政法大学本科生的就业去向数据，70%以上的毕业生进入司法机关、行政机关和事业单位等机构工作，而去做公司律师的毕业生还不到两成，其中很大一部分还去了国企。可以说，在中国，公司律师这一法律职业还未真正引起各界的关注和重视。

但是，我在西方国家了解的情况却截然相反。在美国公司中，从事公司律师工作的有十几万人，公司律师在公司治理中发挥的作用举足轻重，公司首席法务官(Chief Legal Officer，CLO)已经进入董事会并成为核心成员，是公司董事会决策的高参和智囊，他们在公司位高权重，待遇优厚，是很多人艳羡的中产，当然也是法律人争先恐后去奋斗的职位。

令人惋惜的是，即使在公司法务管理实务发达的西方，我尚没有看到一个系统的法务管理学体系，甚至就公司律师的实践和理论都还没有搭建起一个完整的研究框架。我想，如果不把公司法务管理上升到企业管理学和公司治理的高度，公司律师的发展就会遭遇"瓶颈"，很难在法律职业方面三分天下，而缺少公司律师的发展，法律人的职业布局会很不全面。

所以，当我看到健君博士的专著《公司首席法务官》后，我倍感欣慰。作者在书中的很多观点与我不谋而合。在理论方面，他大胆创新，提出法务管理学、CLO制度和公司律师生态系统等理论。在实务方面，作者的观点更加鲜明，比如他认为CLO是CEO的商业伙伴，通过法律成就商业是CLO的工作目标；他强调不想当CEO的CLO不是好CLO，为CLO的职业打开天花板；他非常聪明地将自己实务的经验总结为法律人技术派的智慧，每一部分都让人受益匪浅，这归功于作者常年的实战经验和积极反思。

《公司首席法务官》不是一本呆板的法律教科书，书中着力描绘的，并不限于

① 本文的公司律师的概念即公司内部律师，等同于公司法务的概念。

法律知识，很多内容涵盖了公司治理、政策走向、科技金融、竞争战略、职场圣经和文化融合等多个维度的商业秘籍。从文字中可以看出，作者对产业经济、商业模式和公司运营等方面的透彻理解和深刻把握，有时你很难想象这本书出自一名公司律师之手，但作者将法律与商业的无缝连接又让人不得不相信作者的法律功底和商业天赋。可以说，这是一部较为系统阐述中国公司法务管理实践与理论的专著，我相信，以此为基础，中国公司律师界会掀起对法务管理学和 CLO 制度的研究热潮，这对企业发展和法治建设将不无裨益。

作者的履历也引起我的兴趣。他从中国政法大学毕业后即南下深圳开拓事业，先后在几家大型上市公司担任 CLO 和公司高管，一头扎下去，一干就是十几年，这在当年大多数毕业生愿意留京的背景下更显得勇气可嘉。实践证明，当年作者的选择是正确的。深圳作为中国改革开放的窗口，走出了很多像中兴、华为、腾讯这样的总部企业，他们在全球 100 多个国家开拓业务，充分展示了中国公司的竞争力，他们的法务部门也在市场竞争中变得异常庞大。

身处中国市场经济最为发达的前沿阵地，又身处全球竞争最为激烈的 TMT 和金融行业，作者的法务管理思想也被锻造得异常敏感、活跃、专注和先进。他提出的公司律师的商业价值理论已经成为公司律师界的最佳实践和学习标杆，并且自己一直在以身作则地践行，这一点尤其难能可贵。像作者这样，既具备多年跨国上市公司律师实战经验，又具备强大理论分析能力和体系构建能力的公司律师确实为数不多。

公司律师兴则公司兴，公司兴则国家兴。无论对于企业界、律师界还是准备或已经从事公司律师的人来说，《公司首席法务官》都是一本不可多得的好书，通过这本书中看似调皮活泼的行文，你会读出一个在 TMT 和金融等行业浸润十多年的 CLO 的切身体会和独到见解，以及身处上市公司高管的责任和从容，值得一读。

中国政法大学终身教授

自序

CLO,成功企业家的左膀右臂

今天,如果你和中国企业家谈及 CLO 的概念,他们十有八九会说不清楚。但当你问及法务部[①]时,很多大企业会说自己公司有法务部或者公司律师,并解释他们主要是合同审查和打官司的部门。这个问题若放在美国公司,答案会完全不同,公司律师制度在美国经过百年的历史演进,大公司的 CLO 已经位居公司要职,并成为公司董事会的必要成员。很多公司的战略任务被分派到 CLO 肩上,法务部门已经从传统的职能部门上升为公司的战略部门。

在西方公司,作为现代公司法人治理的三驾马车,CEO 统筹公司整体运营,CFO 负责公司财务和利润,CLO 负责公司法务和风控,CLO 从未像今天一样受到如此多的关注和重视。在很多公司里,CFO 和 CLO 已经成为 CEO 的左右手,地位显赫,如影随形。这一方面源于公司外部日趋严厉的政府监管和合规要求,另一方面源于公司内部因知识经济产业革命引发的战略调整,以及面对全球化经营巨大风险的积极布局和有效控制。

CLO 是成熟企业的标志,想要了解一家企业,最快的办法就是看其是否设置 CLO 及 CLO 的话语权如何。同时,公平竞争的市场环境是现代公司制度亦是 CLO 制度发展的重要条件。美国 CLO 的崇高地位一方面源于其民主、法治的外部政治环境和公平公正的内部市场竞争格局,另一方面归功于 CLO 们自己坚持不懈的努力。如今在西方,CLO 从公司的战略方向到日常的细枝末节都需要仔细考虑,可以说,在公司的每一个关键事件上都能发现 CLO 的身影。

过去十年,我们确实见证了全球公司律师的迅速发展和思想变革,特别是公司律师的职业规模和服务范围都得到显著扩张。从某方面讲,我们是时代的幸运儿,因为正好赶上中国经济的腾飞和中国公司“走出去”的浪潮,成为中国第一批有国际视野的 CLO,真正见识了西方先进的法务管理思想和最佳实践。

经常有幸与世界 500 强的 CLO 打交道,每当正襟危坐在谈判桌前,对面是年

---

① 本文提到的法务部等同于法律合规部。除此之外,法务部外延没有定论,会根据行业的不同增减,如知识产权部、资产保全部、信息安全部、投资并购和法规政策等。

过半百的老先生或老太太,而我们这边是一帮乳臭未干的后辈时,顿觉自己的无知者无畏,同时也默默感谢中国经济的迅猛发展。也经常与国际顶级的律所展开合作,作为客户,不管在业界多资深的律师都会给你面子,而在平时你可能根本见不到他们。

与这些顶级律师的合作会受益良多。我清楚地记得,一次与欧盟反倾销教父VBB 律所的柏利斯(Jean – François Bellis)老先生的愉快合作,他曾经跟我说过,20 世纪六七十年代他的亚洲客户主要是“卡哇伊”(日本人),20 世纪八九十年代他的客户主要是“思密达”(韩国等四小龙),进入 21 世纪,越来越多的“你好,谢谢”(中国客户)找到他们请求帮忙,从客户的变迁可以感觉到中国经济的悄然崛起。

中国公司“走出去”遇到的最大问题不是资本问题,而是法律和文化价值观的问题。中国经济跑得过快,制度、人才和文化的建设都落在后面,如 CLO 制度在中国的发展满打满算也就十来年的历史,而且中国企业的 CLO 由于过度行政化还不是现代公司意义上真正的 CLO。如果查阅上市公司披露的报告或者官网信息,你会发现目前加入公司高管和董事会的 CLO 真的是凤毛麟角。

其实,经济发展与上层建筑的这种咬合关系和时间错配不仅在中国,在很多发展中国家都有相似的案例。有一次,在中西非的一次项目谈判后,我邀请客户的首席律师吃个简单的中餐,没想到他非常重视,穿得也异常隆重,事后才了解到非洲很多公司律师的收入很微薄,在公司的地位比很多中国法务部的同行地位还低。而同样的事情在发达国家,客户的首席律师的反应却截然不同,虽然我们跟国内比起来已经算精心准备,但他们常常事后抱怨我们的招待过于简陋而显怠慢,当然后面的谈判也更加艰难。通过一顿饭,基本就能感受到不同经济发展水平的国家与公司 CLO 的地位差异。

CLO 在企业中地位的高低,侧面反映的是国家经济的发展阶段和公司治理的不同水平。企业越大、技术越先进、越国际化、越深度参与资本市场、公司治理越现代,CLO 在企业受到的重视程度越高。实事求是地讲,中国公司不论在外部的软环境还是内部的公司治理方面,都与西方公司有很大的差距;同时,与西方公司 CLO 的专业、严谨和勤恳相比,国内弥漫的是夸夸其谈、不求甚解的浮躁气氛,这些都需要时间来沉淀。历史正发生在我们手中,努力学习西方成熟的管理制度,推动中国公司法治合规和现代公司良治的任务尚任重道远,我们有幸成为其中的一员,虽然有时感觉曲高和寡,但只要有微薄贡献,心里已经满足。

让人欣喜的是,越来越多的迹象表明,在中国当下的这个时代里,如果你是一名公司律师,那么恭喜你即将迎来一个公司律师大发展的黄金时代。我们的法治环境在改善,公司治理结构逐步完善,自由、公平的市场竞争的环境在重塑,民主的思想在逐步深入人心,企业家也越来越重视公司律师的作用。

通过本书,衷心希望能引起广大企业家、董事长和 CEO 对 CLO 代表的公司律师群体的重视，并对“为什么企业需要一个CLO”这一问题有了明确的答案。同时，与有志成为CLO的法律人沟通和探讨，从而为他们稳健地构筑起一个通往未来理想职业的津梁和路径。本书行文上非常干脆地抛弃了法言法语的刻板手法，采取的是散文和案例的叙述方式，只希望大家能轻松而自由地阅读。

在繁重的工作之余进行写作确实是一件很困难的事情，因为你根本不可能奢侈地拥有一个完整的时间模块去谋篇布局。于是，我只能将很多零零碎碎的时间利用起来，其中的苦乐不经历实难体会。

非常感谢江平教授能为本书作序，从中可以看出老校长对公司律师这一群体的深切关爱和殷殷期望。感谢我的爱妻Cherry女士对整个家庭的默默奉献，她是我们整个家庭的精神支柱，并且她对本书的很多章节提出了非常独到的意见。还有我的宝贝女儿宁宁和程程，她们就像广阔无垠的大海馈赠给爸爸妈妈的闪亮珍珠，希望她们能继承姥爷和爷爷勤劳、善良、诚实和纯朴的品质，我深深爱着她们。最后，还要感谢我的助理俞蕊和余凤女士帮我辛苦地收集资料和校对，她们法学和管理学的复合背景对本书帮助很大。

健　君

二〇一七年三月

目 录
Contents

第一章 你的企业有 CLO 吗

> 美国 80% 的大企业都有 CLO，中国 80% 的大企业都没有 CLO。

CLO 在现代公司中被重用绝非偶然，而是经济发达到一定阶段后大公司的必然选择。在市场、法治和民主决策等思想日益深入人心的市场经济中，CLO 在公司治理中已经不仅仅充当传统法律顾问的角色，而是当仁不让地成为公司风险控制和重大决策的核心成员，与 CFO 一同成为 CEO 的左膀右臂，他们是企业的守夜人。

这在工业 1.0 ~ 2.0 时代简直无法想象，传统工业企业不能没有研发、销售和市场人员，范围再大些不能没有财务和人事部门，但从来没有听说过，哪个公司缺了法务部就不能运转。即使在一些设置了法务部的企业，法务部一般是后台部门的后台。没办法，就像垄断是经济发展的高级阶段，法务部升级到公司核心部门也是经济、竞争和企业发展到高级阶段才可能出现的，这就是经济规律主导的企业自然需求。

在西方世界，现在看一个企业的公司治理水平，是否有 CLO 岗位设置以及 CLO 是否受到重用是一个关键的软性指标。一般来说，具有现代公司治理结构的公司都会引入资深的法律人士作为 CLO，并让 CLO 参与到公司治理的方方面面。但不管你喜欢或不喜欢，这都是走向现代治理的不二选择。

第一节 没有 CLO 的公司就是在裸奔

> 其实每个企业家内心都有风险意识，只是需要一个人去深度唤醒。

从幕后到台前，CLO 成为越来越多大公司管理层的标配，他们逐渐从最后端站到了企业竞争的最前线，这既是日常战斗的需要，也是 CLO 在价值定位上的又一次巨大改变。毫无疑问,跨度这么大,战线拉得这么长,这对 CLO 是一个极大的挑战。

【案例:日夜操碌的跨国公司 CLO】

周五晚上十点,大家已经开始欢度周末,偌大的某跨国公司总部大楼里唯有位于 35 层顶楼的会议室依然灯火通明。这一层设有一般人无法抵达的特殊电梯,专门用于公司高层举行保密会议,会议室也经过特殊的装修,可以屏蔽一切通信信号。

在这里,公司核心高管无一缺席,由公司 CLO 临时召集的公司风险控制委员会正在紧张的封闭讨论中。这样的紧急召集平时并不多见,所以,一些公司高管觉得莫名其妙,甚至可能因为周末计划被打乱而显得很不耐烦。虽然鉴于 CEO 和董事长的面子,表面克制但都黑着脸,表现出一副嫌 CLO 大惊小怪和非暴力不合作的态度。

老道的 CLO 对此装作毫无觉察,并给大家一种印象,事情实在太急而没有时间关注大家的情绪。CLO 首先开门见山地告诉大家,我们可能遇到一次公司历史上没有过的重大危机,这时有些副总撇撇嘴表示不屑,CLO 继续说,上市公司可能因为违规遭遇前所未有的重大罚款,数量可能是整个公司去年利润的 1/3,这时全部高管们开始坐正了姿势。CLO 继续说,罚款可能还不是最恶劣的情况,公司可能因此面临破产的风险,这时,所有在座的公司副总再也坐不住了。

会场由鸦雀无声转为吵闹声一片,这时 CLO 摆了摆手,开始向大家娓娓道来:我们公司是一家多国上市的跨国企业,因此受到不同政府的监管。公司今天下午 5 点刚刚收到来自 M 国政府的一份要求配合调查的通知,因为涉嫌严重违规,希望公司能全面配合 M 国政府的调查并查清真相,否则该国监管机构就会进行处罚并公布处罚结果,这将是公司成立以来遭遇到的最大的法律合规风险。

在 CLO 的组织下,公司风险控制委员会经过几个小时的讨论,会议终于有了初步的结论,董事长定调:实事求是地发布停牌公告;配合 M 国政府调查并成立董事长牵头的公司级别的项目组;确定 CLO 牵头的包括律师和会计师等成员在内的项目应急小组,CLO 应尽快出一份计划周密的应对方案,务必保证将此事件对上市公司的影响降到最低。

董事长语重心长地说道:我们公司用 30 年时间,从一家产值几十万元的小企业成为世界 500 强,这些年也遇到一些困难和问题,但都未像此次危机一样关系到公司整体的安危,这次是公司真正的生死劫,大家务必全力配合 CLO 的工作,如有违背就地撤职,希望大家能同舟共济,一起帮公司共渡难关。

有了董事长的决策,CLO 稍微松了一口气,紧张过后是异常的疲惫,看看墙上钟表的指针,已经走到凌晨 3 点。今天真是忙碌的一天,一大早就来到公司,先是趁着早晨脑子清醒,快速地审批了几十份重要的项目合同,然后在每周一次的风控会上,附条件地否决了两个风险极高的项目,紧接着签发了新修订的《公司商业准则》和《公司社会责任白皮书》,然后为应对新加坡政府的针对公司的反舞弊调查召集亚洲合规分部开了个国际电话短会,并决定立即展开内部合规稽核。在中午吃饭时间,还过问了法务部就欧盟关于某国际同行公司反垄断调查的工作进展,下午正在开公司重大投资项目战略研讨,就收到来自 M 国政府的调查函件。

放到十年以前,很多人一定会觉得以上所描述的 CLO 的情景有些言过其实,认为公司律师只不过坐在办公室审审合同,当公司遇到官司时走走诉讼程序,而公司的战略决策、重大事项以及业务运营与其无关。但时过境迁,在现代公司中活跃和忙碌着的就是这样一批人,有时候像蚂蚁一般事无巨细,不厌其烦地处理着海量合同和各种纠纷,有时又像森林里的雄狮,维持着整个公司生态的安全和平衡。可以确定的是,越来越多的大公司已经无法离开这样一个新兴的群体,公司 CLO 以及其带领的公司律师团队。

一、见或不见,环境已经悄然发生变化

企业经营的外部发展环境正在悄然发生着巨大的变化。在知识经济时代,知识化改变了衡量企业财富的标准和竞争规则。移动互联网的发展改变了传统的时空观念,创造了一个不受地理边界限制与束缚的全球工作环境和视野。而全球化已彻底改变了竞争的边界,使企业面临前所未有的挑战,竞争的复杂化与激烈化,使得法律风险在企业管理过程中无处不在。

除了外部的大环境,中国近几年展开的反腐风暴对中国企业家影响尤烈,从最新披露的企业家犯罪报告可以看出,他们大部分法治意识淡薄,对企业法律风险熟视无睹,同时也暴露出企业太多的“暗箱操作”和违法违规行为,进而折射出企业在合规遵循和公司治理结构上的重大缺陷。

【案例:中国企业家犯罪数直线上升】[①]

随着中国经济的大发展,中国企业家犯罪数量也在直线上升。据报告数据显示,2009 年我国可统计的落马企业家有 95 人,2010 年这个数字上升到 155 人,2011 年突破了 200 人,而到 2016 年涉及犯罪的企业家达到了 600 人以上,犯罪数额也在几何式增长。

一系列公司丑闻、公司倒闭以及企业家犯罪落马事件不仅造成企业重大经济

---

① 吕斌:《2016 中国企业家犯罪分析报告出炉,600 余名企业高管涉案》,资料来源:http://news.hexun.com/2017-01-11/187692634.html,访问日期:2017 年 2 月 10 日。

损失,而且也严重损害了公众对企业的信任,对企业的形象及其长远发展都造成了不可估量的损失。究其原因,主要是公司治理结构混乱,企业家法治意识淡薄,一把手权力过大,特别是企业也没有完整的法律风险控制体系,企业刑事法律风险的防控更是空白。

大量的风险事件的教育让国家及企业加强了对公司内部治理的重视,对企业法律合规管理提出了更高的要求。春江水暖鸭先知,国际竞争的深化必然推动企业在全球内配置资源,其中,在市场中历练出来的跨国企业依赖其超常的敏感和嗅觉,首先察觉到这种生存环境的改变并开始在公司治理上进行新的谋势布局。

中国公司出海,在与西方公司谈判时,西方公司 CEO 往往带的两员大将就是 CFO 和 CLO。面对这样的国际商业规则,中国公司也不得不作这样的调整,请 CLO 出来一起去谈生意。在这种情况下,CLO 开始有些被迫地从幕后走向台前,在新闻发布会,在政府听证,在重大事故的现场,在庭前诉后,不断浮现出中国大公司 CLO 理性和执着的身影。

说实话,CLO 在历史上从未受到过如此的重视,而在近十几年,越来越多的大型企业开始设置 CLO 的岗位,这既是市场竞争的需要,更是企业发展的需要。对于这个时代突然而来的致敬,显然很多公司法务部还没有做好准备,很多 CLO 也并非愿意接受这种改变而表现得有些慌张,但无论如何,他们必须习惯于这种变化并开始匆忙上阵了。

二、一种全新的定位,CLO 能胜任吗

1. 古老的守夜人

什么叫守夜人?一般认为,就是平常恪尽职守适时维持秩序,在有盗贼上门的时候,挺身而出保护民众的合法权益的人,但这一理解确实粗浅了些。根据维斯特洛的古老传说,守夜人是守护王国的勇士,有着极高的荣誉和声望,他们常常有如下誓言:长夜将至,开始守望,我将尽忠职守,守护王国的坚盾。我将生命与荣耀献给守夜人,今夜如此,夜夜皆然。

而将守夜人这一概念上升至抽象层面始见于《国富论》,亚当·斯密在这本传世之作中提出了市场经济“政府守夜人”的概念。他在核心理论中提出,政府在市场经济中应该是“有限政府”。政府作为守夜人,虽然不要过多干预自由市场的运行,但其责任重大:第一,他要保护社会,使其不受其他独立社会的侵犯,所以要设置国防和军队;第二,他要保护社会上的个人,使其不受社会上任何其他人的侵害或压迫,所以要有法律和司法;第三,建设并维持某些公共事业及某些公共设施,富

国裕民。

2. CLO,企业的守夜人

企业的守夜人做什么,说简单些就是要在企业茫茫的征途中,保证企业家能安安稳稳地睡个好觉。这个说起来容易,做起来却很难,中国企业家又有几个能卧榻之上天天睡个安稳觉?

CLO 需要有耐心、有能力做好企业的守夜人:一是保护企业安全,使其可以稳稳地向前进,一个看似不经意的交易风险事故,可以摧毁一个商业帝国,CLO 要保护企业利益不受到内部和外部的损害和侵害,必须构建卓有成效的风险管控机制。而当受到侵害时,又能为企业披荆斩棘,保护企业的同时,主动攻击竞争对手,让其以后不敢再来侵犯。二是监督企业合法合规,使其不被法律和政府惩戒,一个违法行为可能葬送几十年的基业,比起就商业道德的泛泛坐而论道,CLO 更相信法律与规则的力量。三是建立完备的公司治理体系,通过科学的权力制衡结构,服务于企业的民主和科学决策,以保证企业的优良运营。成为一位合格的企业守夜人,其实任务艰巨,若只是聊以塞责,便等于开柙出虎。

3. 怎样做好企业的守夜人

CLO 想成为内部人认可的守夜人,首先,需要正直的品格。在企业重大决策过程中,CLO 更应该对管理层和董事会以诚相待,对发现的问题与风险直言不讳,若为了保住职位,或者谋求职位上升,而对问题与风险视而不见或者避重就轻,那么风险爆发之日,便是 CLO 被解雇之时。

其次,CLO 做好守夜人,要建立理性思维与判断。不管如何努力,我们所得到的信息永远是不对称的,我们对市场与未来的判断永远是不确定的,决策始终与风险并存,决策倘若不存在风险,那么也就意味着有可能不存在收益。CLO 如果不能理性地识别与判断风险,悠然自得时风险便已随风潜入夜。

再次,CLO 应该保持相对独立。独立的职业操守是公司治理中难得的素质,更是现代市场秩序不断扩展的根本动力。在企业重大风险、重大利益等关键时刻,CLO 必须独立发表职业意见,并在企业的决策运营实践过程中,主动建立 CLO 履职的独立环境与文化。CLO 如果只是充当高层的趋炎附势者,无法发表独立的职业意见,那么 CLO 永远不会成为董事会最信任的企业高层之一。

最后,CLO 应具有战略眼光。仅仅拥有上面这些品格还不够,我们知道,很多西方大公司的外聘 CLO 都是从一个完全不同于现任企业的行业中聘来的。而相比之下,在空降至某企业的 CEO 和 COO 中,仅有很少一部分来自不同领域,这也从侧面体现了 CLO 在不同行业适应环境的强大专业品行。低调、保守、慎言成就了 CLO 和其他企业高管区分开来的最明显的标签,但要成为一个优秀 CLO,更需要有专业的判断和超强的商业意识,还有对业务的透彻了解以及战略性的眼光,这些更有助于 CLO 胜任守夜人的职责。

三、CLO 治企时代已经来临

必须承认,CLO 的时代已经来临。回顾一家企业在历史不同阶段的特征,或许我们会对这种趋势有更加清晰的认识。以前企业都以生产为中心,酒香不怕巷子深,然后企业慢慢认识到广告的作用,迅速由生产过渡到市场营销的阶段,营销部门总是一个企业最大的团队。然而,营销的扩张并不是无限的,营销致死的案例也不在少数,企业开始意识到综合财税筹划的威力,CFO 开始登场。但是,从生产到市场营销、再到财务筹划,一路发展到现在,企业危机感并没有消除。企业家越来越认识到,在陷阱重重的综合竞争面前,一个既懂法律规则又深谙政府政策的高参将越来越重要,法律规则没有正邪,谁掌控了都是力量,而 CLO 是最善于用法律规则打败法律陷阱的人选。

【案例:中兴通讯 CLO 的威力】①

全球拥有近 4 万件专利,通过全球 PCT 途径申请国际专利连续两年蝉联世界第一,在与爱立信的全球官司中中兴全身而退,达成"一揽子"和解协议,在条件苛刻的美国"337 调查"中获得史无前例的"四连胜"。每当提起中兴通讯股份有限公司(以下简称中兴通讯)堪称辉煌、独树一帜的知识产权和法律诉讼业绩,人们都会不约而同地想起中兴通讯的法务部及其 CLO 郭小明。

作为一名学者型的企业高管,郭小明同时还有着敏锐的头脑和善于思考、勇于实践的精神。他研究生学的是刑法,1997 年以优异的成绩毕业后即加入中兴通讯,从基层员工成长为法务副总裁,这一干就是二十年。中兴通讯是中国市场化培养起来的第一批高科技领军企业。同时,作为中国最早走向国际市场的中国企业代表,中兴通讯对法律风险控制的理解显得比同行要更加站得高、看得远。为公司成功处理的重大案件和危机事件他自己可能都记不清了,公司这么多年的平平稳稳就是法务工作业绩最好的证明。

◆ 结语

作为企业的守夜人,我们不期望 CLO 像古老的守夜人一般,在寒夜里怀着巨

---

① 人民网:《对话中兴通讯副总裁郭小明,掌握技术话语权》,资料来源:http://media.people.com.cn/n/2014/0421/c40606-24919737.html,访问日期:2016 年 6 月。

大的悲悯和人道情怀看护着企业,担当起企业精神的建设者和传播者,去追寻普世信仰的曙光而抵达人生的胜境。也不期望,CLO 遵循投资者善良的愿望而成为公司的良心和正义的化身,毕竟 CLO 仅仅代表的是生意人的利益而不是正义的代言人。但至少,作为企业的守夜人,CLO 有勇气能本本分分地承担起他风险衡平的职责,陪伴他的东家能走得更稳,走得更远。

第二节 现代公司治理的三驾马车

CEO、CFO 和 CLO 组成现代公司治理中最稳定的铁三角。

在现代大公司中,CLO 作为公司高管和董事会成员是公司治理的核心成员,也是 CEO 和 CFO 最佳的战略伙伴,三者构成一个相对稳定的公司治理铁三角,共同参与公司战略的规划与决策。

这主要是因为,在依法治企的大环境下,政府监管者期望通过公司或者董事会向公司管理层直接委派 CLO,并赋予其极大权力和法律责任,用以监督和规范公司在各方面的合规遵循,避免重大舞弊等内部人控制行为的发生,以保障公司始终在内外部合法合规、风险可控的轨道上运营。

一、公司治理中的铁三角

现代公司运营的复杂性导致了管理制度日益专业化的分工趋势,财务、法务和总裁三大巨头构成的铁三角牢不可破,成为上市公司治理的最佳模式。

1. CLO 与 CEO

在亚洲(包括中国)的公司治理结构中,CEO 专权的现象非常突出,这把他们的公司治理推入了一个进退维谷的困境①。当 CEO 事必躬亲,频繁地否决其他高管的意见时,公司根本没有合理的公司治理机制。发挥 CFO 和 CLO 等经理人在公司治理和企业经营方面的作用,必须合理界定 CEO 的职权范围,并要求 CEO 尊重 CLO 等职业经理人的权利边界。

由于在企业中缺少类似政府中的司法监督部门,设置兼具合规监察和公司战

---

① 邓春华:《首席财务官在企业治理中的作用分析》,载《中国总会计师》2010 年第 9 期。

略家双重角色的 CLO 就变成最佳选择。双向负责的 CLO,非常有助于缓解董事会和 CEO 间的角色冲突,成为向董事会报告的合规监控人和向 CEO 报告的专家顾问。

2. CLO 与 CFO

在公司治理中的很多方面,CLO 与 CFO 的职能有相似之处,例如,他们企业管理中专业性很强的高级管理人员,在公司风险管理、合规管理、内控管理和安全管理等方面有许多工作交叉①,但相比于 CFO,CLO 在企业中的作用要被发现得晚得多,这可能因为公司财务构成一个企业运营的基本单元,离开它企业可能根本无法有效运转,但公司律师对于大部分企业来讲,并不是公司部门的必备单元。

完善的 CFO 制度为 CLO 制度提供了很多借鉴之处,在很多跨国公司,CEO、CFO 和 CLO 组成的公司治理三驾马车的模式,越来越受到投资者和资本市场的认可和青睐,他们共同肩负股东的受托责任,逐步从传统的业务合作向企业战略伙伴转型。

3. 三者的互补合作

在很多国家的企业,我们见到围绕在 CEO 周边的主要有营销和产品副总,而在发达国家的企业中,我们见到 CEO 经常带的"哼哈二将"一定是 CLO 和 CFO。这反映了一种趋势,即经济越发达,法治越昌盛,竞争越充分,公司治理中越会突出重视法律和财务,而产品和市场的要素已经转变为企业的基本要素。CFO 负责成本和盈利,CLO 负责规范和风险,CEO 把握产品和市场,在这种明确的分工下,三大巨头合作得天衣无缝。

除了三者的关系,CLO 还必须跟股东会、董事会、监事会的公司核心权力机关打交道。

二、CLO 与董事会

在公司治理中,董事会履行经营监督权和决策控制权,经理层履行经营权,董事会为了保持对经理的决策经营授权,确保股东财产的保值增值,必须对经理采取某些制衡措施。CLO 的作用主要就体现在通过战略支持和合规监管承接董事会对经理层的制衡。

董事会与 CLO 保持一种特殊的关系很重要,以保证 CLO 对自己的诚信和可

---

① Richard Anderson & Associates, Risk Management & Corporate Governance, OECD Report, http://www.oecd.org/corporate/ca/corporategovernanceprinciples/42670210.pdf.

靠。虽然现在大部分 CLO 还是向 CEO 汇报,但越来越多的公司要求,CLO 向董事会直接汇报。董事会不愿意看到 CLO 与 CEO 等高级管理层走得太近或者太远。① 这里的关系非常微妙,CLO 作为董事会的专业智囊当然明白自己应承担公司和董事会的受托责任,但他作为高管的一员又必须同时要向 CEO 汇报,如何让董事会不会理解为他为 CEO 个人服务还需要做很多工作。

首先,作为董事会的看门人,CLO 可以为董事会做很多事情,例如,在董事会拟定重大策略时,预判潜在风险并及时提出预警,为董事会在公司重要业务运营体系中的风险防控提供保障,必要时行使监督否决权。其次,是董事会的决策执行者,对董事会负责并按照其指令开展工作。最后,CLO 往往是董事会的核心成员,直接参与董事会决策的草拟和签发前的审核,行使董事的职权。

三、CLO 与监事会

公司监事会主要对公司董事、高管职权行使的合法性与妥当性进行监督,通常属于事后监督。监事会在德国为代表的大陆法公司治理中发挥着非常重要的作用,这主要是因为,上市公司董事会一般来说都比较重视财务报告而轻视内部控制,公司把大量的精力放在依法正当披露方面,而非重视引入有效的内部监控。

因此,监事会更关心建立透明的公司治理结构和管理制度,并且非常依赖 CLO 从合规的角度为监事会提出建议。虽然 CLO 同样也具备类似合法合规的监管职能,但监事会可以从更高位阶的法律和公司章程等方面获取明确的监督授权。有些情况下,监事会与 CLO 的职能仍会产生一定交集,CLO 可以协助监事会制定监察制度细则,将监督职能落到实处,而且 CLO 本身经常担任执行监事,以增加监事会职权行使的权威性。

四、CLO 与股东会

在现代公司治理结构中,股东最重要的任务是遴选、聘任董事,一般离职业经理人较远,但近几年来,股东与公司管理层的距离在拉近,股东开始对公司高管履职情况日益关注。CLO 身处高管核心圈,其特殊和独立的身份更易成为股东利益的忠实维护者和贯彻者,而作为职业法律人,CLO 又受到行业组织的监管,更有可能始终秉承优良的职业操守,所以比较容易得到股东的充分信任与青睐。

---

① Michael C. Ross:Effective Legal Risk Management Requires Strong Leadership from General Counsel, Report to Legal Management, February, 2009.

五、CLO 与审计委员会

审计委员会制度是上市公司治理中最重要的监督机制,CLO 经常会成为审计委员会成员,在重大诉讼、政府调查、危机事件以及风险与合规等方面向审委会进行汇报。CLO 与审计委员会的合作非常紧密,例如,CLO 需要了解公司运转情况并探知可能的风险漏洞,而审委会掌握企业经营中方方面面的第一手数据与资料,CLO 可通过列席审计会议等渠道掌握企业风险切口,及早进行预警防控,而审委会也非常倚重 CLO 在控制企业风险上得天独厚的法律思维和行动优势。

六、CLO 与风控委员会

风控委员会也是董事会下属专门委员会之一。风控委员会按照其具体的工作细则进行风险管理、审议风险控制策略和重大风险控制解决方案。风控委员会制度功能的发挥离不开 CLO 的鼎力支持,对于风险的敏感性和卓越的法律素养赋予 CLO 游刃有余管控企业风险的能力。在很多跨国公司,CLO 往往兼任企业首席风控官职务并主导风控委员会的工作开展。

【案例:川普集团 CLO 是怎样炼成的】①

加藤是川普集团的 CLO,加藤在川普团队拥有很高的地位。虽然通常处理的是法律顾问的事,加藤总是会面临其他新的工作。"当公司的事做完后,我会为川普家族继续办事。"他说。"这就是我的工作态度。无论是他们的商业利益还是个人利益,我都会尽力去维护。只要他们需要,我会以任何方式为他们提供援助、代表他们说话。"

在过去的十年里,加藤说自己已经进入了川普的亲信团队。随着川普的政治追求不断增加,并接近提名总统候选人时,加藤的角色也在开始转变,利用自己的法律特长帮助总统竞选。加藤说:"我作为集团的律师的工作就是守护、捍卫他的荣誉历史、他的商业成就。"2012 年加藤帮助川普提交"Make American Great Again"的商标申请绝对是经过深谋远虑的。

◆ 结语

在现代公司中,CLO 越多地跟各个部门及其老大发生关系,CLO 的作用就会

---

① 健君:《当川普的总法律顾问是一种什么体验》,资料来源:http://www.ccloi.com,访问日期:2016 年 12 月 12 日。

发挥得越好。从主动参与到被动提拔，外部法治环境和企业家的法律意识等每一项因素都会深深影响 CLO 的发展。但毫无疑问，CLO 受到越来越多企业家的重视，随着企业的规模扩张和国际化，这种趋势愈加明晰。

第三节　运筹帷幄，大生态较量背后的关键幕僚

任何一家企业都别想在生态系统战争中独善其身。

传统的竞争模式正在发生巨大的转变，生态系统的竞争已经成为国与国、跨国公司与跨国公司之间竞争的核心。这种高级阶段的竞争模式越来越依赖知识、规则、标准和政策。大量位于生态链顶端的巨头纷纷聘请 CLO 加入核心管理团队，他们知道，CLO 在生态系统的构建中将会担任不可替代的角色。

一、商业生态系统竞争的时代已经到来

讲到商业生态系统，必须提一个美国人詹姆斯・穆尔。在 1993 年，穆尔提出了商业生态系统的概念，并用生态学观点看待现代企业竞争问题。他用系统论的思想来分析企业，认为企业是一个典型的开放系统，必须持续不断地与外部环境进行良性的物质、能量和信息的交换，才能维持自身的生存与发展。用生态学思维去规划企业发展进程，以及它与其栖息的商业生态系统，是现代公司治理者必须考虑的问题。

二、谁忽视商业生态系统，谁就会被抛弃

【案例：安然 vs eBay】

20 世纪 90 年代后期，安然和 eBay 这两家公司准备利用互联网来构建不计其数的个体市场，并在此过程中打造一个由贸易伙伴组成的庞大的商业网络，由自己担任网络中枢，但它们走了上截然不同的道路。eBay 走的是共生共享路线，与他人分享自己所创造的财富，并在此过程中形成了一个由贸易伙伴组成的庞大而健康的生态系统。而安然却依仗自己的战略地位，利用市场信息的不对称，从新兴市场中拼命攫取尽可能多的价值。最终安然公司的商业生态系统崩溃了，导致该公司以非法的关联交易来掩盖市场上的损失。与此同时，eBay 则宣告从一开始就获

得正现金流,并最终收获了巨大的利润。与他人分享财富的公司营造健康的生态系统最终赚了钱。

1. 商业生态系统对产业的影响

苹果的成功源于对商业生态系统的重视,而诺基亚的失败源于对商业生态系统的蔑视。美国学者萨克森宁通过对美国硅谷和128公路①的比较研究,发现之所以硅谷与128公路形成区域经济的巨大差距,根本原因在于:硅谷不是以独立公司为基础,而是以地区网络为基础的工业体系,能促进各个专业制造商集体地学习和灵活地调整一系列相关的技术。各公司之间开展激烈的竞争,与此同时又通过非正式交流和合作,相互学习技术和变化中的市场营销方法。在网络系统中,公司内各部门职能界限相互融合,各公司之间的界限和公司贸易协会和大学等当地机构之间的界限也已打破。

这就是商业生态的威力,它突破了企业取得竞争优势必须依赖于内化能力这一限制,而是将目光转向企业之外,各利益相关者共同建立一个价值平台。企业关注其所在的价值平台的整体性,通过平台撬动其他企业的能力,使这一系统能够创造价值,并从中分享利益。

【案例:苹果公司的超级生态系统】

一个平台级商业模式的成功,往往是因为背后拥有的超级生态系统。苹果公司是乔布斯一手缔造的科技骄子,创造了无数个第一。它是全球市值最高的公司,如果比照一国内生产总值(GDP)数字,其将是全球第二十大经济体,高于瑞士(6310亿美元),排在沙特(7110亿美元)之后。

但整个手机行业都非常痛恨苹果公司,因为它赚取了手机行业80%的利润。如果真的分析它的成功,最根本的还是乔布斯回归多年打造的生态系统。iPhone和iPad的产品成功,基础不是饥饿营销,而是借助个人电脑产品和iPod等产品,深度打造的横跨美、亚、欧三大洲十几个国家近200家供应商的供应链体系,还有基于AppStore上万个企业和个人开发者开放的大量应用软件。

2. 商业生态系统提升企业竞争优势

正如哈佛大学教授扬西蒂提出的“未来的竞争不再是个体公司之间的技术竞赛,而是发生在生态系统之间或系统内部业务域之间的竞争。”竞争的主题将不再

---

① 128公路是美国在“二战”后崛起的工业区域经济代表,创造了无数工业巨子,例如王安公司、贝尔实验室等。但现在跟硅谷相比,它已经是老工业体系的代表。

是简单的微软对 IBM，而是它们各自所培育并赖以生存的生态系统的整体健康状况，这一点将日益成为现实，商业生态系统竞争逐步成为企业和国家提升竞争优势的利器。

【案例：英特尔 vs 威盛】

按照传统竞争方式，由于威盛公司与英特尔公司实力相差很悬殊，单点竞争结果只有一个，威盛被淘汰出局。但威盛电子通过提供性价比极高的计算机芯片把不同功能的组织紧紧地联系在一起而形成了一个威盛负责研发、银行提供金融支持、台积电从事专业生产制造、主板厂商是主要顾客、代理商分销产品、相关政府单位有政策支持的商业生态系统。通过获得系统中上下游厂商对自身的鼎力支持，以商业生态系统竞争方式，直接应对英特尔公司的强硬诉讼。

三、CLO 是商业生态系统构建中的关键幕僚

CLO 作为生态系统建设中的关键幕僚，他可以提供的东西很多。

1. 品质优良的风控系统

商业生态系统是一个企业相互联系的网络，每一个企业的行为都会直接或间接地影响其他企业，每一个子系统或任何一个节点出现风险都有可能影响整个商业生态系统的健康和发展。一个品质优良的风控系统应该首先清楚系统存在哪些风险，然后根据商业生态系统发展的不同阶段因时制宜。

例如，在创新生态系统中，主要面临的风险有技术风险、标准风险、合作风险等。公司法务部首先要与技术部门沟通，建立健全的技术风险管理体制，这样可以大大降低系统创新的技术风险。同时将新的技术申请专利以后，可以进一步对已形成的标准进行完善或形成新的技术标准。为了确保系统内合作创新真正有效地实施，公司律师还要把关好合作协议，特别是在合作方式、评价体系、成果分配等方面。

2. 不容商量的合法合规

商业生态系统由各个环节上的公司组成，而人是公司的根本，遵循“生态规则”归根到底还是要靠人来执行。无可厚非，作为公司管理层的经理人，是公司合规经营的第一责任人，商业生态系统不断演进发展，其中的规则也必然有所变化创新。但不论如何演变，合法合规都是其中一条需要坚守的法则。

【案例:黄光裕违法导致国美生态系统失败】[1]

2010年5月18日,黄光裕(国美电器创始人)案一审判决,法院认定黄光裕犯非法经营罪、内幕交易罪、单位行贿罪,三罪并罚,决定执行有期徒刑14年,罚金6亿元,没收财产2亿元。曾经的中国首富一下子沦为阶下囚,而他一手缔造的商业生态系统轰然倒塌。超过1700多家门店和线上平台,连接着1.5亿消费者,后端是30年累积的供应链体系,连接着1万多家供应商,由于群龙无首,错过了电商发展的黄金期,逐渐被苏宁、京东取代。而等到黄光裕刑满释放,他才会发现这个代价确实有点大。2012年,国美首次出现亏损,亏损达5.97亿元。

3. 你死我活的标准之争

"一流的企业卖专利,超一流的企业卖标准",商业生态系统之争背后常常是专利与标准之争。大公司的CLO常常要花一半的精力在专利和标准的布局上,并通过已经形成的商业生态系统去影响国家层面的政策。一般来说,CLO会在自己下面设置类似首席知识产权官(CIPRO)的副手,CIPRO往往需要技术出身,同时又受过专业的法律训练,这样才能胜任这一角色。

【案例:中国 vs 英特尔】[2]

中国政府基于国家安全问题考虑,2003年制定了自己的安全标准——无线局域网鉴别和保密基础结构(WAPI),并曾在2003年12月通知所有WiFi供应商必须在2004年6月1日前使用该标准。国外供应商还被要求与24家中国公司合作销售基于WAPI标准的设备。但是,英特尔公司借助其WiFi标准形成的相应商业生态系统和其核心企业的影响力,向我国国家标准WAPI说"不"。最终导致我国宣布将无限期推延该标准的实施。可见,商业生态系统竞争方式不仅直接影响企业及其联盟之间的竞争,甚至直接影响到国家层面的决策。

4. 眼花缭乱的投资结构设计

每一个成功的投资并购项目后面,都有一个顶尖的公司律师的辛勤专业工作。说到辛勤,是因为在光鲜的并购项目前,人们往往不会注意到律师后端忙碌的工作,而他们真正承受了大部分的项目任务。说到专业,是因为投资并购的复杂性对公司律师的水平提出了极高的要求,他不仅要特别熟悉法律的结构和框架,而且要

---

① 《国美创始人黄光裕案情简介》,资料来源:http://www.10jqka.com.cn/,访问日期:2016年3月2日。

② 范保群:《商业生态系统竞争方式及其启示》,载《商业经济与管理》2005年第11期。

对所投行业十分在行，这样的专业律师是项目成功的得力助手。

◆ 结语

商业生态系统对企业的影响是深远的，任何一家企业都别想在生态系统的战争中独善其身。CLO 如何结合生态系统的发展趋势，使公司在生态系统的竞争与发展中不会受法律风险的影响，这些都离不开缜密的规划。CLO 必须通过构建完善的法律风险体系为公司的生态系统遮风挡雨的同时，为公司发展添加新动力。

从大型跨国公司律师的业务结构来说，这样的风险管控系统会降低风险对企业发展的危害。合规合法则为企业发展出谋划策，提高企业战略决策的可行性。而知识产权与标准系统则是符合生态系统竞争的需要，为企业竞争提供新的视角与动力，能够为企业创造更多的商业价值。当然，一个专业且敬业的 CLO 都是这一切的基础。

第四节　控制力，百年老店的生存秘诀

> 规模、利润是假的，控制力是真的。一千年以后，没有你也没有我。

CLO 的控制力不是表现在正常情况下的超常发挥，而是表现在超常情况下的正常发挥。一个慌了神的 CLO 会在公司 CEO 和董事会面前表现得无能无用，并从此被打入冷宫，而被认为无法担当重任，因为他缺少了 CLO 必备的核心能力——控制力。这种控制力表现在面对重大风险和突发事件，公司 CLO 都能从容应对，并能信心满满地向 CEO 和董事会保证，一切都在自己掌控之中。

一、来自公司律师极速扩张的挑战

现代公司法务管理的职能边界不断扩张，这源于 CLO 阶层自身的努力，但更多的是与公司整体生存环境有关。公司法务部主管疆域的扩大对 CLO 的控制力是个不小的挑战。如果说以前的合同和官司处理对于 CLO 来说还可游刃有余，那么现在企业的整体运营风险控制就会显得更加复杂和难以把握。这时，CLO 面对各种不确定性，已经无法像从前一样稳坐钓鱼台，而是变得焦躁不安。我们确实看到很多资深的 CLO 面对层出不穷的新问题都已经坐不住了，比如来自政府的调

查、来自外国的贸易措施、来自竞争对手的知识产权或者商业秘密战争,等等。

“老板,一切都在掌控之下”,面对公司遭遇未料的各种重大危机事件,公司CLO如果可以向CEO或者董事会做出这样的承诺则善莫大焉,而且立刻会给自己加分不少。但是,这样的CLO实在稀罕,因为外部环境的瞬息变化,使企业面临的风险也更加复杂化,而大多数CLO或许经常遇到的却恰恰是从未遇到过的重大事件,也不知道该向谁请教,更不用说利用信息储备去迅速了解对手的来意。总之,他可能真的根本不知道该怎么办,但这时候对自己控制力薄弱的自责已经为时过晚。

二、控制力是CLO必须具备的核心能力

对于公司CLO来讲,再没有比控制力更重要的能力。每天面对纷繁复杂的各种事务,包括层出不穷的纠纷诉讼,成百上千的合同审查,不计其数的项目咨询和突然爆发的危机事件,没有强大控制能力的CLO不仅会焦头烂额,而且会把很多事情搞砸。控制力是CLO作为公司高管必须具备的重要综合能力之一,他要保证自己负责的所有事情皆在自己的控制范围内,至少在预料范围之内,那么该项能力即不可或缺。

三、控制力的源泉

控制力来自于职业权威。CLO的职业权威包括组织权威和个人权威,组织权威来源于服从,它是控制力的基础和权源,个人权威来自于魅力,它是控制力形成的关键,两者相辅相成,不可偏废。

在大型公司,CLO组织权威的获得相对比较容易,因为很多大公司已经设置了CLO的岗位并设置了清晰的岗位职责,如果你应聘到此岗位,自然而然地获得了组织权威,而对于尚没有设置CLO职位的小公司来讲,这种难度要大得多。组织权威主要来自于组织授权,组织授权赋予CLO在公司内部组织结构中的重要地位。跨国公司中,这个组织是公司董事会,CLO是董事会成员,对董事会负责,行使监控职能。

CLO拥有了组织权威并不能保障CLO命令的上传下达,一个聪明的管理者会尽快通过组织权威,建立起一个高效的管理控制系统。一般来讲,这个系统包括目标、流程、信息、人员和冲突等五要素。目标控制解决的是团队的思想统一和工作的战略方向;流程控制解决的是流程规范和实时诊断的问题;信息控制解决的是有效信息的获取问题;人员控制作用的是领导干部的先锋模范作用;冲突控制解决的是人员交互和人员冲突的问题。

五要素中,流程、信息和人员是最为核心的三要素。在流程方面,CLO 通过组织权力强行介入到公司的每一项业务中并实施监控,通过对公司流程和制度的实时诊断,发现其中存在的风险并加以改进;在数据方面,CLO 必须要有充足、即时的信息供决策时参考,为了获得全面的信息,CLO 应该想尽一切办法深入业务,理解业务的实质,了解公司战略,从整体业务考虑问题而不是仅从法律角度考虑问题;在人力方面,CLO 应花大量时间在选取德才兼备的干部、培育优秀的团队和忠诚的外脑机构上。得人心者得天下,CLO 在团队中的人品爆发会让每个成员有强烈的认同感和归属感,并同化每个个体的语言和举止,每时每刻能感受到部门的凝聚力和竞争力。

四、CLO 如何提升控制力

个人权威的形成需要长期的修养和锤炼,除了 CLO 的专业技能和职业道德等基本的职业素养外,个人权威有时表现为身先士卒的感召力,有时表现为当机立断的决策力,有时表现为抽丝剥茧的洞察力,有时表现为心到手到的执行力,有时表现为一呼百应的影响力,有时表现为运筹帷幄的前瞻力等。我们可以将管理者控制力这种复合性能力庖丁解牛,以进一步窥其端详。

1. 感召力

感召力(charisma)是一种隐性的力量,在希腊语中意思是"神的魅力"。是让大家心甘情愿追随你的一种能力,与人格魅力相关而与权力无关。有感召力的 CLO 往往富有极强的成就欲望和信心魄力,引导人们向同一个目标发展。每一个高效的法务团队,总会有一个极具感召力的 CLO,你会发现这样的法务团队无论是否为法律专业事务,还是为公司其他业务,他们总是能快速高效地完成任务;无论事情是否困难重重,无论是否有相关资源支持,只要 CLO 仍是自己的领袖,就会不顾一切地奋勇前行。

【案例:ACC 关于法务团队的调查】①

ACC 曾经对人数超过 30 人的公司律师团队进行调查研究,发现此类法务团队中有 76.3% 的团队认为愿意为团队付出的原因在于团队拥有极具个人魅力的 CLO,而不是我们通常所认为的团队成员构成、团队资源或者个人价值追求。而这种个人魅力或许来源于 CLO 超凡的专业能力,或许来源于 CLO 不俗的远见卓识,

---

① ACC,2016 CLO Survey, https://www.acc.com/legalresources/resource.cfm?show=1422254, Jan 27, 2016.

亦或来源于 CLO 对“瓶颈”问题一针见血的判决力,更亦或是纯粹的魅力。无论是何种来源,但我们可以确定的是,只要具有感召力的 CLO 在,法务团队则聚是一把火,如果其离开,则法务团队将散作满天星。

同时,有感召力的 CLO 又非常具有情绪感染力,属于法务团队的精神领袖,平时十分注意加强自己对情感的控制程度,努力去营造一个良好的部门氛围,增强员工对部门的信任、安全感和认同度。CLO 凭借公司的赋权及职位的资源,可以为法务团队遮风挡雨。

一位具有感召力的 CLO 往往向团队成员释放类似于为了实现目标,团队成员可以采用任何方法去实现,只需考虑如何去做,无须担心所需的资源,也无须考虑公司的阻力,这一切 CLO 都会帮你搞定,让其团队的所有成员获得极大的安全感,不受公司资源与相关制度的限制,可以充分发挥自己的聪明才智去实现目标,并快速实现个人的成长。

当员工获得了组织的信任、安全感及认同度后,随之而来的便是可以大大提高员工的忠诚度,提高员工的工作效率,并从战略层面快速高效地提升公司绩效。良好的情感控制将法务团队的每个成员紧紧地凝聚在一起,也使团队成员实现互相帮助,互相支持,而不是钩心斗角,整天琢磨着如何上位。CLO 利用情感控制降低了内耗,并快速把控了目标。

2. 决策力

不管 CLO 如何努力,该发生的法律风险还是会发生。这时,需要 CLO 与业务部门建立紧密的合作关系,针对突然出现的风险,能够立即做出决策。缺乏决策力的 CLO,最常见的情况是议而不决,表现为爱摆事实讲道理,对一个事情可以分析得头头是道。但真需要他决策时,CLO 却无法做出明确的选择,最后只能以法律意见已经提示了风险,最后你们自己看着办的态度来搪塞,这都体现了 CLO 的不自信和不专业。

富有决策力的 CLO,不仅能够一针见血地识别出潜在的风险,还能为业务部门如何规避风险,实现目标而出谋划策。这不仅体现了 CLO 作为法务人员的扎实的专业能力,又体现了 CLO 作为公司高管对公司运营及业务的了如指掌,对业务深入分析基础上的决策,能够使业务部门更加信服,也更加信任,久而久之,CLO 就获得了对业务决策的重要影响力。

决策能力要求 CLO 能当机立断,反对优柔寡断。做选择题要权衡利弊得失,拍板定案是一个复杂艰难的过程,他要求 CLO 作为决策者具有较高的抽象能力和判断能力、明晰的逻辑思维能力、系统的综合思考能力和对业务的把握能力,只有这样才能做出快速和正确的决策。

【案例:梅赛德斯奔驰 CLO 谈决策】①

梅赛德斯奔驰的 CLO Lain Larkins 曾说过,CLO 应该非常了解法务推动业务的重要性,公司律师不仅仅是着重于风险控制,而应该争取"最大化机会和最小化风险"。否决和力挺都是基于我们对自己专业判断的自信,我们有时会强烈反对某笔交易,停掉有极端风险的项目,开展反不当利润运动;有时我们也会建议业务运作风险较大的项目,只要能够预测和把控好风险点就行。

3. 洞察力

洞察力是一种透过现象看本质的能力,能够从表面的平静中及时发现潜在的新情况、新问题。有洞察力的 CLO 善于将复杂的事情简单化,穿过层层迷雾,迅速敏锐地看清事情本源。洞察力是一种特殊的思维能力,具有洞察力的 CLO,在没有手段直接观察到事物内部的时候,可以根据事物的表面现象,准确或者比较准确地识别事物的本质及其内部结构或者性质。

而洞察力也并非像预感那样与生俱来,是可以通过后天的培养而获得。洞察力源于平时的知识积累和日常反复训练。为了提高洞察力,CLO 不仅要深入到业务的各个环节,而且要努力将法律的思维渗透到公司各项的运营活动中去。CLO 深入到业务的各个环节,要求 CLO 耕好法律一亩三分地的同时,需要积极主动地去了解公司的运营、业务及战略。一个不懂业务的 CLO 是永远不会看到深藏在业务深处的关键风险,更无法根据业务运营的情况提出量身定做的风险管控措施。

4. 执行力

执行力是将计划转化为结果和绩效的能力,若公司律师的执行力不强,CLO 的控制力就会大打折扣,若公司律师执行力强,则只要 CLO 下达任务目标,便会无论困难多大,都会倾尽全力去完成,因此执行力成为 CLO 控制力的关键因素之一。

但公司律师是一个不容易管理的群体,因为每个个体都有自己的思想,如果执行任务过于不合理,很容易遭到团队的集体抵制,而不是顺从地去执行任务。因而,我们这里所讲的执行力并非针对 CLO 个人,而是 CLO 所领导的法务团队。CLO 作为法务团队的领导者和管理者,把控的往往是方向性及战略性决策,而具体实施和进行法律业务的还是法务团队的每个成员,没有精力去盯着每个成员去完成任务,鞭长莫及是每个 CLO 必然面临的问题。那么,CLO 又该如何控制或者调动法务团队的执行力呢?

---

① Nabarro LLP: From in - house lawyer to business counsel, a survey and discussion paper, https://wenku.baidu.com/view/1ee05c10e45c3b3567ec8bef.html, Aug, 22, 2014.

CLO 的管理水平会影响执行力,因为执行前的任务安排和部署都依赖 CLO 的控制能力,如果执行任务目标不清楚或者方向有问题,执行就会跑偏方向。CLO 可以将控制动作变得复杂,但必须要将执行变得简单。有时,下属执行力不佳并不是参与不够,也并非团队缺乏执行的心态,而是管理者缺乏管理控制能力。

管理水平高的 CLO 在部署任务时,便能够有效地将任务分解为几个阶段,结合团队每个人的特长,由不同的人去负责阶段性工作,并能够事前评估出有可能出现的风险,为执行者提出问题关键节点。相比较于 CLO,一般的法务人员由于缺乏 CLO 的远见卓识,如果 CLO 不能将任务简易化,则法务人员无法形成明晰的行动计划,导致其采取实际行动的动力不足。

5. 影响力

索尼移动 CLO Jonathan Pearl 曾说过:"一个 CLO 需要影响力,以确保公司能做出良好的决策,而不是错误的决策。其中最关键组成部分是通过保持内外部的良好关系增强法务的影响力。"①CLO 为获得影响力,必须与外部门保持良好的关系。同时,他还要得到别人的信任,当然影响他人不一定非要以信任为前提,但信任可以更容易地让 CLO 去施加影响。

具体来讲,CLO 在公司中的影响力主要是专业影响力,但这正是大部分 CLO 的工作软肋。其实,往往因为 CLO 的专业面孔过于鲜明,不但很多事情被认为与 CLO 无关,同时,这种自以为是的专业性也束缚了自己的行动。正确的观点是,专业影响力仅仅是 CLO 的基础能力,或者说任何一个 CLO 都应该具备的基本素质。但作为公司的一部分,如果你仅有专业影响力,那么你和外部执业律师没有任何区别。

CLO 在公司的真正的影响力主要还在于通过法律和商业的融合,对每一项业务都可以指手画脚,从而帮助业务部门出谋划策,找到最可行的解决方案。所以,我们看到一个在公司里有影响力的 CLO 往往既对法律了如指掌,又对商业了然于胸。公司里重大的事情都会先咨询他的意见,而他发表的意见和建议都能够得到公司高层的重视和切实的执行。

6. 前瞻力

前瞻力是领导者吸引追随者并获得追随者支持的重要领导能力之一,其本质是一种预见未来、预测未来与把握未来的能力。曾经一个美国学者对全球 7500 位高层领导者进行调查,有近 70% 的被调查者选择前瞻力作为他们最想追随的领导

---

① Nabarro:The Influential GC, A survey and discussion paper, http://career. co. za/legal – bootcamp/, Dec 11, 2014.

者的品质。但具有前瞻力的管理者很少，具有前瞻力的 CLO 更是凤毛麟角，因为前瞻力考验的不是你知识的多少，而是考验你智慧的高低。为了获得前瞻力而做的任何努力都只是必要条件，而不是充分条件。前瞻力对于 CLO 来说如此重要，但又难以获得，那么 CLO 该如何使自己拥有前瞻力呢？

一个有前瞻力的 CLO 必须了解公司的战略，对公司战略的充分把握有助于其对未来做出更准确的研判；有前瞻力的 CLO 对公司的人、财、事等情况了如指掌，对公司高层和董事会的一举一动都清清楚楚，这样才能做出最符合公司实际的分析；有前瞻力的 CLO 对宏观环境的把握也至关重要，而只有对经济、政策和法律等方面的长期关注和实时沟通才能提升 CLO 的这种大局观。

♦ 结语

在 CLO 控制力的理解上有很多误区，比如控制力就是执行力，这种论调在很多场合非常有市场。其实，控制力要比执行力重要一百倍。失之毫厘，谬以千里。因为控制力差导致执行浪费的例子不胜枚举，没有系统的控制能力，再强的执行力都不会有好的效果。

还有人认为控制力就是绝对服从，其实，真正有控制力的 CLO 不是什么事情都让下属听命于自己，至少不是盲目服从。每个人都是一个独立的个体，没有一个员工甘愿受管理者的支配，特别是对于管理者不合理的要求，更容易引起下属的反感和抵触。因此，作为管理者，控制力不仅仅表现为驾驭下属，而应该将职业威严与实际姿态进行协调，帮助下属解决问题，与下属和谐共处，这样才能成为员工心悦诚服的有控制力的上级。

控制是一门艺术，优秀的 CLO 赢在控制力。作为公司整体安全的看门人，CLO 不仅要具备非常专业的能力和经验，更重要的其实是洞悉公司业务中存在的每一项潜在风险并做好相应准备，通过自己的控制力塑造组织共同的价值观和行为习惯，通过对公司组织和战略的适度管控实现组织既稳定有序，又充满活力的动态平衡，通过自己专业的手法造就一种让人感到“一切尽在掌握”的工作方式，从而缓解公司各方面因惧怕风险难以抉择的焦虑，从而赢得公司 CEO 和董事会的推捧和信赖。

最后，引用《百年孤独》中的一句名言并进行了适当的改造：对于企业来讲，一时的规模和利润都是假的，控制力才是真的。一千年以后没有你也没有我，唯有控制力超强的企业永存。

第五节 企业家为什么喜欢有匪气的 CLO

有些匪气的 CLO,不见得招每个人待见,但企业家和 CEO 却很喜欢。

人在江湖,身不由己。在惨烈的市场竞争中,不是你的每个对手都会按照规矩出牌,往往是在你还没有摆出架势之前就已经被人击倒。竞争对手的手段有光明正大的,也有龌龊不堪的,跟你经常打交道的人有高大上的,也有下三滥的。企业不想自己的 CLO 像个秀才,如果不想当秀才,公司 CLO 就必须保有几分匪气。这种匪气有时表现为一瞥不屑的眼光,有时表现为深藏不露地伺机而动,有时表现为以牙还牙、以眼还眼地立即反击,总之,能让对手心中一惊,不敢小觑。

一个有些江湖气质的 CLO 不见得招每个人待见,但在中国却非常吃得开,也颇讨公司 CEO 和董事会喜欢。他的这种匪气习性也必然会深深地影响他所带领的公司律师团队的腔调,并最终融合形成公司律师自身的调性,旗帜鲜明地表达了公司律师的处事态度、团队性格和强大实力。

一、进入公司律师职场第一课

【案例:法务部新来的毕业生】

当法学科班出身的小陈以优秀毕业生的身份进入公司法务部的那一天,领导就乐得合不拢嘴,要知道这是几年来唯一从名牌政法大学来的毕业生。经过一段时间的观察,领导对小陈赞赏有加:“小伙子不错,专业功底深厚,为人处世都显得很有教养”云云,这给了小陈些许安慰,但领导话锋一转,“就是缺点匪气”。在当时,这个评价的确让小陈匪夷所思,也让意气风发准备干一番大事业的他足够泄气。堂堂受过高等法学教育的毕业生为什么要变成土匪?但很快,他就遇到参加工作后的第一个案件。

这是个非常简单的盗窃案件,案件标的额虽大,只需简单证据材料即可立案,于是领导交代下来时小陈满口答应。他找了一个单独的会议室跟嫌疑人谈话,跟他讲了盗窃的严重后果和自首坦白的好处,但这个人显然是个老油条,对小陈的规劝油盐不进并大喊冤枉,最后小陈只好跟领导汇报:鉴于当事人不承认并且没有直接证明材料,该案件没有办法去公安局立案。

领导拍了拍小陈的肩膀,跟隔壁的老李说你过去再试试。对这个老李小陈向来看不起,从部队转业过来,没文化还整天爱喝酒,而且根本就不懂法律。不一会儿,老李也出来了,小陈本想去安慰他一下,没想到,老李跟领导说,那个人正在写悔过书,等他签了字我们再决定报不报案。小陈实在无法相信自己的耳朵,以为听错了,于是有了下面让他终生难忘的对话:

"老李,他招了?"

"嗯呢"

"你怎么跟他说的?"

"没说什么。"

"嗯? 没说什么!"

"我就是一直盯着他,直到他开口。"

"就这样? 然后呢?"

"他就招了。"

老李的轻描淡写更让小陈感到前所未有的挫败。他一直很不甘心,认为老李在吹牛,要不就是他运气太好。不过那时候,他的确感觉到老李那个小丹凤眼睛背后的力量,让人不寒而栗。从此,小陈开始有点理解领导讲的匪气,老李也成为他沾染匪气的人生导师。

二、CLO 的江湖

"一块醒木为业,扇子一把生涯,江河湖海便为家,万丈波涛不怕。""有人的地方就有江湖,"这是 CLO 对刚入职公司律师的菜鸟们说的最多的一句话。在中国,江湖是与主流显性社会相对的另一个隐形世界,有自己的行为方式、舆情系统和游戏规则,主流社会总是将江湖归为地痞流氓一类,但不知其实上流社会也是一种江湖,不懂上流社会规则与方式的人,一样永远混不进上流社会,如果 CLO 对这个系统没有认知,很多事情处理起来就会找不到门道,理不出头绪。

作为中国公司 CLO,你必须认识到,江湖文化的道义虽然与现代文明的民主与法治理念格格不入,但在中国社会二者却能诡异地同时并行,这或许是因为在大变革中,旧有的社会宗法制度虽然解体,但从身份关系到契约关系的现代制度转换并没有真正完成,契约责任的价值理念经常受到选择性排斥,现代文明秩序的确立还在不断地反复,这时,江湖文化和规则乘虚而入,占领了社会生活的很多方面,江湖道义有时也是一种契约精神。

在这种复杂的社会秩序下,中国公司的 CLO 们必须花费他一半甚至更多的精力在处理法律之外的事件上。你很难想象一个老实巴交、守纪奉法的 CLO 面对每天很多棘手的事情能安排得得心应手,更难想象一个在西方大公司工作过的资深

CLO如果就任中国公司的CLO的话，他同样能像在西方公司一样玩得转，因为这里有太多的非法律因素。

一边是潜规则横行的江湖圈子，一边是讲法治的现代社会，中国CLO们整日在这两个水火不相容的世界中游走，更像在高空走钢丝，不熟悉玩法的结果会很不好，甚至可能会将自己和自己服务的东家坠入万丈深渊。要生存和发展，CLO就不得不对自己和公司所处的内外部境况仔细观察，对各种运作规则烂熟于心，对复杂的情况要善于周旋和变通。

这种整日如履薄冰的感觉并不好，因为作为专业人才的CLO，最初的梦想是利用自己法学的专业能力来证明自己的价值，依靠的是对法律法规的熟知与灵活运用来规避风险，以理服人；而非利用对江湖圈子的潜规则来达到目的。也许这种做法曾被学生时代的自己所唾弃，但现在又不得不为之，而且成为提升地位，获取高层信任的手段之一。最初梦想与现实的不一致，其中夹杂着CLO太多的无奈。

三、去糟纳精

存在的就是合理的。虽然勉为其难，但一个成熟的中国公司CLO必须对中国江湖文化和潜规则抱着理解、认同、欣赏甚至某种程度积极参与的态度，否则手脚被束缚后则寸步难行。在这种适度参与的过程中，CLO的匪气也就潜移默化地堆量集成。

CLO要做到去糟纳精，应该具备以下几方面的主要能力：

1. 有眼光

江湖文化之所以被有些人唾弃，因为其的确存在一些糟粕；而又被一些人所推崇，因为有时它的确能够解决一些社会规则所无法解决的难题。但CLO必须要分清楚，其中哪些糟粕要抛弃，哪些精华要发扬为我所用，哪些残酷现实必须被动接受。CLO要具有这样的眼光不是一朝一夕之事，事非经过不知难，必须让自己亲身经历过很多大事、吃过很多大亏后，这样去伪存真的能力才能慢慢锻炼出来。

2. 有谋略

一个有江湖气的CLO必须有勇且有谋。文章开头提到的老李是“沉默是金”的经典案例。一个老道的CLO案头一定会有一本巴特尔的《犯罪心理学》，他会教会CLO什么时候发声，什么时候沉默。有时候，CLO在思想纷乱的时刻，更需要沉默静守才能保持自己的清醒，同时积蓄下一次奋起的力量。

不可说的不说，可说可不说的少说，非说不可的才说。有时，沉默的力量会比语言的力量更大，有时说的越多，越显得无力，因为无力才会竭力去解释，总想着去说服别人,但殊不知,说得越多别人越不会听进去。

这种谋略还表现在很多方面,例如 CLO 将兵法烂熟于心,把兵不厌诈的策略活学活用在实际工作中且屡试不爽。

【案例:万科的海盗计划】①

为了弥补因快速扩张带来的人才空缺,从 2000 年开始,随着收购中海地产的尝试失败,万科便先礼后兵,持续性地、大规模地从中海挖走骨干,开始了著名的"海盗计划"。据悉,仅 2001 年到 2002 年,万科通过"海盗行动"从中海地产大规模吸纳高级职业经理人,一下子从外部引进了 50~60 位高管。曾经,万科 20 多个一线公司中的负责人,有三分之一左右来源于"海盗行动"。这么大的行动,如果没有集团法务部的策划和把控,风险可想而知。其实,万科实施"海盗行动"不仅是为了解决扩张所带来的内部人才短缺,更是一种竞争策略,从人才角度来遏制中海的发展。万科利用"海盗行动"也的确有效遏制了中海的发展。

3. 敢担当

有匪气的 CLO 绝不能抢功,与下属抢食是最让人看不起的地方,这只能说明作为 CLO 的无能。但当灾难来临时,CLO 就要敢于第一时间跳出来为大家撑起一片天。千万不要在大家最需要你的时候见不到你的身影,那会被认为是逃兵。江湖中讲究的是义气,要想拥有一支完全与自己一条心,愿意为了以 CLO 为首的共同的目标奋不顾身的团队,CLO 必须要与自己的团队有福同享、有难同当。

4. 懂潜规则

有匪气的 CLO 尊重规则,也会识时务地蔑视规则。法务以法律与规则立身,也是依靠法律与规则来树立威信,但识时务者为俊杰,法务有时也需要顺其道而行。江湖的潜性社会价值观和行为方式与显性社会的主流文化相抵牾,既摆不上台面,也无法公开实行,但彼此心照不宣,当事双方实际上仍然按照江湖规则行事,在正式规则光鲜的外表下,江湖规则往往起到关键作用。

在我们的文化中,漠视规则、挑战规则、超越规则,用各种手法办到成文法律规则所不容许的事情的人往往受到鼓励,并以此为荣。当然这不是 CLO 的本意,但为了完成任务,为了以最小的风险、最低的成本,最有效地解决问题,CLO 不得不入乡随俗,采用对方认可的方式来进行交易,尽管这种方式也许已突破了惯常的规则。

---

① 搜狐财经:《美军式的傲娇大玩法:万科集团十大行动均有代号》,资料来源:http://mt.sohu.com/20160407/n443529484.shtml,访问日期:2016 年 9 月 9 日。

【案例：华为的焦土政策】[①]

作为国内通讯行业老大的华为，也同样通过各种方式来遏制竞争对手的发展，赫赫有名的则是“焦土政策”。焦土政策本是一种军事战略，包括当敌人进入或者撤出某处时破坏任何可能对敌人有用的东西，使用坚壁清野来使敌人食物匮乏，破坏敌人的遮蔽所、交通运输、通讯和工业资源等。在抗日战争中也经常看到这种战略的实施，比如每次鬼子进村之前，八路军都会号召老百姓将带不走的东西能毁掉的全部毁掉，并将辛苦搭建的桥梁毁坏。

华为把这种策略活学活用到市场竞争中。近年来，华为与中兴在海外市场竞争已红了眼，华为为了挤压中兴的市场份额，遏制中兴的发展，便采取了“焦土政策”，即只要是中兴有利润的项目，或者是中兴重点项目，只要在法律规则内，华为会不惜一切代价都要低价拿下，否则华为在当地国家的代表将直接被撤职。也就是通过自杀式的方式来抢夺中兴的市场，想尽办法来挤占中兴的市场空间，不会给中兴一丝机会。虽然业界对华为的作法有不同意见，但华为近几年的快速壮大与发展，中兴业绩的下滑，充分证明了“焦土政策”的效用。

5. 敢树敌

有匪气的CLO不会浪费时间去试图讨好每一个人，因为在抗辩的竞争体制下，树敌在所难免，在敌人面前低三下四不仅不能换取对方的谅解，反而会引来更猛烈和得寸进尺的攻击。较聪明的做法是，仔细甄别你的朋友和敌人，弄清楚希望谁喜欢你，谁厌恶你。对你的朋友要倍加珍惜，对你的敌人要毫不犹豫地反击，打倒了再交朋友，这样反倒会赢得敌人的尊重。

通过了解CLO的朋友，基本可以掌握CLO的品行；通过了解CLO的敌人，基本可以摸清CLO的身价；通过围绕在CLO周围最亲近的下属，基本可判断出他的心胸和气量。前者在于“物以类聚，人以群分”，中者在于只有真正旗鼓相当才能称得上是敌人，而后者在于，如果一个CLO周围都是只知道听话的下属，说明他容不了太多有本事的人。在竞争体制下，CLO充当着公司的法律判官，CLO的小心翼翼和天然理性与业务部门的快速达成交易的冲动总会产生矛盾，但CLO不能因为存在冲突就屈服，在公司关键利益点上，CLO更应该不折不扣地坚持到底，以此来折服业务部门。

6. 能通融

CLO不一定要黑白通吃，长袖善舞，但一定要善于通融，千万不可固执。就像

---

① 汪小星：《地狱价开道　华为中兴上演焦土战争》，资料来源：http://tech.163.com/08/0827/08/4KBELKPV000915BE.html，访问日期：2016年5月3日。

红楼梦里的贾雨村，极为准确传神地解释了这种江湖的险恶真相。代表社会正统的主流文化的权势人物与代表底层隐性社会的江湖文化的结合，最不可思议但却水乳交融，而且越来越司空见惯。

有匪气的CLO不坚持“道不同不相与谋”的老旧思维，更坚信“海纳百川，有容乃大”。CLO以更广阔的胸怀拥抱更多的朋友，并能游刃有余地与不同性格、不同追求和不同价值观等特征的人打交道。CLO的匪气在圈子营建上一览无余。有匪气的CLO爱读杜月笙传，谈笑有鸿儒，来往有白丁，CLO在推杯换盏中进入不同圈子，认识不同的人，并慢慢积累自己的人气和人脉。

四、公司律师的调性

人以类聚，部以调分。在一个公司里，法务有法务的调性，财务由财务的调性，营销有营销的调性。鲜明的团队调性是一个成熟部门的标志之一，它反映了该部门不可替代的核心价值、人员魅力和办事风格，是该部门最易被外界感知的独特属性。

我们常常听到类似的评价，比如：这个公司法务部软弱得要命，像个软柿子谁都可以捏，在公司里没有地位，那个公司法务部非常强势，敢于提出不同的意见，并直接跟公司CEO汇报；这个公司法务部非常高效和睿智，事情交代给他们办很放心，很多不可能完成的事情他们做到了，那个公司法务部非常官僚和笨拙，效率低下还办不了事，败诉率居高不下；这个公司法务部具有狼性，经常主动发起打击竞争对手的战争，那个公司法务部像个绵羊，在战斗中总是进退失据。如果法务团队的调性是正面的，大家就会越战越勇，如果法务团队的调性是负面的，团队成员的士气就会受到消极的影响。

CLO的匪气会深刻影响法务团队的调性，没有调性的公司法务部是平庸的，鲜明的部门特征会让你在公司里有独特的性格，并给他人留下深刻的印象，这样的软实力会让法务部更有立足之地。调性对于法务部来讲其实就像一种辅弼的佐料，如广东人吃烧腊时碗底的沙茶酱或者山西人咀嚼面条时浇上的陈醋，虽然不是必不可少，但失之就会少很多味道。

公司法务部的调性不能违背部门属性，否则给人传达的信息就会错误，这样的法务团队也无法走远，而CLO常常犯这样的错。比如有些公司法务部非常强势，倒不是因为他们的业务能力强，而是把自己合规监察的功能无限放大，越俎代庖了审计部门很多的事情，这样的做法会打乱法务部本来的调性，结果会非常危险。

有匪气的CLO并不提倡做人做事高调，公司律师应该给人一种不惹事但又不怕事的印象。事实上，公司律师的调性并不显化，常常隐匿在具体的法务实践中，并通过平时与其他部门的工作交流与合作积累良好的口碑。

◆ 结语

行走于黑白两道，徘徊于官民之间。CLO 的匪气本身就是一种气质，有时候给人一种坏坏的感觉，这时候你不用怀疑，这就是 CLO 希望向外界传达的态度。但是，“匪”占山为王有余，而觊觎天下不足，教父考利昂如果仅仅有匪气，就不会成为教父，因此，一个优秀的 CLO 既要有血气方刚的劲头，又要能委曲求全和隐忍，还要文武双全和机智。江湖的匪气加上贵族的智慧才能所向披靡，否则很难成就大事。

CLO 要努力吸纳有利于法务工作发展的江湖规矩为我所用，但也要敢于摈弃戕害法务工作长远发展的江湖习气，防止有组织无纪律的匪气弥漫。在江湖文化中，盛行这样的理念：一切法律规则和秩序都可以变通或者作废，规矩和秩序是用来打破的。CLO 作为合规合法的坚守者，不要一味地排斥而要去伪存真，吸收其精华，去除其糟粕，从匪气走向贵族。

第六节　软实力，看不见的竞争力

> 相比于社会律师，行业理解、风险管理及其软实力才是 CLO 真正的竞争力。

跨国公司对作为高管的 CLO 的遴选尤其严格，一个胜任的 CLO 不仅应具有扎实、复合的专业功底和丰富的工作经验，而且其成就欲望、性格品行、智慧情商、操盘水平、跨界思考、沟通协调、创新整合等方面的综合因素也会作为公司重点考量的对象，在拼硬件已经泛滥的年代，相比于社会律师，行业理解、科学管理和 CLO 的软实力构成他们真正的核心竞争力。

一、品质与定力

1. 守信是一项财宝，不应该随意虚掷[①]

人无信不立，对于 CLO 这样重要敏感的岗位，个人的品质更是公司考虑的第一要素。一个优秀的 CLO 应具有的品质包括诚实、自信、沉稳和敢于担当，公司往往也愿意雇用那些无不良信用记录，既老实厚道又机智勇敢的律师来担任 CLO。

---

① ［哥］加西亚·马尔克斯：《百年孤独》，范晔译，南海出版社 2014 年版，第 128 页。

为控制经营风险,大公司的公司律师范围不断扩张,CLO 的权力也越来越大,目前已经渗透到公司业务的方方面面。越是这样,CLO 更应该小心手中权力的行使(比如重大项目的否决权),任何决策都要以最大化地维护公司利益为出发点,否则很容易被冠以玩弄权力的恣意妄为和不切实际的书生空谈,CLO 的形象因此会大打折扣。

2. 定力既是一种意志力,也是一种优良品质

CLO 常常因为坚持原则而生很多误解,甚至会得罪很多人,这时就要考验 CLO 的定力和心胸。意志不坚定的 CLO,会为了减负降压不讲纪律和原则,这样做的结果不仅会损害公司的利益,而且会丢掉公司对自己的信任。正确的做法是视不同情况把握尺度,如对于刑事舞弊行为就要坚持原则,采取零容忍的态度,而对于公司合同和项目的法律意见就不一定要完全坚持,迂腐地一字不改。CLO 这时应表现得更为宽容大度,更多地了解一下业务部门的意见,最好能为业务部门提供多种可选方案。这样最终收获的是其他部门的理解、信任和支持。

二、跨界的高参

CLO 应成为公司 CEO 和董事会的智囊,但这并非易事,胜任者更是寥寥无几。最重要的原因之一是很多 CLO 怕犯错,为此,他们常常会夸大风险的发生概率好为自己留条后路;原因之二是很多 CLO 对公司经营无甚了解,对公司产品更是一窍不通,遇到问题仅仅从法律的角度进行武断的分析,这样的意见当然不是董事会想要的。

要想成为董事会离不开的 CLO,首先,CLO 要开阔自己的视野。不能再仅仅专注于纯法律层面的事务,而是要将更多的时间花在了解行业趋势、公司战略、市场变化等方面的业务上,培养自己对产业的敏感和直觉。其次,CLO 要有持续学习的能力。擅长不断吸收业界有关法律、财务、管理、技术等方面的最新知识和最佳实践,这样面对新业务就不会显得落伍和不知所措,而是能很快地抓住新业务的实质。最后,CLO 要有智慧和勇气将手伸到公司的每一项业务流程中,并在每个关键环节都设置好公司律师的风险把控点,以保证其能获取第一手的风险信息并发出风险预警。

法律和业务的结合,CLO 出具的意见才不会是滴水不漏的法律分析和不接地气的法律意见,而是能让业务部门真正意识到风险并知道如何规避风险的可选方案。这时,CLO 不再是从法律合规角度给出生硬意见的傲慢判官,而是介入到公司每项核心业务运营中的核心成员,否则 CLO 就会在公司里面显得格格不入。通过制定可实现的短期目标,以便融入长期目标,从而协调法律在业务各领域的渗透。比如,在惠普的法律部,CLO 投入更多的时间来了解各个层面的业务,然后利用这些知识来支持各个单位实现其关键目标,大大增强了公司律师与业务之间的关系。"业务单位一旦意识到 CLO 提供的价值,他们会很高兴有公司律师在交易的前沿。"①

【案例:法务部位列最讨厌的公司部门】

曾经有机构对企业员工做调查,在"哪个部门是你最讨厌的部门"的问题中,法务部位列于人力、财务之后的第三位。排名不重要,分析其中原因,发现很多被调查者表示,在他们业务申请时,法务部门经常指出一些风险,但又不提供风险解决的可行性方案,让他们不知所措。如果不忽略法务意见的话,审批流程将走得很久,认为法务部门就是一群"站着说话不腰疼",只会给出硬邦邦意见的判官。这样的法务部肯定不称职,作为公司的一员,应该为了实现公司的共同目标,而为公司出谋划策,提出可行性方案供业务部门选择才是称职的企业人,才会被业务和企业所接纳,才会融入业务和企业中去。

法律意见的认可度和接受度可以作为考量 CLO 意见含金量的一个软性标准。CLO 必须明白,你出具的意见是为了让别人接受的,不是用来教训别人的。这样 CLO 在思考法律建议时就会更加务实,而不会整理出很多形而上学的东西。在实践中,很多 CLO 经常犯的错误便是只负责提意见,而不管对方是否接受。

三、操盘与整合

近几年,以知识产权为目标的并购案例的爆发式增长将 CLO 推上了前台。以谷歌收购摩托罗拉的专利案为例,幕后的操盘手之一即谷歌的 CLO,谷歌通过收购摩托罗拉的专利,不仅有效地保障了其安卓生态系统的安全,而且通过对自己无用专利的分拣出售,又实现了财务负担的降低,专利的一买一卖中彰显的是谷歌 CLO 高超的操盘水平。

CLO 的整体操盘能力还不仅仅限于此,面对公司逐渐增多的重大纠纷和诉讼案件、重大危机、重大项目和政府调查等事件,CLO 的资源整合能力、公关协调能力、团队合作能力和情报信息的获取分析能力都显得至关重要,而很多 CLO 距此还有很大差距,难以达标。

---

① ACC:Adding Value and Moving Beyond the Cost Center Model: Legal Department Leading Practices, https://www.acc.com/search/? term ,Nov 02,2016.

【案例：尚德破产的启示】[①]

尚德由施正荣与无锡小天鹅等八家国企于 2001 年合资创办，2005 年跻身世界光伏企业前五强，并在纽约成功上市，以极快的速度发展，2011 年尚德跃居全球最大太阳能产品制造商之位。但 2011 年开始，欧美国家开始使用贸易措施，尚德在双反案件中连连失利，公司因此迅速陷入危机，最终被裁定破产重组。

从尚德的组织架构来看，未设置专门的法务管理部门，更是没有一套法律风险管控系统，缺乏对法律环境、法律风险来源的分析。当 2010 年法律风险初露端倪时，尚德未合理评估法律风险的可能性及损失度。当 2012 年法律风险集聚爆发时，尚德未有效地监督、评估与协调控制，没有及时评估法律风险现状并制定出应对策略，从而丧失了自我保障的机会。由此可见尚德的法律风险管控能力十分脆弱。

面对突然而至的贸易措施，尚德未能及时调动国家对民族企业保护的资源，也未调动光伏行业集体的力量来对抗欧美的"双反"，更多的只是被动应对，从而丧失了拯救自己的最后机会。在同样遇到国外贸易保护措施时，有的企业 CLO 却能迅速调动国家资源、行业资源和第三方机构的资源，多方面对国外政府机构进行施压，最终取得胜利，从而形成鲜明的对比。

四、沟通的艺术

哈佛大学教授认为软实力即说服他人的能力，不用萝卜与大棒即可赢得人心，使人们可以心甘情愿地按照我们希望的目标去做。心悦诚服比被动接受命令会让人更舒服些，在任务执行的效果上也要好得多。

沟通特别是当面沟通是解决问题最好的方法。美国普林斯顿大学一项调研结果显示：专业与经验只占成功人才所具备能力的 25%，其余 75% 决定于良好的人际沟通。对于公司法务部这样高端人才扎堆的部门，理性说服比强制更加可取。高级知识分子在人格尊重、以理服人、文化认同等方面表现得会比他人更为敏感，如果 CLO 忽视这些方面，那么他将无法控制局面，更无法带领团队向更高的目标前进。

CLO 应具有的沟通协调能力包括：对内，与公司上级 CEO 和董事会的沟通，保证将法务部门的专业判断反映到公司最高层，彰显部门价值；与同级部门的沟通，可以减少很多部门之间的壁垒，提高工作效率；与下级的沟通，可以保证公司任务

---

① 黄胜忠、余凤：《快速扩张、产业环境变化与企业法律风险管控——以无锡尚德为例》，载《管理现代化》2014 年第 1 期。

的下达和执行，提升部门绩效。对外，CLO应深刻掌握六度分割理论的精髓，做好与政府和行业组织的顺畅沟通，有效及时地了解各国的产业政策和立法动向，以便公司早做调整，掌握先机。

【案例：六度分割理论】

1967年，哈佛大学的心理学教授Stanley Milgram（1933～1984年）想要描绘一个联结人与社区的人际联系网。做过一次连锁信实验，结果发现了“六度分隔”现象，之后发展成为六度分隔理论（Six Degrees of Separation）。简单地说：“你和任何一个陌生人之间所间隔的人不会超过六个，也就是说，最多通过六个人你就能够认识任何一个陌生人。”随后，米尔格伦提出的六度分割理论在实践中得到检验并被广泛应用。

倾听是最好的沟通。失败的管理者最容易犯的错就是说得多，做得少，听的更少。最常见的团队类型是，不真正地倾听彼此，他们只等待来言，来捍卫自己的观点，这样的团队会变得走投无路。[①] 优秀的CLO往往都掌握了闭嘴的本领，特别是对一件事情不甚清楚和没有把握的情况下，静心倾听是最聪明的做法，而且还能表现出自己的教养和对他人的尊重。另外，优秀的CLO善于观察下属的每一项进步，也从不吝啬对同事的真诚赞美，以营造和谐和睦的团队气氛。

对于做国际业务的中国人来讲，外语似乎是永远的痛，其实，外语不应该成为沟通的屏障，思想和文化的差异才是真正的障碍。一个跨国公司的法务部更像个联合国，CLO需要领导不同国家的公司律师为同一目标奋斗，每个国家的律师的做事风格、方式及习惯都很不一样，这不仅考验CLO的专业能力，更考验CLO的文化冲突的适应与调和能力。

五、经营意识

公司律师不具备经营意识上帝都会苦笑。律师想要提供好的法律服务，就必须考虑公司经营因素，但是在实务中，公司律师做得并不好。其实在现实工作中，一个成功的公司律师很难回避经营管理的问题，而仅仅考虑法律问题。

具备经营的意识并不是一切为了赚钱或者把赚钱当成一切行动的指引，而是把公司法务的各项工作放眼长远，一切以如何使公司的事业发展壮大为目标。具备了经营意识，所有的工作计划都应围绕这一目标展开，不会做自己跟自己玩但对公司意义不大的事情；具备了经营意识，出具意见就不会简单地说是或者否，而应

① ［美］芭芭拉·弗里德里克森：《积极情绪的力量》，王珺译，中国人民大学出版社2015年版，第78页。

该为公司提供解决办法;具备了经营意识,CLO 就主动思考知识产权等无形资产如何盘活运营,增加收入以降低研发成本;具备了经营意识,CLO 针对重大纠纷和案件可能会主张和解,因为和解比对抗或诉讼更划算,CLO 也开始愿意接受这样的观点,即在风险可承受的限度内适当地冒险可能有助于公司盈利。

六、领导力

1. 领导力是一门妥协的艺术

CLO 更是将这门艺术发挥到极致的人。与同事和其他部门,在公司任何事情上都要一决高下就已经输了;与客户,一味地强硬只会让人生厌而坏事。CLO 始终要知道自己的目标是解决问题,逞强有时比示弱要容易得多,在谈判中能带领团队以退为进,最终达成满意的交易才是真本事。

2. 充分授权是领导力的标志,并要收放自如

CLO 敢于授权的前提是对业务了如指掌,他知道哪些是公司的核心业务,哪些是公司的风险易发区域。通过充分的放权,培养团队和干部,并释放自己的时间来思考更为重要的事情,通过关键节点的收权,保证重大风险的有效监控,防止风险的发生和失控。

七、管理创新

德鲁克说过,一个企业最重要的两件事是管理和创新,这一道理同样适用于 CLO。公司法务管理干脆将二者合二为一,强调管理创新,能力不足,就会被边缘化,就是受制于人。管理创新能力是 CLO 软实力的生长因子,是影响其价值形成的关键因素。管理创新能力是指 CLO 以开放的心态拓展各种业务,例如,与时俱进地推出各种管理措施,以优化公司风险控制;积极主动地整合各种资源,以维护公司竞争优势;灵活敏锐地盘活专利等无形资产,以降低公司财务成本和压力。

CLO 要保持创新能力必须有充分的想象力,在颠覆与变革带来的大数据时代,想象是突破混沌的唯一可能。企业是经济变革的践行者与主体,CLO 要想跟上时代及企业变革的步伐,也不得不保持创新——观念的创新、管理思维、能力与方式的创新。

◆ 结语

CLO 无硬实力无以立足,但硬实力与软实力相结合形成的综合实力才是 CLO

成功的要素。所谓"和实生物,同则不继",二者更多的是乘数关系,即CLO的硬实力再强,如果其软实力不行,那么综合实力也等于零。

自美国哈佛大学教授约瑟夫于20世纪80年代末提出软实力的概念后,这一说法就引起了各界的广泛关注,软实力理论不仅应用于国家和地区,在公司和个人方面也同样可以适用。其实,中国的先哲早已参透了其中的道理。孟子讲"得道者多助,失道者寡助",老子讲"上善若水",都是在向世人教化:相比于国家的装备、公司的规模和个人的学历等硬实力,文化修为、道德品质、心理素质、人格魅力和创新精神等软实力才是更为强大的无声力量。

软实力是影响自身吸引力、感召力和发展潜力的因素,是可以让他人感知的隐形力量,CLO深谙通过软实力来塑造他人的行为偏好。这种能力与CLO所具有的许多内在优点相联系,如沉稳的性格、朴实的为人、乐观的态度等特质。CLO坚信理念的力量,并常常在竞争中,通过这种润物细无声的方式影响双方的思维和心理,从而改变竞争结果。

目前,同样作为董事会的高参,CFO发挥的作用远远大于CLO。与CFO在公司中与生俱来的先天优势相比,CLO如果要取得董事会的信任,还需要付出更多更苦的努力。一个公司业务的开展任何时候都无法离开财务的支持,无财不动,CFO即使不主动找事也会天天忙得转,而CLO却不能像CFO一样靠天吃饭,要发挥更多的主观能动性去开拓和争取自己的业务疆域。因此,某种程度上讲,CLO要比CFO具有更强的软实力才行,这对CLO提出了更高的要求。

第七节　CLO的投名状,企业家的挡箭牌

> CLO越危险,企业家就越安全。

一个社会的法治程度越高,法律规则越透明,市场竞争越充分,公司治理越规范,CLO受到的重视越大,责任也就越大。西方大公司的CLO深谙作为高管的责任和担当,面对每天不可预知的各种巨大风险,即使是诸葛一生唯谨慎的应对和处理,仍然会让自己感觉压力山大,如履薄冰。

"君子道人以言而禁人以行,故言必虑其所终,而行必稽其所敝,则民谨于言慎于行。"[①]CLO的工作与谨慎细致是分不开的,稍有粗心大意,不只是"失之毫厘"

① 郑玄注:《礼记》,中华书局2015年版,第59页。

的问题，而是给公司造成“谬以千里”的利益损失，故必须谨言慎行，恪尽职守，否则，可能会使自己承担巨大的法律责任。

2017 年伊始就获悉一个坏消息，美国媒体 1 月 9 日报道，联邦调查局逮捕了在德国大众集团柴油车“排放门”中涉嫌欺诈的一名美国高管，[①]他是 2014 年至 2015 年 3 月担任大众美国合规办公室负责人的奥利弗·施密特。美国检方在针对大众的诉状中称，奥利弗·施密特在大众部分柴油车尾气排放检测作弊事件中起关键作用。这个新年事件给美国如火如荼的全球合规运动犹如火上浇油，也彻底浇灭了业内所预期的美国政府会停下来歇歇的幻想。

一、CLO 正变成一个风险极高的职业

如果在 20 年前，人们应该很少听说 CLO 被追究责任，如果企业一旦出了事，大部分是作为法定代表人的 CEO 和董事长会被拎出来被公众吊打，被法律制裁。但如今这种状况已经发生了很大的改变，特别是《萨班斯法》发布后，美国监管当局对包括 CLO 在内的公司高管的责任追究更加严厉，CLO 再也不能像以前一样装聋作哑了。[②] 当越来越多聪明的 CEO 和董事长退到幕后，取而代之的是公司 CFO 和 CLO 被推到前台，他们开始接受枪林弹雨的洗礼。前面有了挡枪子的，CEO 和董事长当然更安全了。

从震惊美国的安然事件开始，美国企业不断曝出各种贪污丑闻，2002 年，世界 500 强泰科公司 CEO、CFO、CLO 等高管被指控未经授权发放薪水、夸大财务成果、盗用公司 6 亿美元财产。泰科不得不向美国政府交纳 5000 万美元罚款，这些高管也遭受牢狱之灾。为了重塑公信力，泰科几乎所有的高层管理人员都被彻底撤换，同时引入了 60 多名新的高层管理人员，这其中包括新的首席财务官、法律总顾问、财务总监以及人力资源总监等。[③] 泰科并不是个案，下面让我们看一下近些年被追究法律责任的 CLO 吧。

【案例：葛兰素史克中国 CLO 被抓】[④]

葛兰素史克是目前在华规模最大的跨国制药企业之一。近年来，葛兰素史克

---

① MSN, FBI Arrests VW Executive for Diesel Emissions Scandal, http://www.msn.com/en-us/autos/news/fbi-arrests-vw-executive-for-diesel-emissions-scandal/vi-BBy5z8W, Jan. 09, 2017.

② Susan D. Carle et al., RL Font, AM Reynolds, LE Zimmerman, The Evolving Legal and Ethical Role of the Corporate Attorney after the Sarbanes-Oxley Act of 2002, Journal of Public Health, Jan. 11, 2014.

③ 刘丽娟、虞立琪：《泰科丑闻后的重建》，资料来源：http://finance.sina.com.cn/leadership/case/20060615/11212653914.shtml，访问日期：2016 年 9 月 8 日。

④ 刘刚：《葛兰素史克中国高管被抓》，资料来源：http://finance.people.com.cn/n/2013/0715/c1004-22195322.html，访问日期：2016 年 8 月 1 日。

曾在美国、意大利、新西兰等国涉嫌违规行为被处以高额罚款。2013 年,葛兰素史克被人举报,其在中国为打开药品销售渠道和提高药品售价等目的,利用旅行社等渠道,向个别政府部门官员、少数医药行业协会和基金会、医院、医生等行贿。

随后葛兰素史克在中国的 4 大高管被抓,4 人在公司内部号称“四驾马车”,分别涉及法务、人事、市场和营销部门。他们分别是,41 岁的法务部总监赵虹燕;49 岁的企业运营总经理梁宏;45 岁的商业发展事务企业运营总经理黄红以及 50 岁的副总裁兼人力资源部总监,张国维。

CLO 正在变成一个风险极高的职业,稍不注意就会有牢狱之灾。CLO 的价值就在于使公司的法律风险降到最低,间接为公司创造最大的价值。但是在公司内部渴求利益最大化和外部法制环境逐渐完备的双重冲击下,CLO 要想完美地应对来自内外的压力,确实很难做到。既能让公司其他高层信服法律风险的建议,又能让相关部门在审查公司时不揪自己的小辫子,一般人根本做不到。

二、把责任讲清楚真不是件容易的事

在承担责任上,CLO 向来不会退缩。如果不是自己的责任而被强行摊派给自己,CLO 也有办法解决或承担。最怕的是责任不清的时候,CLO 莫名其妙地背黑锅。所以,CLO 必须要非常清楚哪些是自己应该承担的责任,哪些是不应该承担的责任。要特别处理好以下两方面问题。

1. 分内之事还是分外之事

公司法务部虽然作为职能部门,为公司的战略与业务保驾护航,不会直接进行公司业务操作,可是一旦风险爆发,事情一定会到法务部来处理。如果风险得到有效控制,则被认为这是法务部的分内之事;一旦未有效控制风险,则法务部将被追责,认为是法务部处理不当才导致企业的损失,而业务部门的过失将会被淡化。

法务部常常成为背黑锅的部门,各方面的原因都有,从公司律师自身来看,我们可以发现他们没有分清楚,哪些事是自己的分内之事,哪些是分外之事,从而在发生事情时,自己都讲不清楚到底应该谁来负责。

最难的是在灰色地带,这里最难讲清楚,CLO 也要特别小心。例如,由于法务对法律法规的熟知,比公司的其他员工更懂得法律的漏洞,更明白如何与法律打“擦边球”,有的法务为了提高地位而去迎合高层,不惜卷入其中,为高层的非法运营出谋划策,最后擦枪走火,东窗事发。高层的丑陋行径被暴露的同时,法务也难脱其身,作为帮凶,甚至是主谋,而承担了违法后的恶果。

2. 对上还是对下负责

作为公司法务部的负责人，为了提高地位树立权威，获取更多资源，不得不接近公司高层，CLO 的一言一行将不仅决定着自己的地位与价值，更决定着法务部整个部门在公司的地位。作为管理者，意味着责任将更大，不仅要对自己的行为负责，还要为自己部门所有成员的行为负责，当团队成员面临“瓶颈”时，CLO 必须硬着头皮挺身而出，确保任务的达成。

(1)CLO 需要对上级负责，也就是对董事会和 CEO 负责。

作为上市公司，受到各种各样的监管。CLO 要做到合法合规，以保证董事会和 CEO 的合规遵循。例如，上市公司披露不真实的信息会违反法律规定，将被惩罚，所以上市公司的每份对外报告都必须是全面审核后才会向外公布，CLO 必须与 CFO 确保报告的真实准确，但有些公司因为法律意识的淡薄，都没有做到这点。

此外，在上市公司中，CEO 作为公司的实际管理者与运营者，需要向董事会与董事长汇报公司运营情况，而此时 CLO 作为 CEO 高管团队的成员之一，需要帮助 CEO 向董事会汇报公司的运营情况，此时的 CLO 需要向 CEO 负责，向其提示公司实际运营中的重大风险和潜在问题以及未来战略的法律可行性，这时 CLO 需要扮演好 CEO 的高级智库。

(2)CLO 要对自己的团队和员工负责。

如果下属的成绩 CLO 要共享，那么错误 CLO 就要共同承担。在高速发展的中国企业中，公司律师有太多犯错的机会，比如，因为业务太过繁忙忘了开庭，或许是因为不够专业出现重大合同纰漏，这时候任何的训斥都为时已晚。CLO 首先要想的是如何进行补救，将损失降到最低，而不是想着怎样把责任都推给犯错误的倒霉蛋，把自己摘得一干二净。

领导他人是一项社会技能。CLO 要慢慢改变法律人的冷酷思维。一个组织中最有效领导的关键不是逻辑的、客观的、理性的方法，但这些冰冷的教条恰恰是许多 CLO 所热衷实践的。CLO 如果实在不能改正，至少可以做更多的尝试回归最基本的人际关系和合作的人性尺度，成为团队成员的一分子，成为团队法律事业促成者，提高部门员工绩效的同时，提高他们的工作满足感。

(3)CLO 还需要对合作部门负责。

在与合作部门交往的过程中，最重要的是开诚布公地交流和勇于担责，面对复杂和棘手的问题，法务部与外部门如果能同仇敌忾，抱着互相负责的态度就一定能把事情做好，真出了问题就明明白白地接受处罚。如果合作部门认为法务部总是趋利避害或者推卸责任，他们很快会失去对你的信任。当然一定会遇到不负责任的伙伴甚至给你挖坑的部门，这时候法务部员工应该怎么办最好先问问 CLO 的意见。

三、因为责任重大,所以如履薄冰

不得不承认,CLO 正在使公司律师的传统地位发生革命性的变化:他们参与公司经营的全过程,并以一种真正的伙伴关系与 CEO 一起进行决策。CLO 立足于股东和经营管理者之间,是公司重要战略决策的制定者和执行者之一。CLO 在公司被赋予的权力越来越大,其承担责任也越来越大。

CLO 开始认识到,不管自己做什么功课,最终目的都是为了保护和增加公司股东的价值。他们也乐于当布道者,在公司内部导入股东价值和利益观念,并帮助 CEO 和其他高级管理人员理解并认可法务部门在这项战略工作中的位置。

责任一:战略决策失误

合格的 CLO 是 CEO 的战略伙伴,是企业战略的参与者,为公司战略提供法律支持,并促使公司发展战略与投资者的期望相一致。如果 CLO 没有参与公司战略决策,说明 CLO 还没有争取到自己该有的位置;而如果公司每一项重大战略决策 CLO 都参与其中,未来一旦证明是错误的,CLO 就不该再等 CEO 的责罚(事实上,大部分 CEO 也没空去找谁的责任,因为他是最终责任人),而应该展开自省。

战略决策支持所包含的范围甚广,核心是为公司战略提供法律风险评价,对于现代企业而言,经营战略与法律风险控制战略之间存在密切的内在联系。企业战略的目标就是在公司控制权市场和资金市场上确定优势,而 CLO 则根据企业的发展战略提出符合公司实际的、合法合规的辅助性战略。CLO 应将企业战略和法律工作融为一体,全过程地参与公司价值创造战略的制定,具有与 CEO 一起全方位培养企业价值管理的能力。

责任二:公司治理错位

一般来说,公司治理结构中需要建立三个有效机制。一是“激励机制”,即关于企业所有者与经营者如何分享经营成果的一种机制。二是“监督机制”,即企业所有者或相关的中介机构对企业经营结果、企业经营者行为或决策所进行的一系列客观而及时的审核、监察与分析。三是“制约机制”,即根据对企业经营业绩及对企业经营者各种行为的监察结果,企业所有者或市场对企业经营者或内部控制人作出的公正评价。

在这三种机制中,激励机制离不开 CLO 的设计,而在监督和制约机制方面,CLO 会被要求在规范企业合规运营、增强市场信心等建设公司道德诚信等问题上,发挥更重要的主导作用。实际上,CLO 制度的设计不仅要考虑股东与债权人的利益,还应广泛考虑供应商、分销商、雇员、政府及社区公众的利益。现代公司的

CLO 除了肩负着内外部受托责任以外,还担负着社会诚信的公众责任。

【案例:美国负责任公司官员原则(RCO)的适用】

RCO(Responsible Corporate Officer doctrine)是美国的一项检控程序设计,简单地讲就是,应该负责的公司高管如果有不作为的行为而导致损害发生,即可适用不作为犯罪的原则(crime of doing nothing)。这个制度专门为这些有特定职位的人士设计,比如 CEO、CFO 或者 CLO 等,相当于给他们头上戴上了一个紧箍咒,时时刻刻提醒他们的谨慎义务。2007 年 Purdue Frederick 药剂公司案就是一例,公司承认根据 FDCA 在药品夸大宣传上有重大失误而没有尽到谨慎义务,同时公司的三位高管 CEO、CLO 及其首席科学官承认被指控的罪名。[①]

责任三:风险控制失灵

由于 CLO 被赋予极大的权力,所以他必须承担相应的法律责任。如果公司涉嫌欺诈等违法行为,CLO 失察,甚至参与或支持了这种违法活动(即使是由 CEO 或者董事长指使的),他也必须受到法律制裁。在美国的安然公司、世界通讯公司、施乐公司等大公司的一系列造假案中,CLO 们难逃其责。美国在 2002 年已通过相关法案,要求达到一定规模的大公司的公司高管必须对公司定期报告进行个人书面认证,以增强对他们的法律约束,CLO 即名列其中。

【案例:CA 公司 CEO 和 CLO 被刑事指控】[②]

2004 年美国司法部对 CA(Computer Associates)Sanjay Kumar,前 CEO 和董事会主席 Stephen Richards,前销售总监以及 Steven Woghin,前公司 CLO 提起欺诈刑事指控。起因在于,在司法部对公司的一项调查中,其 CEO 和 CLO 等几位高管故意不告知公司在财务上的造假行为。而且 Steven 还要求他所管辖的法律部人员不要向进行内部调查的外部律师透露真实情况。Steven 最后因被控妨碍司法而被判刑两年,更严厉的是,他被永久禁止出任上市公司高管和董事。可想而知,他的职业生涯到此为止了。

其实,在很多公司都存在这样的现象,CLO 不仅自己对执法部门作出虚假陈述,还诱使或者逼迫其他人也对执法部门作出虚假的陈述。"妨碍司法公正"(Obstruction of Justice)是跨国企业,尤其是普通法国家的公司 CLO 在应对政府调

---

① Michael E. Clark: A Re – Emergent Threat to General Counsel and Corporate Officers ,Journal of Health Care Compliance,January, 2012.

② SEC: SEC v. Computer Associates International, Inc. , 04 Civ. 4088 (E. D. N. Y.) (Glasser. L.), https://www.sec.gov/litigation/litreleases/lr18891.htm,Oct. 10,2016.

查和执法活动时，产生个人刑事责任的重灾区。[①] 这是普通法下的一项可公诉的刑事罪名，它广泛地包括了干涉、影响、阻挠所有公权力部门的执法活动以及司法系统的正常运转的行为，当然他不仅仅针对的是公司的CLO。

♦ 结语

责任重大，代表能力卓越；如履薄冰，因为你被重用。现代企业制度中委托代理关系的存在是CLO制度诞生的根源。在治理结构层次，CLO受聘于董事会，代表股东对经理层实施法务监督；在公司内部组织结构中，作为公司管理层的重要成员，主导公司的风险体系运作。因此，CLO既是企业法人治理结构的重要一环，也是企业经营管理的重要组成部分。

华尔街有句行话，即上市公司的董事长或者CEO大多数情况下应该扮演"不在场的人"，而CFO和CLO常常成为他们的挡箭牌。作为风险抵达公司核心的最后一道屏障，CLO不知为公司挡了多少明枪暗箭。无论是CEO还是董事会，都应该给予他们更多的关注和敬意，他们越危险，你们就越安全。

第八节　秩序与习惯的力量

> CLO渴望在公司建立一种法律秩序，并通过秩序的力量将人们的行为转变为习惯，通过习惯为公司治理提供绵绵不绝的力量。

【案例：请用离车门最远的那只手开门】

不知从何时起，"自行车王国"荷兰街上的单车越来越多起来，而因为轿车中乘客或者驾驶员突然开门导致的交通事故也爆发性增长。有些情况下，骑自行车的人甚至因此而丢了性命。为了防止此类事故的发生，善良的荷兰人开始逐渐形成一种习惯，用离车门最远的那只手去开车门，这样在扭动身体开门的同时可以看到后方的情况，以避免撞上后面的自行车。

习惯成自然。优秀是一种习惯，好的习惯就如同用离车门最远的手去开车门

① 赵何璇：《公司总法律顾问的噩梦》，载《国际合规法律问题实务与观察》微信公众号，2016年9月24日。

一样，一个小小的举动会让你我感受到一个城市的文明。对于一个企业来讲，良好的习惯更是弥足珍贵，它能让人感受到井井有条的公司管理，以及从公司治理中散发出的绵绵不绝的力量。

CLO 渴望在公司内部建立一种秩序，然后通过这种秩序的力量为公司行为带来某种暗示和习惯。而越来越多恶性违法违规事件的发生，让企业也不得不思考重建企业内部法律秩序的问题。CLO 也开始着重考虑一个问题，是在原来破败不堪的制度上修修补补，还是重建一套崭新的公司内部秩序？

一、秩序是一种隐性的力量

1. 何谓秩序

秩序的原意是指有条理、不混乱的情况。美国法学家博登海默认为，秩序意指在自然进程和社会进程中都存在着某种程序的一致性、连续性和确定性。而美国经济学家康芒斯认为秩序是集体行为的运行规则。美国物理学家马克·布坎南则把秩序称为"隐藏的逻辑"。秩序，其实就是事物之间关联的状态。

谈到企业成功的关键，大多数人想到的更多的是人才、创新、科技、产品等因素，这些当然重要，然而秩序这个不容忽视的因素反而常常容易被人忘却。秩序是企业效率的来源，是产业社会迅速发展的秘密，秩序让管理更有效，也让控制更有力。

具体到现代的企业治理中，不论是企业战略、产品质量还是财务管理、人力资源管理的理论和实践都相对成熟，恰恰在秩序管理方面几乎是一片空白。《德国公司治理法典》中明确了企业治理是指企业监督和管理所需的法律上与事实上的秩序框架。企业的秩序管理是通过合理的权利分配，通过发挥企业的各个要素（包括理念、信仰、法律制度和规范）的作用，在企业内部形成有利于企业正常运转的环境，促进企业的发展。

2. 秩序是个体的最佳组合，而不是最佳个体的组合

秩序需要排列，需要组织。秩序不同，结果迥异。众所周知，金刚石和石墨都是由碳原子构成的，但一个坚硬璀璨，一个却柔软黯淡，这是因为它们的内部组合方式不同。管理学上告诉我们，最佳整体乃是个体的最佳组合，而不一定是最佳个体的组合。

秩序是可以扩散的。多米诺骨牌，只要倒下第一块，就会迅速全部倒下，形成一个你预先设计好的图案。通过了解影响秩序扩散的因素有哪些，我们可以快速地阻断秩序或者找到一种合适的催化剂促使秩序的扩散。

3. 秩序的力量可以是积极的，也可以是破坏性的

世界无时无刻不在运动，每一刻都有秩序在发生、在改变、在消失。秩序以隐蔽的方式存在于现实的世界中，改变着我们人类的轨迹。现存秩序不一定都是好秩序，秩序的力量可以是积极正面的，也可以是极具破坏性的，CLO 的任务是识别哪些是好的秩序，哪些是坏的秩序，然后保留好的，改变坏的。

【案例：日本的武士秩序】①

日本武士的崛起源于743 年制定的《垦田永世私财法》，因为私有化的鼓励，大量的农民拼命地开垦土地，但由于强盗土匪横行，他们却无法保护好自己的土地，甚至生命都岌岌可危。于是为了保护自己的家人和财产安全，大家纷纷雇佣保镖，开始的武士都是武装起来的农民，随着贵族和士兵的加入，武士组织渐成气候，武士秩序也由此形成。

回顾日本发展武士的历史，或许可以更容易理解现存秩序与法律秩序的区别。日本武士秩序不是一种法律秩序，恰恰相反，就是因为没有法律和法官的保护，日本农民不得已私下寻求武士的保护。而当法律越来越健全和严苛时，武士秩序便轰然倒下，随后而起的是现代的法律秩序。

二、法律秩序是现代公司治理的孜孜追求

法律是秩序扩散最有力的武器。法律制度，是一种在现存的秩序里最高层次的、最外显的、某种程度上来说影响也最为广泛与深远的秩序。法律是一种秩序，但是法律真正的意义在于改变社会中秩序的扩散。有时候改变法律，秩序就可以迅速改变。一个平常的例子就是计划生育，因为法律的禁止，中国社会的秩序和伦常都变化很大。

【案例：斯巴达方阵】

斯巴达方阵是冷兵器时代斯巴达人发明的一种战法，它非常简单但其威力之大足以令对手闻风丧胆，有“人肉坦克”之美誉。虽然当时很多国家都采用此类方阵作战，但只有斯巴达人把这种方阵的威力发挥到了极致。除了因为斯巴达人的骁勇善战和对秩序的强烈信念，更得益于他们铁的纪律和严格的法律制度。斯巴达人对于取得战功的士兵给予丰厚的奖励和荣誉，相反，对违反纪律，如临阵脱逃、违抗军令等行为会施以斩首、烙印、鞭刑等惩罚。违反军令的哪怕是统帅的儿子，

---

① ［日］后藤武士：《说说日本这点事》，傅玉娟译，新星出版社 2013 年版，第 50 页。

一样会受到同等的刑罚，这样的规定和做法让所有人心悦诚服并有畏惧之心。所以，尽管他们的规定并不多，只有十几条，却可以有效制约数以万计的军队。

亚里士多德有言，法律就是秩序，有好的法律才会有好的秩序。任何企业的正常运转都必须建立良好的秩序。现代公司的组织秩序支撑起来的收放自如、纵横捭阖、纲举目张的宏大体系和结构，也是一套文明开放、严谨有序的行为准则。在这种体系与准则的构建中，法律秩序成为现代公司治理的孜孜追求。

无以规矩，不成方圆，不讲秩序的企业就是一盘散沙。历数众多知名公司，有哪家不立规矩不重视秩序的呢？追求秩序的最高境界大概就是员工都能够从自身出发去自觉维护规则并遵守规则，向集体靠拢，对秩序的存在心生敬畏，把它当成一种自己应该坚守的信仰。"功成事遂，百姓皆谓：我自然。"①事情做成了，员工却感受不到来自身外的强制，而是觉得这是水到渠成的，这就是习惯的力量！

三、CLO 构建的法律秩序

CLO 在构建企业秩序的过程中担当什么角色呢？在企业管理中，CLO 从解决秩序问题入手，往往可以找到解决其他问题的总钥匙。现代公司治理的目标就是建立一种对内外皆有效的治理秩序。而所有的秩序必须建立在一定的规则之上。

就外部秩序而言，现代公司应遵守各种国内和国际秩序，并且积极应对新秩序中的挑战。大多数情况下，这些秩序都由国家法律、部门规章和行业规定等来规范，对企业而言，最重要的是要熟悉并深刻领会这些法律规范，并在实践中加以运用。

而就企业内部秩序而言，现代公司应构建与之相适应的产业秩序、组织秩序和行政秩序。公司章程、制度规范、部门规定等都是构建公司内部秩序的来源。CLO 在公司治理中最重要的任务就是将这些内外部的规范上升到制度的层面，并以特定的方式告知和公示，使之成为大家都遵守的守则。

1. 内部秩序

(1)优良管理秩序源自 CLO 的贡献

国有国法，家有家规，企业若要想正常运转，不仅需要企业管理者细心掌舵，而且还要有一整完善而规范的企业内部制度。这不仅是对企业形象的一种宣传，而且对规范企业的管理起着至关重要的作用。公司法务部要确立统一的行为规范，使企业有章可循，使管理有法可依，从而更好地发挥公司团队的力量，保证组织的

---

① 出自老子《道德经》第十七章。

有效运转,这不仅是达成组织目标的可靠保证,也是实现公平、公正、公开的必要条件。

(2)形成互相制衡的内部控制

现代企业的内部控制,从根本上来说是对企业的人财物的全面控制,但核心应当是对人的控制。每个人都能向集体靠拢并对这种秩序管理形成一定的归属感和认同感,当所有员工都能为之规范自己,努力为公司创效益、为自己谋发展的时候,秩序才真正成为一种坚不可摧的力量,一种隐形于内却能推动整个企业进步的力量。

完善的制度不仅能更好地形成员工对自身的约束和规范,还可以广泛调动积极性,鞭策和激励员工创造效益;法律严肃的规范性和程序性让管理方法更科学,防止管理的任意性,维护公平公正的环境,同时也使企业的运作更有序和规范,成为企业良性运转的最有效工具。总之,良好的秩序能使企业的内部控制获得强有力的支持,使管理更有效率,并能提高企业的核心竞争力。

2. 外部秩序

外部秩序是指维系和协调企业同社会关系的秩序。企业外部秩序的好坏,关系到企业的形象和信誉,也关系到企业的竞争优势和效益。

(1)熟悉市场规则

随着市场竞争越来越激烈,政府监管和合规要求日趋严厉,匡正企业的外部秩序也变得日益紧迫。不遵守外部秩序,违法经营,假冒伪劣,不正当竞争,企业必将付出沉重代价。

【案例:反垄断秩序】

反垄断法在世界各国正扮演了越来越重要的角色,在过去的一百年时间里,各国反垄断组织和垄断企业进行了艰苦卓绝的斗争。为反对经济活动中的垄断行为,AT&T、微软、英特尔等巨头都曾经历反垄断调查,败诉之后均付出惨重代价。在公司参与全球的市场竞争中,CLO可以积极应用各国的反垄断法来打击本行业的垄断企业,打击竞争对手。

(2)熟悉国际规则

全球化是我们这个时代最基本的特征,它兼备破坏与重塑的双重内核,它是我们这个时代最具解释力的普世价值,同时又是传统理论和认知所无法解释的现实根源。这种兼备破坏与重塑双向力量的超级元素,一方面正在解构着国际社会原有的秩序平衡,另一方面却又按照自己发展的内在机理重构着一种全球性的秩序稳定。

面对如此纷繁的情况，CLO 应该积极了解新秩序里的风险并做出有效应对。对于越来越多走出去的企业，全球化意味着要去遵循一种新的商业规则，适应新的市场运作秩序。新的秩序里蕴藏着不同的风险，企业需要遵守，需要防范，有时也需要挑战，让秩序发挥有利于自己的力量。

四、重建还是改造

面对企业的内忧外患，公司 CLO 是该在现有秩序上修修补补改造完善还是痛下决心推倒重建？重建会伤筋动骨，休养生息恢复元气需要假以时日，还要忍耐无序和不确定性所带来的风险。而对原班人马不管再进行怎样的改造，都极易被过去的习惯绑架，受制于旧有的人跟人之间的关系结构。而被旧有的利益模式锁定的公司管理模式，则难以建立新的秩序。

【案例：任正非的“熵”】①

任正非经常提到“熵”这个概念，热力学第一定律，叫熵定律，是说能量守恒；热力学的第二定律，又被称为“熵增定律”，它虽然也承认能量是守恒的，但是提出能量只能单向运行，从可利用状态转成不可利用状态，所以能量会积下去，积得越来越大。譬如，人身体里堆积的脂肪越来越多，当它不能被利用的时候，反而变成一种死的能量。这个理论运用到组织当中去，可以得出这样的结论：在一定的秩序下，组织的熵值会越来越大。随着熵值增大，组织活力会衰减，并最终会被消逝掉。你的组织逐渐会被你的分配模式、人跟人之间的关系所锁定，这就是所谓的组织结构板结。一旦结构板结了，企业就丧失了活力。

当那些大企业走到最后时，通常就会缺乏创新的能力。诸如诺基亚这样的企业，走到最后，不是它看不到趋势，而是因为它早已失去了自我调控的能力。所以，企业要保持活力，一定要打破固有的结构和原有的秩序，建立新的秩序，吸取新的能量。

◆ 结语

一个公司的价值观、使命和愿景等理念，重要的不是是否有创意、是否讨人喜欢、是否有格调，甚至是否正确，而在于真正务实，讲人话，能够贯彻组织上下，“入脑入心入行”，使之真正指引和激励公司的人，而这正是秩序和习惯追求的目标。

---

① 十八灰主人：《熵才是任正非管理思想的最大秘密》，资料来源：http://business.sohu.com/20161103/n472176194.shtml，访问日期：2016 年 12 月 1 日。

就像苏力教授指出的那样,制度形成的逻辑并不如原来学者所构建的那样是共时性的,而更多是历时性的。[①] 秩序的发生、形成和确立也并不是短暂所形成的,而是在时间流逝中形成的,是在无数人的历史活动中形成的。

一个健康的法律秩序促进企业向着既定目标不断前进,而存在秩序缺陷的企业是不可持续的。秩序是企业效率的来源,是企业领导人支配力和影响力的来源,是产业社会迅速发展的秘密。这一秘密通常被产业社会轰轰烈烈、无拘无束的表象所掩盖。不在秩序构建上下功夫,而是舍本求末,投机取巧,最后往往弄巧成拙。

CLO 的核心任务是建立一个贯穿企业优良秩序的绩效表现机制。虽然这种秩序必须包涵对法律和道德上的错误行为的威慑因素,但最终目的是让人们想做正确的事情。CLO 的责任就是用规章制度的形式把企业的一切行为规定下来,把内部秩序规范化,确保企业整体合理高效运行。

直至有一天,企业每一个成员都能够从自身出发去自觉维护规则并遵守规则,向集体靠拢,油然而生对秩序的敬畏,把它当成一种该坚守的信仰。就像乔布斯所说的,他的成功一半是因为坚持,CLO 坚持的秩序之力,终将让企业受益匪浅,大家对于规则理解的越深刻,这种力量就越强大。

---

① 苏力:《制度是如何形成的》,北京大学出版社 2014 年版,第 53 页。

第二章

企业为什么需要一个 CLO

> 如果 CLO 不能为公司创造价值，那么他就没有待下去的理由。

如果 CLO 不能为公司创造价值，那么他就没有待下去的理由。如果 CLO 领导的法务部门还停留在传统的职能，他更无法胜任现代公司高管的职位。CLO 对自己在企业中的价值必须很清晰，否则他在公司中的地位就会很尴尬。

一、传统法务与现代法务

传统的公司法律人员主要集中于合同审查和纠纷诉讼的事后救济处理，扮演的是所谓救火队和消防员的角色，但这种工作模式和职责定位越来越难以满足公司发展的要求。由于法律风险控制工作的缺失，公司常常为此付出巨大的代价，甚至被迫倒闭破产。

与传统的公司律师相比，现代公司律师的职责和定位发生了根本的变化。现代公司律师已经将风险的关口提前，从事后的处理发展为事前的预防、事中的控制，将风险管理的理念、方法全面引入公司法务管理工作。同时，公司律师的内涵和外延都向纵深扩张，丰富的职能已经延伸至公司业务的方方面面。

二、中西方的差距

与国外特别是美国公司律师发展的成熟度相比，中国公司律师虽然经过近 10 年的快速发展有了较大进步。但是，实事求是地讲，中国公司律师成熟度还处于小学生的水平。这种初级阶段表现在如下几个方面：首先，对公司律师的定位不清，职责划分更无章可循。其次，公司律师在整个公司的组织中受重视不够，地位较低，位微言轻。最后，中国公司律师的实践和理论都很滞后而且脱节，更无全面完整的公司法务管理体系可供中国公司参考。如果生硬地照搬西方的那套做法，又会因为水土不服而消化不良，于是形成了目前公司律师发展杂乱无章的状态。

中国公司走不出去的最大问题不是资本问题,而是法律问题和文化价值观的问题。我们欣喜地看到,目前已经有一些完全在市场竞争下成长起来的中国企业,他们在谋求海外版图的国际化过程中,现代公司律师的雏形和理念已经初步建立,西方先进的法务管理技术和理论融入中国公司的特殊文化和大量实践,必然盛开出鲜艳的花朵和厚重的果实。在国退民进的进程中,这些优秀的公司为中国公司律师的最佳实践提供了参考的典范。

三、CLO 的核心价值

CLO 带领的公司律师团队服务于公司的经营,因此公司律师的所有工作都应该紧紧围绕如何为公司战略决策提供支持,为经营保驾护航,为公司经营保值增值,为公司竞争做出贡献等来设计、策划和开展。为此,公司律师应首先关注公司战略规划,参与公司每一项重大决策同时要进行全面风险控制,建立公司风险控制体系,成为公司的风险控制中心。但是,公司律师不应该局限于此,而应该在与竞争对手的较量中,在公司无形资产的增值运营中,发挥出更加重要的作用。

总结起来,CLO 应该在战略决策、合规遵循、风险控制、市场竞争、增值经营和反舞弊六方面发挥价值,这六大要素也构成了现代公司律师的核心商业价值。虽然每个公司的行业、规模、环境、战略和文化存在很大差别,其公司律师的职能也有很大差别,但总体来讲,公司律师围绕此六大目标制订的业务规划,方向上应该会比较正确,也可以契合公司的真正需求。

六大核心商业价值全面指导公司律师的工作战略,在这些战略要素之间也不是完全相安无事,常常会有矛盾和冲突。比如,在资产经营过程中,公司律师应该特别注意风险控制和经营增值的冲突,并努力在这两点之间找到一个平衡点。如果发现两个目标存在根本的冲突,应该首先保证风险控制的要求。

◆ 结语

如果我们把公司财务的核心作用归纳为三张表,即公司利润表、资产负债表和现金流量表;那么 CLO 也应该考虑,如何将纷繁复杂的业务抽丝剥茧,输出直观量化的工作成果。根据上文所讲的观点,CLO 至少要给公司管理层和董事会输出三张表:即公司重大风险评估报告(战略合规风控)、公司重大诉讼和纠纷报告(市场竞争)以及公司无形资产经营报告(公司经营)。

第一节 战略委员会来了个新成员

> CLO 如果不懂战略就应该引咎辞职。

每一个公司的 CLO 都应该成为战略家。在全球化和政府日益严格的监管面前，传统的公司律师必须要做出改变，以迎接企业战略变革的需要。CLO 应该主动参与到公司的每一项战略规划的进程中，让公司法务部门成为参与公司战略决策的核心部门。无论如何，公司战略会议都不需要一个不发表实质意见的旁观者，或者只会简单否决但却提不出任何解决方案的“不”先生。

一、CLO 应该成为战略家

战略管理已经成为企业管理的重中之重，而且经过国内外理论界和实务界几十年的推动和发展，战略管理理论的研究已经非常深入。但是，与成熟的战略管理学相比较，法务战略管理及其与企业战略的关系研究却很少有人触及。原因不外乎两个：一个是公司律师在企业中的地位尚未达到举足轻重的程度，公司法务管理还没有上升到企业战略的高度；另一个是公司法务管理的实践性很强，身在实务领域的人士缺乏抽象的理论功底而难以归纳总结，身在象牙塔的学界人士又因为没有实践经验而无从下手。

但是，公司 CEO 和董事会已经不能满足 CLO 只是一个提供法律意见的律师，而应该有更多的战略决策方面的意见与建议；同时，法律实务界对法务管理战略的需求日益强烈。越来越多跨国公司的 CLO 认识到，如果仅仅把法务管理的工作局限在日常操作层面，已经很难体现公司律师的真正价值。因此，如何站在公司战略的高度进一步地透视法务管理工作，成为 CLO 最为关注的问题。如果 CLO 能想到这一层次，说明他已经开始以一个战略家而不是一个律师的身份来考虑问题了。

【案例：美国 CLO 战略工作占比】①

根据一项调查，如果把 CLO 的工作分成四个等级，第四级是日常法律咨询，第三级是有规划地开展某些法律风险管理，第二级是全面风险管理，第一级是企业战

---

① Nabarro LLP：From in – house lawyer to business counsel, a survey and discussion paper, https://wenku.baidu.com/view/1ee05c10e45c3b3567ec8bef.html, Aug. 22, 2014.

略与决策。那么，美国公司CLO在战略层面对董事会的影响从2010年的3%增长到2015年的29%。这意味着公司CLO越来越多地将工作重心放在企业战略上。

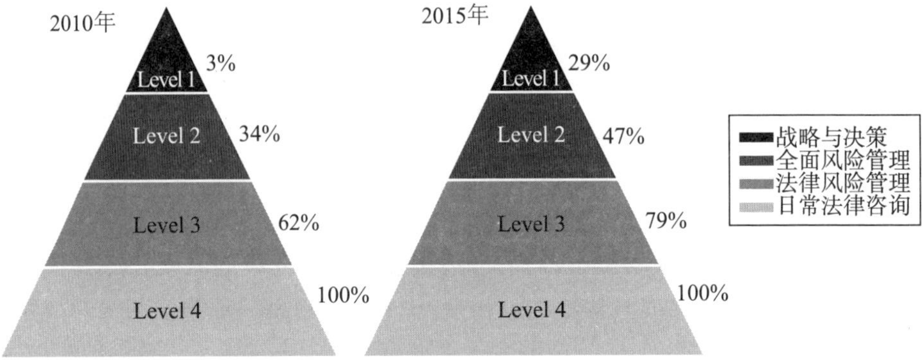

图2.1　2010年和2015年美国CLO工作占比

以CEO为代表的职业经理人都应该成为战略家，这在西方公司已经达成共识，公司高管如果不懂战略就应该主动辞职，CLO也概莫能外。这无关个人野心而事关公司事业。这既是商业组织发展对公司律师提出的合理要求，又是公司律师群体自身发展的需要。只有CLO能够迅速转型和重新定位，他们所带领的公司律师团队才能沿着更加有价值的方向前进。

【案例：中铁总法律顾问谈战略】①

300万名员工、900名法律顾问团队、5600亿元的营收，覆盖几十个行业、跨越60多个国家，为这样一个企业集团提供法律服务，他的CLO是怎么认识战略的呢？"企业法律风险防范不能简单地理解为战术层面，更要上升到战略层面，这样才能让企业的发展依照法治的轨道前进"，中铁总法律顾问于腾群这样讲。

谈到企业法律顾问的整体发展，"虽然现在大家都认识到了法律事务管理在企业中的重要性，但是能否落到实处还是要看管理者的思想。而我兼任董事长秘书、总法律顾问和新闻发言人，并分管了企业的战略规划工作，这对各方面工作的开展都着实有很大的帮助，让我对于如何融合追求效率与追求公平正义这两种价值观也深有体会。"

二、形态各异的企业战略为CLO提供用武之地

大多数CLO都应该对自己所处企业的战略如数家珍，但如果真的要他们把每

① 于腾群：《法务工作离不开"做势、做市和做事"》，载《法人》2015年第1期。

个战略掰开了揉碎了讲,估计大部分的 CLO 都会露馅。这种蜻蜓点水式的了解常常弊大于利,因为不仅助长了公司高管的夸夸其谈,而且对解决问题毫无裨益,最麻烦的是常常会耽误事情的处理。不过,有时候也要理解 CLO 的难处。大公司的战略往往不会只是一两个,而是多重战略的组合。我们先不论这种战略组合的优缺点,单单去了解和领悟这些战略背后的深层次考虑和背景就要大费周章。但无论如何,这都是一个成功 CLO 的必修课。

研究跨国企业的战略规划发现,大多数公司的战略也经历了集中到分散再到集中不断反复的过程。最初,大型跨国公司为了分散风险曾普遍采用业务多元化经营战略。但其弊端也逐步显现出来,摊子过大或不熟悉非相关领域等,导致收益降低甚至高负债。因此,各国企业又纷纷由多元化扩张向有竞争力的主营业务回归。

以 CLO 领头的风控战略为例,我们要深刻认识到,企业战略本身就是企业最大的风险,战略风险的发生将极大地降低经理人员实施预定商业战略的能力。这些风险与公司的流程、风控、资产以及外部环境变化有关,即公司的战略与市场环境出现了偏离,公司的战略已经不能适应所处的法律和政策、行业和市场的变化。

这样的战略风险不再是哪个部门的问题,而是要求公司对整体战略进行调整,因此会涉及多个部门。这与在风险管理上的通常做法,即按照部门,如法务、财务和业务来管理各自的风险有很大的不同。为此,作为风险管理者需要对将给企业带来全局性风险的外部竞争环境进行有效的监视,及时发现战略风险并提早做出应对准备,它对处于瞬息万变和竞争激烈的环境下企业的生存和发展具有重要意义。

根据一项权威调查,跨国公司普遍选择的前十大战略出现惊人的相似,分别是:全球化战略、差异化战略、品牌战略、成本领先战略、知识产权战略、风险控制战略、合规遵循战略、本地化战略、人才战略和竞争战略。从以上战略选择可以看出,人才和知产、合规和风控等因素都被提高到了企业战略的高度,而这为 CLO 提供了充分的用武之地,事实上,针对这十大战略,公司律师都要深度参与进这些企业战略的开发进程。

三、CLO 主导的法务战略与辅助的企业战略

1. 主导战略与辅助战略

虽然是企业战略,但在企业战略中依然有明确的层次。按照重要性划分,有企业总体战略、经营战略和职能战略;按照类别划分,有人才战略、成本战略、风控战略等。因此,在纷繁复杂的企业战略中,CLO 要分清楚,哪些是法务主导的战略,哪些是法务辅助的战略,这是 CLO 首先要做的必备功课。我们把法务主导或辅助的战略以下统称法务战略。

一般来讲,对于高科技企业来讲,其 CLO 能主导的战略首先是知识产权与标准战略,而对于一家金融机构来讲,CLO 最要主导的是合规与风控战略,CLO 所处的行业不同,主导的战略也会有不同。除了主导的战略,CLO 还应该关注需要公司律师参与的其他战略,因为这些战略有时比公司律师主导的战略还要重要,例如全球化战略、差异化战略等。

在主导战略中,公司律师要担当起牵头人的角色,而不是出出主意的参与者。例如对于知识产权战略,CLO 要给出一个完整的知识产权战略纲要和具体实施计划,并组织相应的跨部门协作团队。而在辅助战略中,CLO 就完全不同于主导战略中运动员的角色,而可能既是运动员又是裁判员,例如公司律师要为公司的重大战略决策提供法律支持,包括在公司决策前即可对预决策的项目进行法律分析和论证,然后在此基础上提出相关法律意见,这些意见将有力地保证公司决策的可执行性,从而避免公司因决策失误造成重大经济损失。

【案例:企业金字塔战略模型】

企业的战略模型多呈现金字塔形。基座是企业基础战略如成本、人力、法务等保障型战略,中间层是业务型战略,如国际化、差异化、品牌等。最上层是企业整体战略,如创新与变革、社会福利与共赢等。位于塔尖的这些战略可以有效地指导企业的其他战略设定和执行。CLO 应该在企业的每一个战略和战略的每个层面都有参与。

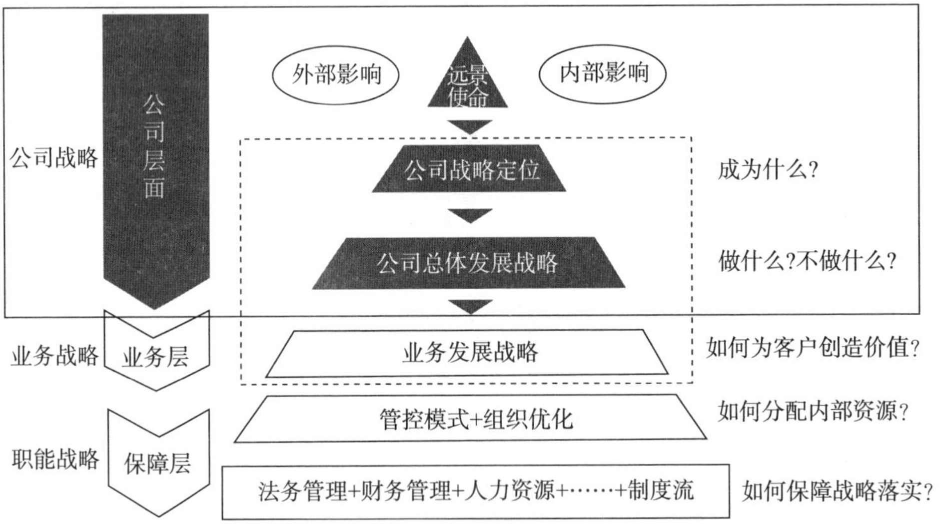

图 2.2　金字塔战略模型

2. 企业需要法务战略

企业面临日趋白热化的竞争，全球化和本地化的复杂性，政府合规监管的收紧都促使企业对法务战略产生强大的需求。合法性是企业立身之本，企业非法经营，不仅不能实现经营目标，还可能被处罚，甚至破产清算。企业经营的领域涉及的问题越复杂、越高端，越需要法务战略的指引。从长远来看，现代企业的经营，未来必须依靠一套健全的法治体系来保障；依法治企应当成为企业科学决策、民主决策的内在要求，成为企业经营行为从他律走向自律的必然选择。

【案例：雷曼兄弟倒闭】①

2008 年雷曼兄弟申请破产。这个华尔街上曾经的巨无霸，被称为“债券之王”，从无限的风光岁月走到破产的凄凉境地，不但给它的股东带来了巨大的损失，也引发了所谓的“全球金融海啸”。回顾它在短期内由盛而衰的历程，人们总结了很多原因，最重要的是其法律风险控制失效。例如，雷曼贸然进入固定收益产品、金融衍生品等业务领域，初期房地产证券化业务取得的巨大成功更让雷曼冲昏了头脑。以至于后来越发激进地扩张此类高风险业务，在高杠杆下继续裸奔，完全不顾这些复杂金融产品背后法律担保措施的缺失。

从法律方面讲，我们发现雷曼在法律风险控制战略上出现了严重的失误，雷曼犯的主要错误皆跟法律风险有关。而事后大量有毒不良资产更加暴露了当初雷曼不顾法律尽调的负面警告的事实。其风险管理基本上形同虚设，更遑论法务战略的实施。

3. 法务战略的目标

任何一项战略都需要有明确的目标导向，法务战略的目标的确定非常重要，它可以非常清晰地确定法务战略的方向和边界，让公司律师知道，哪些是应该做的哪些是不应该做的。法务战略的目标绝不仅仅是处理好一个案件或危机（虽然很多 CLO 都这么认为），他的目标要更为长远，一切法务活动都是为了提升企业竞争力，以便企业获得长久的生存和发展。

四、有始无终，法务战略如何落地

战略理念应该贯穿整个现代法务管理的始终。法务战略管理不仅是对传统的

---

① 中金：《雷曼兄弟破产原因分析》，资料来源：http://sc. stock. cnfol. com/111101/123，1764，11045671，00. shtml，访问日期：2016 年 12 月 2 日。

合同、诉讼、合规、风控等法务管理工作的战略思考，同时，也是以战略的眼光对公司律师工作的进一步拔高，并最终保证每项战略的落地和执行。但是，很多 CLO 常常犯的错误是有始无终，虎头蛇尾式的高调亮相和无疾而终的半吊子工程常常相伴相随。这严重影响了公司律师在企业的形象和地位。

这里的失败倒不都是因为公司律师的怠惰，公司律师战略无法实现的障碍因素很多，有内部流程也有外部环境的问题，但这些麻烦并不是无法解决。有很多成功做到的 CLO，为了保障法务战略的落地，常常遵循的几个步骤如下：

1. 提升法律合规的威信

与医师的处方、会计师的账本相比，公司律师的法律意见书还没有成为企业经营的必备文件。企业整个内部控制体系的合法合规性尚缺乏具体的制度和文化来保证。归根结底，法律如果在企业没有威信，公司律师做任何一件小事都很难。公司律师应该从自身做起，抓住每一次机会，努力培养企业的合规文化，树立法律在企业的威信。让企业从上到下每一个人都从心底里充满对法律的敬畏。

2. 主动拥抱市场，去行政化

市场化是公司律师的好朋友。特别是在中国，国有企业在我国的国民经济中，还占了大头，推行企业法务战略无论如何不能绕过国有企业。国有企业改革喊了很多年，去行政化却一直举步维艰。结症大家都很清楚，只有主动去拥抱市场，让市场在资源配置中发挥基础作用，激发企业活力，构建符合企业发展规律的运行机制，才能有效地推进企业法务战略。实践证明，越是市场化、国际化程度高的企业，越是重视法务工作。

3. 主动接受监管

公司律师要积极引导企业，主动接受监管并积极展开沟通。准确掌握法律政策和窗口指导的方向，把每一次的政府监管都当成一次练兵的好机会，这样企业才能前进得稳稳当当。

如果内部的法务部了解公司战略上的重点，它还可以帮助塑造企业运营的环境。监管约束则从法律方面转换到了机遇方面。例如，某条例的试行和结束，会因为你的竞争对手采用了不吻合的战略而对其造成完全不同的负面影响，则此类新的制约因素将会有助于公共利益和你的公司。

4. 法务战略流程落地

任何战略的落地都离不开流程的支持。如果法务战略没有进入企业的主流程序，基本可以判断所有的努力都会白费。从战略高度回答法律问题固然很重要，用战略的思维去影响法治思维也很重要,但如果没有从战略的高度思考法务流程的问题,这个战略就难以真正执行和落地,而这正是大部分 CLO 的见识短板。

于是,建立企业法务战略核心流程变得非常关键。这些流程就像某一条高速公路是我们抵达目的地的必由之路。在这方面,CLO 别无选择,他可以考虑的仅仅是自己建道路让别人都到自己这里跑,还是跟别人达成协议到别人道路上跑。通过核心流程的构建,法务战略与其他战略相辅相成,浑然一体。

【案例:福特公司的流程再造】①

20 世纪 90 年代,美国三大汽车巨头之一的福特汽车公司在北美的应付账款部门有 500 多名员工负责审核并签发供应商的应付账款。按照传统的观念,业务量如此庞大,有 500 多名员工处理应付款是非常合理的。

但日本马自达汽车公司负责应付款工作的只有 5 名员工。5∶500 的比例让福特公司无法泰然处之。应付账款本身不是一个流程,但采购业务却是一个业务流程,因此,公司对采购进行了流程再造。应付账款部的人员精简到 125 人,这意味着节约了 75% 的人力资源。通过流程再造不仅可以提高效率,而且可以大大减少人为错误的发生概率。

5. 法务组织保障

法务管理与企业战略呈横纵两向的契合状态,这要求公司律师能够自觉地根据环境的变化适时调整自身的目标和结构,使之保持与战略和环境的协调一致,并能够与组织的战略支持系统密切配合。此时,法务部门也成了企业的战略性资产。纵向的战略体系与横向部门合作共同构成了法务管理战略的关键维度。

为了实现法务战略,CLO 在法务内部组织的建设方面煞费苦心。虽说在法务管理体系方面,没有普适的模式,但西方 CLO 往往选择的是最有利于战略推动的集权方式,这样可以保证思想的统一和有效地上传下达。同时,CLO 要考虑公司律师在企业内部的沟通成本。特别是在国有企业,CLO 既要努力突破科层制的藩篱,在企业上下同构、职能部门间职责界限不清等复杂情况下,寻求法务战略的成功之道着实不易。

◆ 结语

虽然出于对公司律师独立性的担心,很多学者对 CLO 参与战略的质疑声音不

① 《北美福特汽车公司财会部的付款业务流程重组》,资料来源:https://wenku.baidu.com/view/ccc71b48ad02de80d4d840a3.html,访问日期:2013 年 7 月 6 日。

断。但一个个案例表明，公司法务战略与业务战略几乎密不可分。如果公司律师参与战略计划，并且鼓励和培训公司律师去超越仅仅提供法律意见，那么这个公司就可以运用法律作为战略工具了。[①]

根据ACC 2016年的最新报告，四分之三的CLO表示，他们的法律部门几乎总是与企业领导人讨论风险；三分之二的CLO说，重视其部门对决策的参与和投入，并对公司的战略规划工作做出贡献将是法律部最重要的价值。[②] 将战略思想引入法务管理的创新和实践中，法务管理就不再局限于日常的法律事务处理。法务战略管理既是对传统公司法律业务的战略性思考，又是以企业战略的视角和高度对公司律师工作的重新审视和梳理，更是敢于跳出以前的法律固有思维框架，从战略的本质去挖掘和发现法务管理的真正内涵，构建符合现代企业需要的法务管理战略框架。

战略具有前瞻性，企业应关注未来而非沉湎过去，CLO领衔的法务战略要防患于未然；战略具有全局性，法务战略要从全局性出发，立足长远并统筹规划；战略具有灵活性，法务战略为了实现利益最大化，要灵活掌握主动权，在法律许可的范围内最大限度实现公司的战略目标和利益；战略要讲究合规合法，法务战略更要协助公司管理层依法决策，为公司的长远规划保驾护航。战略具有体系性，但是至今法务战略上还没有一个体系性的研究框架。革命尚未成功，同志仍需努力。

哈默尔与普拉哈拉德在“公司核心竞争力”方面强调，企业的战略大多是选择有吸引力的行业和培养别人无法模仿的核心能力。企业战略需要企业内部独特的资源与外部环境的合理匹配。企业的核心战略思想就是重构竞争的基础与创造未来。

基于企业战略的法务管理规划就是指将整个企业的战略转化为一个实用的长远计划，以此来确定为实现企业各个战略目标而需要的法律资源。CLO应当以战略为导向，建立法律规划流程，确定公司律师工作规划方案，使法务规划活动都能与企业战略目标相一致，为企业获取竞争优势。

第二节　合规的使命，给你的企业装个刹车

> 合规是刹车，很多企业却把它当成了夜壶。

---

① [美]卡罗尔·巴斯里、欧文·卡根：《公司法律部》，李平等译，法律出版社2011年版，第81页。

② ACC：Law Department Management 2016 Report，https://www.acc.com/legalresources/resource.cfm?show=1444830，Nov 29，2016.

合规是红线也是底线,企业每一个人自上而下都应该有这种信念,清楚地知道哪些地方不可逾越。合规管理对一个跨国运营的公司尤其重要,CLO 要保证公司所经营的业务皆遵循业务所在国的法律法规,保证公司的经营始终在合法的轨道上运行,不能存在任何违法甚至倾覆的风险。

随着国家对公司监管的强化,合规管理在公司中逐渐受到重视,企业纷纷组建合规团队,输出合规计划,发布合规指引,表面功夫做得很足。但在实践中,合规在企业家口中是刹车,而实际运作中却成了夜壶。

【案例:企业合规经营形势严峻,三大核心指标大幅上升】①

上市公司合规指数的三大指标——非标报告、违规、高管责任数量在 2015 年大幅上升,体现了我国对上市公司经营监管力度的逐年加大。上市公司在经营过程中也面临着越来越复杂的内外部环境,这就要求公司的经营更加规范合规,否则将面临被处罚的危险。自 2011 年以来,我国上市公司在这三大指标上呈现整体上升趋势。而在 2015 年中,非标报告、违规、高管责任的绝对值数量均大幅超过往年,其中高管责任上升尤为明显,2015 年达到 493 次,是 2011 年 110 次的近五倍。

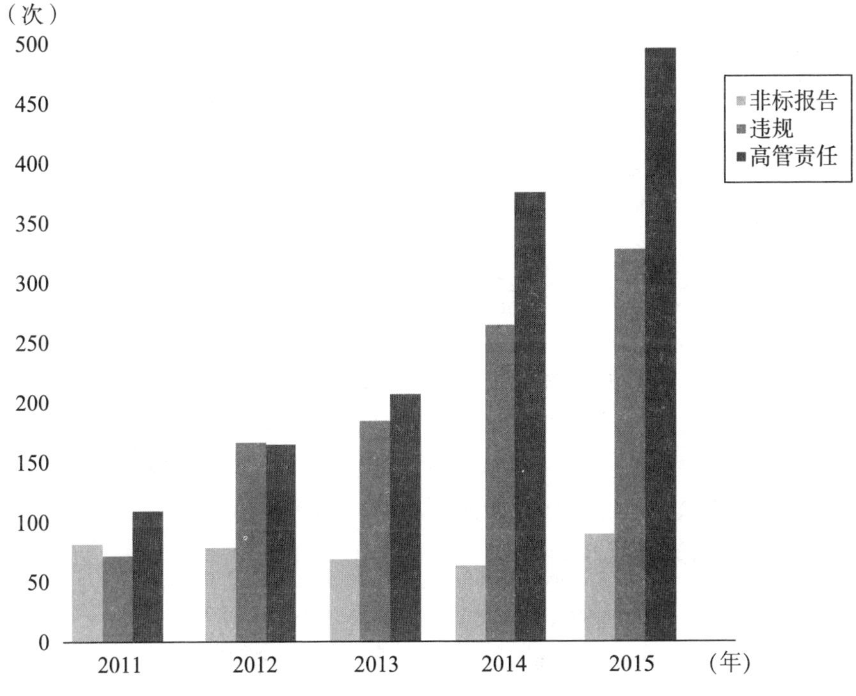

图 2.3　三大核心指标上升状况

---

① 《2016 中国上市公司法律风险指数报告》,资料来源:http://www.legaldaily.com.cn/zt/content/2016-10/23/content_6848134.htm? node=83962,访问日期:2016 年 10 月 30 日。

一、什么是合规

> 如果公司不违法,合规就应该跟公司站在一起;如果公司蓄意违法,合规就应该与它们分道扬镳。

“合规”(Compliance)一词来源于美国,本意是遵从和遵守。19 世纪 30 ~ 40 年代,一些国际大型商业银行,如美国大通银行,英国汇丰银行、渣打银行等,就已开始意识到合规管理的重要性。因此,美国人研究合规的时间整个算起来也有将近一个世纪的历史。

风险管理的主要目标在于实现合规性、获得股东的信任、作出更为明智的商业决策及提高企业的运作效率。[①] 合规从业者对成功的合规管理所能带来的益处更是心生向往,认为能够为企业获得更多的价值。

在法律合规圈有个说法,如果你没有在美国学习朝圣或在美国做过跟合规有关的工作,你都不好意思说自己是做合规的。话虽然说得绝对些,但不得不承认,如果你想真正地学习合规,不去美国法学院或者司法部门闭关个十年八年都不一定能融会贯通。

在中国,合规的起步要晚得多。有关合规方面最早的实践,有案可查的是2002年中国银行总行“法律事务部”更名为“法律与合规部”并设首席合规官(Chief Compliance Officer,CCO)。此后,中国大型商业银行都陆续开展了合规风险管理,如 2003 年中国建设银行总行法律事务部设立合规处,2005 年又单设合规部,负责合规风险管理事务。在各商业银行实践的基础上,上海银监局于 2005 年制定了《上海银行业金融机构合规风险管理机制建设的指导意见》;2006 年,中国银监会出台了《商业银行合规风险管理指引》,此后,国内银行业基本都开始了合规管理。所以中国企业的合规管理总共也就十来年的历史。

不管我们对美国的长臂管辖有怎样的意见,我们都要感谢美国对全球合规理论和实践的推动。目前,全球一半以上的大型合规事件都跟美国政府直接或间接的监管有关,他们从立法、监管到执行的水平都已经甩开其他伙伴几条街。让我们抱着谦虚甚至虔诚的态度,来学习吧。

【案例:美国法的长臂管辖效应】[②]

美国反腐败法案最被人诟病的就是他的长臂管辖,通过法律上的设计,属人管

---

① [美]保罗·霍普金:《风险管理》,中国铁道出版社 2014 年版,第 68 页。

② 赵何璇:《〈美国海外反腐败法〉管的到底有多宽?》,载《国际合规法律问题实务与观察》微信公众号,访问日期:2015 年 10 月 10 日。

辖和属地管辖的结合,美国将其国内法几乎适用到全球任何一个角落。2014 年底的统计显示,在 FCPA 历史罚金排行榜前十位中,传统意义上的美国公司居然只有两家,剩下八家全是非美国公司(还有七家是欧洲公司,一家是日本公司),而有统计显示,非美国公司缴纳的罚金是美国公司的四倍。从这个角度看,美国作为世界警察确实当之无愧。

COMPANY	COUNTRY	PENALTY (Millions)	YEAR
Siemens	Germany	$800	2008
Alstom	France	$772	2014
KBR/Halliburton	USA	$579	2009
BAE	UK	$400	2010
Total SA	France	$398	2013
Alcoa	USA	$384	2014
Snamprogetti Netherlands B.V/ ENI S.p.A	Netherlands /Italy	$365	2010
Technip SA	France	$338	2010
JGC Corporation	Japan	$219	2011
Daimler AG	Germany	$185	2010

图 2.4　FCPA 罚金排行榜前 10 名

在搞懂合规之前,先抛出三个问题来分析下。一般来说把这三个问题搞清楚了,基本上也就知道合规的真正含义了。

问题一:合规管得有多宽?

在很多与业务的争执中,合规人员被揶揄最多的就是你们管得够宽的,这个一点没错,合规的确可以管得很宽。有些合规部门没有把局面打开,只是因为他们把自己的涉猎范围有意无意地蜷缩在一个特定的范畴内,这只是合规部自信和眼界的问题,跟合规管辖的边界无关。

【案例：ACC 有关 Compliance 的分类】

Competition
Canadian Competition Act
EU Competition Law
U.S. Antitrust

Cross-border
Canada Anti-Corruption
FCPA/Anti-Corruption
OFAC Sanctions and Embargoes
Third Party Risk Management
U.S. Export Controls

Data Privacy and Security
EU Data Privacy
Fair and Accurate Credit Transactions Act
HIPAA Privacy and Security
Information Security
Record Management

Financial Integrity
Conflict Minerals
Conflict of Interest
Fraud
Insider Trading
Internal Controls and Investigations
Money Laundering

General Business
Appropriate Internet Use
Attorney-Client Privilege For Employees
Business Gifts & Courtesies
Canada's Anti-Spam Law (CASL)
Careful Communication
Code of Conduct
FERC
Government Contracting
Marketing Compliance
Patents, Trademarks & Copyrights

Workplace
Americans with Disabilities Act
Discrimination/Harassment
Dodd-Frank Whistleblowing
Fair Labor Standards Act
Family and Medical Leave Act
Union Avoidance
Worker Classification
Workplace Bullying
Workplace Retaliation
Workplace Safety and Health
Workplace Violence

参考全球 CLO 协会(ACC)有关合规的分类，我们可以发现美国人对合规所定义的工作内容真是非常丰富，具体来讲，合规包括有属于竞争法的反垄断，有属于金融业的行业监管，有属于贸易法的出口管制，有隐私保障和数据安全，有公司治理的内部控制和反洗钱，有属于商业准则的礼品和反商业贿赂，还有劳动就业的工作环境等方面的法规。可以说，美国公司的合规工作覆盖了公司内外的广泛业务层面。

中国先一批出海的企业也已经尝到了合规监管之手伸得很长的滋味，例如中兴遭遇的出口管制、三一并购受到美国安全调查、小米手机个人信息泄露受到质疑、中资银行业的反洗钱、资源行业的反垄断、制造业的反歧视劳动等。

问题二：合规遵循是要遵循什么？

合规的字面含义是“合乎规范”，因为合规管理最早来自金融业，所以合规还是要从金融业说起。在中国的《商业银行合规风险管理指引》中是这样定义的：

“合规,是指商业银行的经营活动与法律、规则和准则相一致。所谓法律、规则和准则,就是适用于银行业经营活动的法律、行政法规、部门规章及其他规范性文件、经营规则、自律性组织的行业准则、行为守则和职业操守。”

然后把合规从金融业放眼到全行业,合规的触角无所不在。总的来说,合规管理就是要通过加强管理,使企业的经营合乎相关的法律、规则和准则,以减少和消除合规风险。

问题三:合规和经营冲突吗?

合规和经营业务到底冲突吗?答案是非常肯定的,一定冲突;除非业务人员合规意识确实太强了永不犯错或者合规已经跟业务同流合污;否则不存在任何第二种答案。不和业务冲突的合规那不叫合规业务,而叫法律业务。公司法务部人员可以尽可能地协助业务,设计可行的法律结构,规避法律风险,最终促成交易,而合规不能这样做。巴黎银行的合规人员就是因为这种错误地成就业务的思维而导致最终被罚款 89 亿美元,直到被调查时他们还坚称合规不能成为业务的绊脚石。因此,在很多美国大公司,合规与法律都像 CLO 的左右手,CLO 的右手(首席律师或者法律总监 GC)是用来吃饭做事的,左手(合规官 CCO)是用来监管表决的。

从上面的分析可以得出,合规可以管得很宽,合规遵循的是内外部规范,合规与业务的冲突不可避免。知道合规是谁派来的吧,他更多的是代表股东和监管的利益。如果公司不违法,他们就应该站在一起;如果公司蓄意违法,他们就可能分道扬镳。

二、一个人的部队

> 一个合规官解决不了的问题,再多十个帮手也没用。

1. 华为战略的启示

【案例:瓦格尼亚人捕鱼】

2010 年,爱尔兰摄影师 Andrew 记录下了瓦格尼亚人在刚果博约马瀑布附近捕鱼的瞬间。瓦格尼亚人编制巨大的木篮,放在每秒流量 2.8 万立方米的刚果河中,湍急的河水会把鱼推到木篮里。瓦格尼亚人捕鱼时必须非常专注,否则就会被河水卷走。这种古老的捕鱼方式已经持续了数百年。

图 2.5　瓦格尼亚人捕鱼

华为的创意广告即使用了这张图片,尤其他的广告词写得非常霸气:“不在非战略机会点上消耗战略竞争力量”。之所以用这张瓦格尼亚人古老的捕鱼方法来做广告,华为的思想非常清晰:聚焦于大数据洪流中的战略性机会,不在非战略机会点上消耗战略竞争力量。科技行业瞬息万变,聚焦才能走远,也许制定这一聚焦战略并不是难事,但难的有两点,一是看准方向,二是坚持。

华为对战略的经典诠释同样可以适用到合规管理,如果一个公司的合规官什么都想做好,结局基本上都比较悲惨,如果把过多的精力消耗在日常的细小事情上,那么合规官在重大事情上就难以保证充沛的精力。一个成熟的合规官善于紧跟公司的核心战略和重点项目,并投以主要精力进行研究,保证在大事上不出违法违规的问题。

2. 合规向来不以量取胜

合规虽然不强调个人英雄主义,但绝对不以量取胜。事实上,大部分公司的合规组织都很小,但对每个合规人员的要求却非常高。大部分合规部就是合规官加两个副手,其职责确实要把所负责的整个国家或者区域的合规事务都承担起来。

如果一个成熟的合规官解决不了的问题,似乎再多十个帮手也没有多大用处。合规官大部分时候都是一个人的部队,即单兵作战,但其统筹和协调的手法和作战能力就像一个部队。看过史泰龙第一滴血一定会理解,这里对合规官的能力提出了极高的要求。

3. 能力有多大,责任就有多大

监管部门为了健全合规机构和合规队伍,会不断提出各种要求。虽然涉及公司的董事会、高级管理层、具体职能部门和具体合规人员等各个层面。但最为关键的还是着重强调了董事会层面和高管层面的安排。监管很清楚,合规从来走的都是高层路线。

例如，巴塞尔银行监管委员会在《合规与银行内部合规部门》中专门规定了董事会的合规职责，包括审批合规政策并确保其制定适当，监督合规政策的实施，在全公司推行诚信与正直的价值观念等。董事会可以设置专门的合规委员会或要求审计委员会承担上述职责。在公司高级管理层层面，巴塞尔银行监管委员会在《合规与银行内部合规部门》中指出合规官的设置要求，“每家银行应该有一位执行官或高级职员全面负责协调银行合规风险的识别和管理，以及监督其他合规部门职员的工作”，该执行官或高级职员被称为“合规负责人”。为保持其独立性，合规负责人应独立于经理层，直接向董事会负责，并有向股东及监管部门报告公司合规状况的权利和义务。

对于合规官主持的合规部门，保持其独立性是最重要的原则。在与其他部门的职能分工上，合规部门应侧重于对公司所有组织及其活动的合规风险的持续管理，但不宜对公司各业务条线及其活动中的市场风险、信用风险、操作风险进行具体的监测与评估。这对合规人员的统筹和驾驭能力提出了挑战。

4. 个人能力胜过团队能力

一个胜任的合规官到底应该具有什么样的能力，让我们看一下跨国公司对合规官的苛刻要求可能会更加明白。因为承载太多的责任和压力，这样的合规官职位奇货可居，百里挑一也不过分。

Code Compliance Officer: Job Description and Requirements

Learn about the education and preparation needed to become a code compliance officer. Get a quick view of the requirements as well as details about schooling, job duties and licensure to find out if this is the career for you.

Show Me Schools

View 10 Popular Schools »

Essential Information

Code compliance officers are known by a few different titles, including building inspectors and code enforcement officers. They work primarily in the construction industry, with their chief job duties centered on inspecting buildings for safety and structural integrity to ensure that they conform to government regulations and laws. They are tasked with ensuring that buildings meet building codes set forth by the International Code Council (ICC) as well as other local principalities that have a stake in the location that is being developed. Code compliance officers need to have proper training and knowledge of codes, ordinances, and regulations and, sometimes, an associate's degree.

Required Education	High school diploma or equivalent; College coursework or associate's degree may be required
Other Requirements	License and/or certification required depending on the state
Projected Job Growth (2012-2022)	12% (for construction and building inspectors)*
Average Salary (2014)	$58,430 (for construction and building inspectors)*

*Source: *U.S. Bureau of Labor Statistics.*

图 2.6　合规官的职位说明与要求

三、大多数的合规部门都形同虚设

> 合规不独立,则合规无价值。

1. 不独立,则合规无价值

很多跨国公司和金融机构都设置了法律合规部门,但不得不承认一个残酷的事实,大部分企业或机构的合规部门都缺乏独立性,没有独立的话语权,合规的意见完全看老板或 CEO 的心态,合规部基本上是个附属的边缘部门,这与政府和社会对其寄予的深厚期望大相径庭。可以说 80% 的企业合规部门基本上形同虚设。

【案例:必和必拓被美国证交会处罚】[①]

2015 年 5 月,澳大利亚矿业巨头必和必拓(BHP Billiton)公司提交给美国证券交易委员会(SEC)的文件显示,已经支付 2500 万美元罚款了结 SEC 关于其在 2008 年奥运会期间行贿的指控。起因是 2008 年奥运会期间,必和必拓为一些政府官员每人提供超过 1 万美元的招待费。

美国司法部从 2009 年开始对必和必拓在澳大利亚及一些亚洲国家的活动展开"执法行动",其中就包括必和必拓在 2008 年奥运会期间的一些行为。必和必拓是 2008 年奥运会的官方赞助商之一,作为赞助回报,必和必拓可在奥运会期间使用奥运商标公示和广告,优先获得门票和套房。调查显示,必和必拓邀请并赞助 176 位政府官员、国有企业的员工以及 102 名官员配偶参加 2008 年奥运会,最终有 60 名官员和 24 位官员配偶参加。SEC 表示,受到赞助的嘉宾主要来自非洲和亚洲国家,在为期三四天的奥运会之行中,必和必拓为他们提供了包括活动门票和酒店住宿在内的招待套餐,每套花费 1.2 万美元至 1.6 万美元。SEC 方面称,这些官员有的能帮助必和必拓发展业务,有的是与交易有关的政府监管官员。

按照官方的说法,必和必拓方面承认邀请政府官员参加奥运会增加了违反反腐败法(FCPA)的风险,但是该公司没有实施足够的内部控制来避免风险。必和必拓要求相关工作人员为他们打算邀请的每一个人都填写一份招待申请表,但公司合规部未给员工就如何填写表单或评估贿赂风险进行过专业培训。许多招待申请走过场,致使必和必拓向那些涉及正在进行的合同谈判或交易审批的政府官员发出了邀请。

---

① 《必和必拓被罚 2500 万美元　被认为 08 年奥运提供招待费》,资料来源:http://intl.ce.cn/sjjj/qy/201505/22/t20150522_5430549.shtml,访问日期:2016 年 5 月 1 日。

在 SEC 看来,必和必拓的合规部门形同虚设,没有确保有意义的编制、审查和请求批准的程序,违反了《美国反海外腐败法》的内部规定。SEC 方面与必和必拓最终签署了和解协议,必和必拓需在一年内继续向 SEC 报告其海外反腐败的操作和反腐败的合规计划。

从必和必拓一案中,我们基本可以看出美国政府监管的态度,即看一个企业的合规是否胜任,不是看他做了多少制度和表格,而是看他的主观意图和执行细节。例如,这次美国处罚必和必拓的理由虽然仍用的是大帽子"反腐败反贿赂",但直接援引的法律条款是"没有完整地记录账目以便如实地反映交易",必和必拓合规制度和文件制作水平应该属于世界一流,但因为蓄意违法,假意执行,最终没逃过 SEC 的监管和处罚。

2. 无批评,则赞美无意义

必和必拓的合规主管真的不知道如何执行吗?其实,从事前的合规文件和事后他们的对外公告可以看出,这都是一个相当专业的合规团队,真正的问题出在法律合规部门的独立性上。

无批评则赞美无意义,无独立则合规无价值。因为受到太多业务部门的干涉以及公司高层的隔靴指导,公司合规部门的意见被大打折扣。所以,很多时候不得不违心地出具肯定的法律意见。

【案例:Money Gram 合规官受罚案】①

Money Gram 是一家负责现金转账服务的公司,客户可以通过其代理的全球网络平台转移资金。但是 Money Gram 却没有履行反洗钱的义务,被作为一个洗钱渠道运用,因此受到政府的惩处。Money Gram 的合规官 Thomas Haider 也被美国 Financial Crimes Enforcement Network("FinCEN")起诉,其起诉的理由主要是他未能有效地实施纪律政策并及时提供相关文件,导致洗钱行为没有得到有效的控制,且规模日益扩大,致使 Money Gram 的客户遭受到了巨大的损失。因此,最终判罚 Haider 承担 100 万美元。

3. 合规是法律底线还是商业选择

如果问一百个人,合规解决的是法律底线还是商业选择问题?估计大部分人会说是法律底线。但在真正合规的执行中,大部分人却选择了后者,即合规要让位

---

① DOJ: Manhattan U. S. Attorney Sues Thomas E. Haider, Former Chief Compliance Officer Of Moneygram International, Inc., For Violating The Bank Secrecy Act, https://www.justice.gov/usao-sdny, April. 01, 2016.

于商业的选择,合规不能成为业务的拦路虎。这构成合规理论和实践的悖论。

【案例:法国巴黎银行苏丹违规交易案】[①]

2014年因违反美国制裁古巴、伊朗等国的规定进行数百亿美元金融交易,法国最大银行——法国巴黎银行与美国监管机构达成和解,罚金90亿美元。这一罚款招致法国巴黎银行当年的巨幅亏损。具体来说,巴黎银行触犯的是美国爱国者法案。该法案是在2001年"9·11"恐怖事件后,由美国总统小布什签署颁布。该法案以防止恐怖主义为目的,不仅扩张了美国警察机关的权限,也扩张了美国财政部长的权限以控制、管理金融方面的流通活动,特别是针对与外国人士或政治体有关的金融活动。

法国巴黎银行的违规行为主要集中在2002年到2009年法国巴黎银行对苏丹石油的贸易融资业务中,他们企图通过设计一些机构规避美国的监管。这一切使该银行的合规人员处于一个相当尴尬的境地,据内部邮件反映,就苏丹项目法国巴黎银行高级合规人员称:虽然知道有极大合规风险,但是仍然同意继续贷款以支持苏丹企业,并指出合规不能阻碍业务的发展,巴黎银行和苏丹企业合作是历史性的。

巴黎银行的案例显示,银行确实是在有计划和系统性地规避美国的监管,合规人员甚至都参与其中,违法事实无可争辩。而在这样的实践中,合规人员仅仅简单地提示风险,而没有进行有效的坚持和否决,没有履行其有效监管的职责。因为如果只是提示和分析风险的话,任何一个外部律师都可能会比内部合规人员做得更好。

如果合规不被重视,业务就会恣意妄为。日常工作中合规意见常常被业务部门篡改,那么合规工作人员就无法安心工作,况且这样合规部门真的没有存在的意义。很多公司的合规人员正是抱着这样一种破罐子破摔的心态:该说的风险我都说了,你们自己看着办吧,然后把自己置身于事外。合规真的可以这样继续下去吗?

四、合规应该狼狈为奸,还是甘当汉奸

如果还没有公司内部举报机制,现在做还来得及。

① 朱艳亮:《巴黎银行被美国重罚意味着什么?》,资料来源:http://finance.sina.com.cn/world/20140723/015119787375.shtml,访问日期:2015年7月23日。

1. 合规如何独立

巴塞尔银行监管委员会曾经在《合规与银行内部合规部门》文件中对独立性有详细的阐述，独立性主要包含四个相关要素："第一，合规部门应在银行内部享有正式地位；第二，应由一名集团合规官或合规负责人全面负责协调银行的合规风险管理；第三，在合规部门职员特别是合规负责人的职位安排上，应避免他们的合规职责与其所承担的任何其他职责之间产生可能的利益冲突；第四，合规部门职员为履行职责，应能够获取必需的信息并能接触到相关人员。"

有专家说，巴塞尔银行监管委员会是在放水。因为人们总是不禁要问，是不是说，机构按照委员会的要求，给予合规部这样的安排，合规部就具有独立性了？答案显然是否定的，这些条件只是设立合规部门的基本要求，否则就不能称其为合规部。合规部要具有真正的独立性，必须从以下几个方面更进一步地努力才行。

首先，合规部门要独立于其他业务部门，应实行与其工作目标保持一致的独立预算管理和独立薪酬、考核体系，必要时应有权外聘专家协助开展合规管理工作。如果管理层重视监管应该不难做到这些。

其次，合规部门要独立于管理层，不受管理层的影响和指挥。比如设置合规委员会并直接和董事会汇报，就像现在公司治理中审计委员会的地位一样。这样的要求吃过大亏的有些公司的确做到了，但大部分公司还没有这样的设置或者根本没有这样设置的打算，因为这样会大大削弱管理层的权威和权力。

最后，如果再激进些，合规部门完全独立于公司，成为一个设在公司内部的独立组织，从功能上，它更像一个设在内部的外部监管部门。在这种模式下，合规部门绝对独立，但问题是哪个机构和公司愿意设置这样的奸细部门，除非是监管部门强制要求。

2. 合规若被追责，还能否袖手旁观

如果你觉得第三种方案是天方夜谭（是的，即使是合规从业人员都认为是痴人说梦），那么我们看看以下两个案例，可能会有不一样的思考。

【案例：FCA vs 贝鲁特银行 Wills】①

英国的 Financial Conduct Authority（"FCA"）曾经要求贝鲁特银行伦敦分行对金融犯罪风险的漏洞做出整改。公司安排合规官 Wills 与 FCA 对接工作，Allin 作为内部审计员，为 FCA 提供相应的审计信息。但是，在与 FCA 对接的过程当中，

---

① FR：FCA fines "misleading" Bank of Beirut UK £ 2.1m，http：//www.financialreporter.co.uk/finance-news，March.09，2015.

公司对两人的汇报工作进行了限制,要求他们在与 FCA 的沟通中注意言辞,要一切从公司的利益出发。

东窗事发后,FCA 不仅处罚了贝鲁特银行,同时对两人也做出了严厉惩罚。理由很清晰,即"两人合规和审计的身份决定,他们应该独立地行使自己的职责,不管公司管理层是否会施加影响",最终,FCA 对 Wills 和 Allin 分别处以 19600 英镑和 9900 英镑的罚款。在这场贝鲁特银行和 FCA 斗智斗勇的战争中,Wills 和 Allin 无情地成为牺牲品。

在这起处罚案中,因为银行高层的指示,Wills 和 Allin 向 FCA 提供了一些误导信息,这被 FCA 认定为严重违背职责的行为。FCA 认为,合规官员和内部审计员作为第一道防线,应该支持公司的有效监管,即使是受到同事和高层的影响也应该坚守。

FCA 话说得很漂亮,却把合规人员逼退到一个进退维谷的境地。如果合规人员不听公司安排,估计连基本的饭碗也保不住。如果合规人员跟公司一同造假而沆瀣一气,则可能受到监管机构的处罚,现在还只是经济处罚,最后埋单的可能还是公司,说不定合规人员还会因为勇于担责而得到晋升。但如果以后上升到刑事责任呢?并不是每个合规人员都愿意为此付出自由的代价吧!

3. 美国的狠招——举报者法案

美国法律非常细致,他已经考虑到了法律合规人员的难处,因此举报者法案顺势出台。从《萨班斯—奥克斯利法》(Sarbanes - Oxley Act)(以下简称《萨班斯法》)开始,美国立法部门就一直在考虑如何鼓励企业内部人员举报企业的不法行为,到美国《多德 - 弗兰克法案》,为这一计划提供了具体的法律保障,并对举报者提供反报复保护。各家公司必须特别谨慎地处理反映潜在不法行为的报告;否则,降职或解雇这样的人就会引发诉讼或 SEC 的执法行为。让我们再看另外一个案例,是关于公司内部告密者的,很有意思。

【案例:沃尔玛墨西哥行贿案】

2012 年,全球最大零售连锁企业沃尔玛曝出行贿丑闻,其墨西哥分支机构的高管涉嫌行贿数百次以换取开店许可,攫取市场份额,行贿总额高达 2400 万美元。据《纽约时报》报道,沃尔玛美国总部的高管在 2005 年就已获知行贿指控,他们收到沃尔玛墨西哥公司前高管举报信,内容为"沃尔玛墨西哥公司如何为占据市场主导地位而精心谋划一场行贿活动",但是未能及时警告美国总部。沃尔玛行贿事件一被媒体报告就迅速发酵,数位高管也被迫辞职。

同样是举报,美国证券交易委员会针对一家对冲基金及其大股东曾经提起了第一起这样的诉讼。当时,这个对冲基金称,公司首席交易员举报这家公司可能存在违反证券法的行为,事情曝光后,他随即辞职。无独有偶,据中国媒体报道,2014年,在举报沃尔玛使用过期原材料制作熟食,且炸鸡用过的油一个月不换之后,沃尔玛深圳洪湖店4名员工等来的不是企业的道歉,而是自己的解聘合同书。

告密者向来被世人所不齿,甚至被称为内部汉奸。但是,如果举报者举报的是公司的不法行为,例如汽车安全缺陷或者有毒食品,他们的这种行为就应该被认为甚至被称赞为勇敢。美国近几年鼓励举报的行为正是要深刻地改变告密者的形象以及解决告密者的后顾之忧。

【案例:美国吹哨人计划】①

2016年,SEC吹哨人办公室对外宣布,在吹哨人计划推行的5年时间里,SEC共发放了1.07亿美元奖励给33名吹哨人,也就是平均每名吹哨人拿到了300万美元的奖励。

根据吹哨人计划的规则,如果吹哨人举报信息最后导致SEC成功进行了调查并开出100万美元以上罚款,吹哨人将可以得到相当于罚款金额10%至30%的奖金。当然,并不是每个吹哨人都能拿到千万美元级别的奖励。

吹哨人计划(Whistleblower Program)这个名字源自于"吹哨"一词,在美国俚语中意为"告密"。吹哨人办公室当天还宣布,SEC为一名提供了公司证券欺诈行为线索的吹哨人颁发2200万美元的奖励。这名吹哨人举报的正是自己的雇主,并在SEC的调查过程中提供了大量协助。这是吹哨人计划自2011年推行以来第二大金额的奖励,此前SEC曾在2014年9月发布了一项3000万美元的奖励,并在2016年3月和2013年10月分别颁发了1700万美元和1400万美元的奖励。

我们来看看吹哨人办公室主任是怎么评价这次2200万美元的奖励的:"公司内部雇员有独特的幕后优势去发现复杂、隐秘的违法行为。如果没有这名吹哨人的勇气、线索及协助,光依靠执法部门自身去发现这宗证券欺诈案将极其困难。"

那么,这么大金额的奖金是如何计算出来的?到底如何举报呢?你只需要通过吹哨人办公室网站的在线申报系统进行举报,或者将材料邮寄到位于华盛顿的吹哨人办公室。通常你需要提供的信息包括:举报的事件及其参与者、牵涉的产品以及少量你本人的信息。如果你手上握有的资料翔实可信,整个举报过程大概半个小时内就可以完成。SEC也会保护你的隐私,不会透露你的个人信息,并做好相关保密工作。

举报途径如此方便快捷,而奖金诱惑又如此之大,还能顺便荡尽胸中不平之

① 何已嗔、健君:《美证监会:法律合规风控成为千万富翁不是梦》,载《公司首席法务官》微信公众号corporate CLO,2016年9月6日。

气、为正义贡献绵薄之力,难怪来自世界各地(包括中国)的人们争先恐后向吹哨人办公室进行举报。

对于 SEC 的重奖,也引发了诸多讨论。例如,作为企业的雇员,特别是法律合规或者风控审计人员,当企业真的做了违法的事情(如有毒食品或不良药物),他们是应该充当令少数人认可和感激的保密者,还是成为政府和公众赞赏的举报英雄?这确实令很多从业者左右为难,必须要有舍生取义的精神才能勇敢站出来充当举报人。

美国有关举报者的法案威力无穷,想想都让违法的公司不寒而栗。这个法案能让各家公司三思而后行的地方在于,领到奖励的举报人中,在职或前员工占了40%,而在这些员工中,80%的人一开始都是在内部提醒人们注意。它意味着,如果问题没有及时得到解决,任何一个通过公司内部汇报渠道报告可能的违规行为的人,都是潜在的举报者,这里面当然包括最清楚违规真相的合规人员。

4. 你的企业有内部举报机制吗

举报者是对公司已经心灰意冷的状态下,被迫向外部监管机构举报。事实上,大部分的检察机构收到的举报都不是临时行为,而是举报者酝酿很久的事情。与其让举报者走投无路,将企业的丑事公之于众,为什么不在他们将脚步迈向政府前给举报者一种内部渠道进行申诉,无论怎么算,这都是对企业非常划算的、有百利无一害的聪明之举。

因此,企业如何设计一套卓有成效的内部举报者机制就显得尤为重要。其实,也有很多企业都设置了这样的机制,但他们内部举报机制遇到的最大问题是信赖问题。企业往往在收到举报者的申诉时的第一反应是把问题掩盖住,设置规劝举报者放弃举报,这样的愚蠢行为会让企业的举报机制变得毫无信用。

CLO 如果真的想让举报机制发挥作用,首先,要获得董事会至少 CEO 的真心支持。实践证明,如果公司最高层不重视,大部分举报机制都成为花架子。其次,要让大家知道,企业对一切违法违规行为是零容忍,绝对不会护短。最后,也是最重要的,要设计好保密机制、奖励方案和保护举报者方案(例如美国的反报复法案),这样才能真正地广开言路,将违法违规的行为消灭在萌芽状态,为企业的健康有序发展扫除障碍。

前进一步是悬崖,后退一步是沼泽。大公司的合规官和他的大 BOSS 都在痛苦地思考这样一个问题:合规部应该与公司狼狈为奸还是勇当“汉奸”,其实要解决这个问题,必须回到文章开头提到的三个进阶式选择。你还记得吗?我们刚走到那里,而美国已经走过那里了!

五、法律合规人员被追责是绝对的利好

> 只有将那些有血有肉的人绳之以法才算公平。

1. 一个危险的倾向

看西方国家最新的合规监管动态，我们可以发现一个细微的变化，当然这仅仅还是一种政策倾向，即合规主管要对自己的法律合规工作负责，如果其服务的东家出了合规问题，那么他以及他的大领导 CCO 和公司 CLO 都难辞其咎。于是，这个问题就变得更加棘手了。

【案例：把自己送进监狱的 CLO】①

一项统计显示，在安然作假事件后，美国加强了对 CLO 为代表的公司律师的责任调查和追究，仅在 2005 年，就有几十起调查事件被提起，而其中有三个公司的 CLO 被提起刑事起诉，最终有两名 CLO 被定罪，其中 Rite Aid 的 CLO 虽然已经 76 岁高龄，但因为其在政府调查过程中有故意欺诈和隐瞒掩盖会计舞弊的行为，法庭在量刑上并没有做任何减轻。

2. 企业合规人员是否真的会被追责

据华尔街日报报道，美国纽约州正在寻求通过一项关于反洗钱和反恐怖主义融资的新法。根据这部法律，企业合规官如果做出虚假陈述和保证，将被追究民事甚或刑事责任。据称，华尔街金融合规从业人员闻风而动，大量从事合规的高级管理人员人人自危，纷纷选择辞职。

真有这么夸张吗？

合规从业人员对此项立法的反应过度，有点不经大脑，上述案例对合规人员的处罚正是监管机构对这个群体逐渐重视的一个表现。事实上，如果合规人员被赋予充分权力和独立地位，如果其他做出决定的高管也被追责，那他们还会质疑被不公平地追责吗？所以，问题的核心不在合规人员是否被追责，而应该把焦点放在合规人员的权力和责任是否匹配上。“承担多大责任，就要被赋予多大权力”，这正是立法机关正在开始着重考虑的问题。但无论如何，这样的法律改革方向都应该是法律合规从业人员的福音而不是噩耗。

---

① Deborah A. DeMottT, the Discrete Roles of General Counsel, “Fordham Law Review”, Aug. 16, 2005.

3. 美国公司高管的责任

从美国司法部的官方表态看,如果公司违规进而构成犯罪,那么其公司高管也要承担个人刑事责任,这里的高管可不仅仅是合规官,事实上,他可能仅仅是排在最后的公司高管。

【案例:美国公司不法行为的个人责任】①

2015 年,美国司法部发布《公司违法行为的个人责任》(Individual Accountability for Corporate Wrongdoing)指令。这是司法部推出的一个重大政策性指令。司法部有意表明:在打击公司犯罪的过程中,司法部决心把追究个人责任作为首要任务。而被调查对象如果想要获得从轻发落,就必须配合司法部查出具体责任人。该法的起因在于,司法部一直受到美国广大普通民众的批评,指责其过于放任华尔街的高管。自 2008 年经济危机以来,虽然华尔街高管们掌舵的公司因为违法行为已经向美国政府支付了巨额罚款,但是还没有一位华尔街高管被判入狱。

《公司违法行为的个人责任》又称为 Yates Memo,美国司法部副部长 Sally Q. Yates 是始作俑者,她非常鲜明地指出:"公司必须要通过有血有肉的人才能实施犯罪行为。因此只有将那些实施犯罪的人绳之以法才算公平。政府需要确立民众对司法公正的信心。不管是普通老百姓还是高管犯罪,我们的司法体系必须要无差别对待犯罪行为。"

如果公司想要争取司法部不起诉该公司,公司必须向司法部指认全部涉案个人,不管该个人的职位高低,并且公司必须向司法部提供关于非法行为的全部事实。刺破公司面纱,直接追究高管个人责任,这真的是对违规行为的绝杀。

六、合规从来走的都是高层路线

> 如果得不到以 CEO 为代表的高层管理人员的深刻理解和全力支持,那么合规部门再怎么积极,他们的合规工作基本上就是白做。

合规工作与公司财务和人事工作截然不同,财务和人事的工作性质决定了他们是每天大家都会使用的多频交易和工作必需,如果财务和人事工作不主动,就会受到企业内部各单位的投诉,而合规工作不主动,除非是出了事故或纠纷诉讼,估

---

① Lexology, New DOJ policy regarding individual accountability for corporate wrongdoing, http://www.lexology.com/library/detail, Sep. 09. 2015.

计没有一个部门会关注合规部门的工作。但是,如果合规主动地进行监管工作,则会受到各方面的阻力,在这个点上,合规更像审计一样遭人讨厌。其实合规比审计更加悲惨,因为大部分时候,审计都会得到上层强有力的支持,公司 CEO 对公司审计的工作也是非常用心和重视的,而合规并没有这样的幸运和待遇。

1. 获得 CEO 和董事长的支持比什么都重要

合规遵循是自上而下,而不是自下而上。这一点在巴塞尔协定和银行合规准则中都有要求。很多公司的法律合规部门为了开展工作,一开始就从员工做起,设计了花样繁多的合规课程和论坛,但却收效甚微。这是因为,合规遵循本身就是公司治理中的上层建筑,CEO 或董事长针对合规的一句称赞可能超过合规部门半年的培训效果;反过来,如果他们不重视,员工自然会对合规部门更加反感。在这样的环境中开展工作真的很难。但无论如何,合规人员都不要气馁,要积极争取上层领导的重视和支持。

2. CEO 为什么要支持你

没有一个 CEO 喜欢合规人员,但他也离不开合规人员。合规官也不要期待 CEO 会喜欢你,一个非常喜欢和关注合规的 CEO 平时会是什么样子不知道,但他应该可能不是一个胜任的 CEO。

他不喜欢不代表他不会支持你。寻求 CEO 的支持比让他喜欢更容易也更实惠。因为合规只要让他知道不合规的严重后果即可。特别是你告诉他,如果不合规的记录会影响他以后的职业经理人生涯时,他会非常主动地跟你探讨合规事宜。大部分时候你只要让他对自己负责,同时,也就是让他对公司负责了。此时,合规工作也容易得到 CEO 的支持。

3. 老板最怕的是刑事责任

相对于职业经理人 CEO,合规要获得老板的重视会更加困难。很多老板对合规嗤之以鼻,特别是在潜规则盛行的环境下,让老板相信法律和规则的力量都是件吃力不讨好的事情。

但有个非常有趣的现象,根据《法制日报》关于中国企业家犯罪的报告,大部分企业家对最易触犯的十大罪名都了然于胸,这说明企业家不是不关注合规,他们只是想在财富和违法之间的博弈中获取更多的利益,最好是能实现人身自由和财富自由的双丰收。如果一旦触及人身自由,可能被追究刑事责任的时候,企业家就会非常担心。

4. 合规文化的形成是自上而下的

合规文化的建设是自上而下形成的,如果合规人员非要倒过来做,就会吃力不讨好。而一旦形成了遵法守规的合规文化,企业内就会形成一种秩序,很多工作就会事半功倍。但合规文化的建设是个慢活,急不得。

【案例:银行业的合规文化是怎么形成的】

2005 年 4 月,巴塞尔银行监管委员会(Basel Committee on Banking Supervision)发布的《合规与银行内部的合规部门》指出,"合规应成为银行文化的一部分"。同年 10 月,时任中国银行业监督管理委员会主席的刘明康在"上海银行业第一届合规年会"上阐述了合规理念。在此背景下,国内商业银行相继成立合规部门,并纷纷将培育具有本行特点的合规文化提上议事日程。2006 年 10 月,银监会发布《商业银行合规风险管理指引》,为我国商业银行建设良好的合规文化,有效提高合规风险管理水平提供了范本。2008 年 6 月,财政部、证监会、审计署、银监会、保监会五部委联合发布的《企业内部控制基本规范》,明确将"合规经营"列为企业内部控制的基本目标之一,有力推动了包括银行业在内各行业的合规文化建设。

业内都知道通用电气(GE)合规工作做得好,但很多人不知道他们为什么做得那么好。GE 首席执行官 Jeff R. Immelt 曾经说过:"没有任何事情比维护我们在合规建设中取得的声誉更重要。即使是为了取得销量,为了竞争或者来自直接主管的命令,这些都不能让我们对合规的秉持做出任何妥协。"现在应该明白了,有这样对合规理解如此深厚的 CEO 的鼎力支持,合规如果做不好倒是不应该的事情。

同时,将合规管理上升到文化高度,用文化的力量增强员工的合规意识,规范他们的职业行为和职业操守,无疑是促进企业可持续发展的必由之路。合规文化建设则是一项庞大的系统工程。它通过采取多种有效措施,着力培育优秀的合规文化理念,构建并推进合规文化建设长效机制,来夯实合规管理基础,提高合规管理水平,进而真正使合规文化成为全员共同的精神信仰,达到全员主动自觉合规的理想境界。

通过自上而下全面有效地持续推动合规文化建设,不断增强全员依法合规的主动性和自觉性,让依法合规渗透到业务操作各环节之中,融入到员工的思想行动中,贯穿于经营管理的全过程。CLO 的合规团队应努力构建顺应企业发展趋势、符合企业总体发展战略、具有丰富管理内涵和全员高度认同、自觉遵循的较为成熟的合规文化体系。

七、违规的代价

> 合规为企业创造价值。

我们先看下合规监管最严厉的金融行业。金融机构是以较少的成本和较低的风险产生较多的收益,在这种价值创造的过程,成本投入和风险控制如果稍有不慎,就会产生亏损。在《商业银行合规风险指引》中明确指出,除信用风险、市场风险和操作风险外,法律与合规风险是金融机构最大的风险之一。如果控制得不好,金融机构的违规成本和风险总量就会上升,价值创造就会受到严重影响,甚至会威胁到机构的安危。

1. 违规的代价

当人们讲到合规的价值时,大部分人会说合规帮助企业守住法律底线,树立合规文化,提升信用和品牌,增强企业竞争力,避免重大风险,保证长治久安等。这些说法一点没错,却没有太多感觉。如果换种思路,讲讲反面的案例,也就是违规的代价,可能更容易被人理解。因为人们总是习惯通过触目惊心的案例才能记忆深刻。

违规的代价之一:巨额的律师费用

在合规事件中,企业永远不会成为赢家,而律师却赚得盆满钵满,所以律师是合规调查的忠实拥护者,他们很多人成为千万富翁,只是因为运气好撞上了一两个违规的倒霉蛋。

【案例:动辄上亿美元的调查费用】①

西门子公司在2008年就其在世界各地广泛的行贿行为与执法机构达成和解之前,花了两年的时间聘请律师和会计师进行内部调查。著名的美国律所Debevoise & Plimpton和德勤会计师事务所领衔了这次内部调查,在两年多时间里派出了超过300位律师、鉴证会计师和辅助人员,调查遍及34个国家和地区。一共进行了1750场的访谈,调查团队一共收集了超过1亿份的文件,并最终向司法部提交了24,000份文件。据西门子公司透露,这次调查中他们一共收到150万个“可计费小时”(Billiable Hour)的账单,调查花费共计8.5亿美元,其中光是审阅文件(Document Review)这一项的律师费就高达1亿美元。

---

① 赵何璇:《美国司法部教你如何做公司内部合规调查》,载《国际合规法律问题实务与观察》微信公众号,2015年8月31日。

这样的例子还能举出很多。例如,2014 年化妆品直销巨头雅芳就其违反 FCPA 的指控与 SEC 和 DOJ 达成最终和解,缴纳罚金 1.35 亿美元。然而雅芳为了达成和解进行的内部调查费用却高达 3.44 亿美元。最新的例子来自零售业巨头沃尔玛。2012 年,《纽约时报》揭露了沃尔玛在墨西哥为土地问题行贿当地官员。沃尔玛在丑闻曝出后很快就在司法部的压力下展开了内部调查。2016 年 8 月沃尔玛向投资者披露,该公司在迄今为止三年左右的时间里,为应对这一案件以及展开内部调查已经花费了惊人的 6.75 亿美元。虽然数字上看还是没有西门子花得多,但是西门子公司的案件已经尘埃落定了;而沃尔玛这边还不知道要调查到什么时候,调查完还不知道会不会被起诉,天知道后面还得砸多少律师费进去。

违规代价之二:巨额的民事赔偿和行政罚款

随着违规事件的曝光,监管机构对违规企业的惩罚越加严重和严厉。动辄上亿甚至数十亿美元的罚款已经不稀奇,而这样的罚款对被罚企业或者机构来讲,有时真的会伤筋动骨。

【案例:LIBOR 操纵系列案件】[①]

2012 年,巴克莱银行因操纵 LIBOR,向美国当局缴纳了 3.6 亿美元罚款,向英国金融管理局缴纳了 5950 万英镑罚款。同年,瑞士联合银行集团向多国监管机构支付了约合 15.3 亿美元的罚款,这是其为六年间操纵日元 LIBOR 和欧元兑日元期货合约付出的代价。2013 年 2 月,苏格兰皇家银行因操纵日元和瑞士法郎的 LIBOR 报价,被美国当局处以共计 4.75 亿美元的罚款。2014 年 11 月,欧美监管机构以未能阻止旗下交易员操纵 LIBOR 为由,决定对苏格兰皇家银行、美国银行、花旗集团、瑞银集团、摩根大通、汇丰控股六家银行处以 43 亿美元的罚款。

违规代价之三:追究公司高管法律责任

2013 年,摩根、花旗、瑞银等机构被认定其将金融产品销售给投资者的行为存在违规行为,缴纳巨额罚款的同时,这些机构的责任高管也被开除或者降职。

【案例:违规销售金融产品系列案件】[②]

2013 年 10 月,摩根大通承认其在 2005 年至 2007 年期间,违规把住房抵押贷款债券销售给房利美、房地美及其他投资者。为此,摩根大通缴付了 130 亿美元的巨额和解费,其中的 90 亿美元作为罚款,40 亿美元用于救济经济条件困难的购房者。一同受到起诉的花旗集团、通用电气等机构,也与联邦住房金融局实现和解。

---

① 金满涛:《欧美国家银行处罚案例的启示》,载《中国外汇》2016 年第 1 期。

② 金满涛:《欧美国家银行处罚案例的启示》,载《中国外汇》2016 年第 1 期。

而瑞士联合银行集团则于 2013 年 6 月向该监管机构缴纳了 8.85 亿美元罚款。这些机构被处罚的同时,他们的责任高管也被开除或者降职。

违规代价之四:名声毁于一旦

违规不仅可能受到行政制裁、司法制裁、民事赔偿而导致财务损失,更重要的是受到声誉的损害,在极端的情况下,还会被市场淘汰。如英国巴林银行因交易员违规交易产生巨额亏损而倒闭,法国兴业银行,因一名交易员的违规操作遭受巨额损失而险些毁于一旦。汇丰银行伊朗洗钱事件让其声誉蒙垢。

【案例:汇丰伊朗洗钱案件】①

2012 年,美国政府指控汇丰银行为伊朗恐怖主义者和毒品贩子进入美国金融系统提供了渠道,以及为规避 OFAC(美国财政部外国资产控制办公室)的禁令,允许其两个非美国分支机构避开 OFAC 过滤器与伊朗交易。2012 年 12 月,汇丰银行就此与美国政府达成和解协议,支付了 19.21 亿美元的罚金。汇丰银行此次受到的不仅是巨额罚款,同时被公众认为支持恐怖分子,声誉受到负面影响。

违规代价之五:全球供应链断裂

近些年,作为贸易措施的延伸,美国出口管制法逐渐加强了监管和执行,被制裁企业一旦触犯该项法案,极可能面临供应链断裂的危险。

【案例:中兴通讯案例】②

2016 年初,因认定中兴通讯涉嫌向伊朗出口包含美国产品的技术,美国商务部向中兴通讯开出出口限制令,规定自 2016 年 3 月 8 日起,美国出口管制条例(Export Administration Regulations)下的产品供应商须申请出口许可才可以向中兴通讯供应该等产品,并实行否决性假设的许可审查政策。这意味着中兴通讯不能再进口任何美国元器件产品,这对于深刻依赖美国芯片的这家中国公司来讲,即宣布其全球供应链的断裂,此消息对中兴通讯来讲简直就是个灾难。所以,最终中兴宁愿接受 8.9 亿美元的罚款。

违规代价之六:公司破产清算

因为违规事件而倒闭的企业和机构逐年增加,以政府为代表的监管机构越来越持一种零容忍的态度,面对侥幸和故意的违法违规者的调查和惩戒成为一种常态。

---

① 吕晓红:《汇丰银行支付 19 亿美元罚款》,资料来源:http://biz.xinmin.cn/2012/12/12/17606178.html,访问日期:2016 年 6 月 6 日。

② 新华网:《中兴通讯遭美国商务部限制》,资料来源:http://news.xinhuanet.com/fortune/2016-03/07/c_128778562.htm,访问日期:2016 年 10 月 1 日。

【瑞士 BSI 银行违规洗钱】[①]

2016 年 5 月，新加坡金融监管局（MAS）要求 BSI 停止其在新加坡的业务，吊销其银行牌照，认为其行为严重违反了洗钱相关条例。这是新加坡自 1984 年以来首次吊销商业银行执照。同时 MAS 还不解恨，进一步指控 BSI 犯有不负责任的内控疏漏和严重渎职罪。接着，瑞士金融市场监督管理局因瑞士私人银行 BSI 涉嫌马来西亚主权财富基金公司——马发展公司（1 Malaysia Development Bhd，1MDB）腐败案件而对其提起刑事诉讼，斯蒂法诺（Stefano Coduri）随即辞去 BSI 总裁一职。

调查显示 BSI 在与丑闻缠身的马来西亚主权财富基金公司 1MDB 的交易中严重违反了反洗钱法规。由于在 2015 年 12 月 EFG International 已经签署了收购 BSI 的意向书，FINMA 最终同意了这笔并购交易，这就意味着这家成立超过 140 年的银行将不复存在。

2. 合规创造价值的反思

合规创造价值可能被误读，合规创造什么样的价值，或者合规不是创造狭义的价值。这个需要重新解读，但由于合规是个比风控更为柔性的管理，很难找到一种实证研究来证明合规创造价值的量化结果。

为此，我们采用跟合规最为接近的风险管理（ERM）作为参考。即使这样，西方学者对 ERM 的研究并不多，而且主要集中在实施 ERM 后能否使企业效益得到提高，是否有利于股价的提升。有学者发现宣布实施 ERM 后上市公司的股价没有明显的变动。也有学者发现 ERM 的实施水平与 CEO 在董事会中的地位有关，如果董事会独立性较好，董事会主席不是 CEO，则一般该公司实施 ERM 的水平较高。还有学者对 106 家雇用了首席风险官的公司进行了分析，发现这些公司收益的波动性下降，但没有发现其他实施 ERM 的好处，没有发现 ERM 可以创造价值的证据。

在正向无法取得直接证据的情况下，只能选择负面清单，合规创造价值不好证明，那就用不合规带来的损失来间接证明合规的价值吧。

以上合规负面清单从另一个角度告诉我们，合规管理能让企业得以扩大价值创造的渠道和范围，增加企业全面参与市场竞争，实现更多盈利的机会。在合规管理的过程中，通过密切关注和跟踪法律法规、监管规定和市场规则的最新发展，能够对某一项特定的法律法规对企业业务发展的影响作出及时有效的评估，采取有

---

① BBC：Swiss criminal probe into BSI bank over 1MDB links，http：//www. bbc. com/news/business – 36365928，May. 24，2016.

效措施,降低不利影响的程度,从而使企业得以持续发展。因为,在市场经济中,谁掌握了运用规则的技巧,谁就能占据更有利的地位,形成竞争力。

八、合规没有灰色地带

合规就是不能对法律底线置若罔闻。

作为合规从业人员,习惯游走在法律政策和公司业务之间。政府监管机构要求合规人员必须起到监管的作用,在公司中应该保持中立的地位。而公司总会要求合规成就业务,努力去找寻到不妨碍业务的灰色地带让业务能走下去,或者能在激烈的市场竞争中分到一杯羹。

在这种环境下,一个正常的合规人员如果没有强大的定力,精神和意志不分裂才怪。只有一种药可以治愈他们的疾病,就是让合规回归本来面目:合规从来没有灰色地带,让该法律的回归法律,该商业的回归商业。

1. 第一桶金与原罪

很多企业家在成功后,最重要的精力主要放在洗白身份上。因为创业初期的不小心,很多企业家都留下了或多或少的原罪。正像一位经济学家讲的,中国的民营企业家大部分经不住严格的法律审查,找到他们触犯法律的地方似乎也不那么难。

企业小的时候,你犯点错自然也没有人关注。但是待你的企业突然成长为中大型企业后,树大招风,为应对不知哪里射来的冷箭,企业家如果自身不硬,会终日生活在战战兢兢之中。于是,很多企业不是倒在违法犯罪的时候,而是倒在走出自己黑历史的期间,因为一个谎言嵌套 N 个谎言,把自己洗白的代价不可想象。

【案例:华尔街之王的衰落】①

1991 年,所罗门(Salomon)兄弟公司政府证券交易柜台的负责人向其直接上司承认,他在之前举行的美国国库券的拍卖中提交了假标。这个违规投标国债事件导致了非常严重的后果,包括 SEC 对公司提起的民事诉讼,股东诉讼,SEC 对公司及其董事长、总裁、CLO 等责任人的行政诉讼。虽然 Salomon 的 CLO 在公司违规后屡次提示董事会应尽快披露和承认违规行为,但董事会的态度一直模棱两可,CLO 也被迫承诺不再从事跟证券有关的行业。

① JC Lipson,B Engel,J Crespo:The Changing Role and Nature of In－House and General Counsel, Wis. L. Rev. 463, 2012(2):237－250.

这一事件使长期雄踞美国债券市场翘楚地位的所罗门兄弟公司受到致命打击,曾令华尔街畏惧和景仰的金融帝国竟几近崩溃。最终 Salomon 支付了 2.9 亿美元的罚款,并且以后不得参加国债的拍卖,随后公司董事长辞职。1997 年,Salomon 被 Travelers 集团(后来的 Citicorp)收购。所罗门企业文化中也向来有喜爱挑战风险的进取精神,但是随着公司的辉煌和规模迅速膨胀,这种精神异化为一种过度个人英雄主义,或者所谓的"杰出人类"思想(elitism),即使对法律底线也置若罔闻。

2. 任何企图有灰色地带的,都不是想真正的合规

常在河边走,哪有不湿鞋。如果一家机构和企业长期游走在灰色地带,总有一次会被监管抓住把柄;而这样的错误很多企业家仍在犯。笔者认为机会主义的侥幸思维是犯错的根源。

在事情不明朗时下注,在事情明朗时收割。很多中国企业家把这一条当成了生意的圣经。这固然没有错,但聪明的国人特别善于把一个观点发扬光大并类比到很多地方。例如,常常在法律法规没有明确前投入筹码,这样的逻辑即饿死胆小的,撑死胆大的。的确,这样做有时可以赚取很多,但也冒了很大的法律风险,常常因为对一个法律政策的错判而血本无归。

3. 该法律的归法律,该商业的归商业

去除灰色地带的心理暗示,首先就要坚持一点:该法律的归法律,该商业的归商业。如果法律禁止,就要明确说明;如果法律不禁止,就回归商业,让商业判断规则起作用。如果没有办法判断法律是否禁止,最好做出保守的准备和备选的方案。否则你做出的任何动作都跟赌博没什么区别。

4. 合规只成就合法的业务

忘掉合规成就业务的理论,这些听起来似乎很有道理但经不住细究的理论对企业为害不浅。合规从来成就的只有合法的业务,如果合规想要越界,就已经代表着企业底线的后退。

如果企业非要 CLO 将不合法的业务转换为合法的业务,一定要慎之又慎,大量的事实和经验告诉我们,只有很少一部分业务可以通过法律的手段真正地转换为合法的业务,而大多数自作聪明的设计在严格的监管面前都不值一提,期望监管的宽松不是长久之际,同时,不要忘记"以合法形式掩盖非法目的"的合同魔鬼条款。

九、合规计划——企业的成熟度的关键指标

> 合规计划的额外价值在于，为企业的违规找好后路。

如果一个企业没有一套完整的合规计划和与之相配备的落实系统，那这个企业的治理不管他如何说自己好，都一定很不完善，基本也可以判断这是一个很不成熟的企业。不要小看这个评价，任何一家企业和金融机构都不愿被称为不成熟的企业，如果他是上市公众公司，那么这个评价的影响就更大了。

1. 企业制订合规计划的原因

企业制订合规计划的原因主要有两个：

(1)全球合规计划的立法浪潮

合规计划在很多国家的立法中得以体现。首先在《美国量刑指南》(United States Sentencing Guidelines)——1991 年的《组织量刑》中得以体现，2010 年的修正案进一步强化了 CCO 在商业组织中的作用。美国 2002 年的《萨班斯法》，德国的《反洗钱法》《银行法》以及《证券交易法》，日本的《反垄断法适法计划辅导》，意大利的 231 号法令等都对合规计划进行了规定。可以说，合规计划已经形成了世界浪潮。①

合规计划虽然不能杜绝合规事件的发生，却可以在违规事件发生时，有效地说服监管当局，企业为合规所做出的努力，也会为与监管机构达成和解和减少或免除罚金提供较为充实的理由。例如，美国联邦刑法在 20 世纪 90 年代中期已经改变。根据新法律，公司可以通过合规计划获益。如果被定罪的公司有一个有效的合规计划，按照联邦《组织量刑指南》的规定就会减少刑事罚款。大赦方案加上对举报人的奖励和豁免，其实加剧了公司的风险。2002 年《萨班斯法》继续这一趋势，加强了对上市公司的审计要求，从而加强了对内部控制和法律合规的关注。②

(2)企业自身合规保护意识的觉醒

合规作为一个企业违法预防的替代模式，是对现行单一的法律制裁模式的有益补充。合规与责任具有内在的融通之处。合规实际上是企业自身尽到合理注意义务的一种标示，而是否尽到注意义务是区分违法与意外事件以及责任大小的重

---

① 李本灿：《企业犯罪预防中合规计划制度的借鉴》，载《中国法学》2015 年第 5 期。

② JC Lipson, B Engel, J Crespo: The Changing Role and Nature of In－House and General Counsel, Wis. L. Rev. 463, 2012(2):237－250.

要标准。如果行为人已经尽到了合理的注意义务，但是仍不能避免危害的发生，那么就被认为其不具有进行责难的基础，这种情况属于意外事件。

【案例：英国大公司的合规准则】①

国际上，著名能源公司BP凭借《BP行为准则》树立合规标准，成就百年BP。壳牌公司以《壳牌行为准则》为基础构建合规文化，壳牌前首席执行官范德伟有句名言"我们的声誉和我们未来的成功，都有赖于合规，不仅是遵守法律，还要秉持最高的道德标准"。

巴斯夫于2000年在全球范围内发起"合规计划"（Compliance Program），而其《行为准则》是合规计划的核心内容。据资料显示，巴斯夫积极履行社会责任，不断推进企业合规计划，得到了社会广泛认可，被选为全球化工行业"最受赞赏的公司"。实践证明，合规文化及其所蕴含的价值追求成就了不少世界一流公司，创造了巨大的企业社会价值。

2. 合规计划的常见问题

（1）合规计划的提出与定位

国外出现了通过合规管理进行企业违法预防的立法实践。具体讲，主要是赋予企业合规以裁量意义，促进企业自我管理的推行。虽然法律日渐严密，法律制裁总体较为严厉，但并未收到良好的企业违法预防效果。而合规计划在企业违法预防中的有效性以及《萨班斯法》第404条款对企业内控的要求，为我们提供了很好的借鉴模本。

简单讲，合规计划就是通过量化激励促进企业的自我管理，以弥补国家法律规制的不足，从而形成对企业违法犯罪双管齐下的局面。与法律相比，公司的自身规定常常能够更好地适应现代经济社会在技术上和经济上的众多特殊性的要求，特别是对于公司的特殊问题、全球性活动能力以及它们对于防止违法犯罪等方面的核心控制手段的掌握尤为重要。

（2）对合规计划的质疑

合规计划虽然在很多国家的立法中得到确认，也得到众多企业的践行，但正如合规计划的反对者指出的那样，"大量的实践表明，合规计划仅仅是一种装饰，难以起到犯罪预防的作用"。那么，合规计划存在的必要性究竟是什么？合规计划的制度初衷是通过企业自制达到企业犯罪抑制的目的，于是问题转成了合规计划究竟是否有效的问题。

---

① BP：《诚信合规成就BP百年基业》，载《中国经贸》2012年第3期。

合规计划在美国的出现和发展有政治因素的作用,更有社会突发事件的刺激,尤其是安然公司的破产以及世界通信公司财务丑闻事件对《萨班斯法》出台的直接推动,使得合规计划蓬勃发展。但是合规计划在其他国家的出现,尤其是诸如意大利这样的传统刑法上否定企业刑事责任的国家,这不得不归功于合规理念本身的魅力。

虽然在学界存在对合规计划的否定观点,认为合规计划仅仅是一种减轻罪责的装饰(Window Dressing),但肯定的声音更大,制度本身的形成和发展以及在实践中被大量践行就是一个证明。[①] 合规计划虽然存在异议者所说的将合规计划视为花瓶,从而难以实现企业犯罪预防的目的的现象,尤其是安然事件发生后,以个案为例对合规计划进行批评的声音更多,但是,这只是涉及合规计划应该如何定位的问题:合规计划仅仅是一个企业犯罪预防的新模式,不要预期过度,它不是消灭企业犯罪的法宝。

【案例:合规计划的效率】[②]

一项关于企业合规有效性的实证研究也显示,在接受访谈的企业中,22%的企业认为合规计划极其有效(Extremely Effective),58%的企业认为非常有效(Very Effective),20%的企业认为合规计划具有适度的效能(Moderately Effective),没有企业认为合规计划仅仅具有轻微效能(Slightly Effective)或者没有效力(No Effective)。

从更深层次来讲,合规计划是企业伦理的法律确认。于是问题转化为依靠企业伦理是否可以有效制约企业犯罪。当然,合规计划并非是单纯的自律或者自我管理,而是具有一定法律效果的自律。在合规计划的制度设计之中,法律惩戒的"大棒"也扮演了重要角色,这使部分企业不得不计算违法成本,从而对其行为产生一定的影响。

3. 合规计划的设计

既然合规计划对大企业这么重要,那么 CLO 的合规团队自然会作为重点去设计规划,但结果往往差强人意。以往政府调查显示,超过一半以上的合规计划得不到当局的完全认可。因此,合规计划的专业性逐渐引起人们的重视。下面是一例经典的合规计划实例,值得我们好好学习。

---

① 李本灿:《企业犯罪预防中合规计划制度的借鉴》,载《中国法学》2015 年第 5 期。

② E&Y, Corporate Compliance Programs – Leading Practices Survey, Ernst & Young LLP Publish, Jan. 10, 2011.

【案例：企业完美合规计划制订的实例】[①]

步骤一：高级管理层决定制定合规程序

合规首先需要“高层基调”，这一决定最好是由一个或者多个有足够权利的高级管理人员做出。为了确保适当的监督，一般会任命一位合规官。同样重要的是，一个实施合规计划的决定也需要适当的货币和人力资源配给计划，以及机构能够充分配合计划的承诺。

步骤二：风险评估

在决定了制订合规计划之后，一个机构应当进行综合的基准风险评估。风险评估的结果将成为制订有效合规计划的路线引导图。通常，一次风险评估涉及地理和运营层面的风险因素。风险评估的性质和范围将基于机构的规模和运营情况而大有不同。

如果有可能的话，风险评估应当在法律顾问的指导下进行，以便可以保持特权保护。合规风险也在不断快速地进化发展，一个公司必须能够识别出新的或者高风险，以适应不断变化的监管和执法情况。

步骤三：合规程序设计

一旦公司进行了适当的风险评估，程序的设计便可以启动。通常，反腐败合规程序包括了以下要素：行为准则、反腐败政策和程序、培训、确认和认证、报告机制。

步骤四：合规计划实施

一个合规程序的实施，需要内部外部有效的沟通。合规计划不应当分阶段推出，而是应当在全球范围内实施，尤其集中在机构的中枢和高风险操作领域和地区。通常，公司将有一个书面的黄金标准合规程序，但是往往不能做到将其要求与所有层级的员工进行沟通。如果雇员知道并理解他们的义务，那合规程序才能有效，尤其是当它适用于员工对于潜在不当行为的报告义务时。一个组织有效探测并适当纠正任何潜在违规行为的能力，标志着其合规程序的有效性。

步骤五：补救措施

有效的合规程序应该是有牙齿的。DOJ 和 SEC 已经明确表示：“无人不应在其覆盖之下”——机构必须愿意对其中的各级组织进行纠正和规范。纪律措施应被规定于适用的政策中。当评估一个公司的应对行为可能违反 FCPA 的时候，执法当局将会关注公司补救措施努力的范围。补救措施的关键组成部分就是对“坏蛋们”进行规制，其中包括了终止。无论看上去多么微不足道，所有纪律措施都必须被记录在案。

---

① ACC：Kristen Collier Wright, How – to Manual on Creating and Maintaining an Anti – corruption Compliance Program, Aug. 15, 2016.

步骤六：监测与评估

合规项目不能变得停滞不前。连续的、主动的监测和审查是任何有效合规项目中的标志性组成部分。关键是公司能够适应不断变化的风险。合规项目需要定期监测和评估，机构不应等到问题在某处发生之后，再去对其他地方的程序有效性进行评估来作为应对。合规评估应当有一个定期的进度和预算。这些评估应该在定期的风险评估之上进行。

步骤七：应对潜在的合规问题

DOJ 和 SEC 预期公司实体对被报道的不端行为进行内部应对和事件审查。一个有效的合规计划，必须要有有效的程序来应对潜在违规的指控。在收到指控单据的即刻，指控就应被审查和适当地引导。投诉应当评估它们的可信度和严重性。可信度报告应当通过内部调查来进行更进一步的调查。内部调查应当由内部或者外部的法律顾问来进行指导，以便调查可以保持对特权的保护。一个通用的反腐败合规计划是不存在的。公司必须灵活地创建并执行一个程序，以满足公司的特殊需求，并对公司独特的风险指标作出解释。

4. 合规计划的落地

在风险管理中，计划都是为最糟糕的情况服务的，虽然大部分企业都不会遇到最差的情形。然后，如果完全没有计划，最差的情形会变得比实施了合适的计划时更悲惨。[①] 合规计划需要许多法律和非法律领域的专家，很少有人能具备最全面合规计划所必需的全部技巧，一个全面的合规计划一定是由各种人才组成的团队制定的。

当然有了完备的合规计划还不是大功告成，企业还要花很大的精力在执行上。为了确保合规计划的真正落地，企业必须有自己的合规跟踪系统和自查系统。例如，花旗银行合规部就推出了合规风险控制自我评估系统（risk control and self - assessment，以下简称 RCSA 系统），专门用于检查各项业务在执行全球或区域合规性政策、花旗集团政策、花旗中国合规性政策、中国政策和内部业务流程的具体情况。[②]

十、让合规成为交易的筛子

> 合规是刹车，但方向盘却不在他手里。

---

① ［美］杰伊・D. 阿基森、克里斯托弗・M. 濑：《资产保全的概念与战略》，世纪纵横泽，中国人民大学出版社 2008 年版，第 87 页。

② 黄毅、张晓朴、李劲松主编：《合规管理原理与实务》，法律出版社 2010 年版，第 158 页。

当合规与业务产生冲突时，合规被质问最多的就是：合规到底是想促成业务还是阻断业务？很多时候，合规人员被问得无言以对。如果说合规是为了促成业务，会被人立刻反问为什么总是否定业务方案，那如果干脆说合规是阻断业务，估计CEO都会不干。那么，合规的准确定位是什么呢？

合规是刹车，这样的比喻被很多人引用，但这只是合规从业人员的良好愿望，很多时候合规不仅没有刹车的权力，他们也没有刹车的能力。因为你根本不是司机，左右前后的情况你看不清楚，这个权力往往掌握在CEO手里。合规是刹车，但方向盘却不掌握在手里。所以，更准确、更接地气的定位是：合规更多的时候像一把筛子。它把沉渣烂谷去掉后，然后再经大风一吹，浮土也都没有了，剩下的都是各个饱满的颗粒。那么，合规如何成为筛子呢？

合规的价值就在于使公司的法律风险降到最低，间接为公司创造最大的价值。但是在公司内部渴求利益最大化和外部法制环境逐渐完备的双重冲击下，合规官如何完美地应对来自内外所负的压力，既能让公司其他高层信服法律风险的建议，又能让相关部门在审查公司时相信公司在合规计划上的努力，这似乎更是一个令人深思的问题！

为了成为业务的筛子，公司在合规管理方面应该着手以下工作：

1. 合规进入业务流程

公司应将合规管理作为业务操作流程的一个环节，在制定业务流程的时候充分考虑合规风险。否则，在实际业务操作中就无法完全进行合规方面的控制。合规管理贯穿于公司的基本活动和支持性活动当中，是降低经营风险的重要环节。在公司的各个经营环节，都必须采取必要的措施去控制合规风险，避免合规风险的发生或者把合规风险控制在监管机关和公司的允许范围内。

2. 合规与管理者的绩效挂钩

数据没有量化就无法进行合规管理。尽管不少公司出台了违规处罚办法，但是这些事后的违规处罚并不能从根本上减少违规事件的发生。合规管理作为一项必要的管理措施，并不能作为一项量化指标对公司的各级管理者进行绩效考核。

合规管理必须量化成可评价的KPI指标，对公司各责任部门进行考核，而不能简单停留在合规宣传上。因为公司的各个经营环节都存在合规风险，对合规风险是否实施控制措施以及控制措施的有效性，也应该体现在各责任部门的工作职责中。

3. 合规进行系统化的运作

合规管理应该进行系统化的运作，公司各职能部门应该形成联动，合规管理部门应站在公司全局的角度，整体考虑公司的合规风险。加强公司合规管理不仅是外部监管的要求，更是公司自身的要求。外部监管部门要求公司进行合规经营，是为了整个行业的健康发展和保证保险客户的利益。对公司股东来说，股东要求管理者合规经营，不然违规经营会影响公司的长远利益。对公司管理层来说，他们更应该重视合规经营，这是公司经营的生命线。

总之，让合规成为交易的筛子，这是最切合企业实际运作的定位。如果合规人员想成为真正的刹车，你先把方向盘抢回来。而成为交易的筛子，会成为你与老板谈判的重要筹码。

十一、合规管理中的认识陷阱

认识这些误区，才能真正地理解合规。

合规是律师的事情；合规的最大价值是发现灰色地带；合规不能阻碍业务；合规要从基层员工做起；等等，合规行业内对这些耳熟能详的说法一定不陌生。在大公司的合规管理中，常常出现这样的一些习惯性的认识误区，这些道理看似正确但经不住细究，特别对于合规从业人员，如果再没有主见，稍有不慎就会迷了道，掉进陷阱而不能自拔。对合规管理中存在的认识误区归纳如下：

误区一：每个合规风险要讲一万遍

合规部对于全员合规意识的重视往往体现为这样一句话，每个合规风险讲一万遍就会深入人心。说得很有道理，但前提是听众是带着耳朵来听的，或者不能左耳朵进右耳朵出。作家周濂有句名言，你永远无法叫醒一个装睡的人，这个用在合规事务上再恰当不过了。合规部不怕不懂法律的人，而是怕半懂不懂，或者觉得自己很懂其实不懂而根本听不进去的人。

更让人郁闷的是，合规人员发现，虽然每个人都知道防患于未然，也明白防控风险的成本不到处理事故成本的十分之一，但每个人仍然心存侥幸。讲一万遍风险不如东家吃一次亏，而且吃得亏越大，以后对合规越重视。有时候，合规人员面对公司的重大违规事件，都不知道自己是一种什么样的奇怪心理。有时，心中上火的同时偶尔会爆发出几丝窃喜，幽幽的罪恶感调和着让我说着了的小人心态，自己都觉得太过龌龊。

误区二：合规只是律师的事

如果有人说合规仅是律师的事情，律师搞定就可以了，有人只能呵呵，因为他知道你根本没有做过合规。正确的说法应该是:没有律师搞不定合规,只有律师也搞不定合规。一个成熟的合规部当然要有精通法律的律师来统筹规划,也要有熟悉财务、产品和市场营销的专家帮助律师深入地理解业务的框架与核心。在很多公司内部调查阶段,这些非法律专业人士发挥的作用甚至比合规律师的作用还大。

一个专业的律师不一定是一个胜任的合规律师。就像 CLO 对公司律师提出熟悉商业的要求一样,对合规律师也提出了同样的要求。如果一个合规律师不熟悉金融机构的产品或者企业的商业模式,他的法律专长反而会成为他的弱点,而一个融会贯通法律和商业的律师才能担当起统筹公司合规工作的重任。所以,在很多大金融机构中我们可以见到,他们的合规官除了律师的身份外,本身也是一两个领域的行业专家。

误区三:合规最怕的是监管

合规最怕的是监管,特别是当监管部门严厉地叫合规过去询问有关事项时,合规人员更是噤若寒蝉。为什么会这样呢?因为合规人员心里发虚,他最清楚自己的东家哪些地方合法哪些地方不合法。如果一旦被监管发现,他们是有意而为之,那后果就更惨了。所以,很多时候害得合规人员在监管机构前不得不装疯卖傻,顾左右而言他。

西方公司的合规人员对监管的态度很微妙,但绝对不能用"害怕"这个词。说得接近些,他们应该是这样一种心态:最恨的是监管,最爱的也是监管。最恨是因为政府监管之严有过之无不及,特别是气急败坏的政府还有意将法律责任穿透到个人;最爱是因为政府先进的监管体系促使企业不得不重视合规工作,合规人员在企业的地位和待遇都得到大幅提高,甚至说合规这个饭碗就是政府给的也不为过。相比较而言,这种又爱又恨的关系才是一种更加正常的政商关系。因此,说合规最怕政府监管并不准确。

误区四:游走在灰色地带是本事

面对日趋严厉的政府监管和层出不穷的监管新规,很多金融机构的高层都对合规提出了这样的要求,即合规要帮助企业寻找灰色地带并在这狭窄的区域谋取利益。甚至有时以此为考核导向,让合规部的工作都按这一方向调整。这时,合规更像业务的一部分,完全失去了监管的独立功能。合规作为业务的智囊为其出谋划策,能否成就业务就成了他们事实上的考核指标。

这绝对是一个非常危险的信号,事实证明,大部分为企业灰色地带出谋划策的合规部门最后都害了公司。因为,这样的合规不仅没有担当起本来应该担当的职责,还让企业有个错误的认识——游走在合法与非法之间是一种本事。企业的经营是一个长跑,不是一两笔买卖。某个阶段的机会可能在整个赛程看来就是个负担,这时候企业要敢于放弃。做正确的事情永远比正确地做事要重要得多。

误区五:合规要从娃娃做起

合规部经常讲合规要从娃娃做起,意思是合规要从企业最底层的员工开始做工作,农村包围城市似地逐步树立企业的合规意识,最终形成全员合规的文化。这种说法在行内虽然很盛行,但却很难被认可,因为它在实践中根本行不通。

合规从来都是自上而下,而不是自下而上的。如果公司高层不重视合规,即使下层员工每个人都认识到合规的重要性都没有任何用处。事实上,常常是因为领导一句有意无意中透露出不重视合规的话,而让日积月累的合规工作毁于一旦。上行下效,底层的员工最善于察言观色,如果高层不是从心底里尊重合规,大家最容易敏感地捕捉到,况且,还没有一个人愿意主动接受约束和监管。

误区六:合规的核心是预防

合规的核心是预防,却每天忙着灭火。每个领导都会跟你说,合规的价值重在预防,每个合规文件都要求制订行之有效的合规计划,但如果你真的将主要精力放在合规系统的建设上时(这可不是一年半载的事情),他们却整天会催着你,让合规部忙着灭火。

预防做得再好,也不会有人关注。但违规事件处理好,却很容易得到赏识和重用,要知道平时领导对合规部都不正眼瞧一下。公司高层的这种言行不一和短视行为常常让合规部无所适从,也会误导合规官的工作方向。长期的工作规划常常被短期的事件打断或者终止,导致很多公司合规的工作有始无终。合规官也会主动迎合管理层的好恶,为了办好一件领导关注的事情投入重兵,而将其他真正有利于企业长治久安的工作规划束之高阁。

误区七:合规是个日常工作

合规不被重视,就是因为对于合规的定位太过低端,把合规等同于一般的职能工作,这真的是大错特错。合规不是一项日常工作而是一项公司战略。如果说公司内部有什么跟企业战略有一决高下机会的,那绝对是合规遵从,因为他们都是关系到公司生死存亡的风险。

合规不需要提高到战略的高度,合规本身就是公司战略。这样的定位才能更加准确地反映合规的价值和定位。

误区八:人人重视合规

每个人都说合规重要,但每个人心里却认为合规可有可无。每个人都说合规非常重要,每个部门负责人都会表态要重视这项工作,每个领导发言也都会提到我们将合法合规作为企业经营的前提，但每个人也清楚地知道，合规可有可无，跟自己关系不大，他们心底里最不重视的也是合规工作。

所以，合规人员不要期待每个人都很重视合规，不重视合规是常态，重视是意外。有了这种心态，合规部才会以更加平和的心态去处理合规事件和策划合规计划。合规部也不再会显得咄咄逼人，因为大多数反映合规部最让人讨厌的就是得理不饶人。

误区九：合规事件总是突然而至

当合规事件发生时，每个人都会抱怨，怎么事前一点都不知道这个事情，总是突然而至，搞得大家措手不及。这个时候，你一定不要相信他们说的话，而应该更相信德国人海恩提出的一个在航空界关于安全飞行的法则：每一起严重事故的背后，必然有29起轻微事故和300起未遂先兆以及1000起事故隐患。法则强调两点：一是事故的发生是量的积累的结果；二是再好的技术，再完美的规章，在实际操作层面，也无法取代人自身的素质和责任心。

总之，合规管理中的认识误区还有很多，这种思想的怠惰导致很多情况下合规人员对形势和结果的误判。合规人员应该在平时更加勤奋思考和积极总结，这样才能提升合规治理的综合水平。

十二、合规是法律、经济和政治的融合

> 合规不是一个单纯的法律问题。

合规不仅仅是个法律和规则的问题，而越来越多地表现为法律、经济和国家政治的融合。

【案例：汇丰银行被罚案】[①]

2012年12月11日，总部设在伦敦的欧洲最大银行汇丰银行宣布与美国政府达成和解协议，将为防范洗钱不力而支付19.21亿美元的天价罚款。这一数字也创下了美国历史上洗钱案和解金额的最高纪录。

汇丰银行的洗钱问题主要与其墨西哥和美国分支机构之间的大额美元现金交易有关。2010年，美国联邦储备委员会和货币监理局在调查中发现，汇丰银行墨西哥分行和美国分行没有遵守反洗钱法，一些员工伪造交易记录，导致汇丰墨西

---

① 《汇丰银行支付19亿美元罚款》，资料来源：http://biz.xinmin.cn/2012/12/12/17606178.html，访问日期：2016年6月6日。

哥分行几乎沦为贩毒集团的帮凶。仅在 2007 年至 2008 年的一年间,从墨西哥流入美国的现金就高达 70 亿美元。随后,汇丰 CCO 戴维·巴格利在出席美国参议院听证会时承认,汇丰银行沦为一些贩毒团伙和恐怖组织洗钱的工具,并宣布引咎辞职。

从整个复杂的处理过程看,汇丰案已经不是一个简单的合规事件,事实上,这个案件已经上升到英美两国政治的高度。汇丰为了保证不被追究刑事责任,英国的财长都亲自上阵游说,请美国谨慎考虑对汇丰银行提起刑事指控的负面影响,最终两国政府达成妥协。

1. 合规不是简单的法律问题

中国经过近二十年的高速经济增长,中国民众特别是企业家自信心爆膨,并且盲目乐观。从整体层面来看,中国经历了经济的大发展从而迅速强大,但经济的发展并没有同步地产生精神文明和法律文明。

当前,合规已经不再单纯是一个法律方面的问题,而是文化、经济、政治等方面博弈的结果。据南开大学的一份调查报告显示,半数以上接受调查的公司表示曾经为开拓市场实施过商业贿赂。没有贿赂就没有商业的成功,这是一个可怕的共识。这就可能使大家产生疑问,中国是否存在合规环境?这里需要讨论三个问题,即政府、法律与社会。

政府树立法治威信,法律为法治提供根据,社会孕育崇法公民。就现状来说,法律非但没有发挥矫正作用,反而受到社会特殊风气的影响而执行偏软。中国特殊的人情社会和复杂交错的关系网使得商业环境更加复杂。而这个网络的关键点在于资源主导者,即政府。为了打通这个关键点,人情走动成为常态化的商业手段。这使得法律左右为难,成了看客。

2. 为什么外国人到中国就不守规矩

社会与法律的恶性循环,法律没有通过其严格执行去培育良好的社会风气,在某种程度上反倒成了社会的附庸,进而自我改变,这种改变在中国的外企腐败犯罪中就有深刻的体现。

【案例:外企合规也要入乡随俗?】①

有调查显示,跨国企业在华行贿事件一直呈上升趋势,中国在 10 年内至少调查了 50 万起腐败事件,其中 64% 与国际贸易和外商有关。事实上,外资企业行贿

---

① 钟飞兴:《"洋贿赂"是外企"入乡随俗"的结果?》,资料来源:http://news.xinhuanet.com/video/2015-08/22/c_128153243.htm,访问日期:2016 年 5 月 19 日。

的招数，丝毫不亚于国内企业，甚至更为游刃有余，更“懂”中国商业环境的“潜规则”。面对特殊的法律与社会环境，国外企业纷纷改变了其守法的姿态，反映到企业合规计划上，也出现了严重变形。例如，多数受访企业表示其在中国的合规计划会根据不同地区的特点而量身定做，给予地方合规组织批准娱乐开支的权利，美国各个公司之间也具有不同的娱乐开支的标准，除了娱乐开支外，还包括逢年过节的礼物。

对于变形了的合规计划，一方面因为它是一种普遍现象，另一方面也是因为我国地方政府对于外国企业的超国民待遇，使得这些外企走上了歧途，并最终被其本国政府查处。

从某种意义来说是环境本身塑造了犯罪。本来受到良好的企业伦理教育和熏陶的国外企业尚且如此，那么深谙世事的本土企业的合规情况可想而知。面对这样的现实，法律在合规的推行过程中应该做什么？是继续附庸还是有所担当？显然，法律应当有所担当。

3. 法律的担当和法治的政府

企业有效合规计划的建立，需要一个良好的经济政策，并在此基础上建立良好的社会环境，为企业自觉合规提供良好的合规环境。这里的良好的经济政策是指，经济政策不仅要推动经济的发展，更要服务于其他的社会目标，例如公平竞争的商业环境。

◆ 结语

我们当下的经济政策很难实现上述目标，如果不想坐以待毙，那么法律就应当承担对不良经济政策的矫正作用。例如，通过严厉打击企业犯罪以及监管部门的渎职犯罪，从而部分矫正某些地方政府没有底线的招商引资政策。更积极地说，特殊的社会经济环境不应该成为否定通过法律深入推动企业合规的理由；相反，应当通过法律的严格执行，逐步营造良好的经济环境，当然，所有的前提必须是：我们有一个法治的政府。

第三节　风控是交易的核心，但仅认识到这点太肤浅

> 交易的核心是风控，风控的核心是验证，验证的核心是合乎常理。

从一笔交易的产生到交易进行和最后的成功，风控、验证、合乎常理这一风控

的主线始终与交易的主线平行进展。每个成功的项目和每家成功的企业千差万别,唯有这两条主线即业务主线以及与他平行的风控主线是永恒不变的。

【案例:风控是大桥边的栏杆】

企业家问大师风控有用吗?随后有了下面的对话:

“你走过大桥吗?”

“走过。”

“桥上有栏杆吗?”

“有。”

“你过桥的时候扶栏杆吗?”

“不扶。”

“那么,栏杆对你来说就没用了?”

“那当然有用了,没有栏杆护着,掉下去怎么办?”

“可是你并没有扶栏杆啊?”

“……可是……可是没有栏杆,我会害怕!”

“那么,风控就是桥上的栏杆!”

不确定性是金融的一种常态。① 交易的不确定性和信息的不对称性是风险管理产生的根本原因。交易的核心在于风险控制,否则极易失控而导致满盘皆输。企业现在较量的不仅是谁赚得多,还要看谁活得久。风险控制能力已经成为企业的核心竞争能力,也是冀望成为百年老店的管理标配。这里解决的是交易的不确定性问题。

而风险管理的核心在于验证,通过不断的验证发现或者接近事情背后的真相,信息不对称是风险管理的最大障碍。无论在跨国制造企业,还是在金融机构,这一现代公司风险管理的理念都得到不断的证明。这里解决的是信息的不对称问题。

解决了这两个问题并不能万事大吉,最后的才是重点,即验证的核心在于合乎情理。很多验证的过程已经程式化和标准化,过多地依赖技术和迷信量化模型很容易让当事人忘记验证最关键的是常理,不管技术性的指标再漂亮,如果一旦违背常理,就要引起充分的警惕。

交易的核心是风控,风控的核心是验证,验证的核心是常理,这就是风险控制的三部曲。

---

① [美]乔治·索罗斯:《金融炼金术》,海南出版社 2016 年版,第 188 页。

一、交易的核心是风控

> 风险是社会发展的动力,风控的目标绝不是消灭风险。

风险控制的目标不是消灭风险,而是将公司可能遭遇的风险控制在可以接受的范围内,避免因不可预期的重大风险给公司造成严重损失。风险控制不是能医百病的仙丹,即使再实施良好的风险控制也不能完全避免公司发生重大风险,但可以使公司在重大风险前做到有预期、有防范和有应对,为公司控制重大风险和实现公司目标提供合理保证。

1. 成功企业的三要素

一个成功的企业有很多成功的经验,每一个企业也都可以分享很多自己成功的秘诀。但总体来说,他们都无法脱离这三样东西,即产品、营销和风控。

- 好的产品生态

伟大的产品永远是一个企业的核心竞争力。正如乔布斯这样回顾起他终身的老对手和小伙伴:"比尔·盖茨喜欢把自己说成是做产品的人,但他真的不是,他是个商人,他的理念是赢得业务比做出伟大的产品更重要。"这样的话大概只有乔布斯有资格说,在乔布斯的眼里,微软的产品,从来都和伟大二字毫无干系。

【案例:苹果是一款伟大的产品】

硅谷创造了很多伟大的公司,这些公司都有一个共同点,即创业者都回归到产品这一核心,例如谷歌的佩奇和布林,Facebook 的扎克伯格、特斯拉的马斯克都是优秀的产品经理。乔布斯追求极致的用户体验,"至繁归于至简"是他设计产品的原则之一。对于产品,乔布斯是用生命来热爱的,他也要求自己的团队对产品有着本能的激情。得益于苹果这一伟大产品,苹果成为全球市值最高的公司。

- 好的营销方案

优秀的产品搭配极致的营销就会所向披靡,这一真理已经被不断验证。如果没有好的营销和渠道,即使是苹果,市场份额估计也会减半。可口可乐是营销的经典案例,永远不变的可乐加上千变万化的营销手段,让可口可乐在饮料行业的头把交椅上坐得稳稳当当。

【案例:可口可乐,贩卖快乐】

自成立至今,这家世界最大的饮料制造商打出的口号一直是为消费者带来快乐。“他们做的每件事都是为了激发快乐，培养快乐，创造快乐。”CEO 斯坦格尔说。可口可乐公司将这一理念运用到消费者身边的每一个角落，从 Facebook 到允许消费者混合心爱口味的特制自动贩卖机。斯坦伯格认为：“可口可乐公司非常尊重企业历史和先驱，从没有忘记这家公司创立的初衷，从未忘记自己从哪儿来，这对消费者具有重要意义。”消费者的信任在问卷回复中有着清晰的体现，没有受访者给可口可乐负面评价，一个都没有。

- 好的风控系统

如果一个公司有卖座的产品和优良的营销渠道，基本上在市场上会表现不错；但他还不能称为伟大的公司，伟大的公司必须要有一个较长的周期来考验，经过几个经济周期考验还能活下来的公司才能堪称伟大，但已经为数不多。那么凭什么你能活下来，而别人活不下来。这里面除了不断创新的产品生态和商业模式，更为重要的是他要有一个稳定、科学和敏感的风险控制系统。

2. 一笔交易的产生

风险控制考验的是人性，在交易中，人是最大的不确定性。这集中表现在人们总是在市场不景气或者行情不好时才会想起风险二字。[①] 如果每笔交易都是跟预期一样板上钉钉的，如果每个人都能毫无障碍地获取交易信息，如果每个人都是诚实守信、与人为善的，根本就不需要风险管理，当然，不可抗力不是风险管理论述的范围。

- 交易的不确定

交易存在不确定性，如果从整个交易的过程来看，每个阶段都可能会出问题，如果任何一个地方把控不好，就会酿成祸端。谁都无法消灭不确定性，因为不确定是永恒的，确定总是暂时的。这种不确定性主要表现在交易对手、交易标的、外部市场和内部环境等多个方面。每一个要素出现问题，都会影响整个交易。

- 信息的不对称

在交易中，交易双方为了消除信息鸿沟，会尽可能地多交流，但这还是无法完全消除这种隔膜。买的永远没有卖的精，特别是在交易对手有意隐瞒和欺诈的情况下，这种信息不对称的消除就更为棘手。事实上，交易双方很多时候就是在争夺信息的主导权，谁掌握了最及时有效的信息，谁就会在交易中处于非常主动的地位。

---

① ［美］滋维·博迪、亚力克斯·凯恩、艾伦·马库斯：《投资学》，朱宝宪等译，机械工业出版社 2005 年版，第 100 页。

3. 交易的核心在于风控

● 狭义与广义的风控

说到交易中的“风控”,很多投资者首先想到的就是资金管理、仓位控制以及单笔交易中止损工具的运用。这些实际上属于“狭义”的“风控”范畴。因为,风险存在于整个交易过程中。

在狭义的风控概念中,我们主要考虑的是企业可以承受的风险是多少,但这并不能降低企业在交易过程中的潜在风险,不管我们的承受能力有多大,这个潜在的风险依然存在,并不会因我们承受能力的不同而不同。

更为关心的应当是,到底该如何帮助企业在整个交易中控制好风险,尽可能在各个环节中降低风险,从而在实际交易战斗中,将潜在的风险大大降低,进而提高企业的生存概率及获利的潜在机会和空间。这是更广义的风控概念。

交易的核心在于风险控制,企业在发展过程中建立了多元化的风险控制体系,通过量化风险评估与管理,有效地降低了风险水平。风控是交易的核心,是利润的保障,也是能否实现长期、持续、稳定盈利的根本所在,没有风险控制的意识、没有合理的风控管理制度,再能赚钱的交易模式也很可能是昙花一现。

● 风险控制的十大目标

目标之一:控制操盘手

无论对于一个公司还是对于一个项目来说,自己的操盘手如果出了问题,其他的控制措施都是徒劳。例如,金融机构在选择操盘手这一事上都异常慎重,设置了多维度的指标进行筛选和考核。有的机构为了慎重,干脆自己花重金培养以便知根知底,但是操盘手出问题的新闻总是不绝于耳。对于大型金融机构来讲,真正的操盘手就是CEO,他是大大小小交易的总操盘手,任何重要的指令都应该经过他的班子慎重考虑后发出,当然最重要的就是要经过风险控制的环节。

【案例:那些坑了东家的魔鬼操盘手】

巴林银行操盘手里森①

在1992年,里森代表巴林银行从事未经授权的投机,为银行带来高达1000万英镑的净利润(约占银行总利润的10%)。可当投资业绩陷入低迷,他使用了一个错误的账户来尝试纠正损失。该账户就是臭名昭著的“88888号”,被用来掩盖他的坏账,到了1994年,亏损则达到了2.08亿英镑。到了1995年,亏损则接近13亿英镑。里森在弃船逃走时只留下一张小纸条:“I’m sorry”。该银行于1995年2月

---

① 张子凡:《魔鬼交易员的剽悍人生》,资料来源:http://finance.sina.com.cn/column/lifestyle/20130410/115915101744.shtml,访问日期:2014年4月10日。

被宣布破产。巴林银行被以象征性的 1 英镑卖给了 ING 集团公司。

瑞银操盘手:阿多博利①

他的错误让 1 万名同事下岗,给瑞银造成亏损 23 亿美元。他于 2011 年 9 月 16 日,被指控欺诈和虚假会计手段,并于 2012 年 11 月 20 日被判有罪,入狱 7 年。阿多博利在审判期间承认:他有过超限额交易;为了隐藏真实头寸,他进行了很多虚假交易;但是,他也表示,这来自高层的建议;他说,他的同事知道他有隐藏账户,他的经理们意识到损失,并催促他尽快收回。

然而,瑞银被罚款 3000 万英镑的同时,伦敦金融城的监管机构(英国金融服务管理局)决定,"瑞银的系统和控制存在严重缺陷。这种问题不仅让瑞银名誉扫地,更损害了金融体系的完整性和公众信心。"瑞银于是在 2012 年砍掉了其投资业务,并裁掉 1 万名员工。

以上案例是狭义操盘手的案例,而我们理解的操盘手,绝不止于具体执行操作的人员。一个案件的操盘手就是 CLO,一个并购项目的操盘手是首席投资官甚至 CEO。操盘手导致金融机构满盘皆输的案例数不胜数,以上操盘手的案例触目惊心,涉案金额也大得可怕,但为什么事发前公司都没有发现,特别是很多违规行为经历了漫长的 10 年之久。如果存在内部管理人控制的问题,除非是整体管理层犯错,否则无法理解这种现象的产生,要不就是风控系统出了大的疏漏,这些百年老店真的会犯这样愚蠢的错误吗?

目标之二:控制交易对手

选对一个交易对手的确可以节省很多时间和成本。老道的老板都会首先选择自己熟悉的交易对手,不熟悉的交易对手宁可不做也不能做错,这是交易安全第一步。自己选择的就有控制,至少选择错了也愿赌服输。

但问题是,如果要做大,你不可能总是跟自己熟悉的对手进行交易。这时,交易对手的选择就开始体现公司的风险控制能力。怎样控制陌生交易对手的风险才真正体现企业的交易能力。

目标之三:控制交易全程

风险控制不是控制一个交易的时点,而是要控制整个交易的过程。交易过程是一个相对较长的过程,各种不确定性导致交易面临很多风险,如果对整个交易的关键节点和交易全貌不了解,风控人员就很难胜任。

要做到对整个交易的全程熟悉和控制绝非易事。这不仅要求风控和业务人员有超高的责任心,对他们的能力要求也提高到一个很高的层次,毕竟能总揽全局的

---

① 《天才交易员违规操作 20 亿美元蒸发,瑞银可能被降级》,资料来源:http://news.cnwest.com/content/2011-09/17/content_5223024.htm,访问日期:2016 年 4 月 23 日。

风控人员少之又少。

目标之四:控制预期

最失败的风控是让公司措手不及,突然而至的风险事件导致公司完全没有准备,小的公司可能因为一两件这样的风险事件就导致破产,实力雄厚的大公司也要伤筋动骨。发生这样的事情,风控人员一定难脱干系。

控制预期是一项基本要求,有时做不到100%的控制,但总应该有个比例,如果连风控人员都没有这样的自信,那就要尽快换人。没有办法,因为这是公司生死存亡的事情。

有人说预测不重要,执行规则和纪律才更重要。这其实是把宏观层面与微观层面对立起来的愚蠢观点。不预测是不可能的,真正难做的预测是建立在有根有据分析基础之上的有依据的预测。未来不可知无法定量,但我们却可以做到用数据考察过去,并基于这样的模型预测未来。

目标之五:控制亏损

任何项目或者交易进行之前必须设好止损,并在操作过程中忠诚地执行。控制你的亏损,控制你亏损的幅度,控制你亏损的频率,很多交易者面对交易的损失心存侥幸,最后给交易者带来的不仅仅是金钱的丧失,更重要的是信心的丧失。没有信心就没有了交易的基础。

目标之六:控制心态

无法控制情绪的人不会从投资中获利!

股神巴菲特曾经说过一段话:“成功的投资不需要卓越的智商、不寻常的商业契机和内部消息,需要的是一个充满智慧的做投资决定的架构,并且不要把个人的情绪带到这架构里。”以股票交易为例,能够严格遵守交易规则,执行交易计划的心态就是好心态,也就是“自律”精神。在正确的交易理念中,遵守规则和计划而亏损的单子都是好单子,而违反计划和规则即使赚钱的单子也是差单。要做的就是遵守系统规则和严格执行系统制订的交易计划去赢得财富。

目标之七:控制资金

控制好你的资金,不要把翻盘的资本都输光。在操作中,真正能不折不扣地按照自己固有的纪律与原则执行的交易者,却为数不多。事实上,爆仓的人几乎都知道重仓对赌的风险所在,但到了交易操作时,那种贪婪的欲火恨不能把自己的身家性命全部押上,来博取偶尔的侥幸大赚。

目标之八:控制节奏

交易不是勤劳致富,它需要每时每刻都必须做的。交易中的节奏是指你必须有自己的模式,有成熟的研究,有自己的原则,有自己的纪律。节奏经常要跟趋势结合在一起。对趋势的评估和判别以及驾驭行情的节奏是一门学问,你还必须在这些基本功上再做研究!

目标之九：控制契约

所有的约定都立字为据，以合同条款的书面形式固定下来比什么都重要。特别是经过千辛万苦谈下来的风险条款和征信措施，更要一字不差地写到契约条款里面去。法律文件是所有风控手段和措施的最后一关，仔细核对每一个谈定的核心条款是否落到合同中是一个基本的素养，但往往被严重忽视。

目标之十：控制合规

风控最后控制的是纪律。风险控制中最重要的风控守则非常重要，现在大公司都基本可以做到这一点，具有完备的风险控制管理规范。最难的不是制度，而是制度的执行。纪律的执行永远是最难的，因为纪律需要人来执行，而人的可变性是最大的不确定性。

【案例：《巴塞尔资本协议》的修订史】

西方国家在全面风险管理的研究成果主要集中体现于 COSO 的《企业风险管理整合框架》（ERM）理论和巴塞尔委员会出台的巴塞尔系列资本协议。1988 年巴塞尔委员会公布的《巴塞尔资本协议》（巴塞尔协议 I），首次确立了以资本充足率为核心、信用风险为主的风险监管模式。为更准确地体现风险水平，在延续重视资本充足率监管的基础上，巴塞尔委员会于 2004 年 6 月公布了长达几年修改的《巴塞尔新资本协议》（巴塞尔协议Ⅱ），首次将操作风险纳入资本约束，建立了最低资本要求、监督检查和市场约束三大支柱的监管框架，由以前单纯的信用风险管理模式转向信用风险、市场风险、操作风险并重，提出了涵盖信用、市场和操作风险等三大风险在内的资本充足率的计算方法，系统地阐述了全面风险管理理念，从监管要求上标志着银行全面风险管理时代的来临。为应对 2008 年席卷全球的金融危机，巴塞尔委员会于 2010 年 12 月公布了巴塞尔资本协议Ⅲ（以下简称为巴塞尔Ⅲ），在原来三大风险的基础上，增加了杠杆比率和流动性风险指标，旨在进一步完善商业银行全面风险管理的内涵。巴塞尔资本协议明确体现了欧美发达国家商业银行风险管理的最新研究成果和全面风险管理理论的发展趋势。

人们虽然知道风险选择偏好是驱动经济发展的关键因素，但大多数人仍然是厌恶风险的，而且拥有的财富越多，这种趋势更明显。经济学十大原理之一是人们面临权衡取舍，而与决策最相关的权衡取舍就是风险与收益之间的权衡取舍。[①]所以清晰地知道风险有多大并且人们能多大程度地控制风险就变得异常重要。

风控是交易的核心，是利润的保障，也是能否实现长期、持续、稳定盈利的根本所在。如果没有风险控制的意识、没有合理的风控管理制度，再能赚钱的交易模式

---

① ［美］曼昆：《经济学原理，宏观分册》，梁小民、梁砾译，北京大学出版社 2015 年版，第 103 页。

也很可能是昙花一现。

二、风控的核心是验证

> 你可能做的是个假的风控。

1. 眼花缭乱的风险管理工具

现代风险管理技术发展得很快,各种各样的风险管理工具层出不穷,在风险管理科学性的推动上确实大有裨益。但研究发现,一个风险管理工具往往在实验初期非常灵验,但随着时间的拉长,发现起的作用越来越小。这是因为魔高一尺,道高一丈。人类很容易发现这些管理工作的缺点,然后找到相应的对付办法。

【信用评价案例:BAROC】

风险调整后的资本收益率 RAROC(Risk Adjusted Return on Capital)系统是国际先进商业银行用于经营管理和全面风险控制的核心方法。RAROC 系统将风险带来的未来可预计的损失量化为当期成本,并且考虑为可能的最大风险做出资本储备,直接对当期盈利进行调整,衡量经风险调整后的收益大小,使银行的收益与所承担的风险直接挂钩,为银行各个层面的业务决策、发展战略、绩效考核、目标设定等多方面的经营管理提供重要的统一的标准依据。

2. 严重的信息不对称

在交易中,信息不对称是永恒的,所以风险也是永恒的。没有一家投资标的愿意把自己毫无保留地呈现在你面前,而是或多或少地进行了保留。于是买家与卖家的较量很多时候就是信息的较量。买家要力求从卖家和任何其他第三方获取尽可能多的真实信息,然后才能做出比较准确的判断。而卖家则尽量减少信息的提供量,能不提供的就不提供,特别是对自己估值或者信用不利的地方。

【案例:首钢并购秘鲁铁矿的教训】①

在投资并购交易中,由于信息不对称的存在,被并购企业很容易为了获得更多利益而向并购方隐瞒对自身不利的信息,甚至杜撰有利的信息。由于对秘鲁政府意向调研不足,对参与投标的其他几个竞争对手也不了解,首钢在投标中一下子就

① 范剑青:《首钢在秘鲁风雨十二年》,载《环球时报》2004 年 3 月 26 日,第 13 版。

开出了 1.2 亿美元的高价。事后他们才知道,这个价格远远高出秘鲁政府的标底,也大大高出其他对手的出价。这笔投资的本息,要用秘铁每年卖铁矿石的收入来偿还。在以后的很多年中,首钢秘铁长期存在贷款规模过大、偿付能力偏低、每年支付银行的财务费用过高等问题。尽管首钢秘铁大部分年份都有盈余,但扣除需付银行债务的本息后,始终难以摆脱亏损困境。

3. 浮于表面的尽职调查

尽职调查(Due Diligent,DD)顾名思义是要尽到自己的责任,完成交易对手的背景调查,但大部分尽调都没有做到尽职。DD 不仅仅是 paper work,而大部分 DD 都做成了 paper work。存心不良的交易对手正是抓住这一漏洞,把资料做得天衣无缝,然后得以屡屡得手。

【案例:不尽职的尽职调查】[①]

某中国巨型能源型国企要发行债券,聘请了数个大型国际投行担任 Joint Lead Managers(JLM),代表 JLM 的律师是业内绝对的一线国际律所。该所完成的 FCPA 尽职调查第一组问题是关于该国企业务结构的,第一个问题大意是"贵司的客户和供应商是否包括政府机关、政府组织、政府官员及国有企业等(以上统称'政府机关')"。该国企直接回答了"没有",并且在接下来数十个问题中直接回答了"不适用"。

该律所没有任何异议地完成了尽职调查。稍有常识的人都知道,这类国企怎么可能没有国有企业客户和供应商呢?很显然,负责回答问题的人漏看了问题最后的"国有企业",只看到了"政府机关"。事实是,该国企曾在网站上公布了他们的十大供应商,超过一半是国有企业。无论这位律师如何解释他的理解,这个尽调都不能被人认可。

4. 交叉验证的魅力

作为公司老板,如果你意识到验证的价值,这对公司来说是天大的好事。但只记住验证还不足够,请记住:验证的精髓是交叉验证,交叉验证像一把笊篱,把很多不真实、不确定的信息都可以过滤掉,这样可以大大减少被欺骗的概率。

- 为什么要进行交叉验证

交叉验证的分析方法改变了以往调查中只采集客户信息的局面,开辟了"多方

---

① 赵何璇:《并购和投资类交易中的 FCPA 风险:发现与防范》,载《国际合规法律问题实务与观察》微信公众号,2015 年 7 月 26 日。

面采集信息,多角度验证信息”的立体化收集信息的格局。既解决了最基础的客户信息真实获取问题,又能运用到项目管理与决策等流程环节。交叉验证可以较为成功的解决信息不对称的问题。

【案例:普惠贷款的陷阱】

在小微贷款业务中,借款人与贷款机构之间存在信息不对称的情况。即借款人对自己的信用水平、偿债能力、经营状况和财务状况非常了解,而贷款机构缺乏对借款人真实的经营和财务状况的了解。

为了获得贷款,个体私营业主或小微企业主会故意隐瞒与还款能力相关的重要的真实信息,包括谎报借款用途、伪造交易凭证、夸大盈利能力、虚增资产规模、隐瞒事实负债等。为了有效防范由于客户与贷款调查人员间的信息不对称所引起的风险,小微贷款业务中引入了交叉验证分析的方法。

在交叉验证中,贷款调查人员对客户提供的信息,要通过多个方面、多个角度和多个侧面来进行验证。交叉验证不仅成功地解决了客户与贷款调查人员信息不对称的问题,也解决了调查人员与审批人员之间、管理人员与流程参与人员之间的信息不对称问题。

- 什么是交叉验证

交叉验证竟然有如此大的作用,那么交叉验证到底是怎么回事,如何进行交叉验证呢?交叉验证是在客户无正规可信的财务报表情况下设计的验证工具,它是通过对从不同渠道获得的信息进行比较,通过信息间差异分析,对其真实性进行判断的一种方法。信息之间有逻辑关联,我们可以用信息之间的比例验证客户提供的信息是否准确。

交叉验证有两个简单的逻辑关系,当两个或两个以上信息来源途径,或同一信息来源途径通过钩稽关系推导得到基本一致的结果时,这个结果的真实性和准确性就高;反之,会出现两种结果,两个结果要么全错,要么只有一个正确。客户可能会说谎,但是他每说一个谎都需要十个谎来圆谎。因此,从不同的角度来对同一个事物进行核实能够帮助你了解真实或接近真实的情况。

- 如何进行交叉验证

交叉验证的基础是:调查人员收集的信息足够完整。只有收集到足够完整的信息,才能保证交叉验证的可操作性及有效性。另外,交叉验证技术应当灵活使用,根据客户的实际情况,随时随地有针对性地对客户提供的信息进行检验。其中,最重要的是建立稳定的不对称信息模型。

交叉验证一般分为软信息的交叉验证、权益信息交叉验证和财务信息的交叉验证。

【案例:某小贷公司软信息列表】

● 客户个人信息

✓年龄(经历、死亡的风险)

✓教育程度(总体上讲:受教育程度越高,生意组织就越成熟)

✓邻居及其他人的看法(客户是否可靠、是否有不良嗜好)

✓婚姻状况(婚姻稳定情况对客户生意的影响程度)

✓其他收入(配偶是否有工作收入等)

✓其他支出(必要的家庭支出、生意盈利去向的证明、住房条件和家庭支出是否吻合)

● 经营状况

✓生意经验(以前是否从事其他生意、以前生意与现在生意相关性等)

✓目前生意情况(经营时间、未来计划、生意稳定性等)

✓经营能力(是否记流水账、客户与雇员间关系、对生意熟悉程度等)

✓与上下游关系(供应商和下游客户数量、供货销货是否稳定、资金结算方式等)

✓雇员(人数、熟练程度、流动性、生意对雇员的依赖程度等)

● 市场情况

✓宏观经济情况(是否有利于客户生意的发展)

✓行业周期(行业所处生命周期、与同行业相比所处水平等)

● 贷款原因与目的

✓贷款原因(资金短缺原因等)

✓贷款目的(贷款用于哪些用途、如何分配等)

软信息的交叉验证可以帮助企业对交易对手有一个基本的了解,通过这样的验证筛选,可以将一些明显劣质的交易对手剔除在外,但这样的效果显然无法满足风控的要求。权益信息的交叉验证则更进一步,构成交叉验证的核心,它是将通过损益表计算出的应有权益与资产负债表中的实有权益进行比较,找出产生差异的原因。

【案例:权益检验举例】

客户张三从 2004 年 10 月开始经营一家服装店,夫妻两人共同经营,初始投资 5 万元(店面装修和存货)。到 2012 年 10 月,共经营了 8 年时间。张三说前五年每年大概净赚 5 万元(除去日常生活开支),后三年每年大概净赚 8 万元。现在生意越来越好,准备换一个大一点的铺面,一年的租金是 5 万元,现在手头有 2 万元存款,所以需要借 3 万元。

客户实际权益:5 万元(服装店的价值) +2 万元(现金存款) =7 万元

客户应有权益:5 万元(服装店的价值) ×5 年 +8 万元 ×3 年 =49 万元

客户的应有权益与实际权益有 42 万元的差距,非常值得怀疑。但如果我们从客户处了解到客户两年前全额购买了一套房子花了 27 万元,半年前全额 20 万元购买了一辆私家车,则 42 万元的差距有了合理的解释。如果客户无可信和合理的理由对 42 万元的差距进行解释,则我们可以怀疑客户每年并没有表述中的利润,或者客户存在不可告知的消费等情况,比如客户有其他经营项目投资或存在赌博等行为。

完成了以上两项交叉验证,我们基本可以判断这是一个可以交易的对手。但这时交易还不能确定达成,最好是完成对交易对手的财务信息的交叉验证,主要包括对其行业信息、账面信息、口头信息、感观信息四类信息进行对比验证后,如果财务验证结果比较符合预期,这样的交易对手基本上就是个比较诚信的交易伙伴。但大多数的伪劣公司都经不起这样的调查而被主动或被动地排除在交易之外。

【案例:流水核定法与产能核定法】

根据客户进货或出货走银行流水(对公或对私)的占比反推其销售收入。比如,某客户进货主要有 70% 走工商银行流水,经加总核实客户工商银行全年进货转出约有 150 万元,经交叉验证客户经营项目成本率约为 70%,则销售收入约为 150 万元 ÷70% ÷70% =306 万元。

产能核定法一般可分为机器产能(针对机械化生产,比如零配件生产)和人工产能(针对劳动密集型生产,例如服装生产),销售收入 =(单个机器每日产能 ×每年开工率 ×365 天 ×机器台数 × 产品单价)期初存货 − 现有存货。人工产能核定法 =(每名员工每日产能 ×每年开工率 ×365 天 × 员工数 × 产品单价)期初存货 − 现有存货。

例如,某零配件加工企业,共有 8 台机器,一台机器一天可生产 50 个零配件,每年开工率为 75%,单价为 100 元,则产能为 8 ×50 ×75% ×365 ×100 元 =1095 万元。再如,某服装加工企业,共有 100 名员工,每名员工一天可生产 15 件衣服,每年开工率为 80%,单价为 50 元,则产能为 100 ×15 ×80% ×50 元 ×365 =2190 万元。

交叉验证的方法有很多,以上只是摘取了几个简单易懂的案例供参考,更多的方法和方法论需要大家在实际工作中去发掘。总之,交叉验证是一种能够验证客户提供材料真实性的有效方法,公司律师和风控人员可以通过多角度、多层面的交叉验证对客户提供的信息进行验证,从而获得客户真实的情况,降低由于信息不对称而带来的风险。没有验证,你做的可能是假的风控。

三、验证的核心是常识

> 违背常识是风控中最易犯的错。

【案例:被击中的大象】[1]

"二战"时期一个冬天的夜晚,在一次德国对莫斯科的空袭中,苏联的一位著名统计学教授出现在防空洞中,他以前从未来过。"莫斯科有700万人"他总是这样说,"为什么我就会被炸弹击中?"所以当他的朋友在防空洞中见到他时,都十分震惊,询问是什么东西改变了他的主意。"瞧"他解释道,"莫斯科有700万人和一头大象,昨天晚上,他们击中了大象。"

很多风险事件发生后,受害方都会反思自己在风险控制中哪些不到位,他们惊讶地发现一个定律:项目第一印象非常重要,当初第一印象非常不好的项目大部分事后都出了问题。但是当时进入系统的风控模型论证时又好像没有发现什么问题。所以,可以确定无疑地告诉你,相信你的第一直觉和印象,这里面有很多常年的工作积累和失误摔跤而养成的嗅觉,但最重要的就是违背常识的东西常常会引起人类的警觉。

1. 人类大部分的判断是基于常识而不是专业

从小,爸爸妈妈就教给我们很多简单纯朴却终身受用的道理,而这些道理大都是最传统的善良习俗,例如要诚实勇敢,不要骄傲,不要占小便宜,不要懒惰拖沓。而当我们长大了,发现这些基本的东西好像很难做到,每个人都知道天上不会掉馅饼,但每个人都有侥幸自己可能是个例外。其实,风控大部分时候也是这样,保持对基本常识的清醒并不容易。我们的大部分判断都是基于常识而非自己的专业知识,而大部分违背常识的专业判断都面临非常大的风险,但当事人却浑然不知。比如,按照常识,这个世界上还没有只涨不跌的东西,但大家似乎对北、上、广、深房价永远上涨的论调仍深信不疑。

2. 专业人员最容易犯的错误就是违背常识

通过专业人员的努力,金融机构创造了眼花缭乱的风控模型,并且基于很多案例的实践,更坚定了人们对风控模型的信心。这种信心慢慢地会演变为一种懒惰

---

① [美]彼得·伯恩斯坦:《与天为敌,风险探索传奇》,穆瑞年等译,机械工业出版社2015年版,第86页。

的盲目,当风控模型出现问题特别是出现违背常识的情况时,人们还坚定地相信风控的指引,不顾他已经超越常理,随之而来的便是灾难性的后果。在模型上建立起来的虚假的信心,鼓励机构进一步的冒险,鼓励监管者放任自流。[①] 金融创新得不到有效验证,而危机正在悄无声息地培育。

【案例:风险度量工具 VAR 的失效】[②]

雷曼兄弟破产后风险控制专家对其原因进行了分析,他们发现雷曼最重要的风险度量工具 VAR 居然是失效的。虽然 VAR 和以前的市场风险测算方法相比有了巨大进步,但也不是度量和控制市场风险的最终手段。其主要局限性在于其概念本身的内在局限性和统计方法的局限性。VAR 只能用于可交易的资产或负债,只能度量市场风险,不能度量信用风险,未考虑流动性风险,只能度量一般性非正常事件的风险,VAR 假定因素收益率要服从正态分布。另外,雷曼兄弟的研发能力在整个华尔街都是首屈一指的,雷曼兄弟的模型出来后,其他公司才开始借鉴和模仿,因此也使得雷曼兄弟过分依赖其内在模型,而对风险管理部门的最重大的失误便是过分依赖于产品模型本身,而没有对输入模型的原始数据(违约概率及相关度)进行重新审核,错误的原始数据也使得模型产生了不切实际的结果。风险管理部门却一直依赖交易部门提供的原始数据,而没有进行独立审核。这是 VAR 失效的重要原因。

回到文章开头那个大象的案例,这个故事阐述了风控模型所统计的风险概率的双重性:当制定有风险的决策时,过去发生的频率与人们对事件的相信程度是相冲突的。风控模型当然是一个理性严肃的预测工具,但正因为如此,在细节中才会存在致命的东西。

3. 合乎常理应该是风控的帝王原则

风控到最后,追求的是无限接近真相后的最佳判断。而如何判断最佳就成为一个非常棘手的问题,毕竟这里主观的东西如果太多了,就无法保证风控的客观性。

宁愿错过,不能做错,合乎常理应该成为风控的帝王原则。但实际上,合乎常理的原则在风控的理论和实践中,还没有像诚实信用原则一般,上升到他应有的地位,忽视常理、违背常识作出投资决策的失败案例比比皆是。而在所有风控的手段都穷尽的情况下,如果还感觉有些不对劲,最好引入合乎常理的原则,再次评判一下交易的风险是否真的不存在。

---

① [美]巴里·埃森格林:《嚣张的特权》,陈召强译,中信出版社 2011 年版,第 132 页。

② 张继德:《雷曼兄弟公司破产过程原因和启示》,载《中国管理信息化》2009 年第 12 期。

【案例:金融机构不缺模型缺常识】[①]

瑞士信贷集团(以下简称瑞信)董事长汉斯·乌里希·德瑞克(Hans - Ulrich Doerig),作为风险管理出身的他,对风险控制有独到见解:"风险管理不是纯粹的数学或统计模型,会涉及很多基本常识"。在上任瑞信董事长之前,作为瑞信副董事长,德瑞克兼任瑞信风险管理委员会主席。这一特殊角色,也许是德瑞克在金融风暴中"上位"的重要因素吧。

瑞信是第一家在执行董事会成员中引入风险高层管理人的金融机构。2003 年,瑞信成为第一家建立董事会下属风险管理委员会的国际性银行。在有着注重风险管理历史传统的瑞信"耕作"数十年的德瑞克,在风险管理上确实与众不同。

谈到具体的风险管理操作时,德瑞克总结道:"风险管理不是纯粹的数学模型或者统计模型,其实会涉及很多人们日常生活中的基本常识。如果你感觉到很好、符合基本常识,那么就没有太大问题。如果你感觉不好,直觉告诉你事情不对,夜里会睡不好觉,那么当前情况一定是存在很大风险隐患的。如果你都觉得不想这样做,那么就必须马上放弃它。"

虽然许多数学家和统计学家对"鸡蛋不能放在同一个篮子里"概率理论进行过不同维度的论证,但不可否认,这其实就是一个简单的常识,而这样的常识被应用到风险管理的各个层面。例如,为打破银行"大而不倒"(too big to fail)的定理,美国国会一直试图在《联邦存款保险公司改革法案》中限制这一定理发挥作用,简单的来讲就是在它大到不能倒闭之前采取措施。[②] 这应该是一个在农贸市场买菜的老太太都懂的道理。

◆ 结语

风控到最后,拼的就是人品,或者说风控最后控制的是人性。所以,如果风控不关注人而更多地关注数学模型,这将会误入歧途,整个风控界都应该尽快纠正这种不良倾向,将人性的研究放在风控研究的核心。我们不反对构建模型,而是说构建的模型一定要基于对人性要素的模拟和认知。

伯恩斯坦在他的风控名著《与天为敌》中对风险管理的本质有过经典阐述:风险管理的本质就是把我们对结果有所控制的领域最大化,而把我们不能控制结果

---

① [瑞士]汉斯·乌里希·德瑞克:《金融机构风险管理不缺模型缺常识》,资料来源:http://money.163.com/09/0429/02/581KC5FV00253B0H.html,访问日期:2016 年 3 月 3 日。

② [美]哈威尔·E. 杰克逊、小爱德华·L. 西蒙斯:《金融监管》,吴志攀译,中国政法大学出版社 2003 年版,第 315 页。

和我们弄不清因果联系的领域最小化。[①] 那么,具体怎么进行和衡量我们对无知的把握,希望以上的风控三部曲会有所启发和帮助。

第四节　获取竞争优势的利器

CLO 团队本身就是一支主动作战的航母,是公司对外竞争的利器。

在企业竞争战略的实施中,如果公司律师不主动请缨,公司常常忽略公司律师的作用。优秀的公司律师会通过各种有效的法律手段,打击竞争对手,重新划分市场,为公司争取商业先机。公司律师的竞争手段和样式非常多,跨国公司 CLO 常常利用单一或其中几种组合形成对外市场竞争的利器。

一、企业竞争格局发生重大变化

展望世界经济的发展变化,有三个动向值得高度重视:一是世界范围内正在进行经济结构调整;二是科技进步突飞猛进;三是跨国公司的影响力日益增大。全面分析国际形势,企业必须明白:经济全球化趋势正在给各国经济发展带来深刻的影响,我们既面临着新的发展机遇,也面临着严峻的挑战。

1. 技术进步越来越快

新技术、新产品的不断涌现一方面使企业受到空前未有的压力,另一方面也使每个企业员工受到巨大的挑战,企业员工必须不断地学习新技术,否则他们将面临由于掌握的技能过时而遭淘汰。

2. 高新技术的使用范围越来越广

全球高速信息网使所有的信息都极易获得,而更敏捷的体系将使越来越多的人能在越来越少的时间内掌握最新技术。面对一个机遇可以参与竞争的企业越来越多,从而加剧了国际竞争的激烈性。虽然高技术应用的初始投资很高,但它会带来许多竞争上的优势。

---

① ［美］彼得·伯恩斯坦:《与天为敌,风险探索传奇》,穆瑞年等译,机械工业出版社 2015 年版,第 154 页。

3. 市场和劳务竞争全球化

企业在建立全球化市场的同时也在全球范围内造就了更多的竞争者。尽管发达国家认为发展中国家需要订单和产品，许多发展中国家却坚持他们更需要新技术，希望也能成为国际市场上的供应商。商品市场国际化的同时也创造了一个国际化的劳动力市场。

4. 可持续发展的要求更严格

在全球制造和国际化经营趋势越来越明显的今天，各国政府将环保问题纳入发展战略，相继制定出各种各样的政策法规，以约束本国及国外企业的经营行为。人类在许多资源方面的消耗都在迅速接近地球的极限。各种资源的短缺对企业的生产形成很大的制约，而且这种影响在将来会更加严重。

5. 全球性技术支持和售后服务已成为优秀企业的标配

赢得用户信赖是企业保持长盛不衰的竞争力的重要因素之一。赢得用户不仅要靠其有吸引力的产品质量，而且还要靠销售后的技术支持和服务。许多世界著名企业在全球拥有健全而有效的服务网就是最好的印证。

6. 政府的监管越来越严厉

各国政府对于跨国企业的监管越来越严，要求也越来越高。政府的监管源于社会公众的压力，首当其冲的就是已经上市的公众公司，他们必须接受各国严苛的法律管制。

面对新的竞争特点，企业必须获取竞争优势才能在市场中生存下去。企业之间竞争到最后竞争的是什么？可能最后只留下两个东西，即产品与合规。产品是一个企业的灵魂，没有产品企业即失去了根本。合规是一个企业必须遵循的规则，没有规则不成方圆。

二、公司律师全面提升企业竞争优势

根据竞争战略理论，企业的竞争优势越强，企业的市场地位就越稳固，他的盈利和收益就越好。[①] 企业在争取竞争优势的道路上可谓布满荆棘，而在这方面公司律师将大有可为。公司律师应充分理解竞争战略对企业的指导意义并将其运用到日常法务工作中。

---

① ［美］迈克·波特：《竞争战略》，陈小悦译，华夏出版社 2005 年版，第 75 页。

具体来讲,在竞争战略的五力模型中,基本上每项都可以见到公司律师参与的身影。但这种主动性管理动作对 CLO 提出了很大的挑战。

现代公司律师要全面参与公司的竞争战略制定、决策和执行。公司律师通过各种有效的法律手段,打击竞争对手,重新划分市场,为公司争取商业先机。公司律师的竞争手段样式和手法非常多,常见的有利用商业秘密、知识产权许可和诉讼、反垄断调查、反不正当竞争和双反一保贸易措施等。跨国公司常常利用单一或其中几种组合形成对外市场竞争的利器。

利器一:刑事打击侵害商业秘密的行为

商业秘密是指不为公众所知悉、能为权利人带来经济利益,具有实用性并经权利人采取保密措施的技术信息和经营信息。依据我国刑法规定,不正当的获取、披露和使用商业秘密都构成侵犯商业秘密罪。

由于侵害商业秘密案件可动用刑事手段,惩罚力度明显大于民事手段,目前越来越多的公司喜欢利用刑事手段来打击侵犯公司商业秘密的行为,以阻击商业竞争对手的情报战争。

【案例:华为 vs 沪科案】①

华为 vs 沪科案,是公司律师利用商业秘密案件打击竞争对手的经典案例。该案始发于3名华为公司员工离开华为后成立上海沪科科技有限公司,之后沪科的部分核心资产被 UT 斯达康公司收购,该3名华为前员工进入 UT 斯达康工作。因其产品与华为公司部分产品较为相似,华为公司以自身商业秘密被窃取为由控告沪科,警方将该3名员工逮捕。2004 年底,深圳中级人民法院二审终审,认定3名被告构成侵犯商业秘密罪,其中王某和刘某为主犯,各判处有期徒刑3年,并各处罚金5万元,秦某为从犯,判处其有期徒刑2年,并处罚金3万元,已被冻结的沪科公司账户内款项588万元退给华为公司作为赔偿。

利器二:专利许可和诉讼

TMT 行业从来就不缺少专利诉讼,专利诉讼已经成为 TMT 行业竞争的常规武器。如何理解专利诉讼在市场竞争中的作用,研究下美国苹果公司的案例就可以得到完整的答案。

---

① 《沪科案终结华为公司获胜》,资料来源:http://tech.sina.com.cn/it/2005-05-21/0440613665.shtml,访问日期:2016 年 3 月 19 日。

【案例:苹果 vs 三星专利战】①

苹果公司作为移动通信的领导者,用他的产品改变了全球移动通信业的格局。在这中新旧格局的剧烈转变中,苹果公司为争夺全球智能手机市场,对竞争对手发动多起专利战争。这波由苹果公司引起的诉讼最终演变为整个移动通信行业的专利混战,生态链上的每一家公司都几乎无法幸免,见图 2.7。

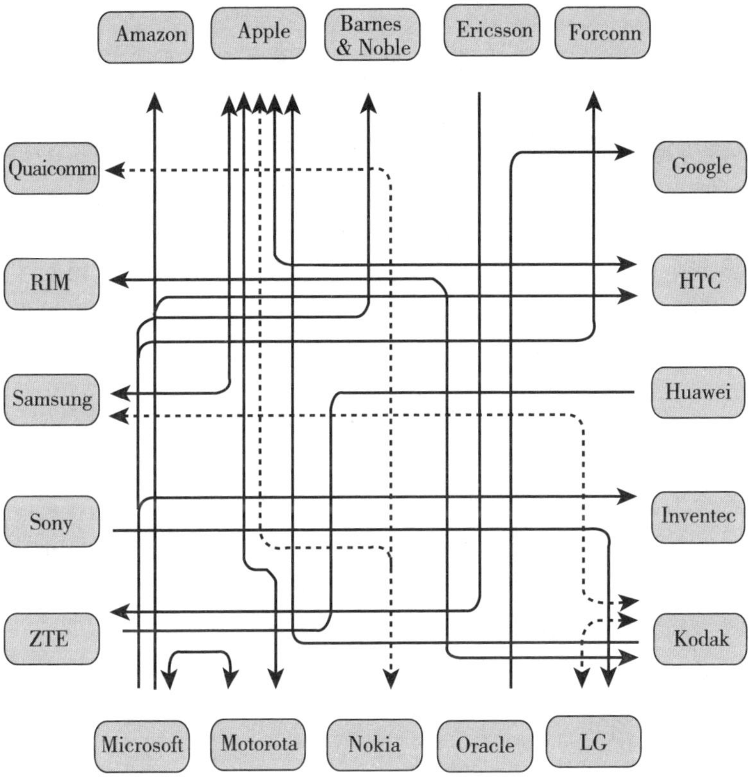

图 2.7　专利诉讼混战示意图

苹果战绩:2011 年 9 月杜塞尔多夫地区法院接受苹果的请求,禁止三星在德国销售或推广最新的 7.7 英寸 Galaxy Tab 平板电脑。2011 年 9 月 26 日苹果在澳大利亚对三星提起多项专利权诉讼。苹果请求法庭发出禁令,从 9 月 30 日开始禁止三星在澳大利亚销售 10.1 英寸 Galaxy Tab 平板电脑。2012 年 5 月苹果库克和三星 CEO 崔志成在旧金山一家法院会面,寻求和解,但最终失败。2012 年 8 月美国加州圣何塞地区法院陪审团裁定,三星侵犯了苹果的 6 项专利,并要求三星向苹果

---

① 《苹果三星专利战全记录》,资料来源:http://tech.qq.com/zt2012/PatentWar/,访问日期:2016 年 11 月 12 日。

赔偿 10.5 亿美元。

通过苹果优秀战绩可以看出,苹果公司通过全球的专利战争与老牌的竞争对手重新划分了市场,把竞争对手排除在主要市场之外,在多个区域市场形成了无形垄断的竞争优势,成为全球移动通信的领导者。

利器三:反垄断和不正当竞争

在过去的一百年时间里,各国反垄断组织和垄断企业进行了艰苦卓绝的斗争,反垄断法在世界各国的经济中扮演了越来越重要的角色。为反对经济活动中的垄断行为,美国电信、微软、英特尔等巨头都曾经历反垄断调查,败诉之后均付出惨重代价。

公司律师在公司参与全球的市场竞争中,应积极应用各国的反垄断法来打击本行业的垄断企业,通过反垄断调查,分拆肢解竞争对手,打击竞争对手的收购并购行为,或者通过谈判和解,尽量争取对自己有利的条件和筹码,以换取有利于自己的发展空间。

【案例分析:AMD vs 英特尔】①

2005 年芯片厂商 AMD 在美国联邦地方法院对英特尔提起诉讼,指控英特尔采用直接现金支付、差别定价和市场补贴等手段,强迫戴尔、索尼、东芝等主要客户签署排它性协议,阻止或限制厂商购买 AMD 产品。同时强迫厂商和技术合作伙伴联合抵制 AMD 产品发布及推广,并向行业技术标准和相关产品施压,给 AMD 的发展制造障碍,属恶意垄断。

该案件逐渐在全世界范围内展开,一直持续到 2009 年双方才和解,代价是英特尔向 AMD 支付 12.5 亿美元,AMD 结束在多国发起的反垄断诉讼和专利交叉许可司法纠纷。

让中国企业真正意识到反垄断法的作用,是中国政府对高通的调查。2015 年 2 月,发改委宣布对高通的调查结束,认定高通违反中国反垄断法,责令其停止违法行为并处以 60 亿元人民币的罚金,这个数额比 2008 年反垄断法生效以来历年执法总额还要多。经由此案,各大公司的 CLO 才开始关注到这部沉睡多年的法律的威力。

利器四:双反一保等贸易措施

贸易措施是东道国公司常用的一种阻碍或驱逐竞争对手进入东道国市场的法

---

① 陆俊:《芯片双雄戏剧言和》,资料来源:http://tech.163.com/09/1118/07/5OCRI71J000915BD.html,访问日期:2016 年 11 月 1 日。

律手段。贸易措施一般包括反倾销、反补贴和保障措施(双反一保),东道国公司对提起贸易措施的动作非常积极的原因有很多,比如申请人立案成本小,贸易措施实施效果好,可以长时间将来自某一国家和区域的竞争对手排除在外,等等。

针对东道国提起的贸易措施调查,应当首先分析自己公司是否存在违反贸易措施的行为,比如大量的低于同类市场经济地位国家成本的倾销,然后在该市场的贡献和前景与案件成本之间进行取舍,最后再决定是否应诉。

【案例分析:杭州新安化工 vs 美国孟山都】[①]

美国孟山都公司(以下简称孟山都)凭借其草甘膦的专利,在美国、西欧、南美等地投入数十亿美元,建立了数套万吨级的原药生产厂,在世界许多地区相继建立了制剂配制厂,其销售额近百亿美元,一直垄断世界除草剂的主要市场。

在 20 世纪 90 年代初,新安化工等中国公司开发出可与孟山都竞争的产品,在满足国内市场的前提下,以新安化工带头的中国公司生产的草甘膦开始迈出国门,走向国际,也由此拉开了与孟山都十几年的反倾销持久战的序幕。自 1995 年 10 月,孟山都先后在欧盟各国、澳大利亚、巴西、阿根廷等国对新安化工等中国公司提起反倾销诉讼,中国公司败多胜少。而这 16 年,孟山都通过各种贸易措施的组合,基本把中国公司排除在主要市场之外。

◆ 结语

握在 CLO 手中的法律武器还有很多。在企业的运营中,CLO 带领的律师团队越来越成为一个企业对外竞争的常规武器,所谓常规即每个企业都应该必须配备,这样才能保证对外竞争的战斗力。每个企业家都要充分重视这支队伍的武装,否则你很难打赢每一场战役。

第五节　从成本后台到利润中心

> 爱立信法务部每年创利 10 多亿美元,已经超过主营业务的利润,他是怎么做到的呢?

① 《新安化工欧盟草甘膦反倾销案十六年历程》,资料来源:http://www. shandongbusiness. gov. cn/index/content/sid/180109. html,访问日期:2016 年 5 月 3 日。

公司律师与外部律师的区别之一是公司律师不仅要精通法律，而且要熟悉商务运作，这要求公司律师要有经营的概念和商业的头脑。公司律师应通过法务的手段为公司降低经营成本，保护经营成果甚至为公司直接创造利润。

【案例：法务部成为利润中心】①

Susan Diehl 是 Trinitas Advisors LLC（一家商业咨询公司）的合伙人和公司 CLO，她专门帮助商业领袖将战略转化为执行和结果。她也是韦恩州立大学的法学教授，她教授的课程是公司律师作为战略家和公司领导的重要角色。

Diehl 与 ACC 谈论她的经验，即如何将她的法律部门变成利润中心时讲道，当她担任 Holcim 有限公司的子公司 Holcim（US）Inc. 的总法律顾问和公司秘书时，这家公司是价值 20 亿美元的水泥和建筑材料供应商。在 Diehl 的领导下，Holcim 法律部门实现并远远超过了其运营法律部门的利润目标，Diehl 寻求每支出 1 美元产生 5 美元的现金流。每美元的投资回报率在她担任总法律顾问期间为 350%。

一、经营的思维至关重要

说实话，在企业中，大部分公司律师乃至后台部门都没有成本的意识，为了完成自己部门的目标，全然不顾整个公司的成本增加。或者说得更直接些，这些职能部门大多数情况下不会考虑企业的盈利状况，因为盈利好坏的确也跟他们关系不大：好的时候不见奖金多，差的时候也扣不了多少（反正也没多少）。

改变公司律师的成本意识不是 CLO 一个人的事情，他必须从公司整体的人力和激励措施出发，去影响公司制定出适合的薪酬福利政策，真正激发法务团队的成本意识。很简单的道理：只有每个人认识到为公司节省成本我也受益，这样才能形成公司全员皆有成本压力的公司成本文化。

二、公司律师参与企业经营

公司律师参与企业经营主要应做好以下几项工作：

1. 降低经营成本

优秀的公司律师都是谈判的能手，他们在谈判前往往要做大量的功课，做到知己知彼，在谈判中有理有利有节并结合各种商务谈判的技巧，为公司争取最好的合

① ACC：Adding Value and Moving Beyondthe Cost Center Model：LegalDepartment Leading Practices, http://www.acc.com/legalresources/resource.cfm? show =1441862, Nov 02, 2016.

同条款和最优惠的商务条件。一个好的合同不仅省事,而且可以为公司节省大量的成本;而一个差的合同是一个公司噩梦的开始,常常会给公司带来重大的损失。公司律师通过科学、专业、务实的合同谈判和合同管理,为企业降低经营成本,间接为公司创造价值。

【案例:中兴通讯的合同管理】

在国际贸易中,主要的风险存在于合同风险,因此合同风险控制建设是否完善直接决定了公司风险控制的成败。中兴通讯法务部很早就认识到这一点,并把合同风控体系建设作为公司风控体系最重要的子体系之一。

在实体方面,中兴通讯首先花了几年时间,根据各业务需求,起草和修订了公司所需的整套商业合同模板,而且根据各个国家不同的语言、政策和法律,起草了英俄、英法、英西等小语种双语合同模板,建立起庞大的合同模板库;其次,组织各个部门,总结经验,制定了各种重要合同条款使用指引,供平时学习和谈判中使用;同时,花大力气研究跨国公司客户的合同模板,输出客户合同条款使用指导意见,对客户的合同条款进行分级决策。

在程序方面,中兴通讯以公司制度的形式规定了合同审查和管理的制度,比如没有公司律师审核通过的文件不得签字用印,增加了公司合同模板使用率等硬性要求。对不遵守合同管理制度的单位和个人进行惩罚和追责,以保证该制度的严格贯彻。对于公司因合同引起的纠纷和诉讼,公司会组织相关部门进行审计和整改,保证此类问题在以后的合同中不会出现。中兴通讯通过全方位的合同风险控制有效地控制了跨国经营的巨大风险,在合同风险的管控方面已走在中国公司的前列,这些最佳实践为中国公司风险控制设立了标杆。

根据一项调查,有 CLO 的公司的律师费用基本都得到有效的控制,而没有 CLO 的公司,律师费每年曾几何形增长的态势。这主要是因为,CLO 通过系统科学的律师管理,不仅让律师节省很多无效的时间(比如同样一个问题,CLO 咨询律师可能只要 10 分钟,业务部门却要用 2 小时),而且让律师之间因充分竞争有危机感,大大减少了外聘律师的漫天要价和懈怠成本。

2. 保护经营成果

当前,应收账款已经成为越来越多公司头疼的问题。

公司签订了很多项目和订单并且已经发货,但货款却一直收不回来,而且随着账期越拖越久,最终都面临坏账的风险。在遇坏账风险的应收账款时,公司应该果断地请公司律师通过法律的手段维护公司的利益,尽量将可能变为应收账款的坏账收回,把或有损失固定为利润,将坏账的风险降到最低。

【案例:为企业挽回和避免损失超过30亿元的CLO】[①]

杨云涛是中国外运的CLO,从1996年接手CLO职务以来,他带领团队,通过点滴积累,踏实打拼,将法律事务部的职能从成立之初只负有“打官司”一项,发展到如今的十几项。

从2008年至今,杨运涛带领团队经手的重大案件在50起左右,为企业挽回和避免损失的金额超过30亿元。数字背后是数不清的不眠之夜,但也充分证明了他作为集团CLO的价值。在一起租船合同纠纷案件中,中外运长航下属公司面临高达4000多万美元的索赔。案件涉及巴西的出口方、英国的船东、意大利和中国的三个租船人、重庆的进口方。杨运涛带领团队和境外律师一道分析案情,制定策略,收集证据,参与谈判。最终在前期大量卓有成效的工作基础上,通过调解实现“一揽子”和解,中外运长航的实际损失大幅降低至200多万美元。

3. 创造利润

【案例:爱立信法务部门已经成为盈利部门】[②]

根据《金融时报》报道,爱立信正在向服务转型,在收取专利许可费方面,已经实现净盈利。2011年爱立信全球专利的许可费用已经达到10亿美元,爱立信的法务部门已经成为公司最重要的盈利部门。爱立信CEO卫翰思表示,将更加关注通信业的标准制定和核心专利,并将其作为公司未来的重要收入来源。

学习爱立信和更多卓越公司的优秀经验,中国公司律师开始认识到公司无形资产的价值所在,原来专利不仅可以防御风险和参与竞争,还可为公司填平成本,甚至直接为公司创造利润。因为按照中国传统的做法,不管是在日常经营中,还是在收购并购的资产转让中,公司的无形资产在资产评估中都几乎可忽略不计,更不用谈主动经营方面,这对大部分中国公司还是个新鲜事。

但在中国公司“走出去”时,你就不得不考虑这些问题。以联想并购IBM PC为例,联想虽然宣称收购了IBM所有的笔记本专利,但后面IBM的公告点出了问题,IBM称转让给联想的专利大部分是外观设计的专利,其核心基础专利仍然保留在IBM,而这项收购中,最值钱的就是IBM的核心专利。联想可能不知道,IBM的知识产权部门是公司利润率最高的部门。

从梦想回到现实,中国公司想近期实现无形资产的净盈利可能比较困难,但

---

① 辛颖:《杨运涛的总法守则:踏实做事,低调做人》,载《法人》2015年第4期。

② 《法务部成爱立信最重要盈利部门》,资料来源:http://it.sohu.com/20130109/n362908667.shtml,访问日期:2016年5月23日。

是,中国 CLO 一定要就无形资产的经营开始思考,并开始制定相应的战略规划和实施纲要了。

【案例:跨国公司法务部怎样做无形资产经营】

清点家产:应清理目前公司所拥有的所有无形资产,包括专利、商标品牌、版权、客户关系和服务等,然后整理出完整的无形资产清单。

资产评估:在掌握无形资产清单的基础之上,应该对公司所拥有的无形资产进行分析、评估和虚拟作价,输出明确的资产价值。无形资产的价值评估是个非常难操作的专业工作,有必要可引入第三方机构做出专业和中立的评价。

资产管理:有了资产清单,又有了对应的资产价格,即可以考虑对资产进行管理。最好的资产比如基础专利,一般用于纠纷和诉讼;良性的资产一般用于许可和谈判;中性的资产可考虑作为专利威慑;较差的资产可以考虑放弃和出售。

资产储备:如果经过评估,发现公司的无形资产真正有价值的很少,一定要引起重视,重新审核公司的专利储备和布局是不是出了问题,在哪里可以改进,提高资产的质量。同时要抓住合适的机会,通过向第三方收购质量较高的专利,缩短专利布局的时间,与竞争对手形成威慑平衡。谷歌高级 CLO 肯特 · 沃克(Kent Walker)主张,科技公司应对专利诉讼的最好方法就是拥有一个强大的专利组合,而通过收购公司或者批量收购专利方式获得大量专利权,可以为企业在专利混战中获胜增加筹码。

资产经营:如果公司拥有大量的核心专利,比如像硅谷新贵美国高通公司的无形资产最高占到其总资产的2/3,那公司法务部就要认真考虑无形资产的经营问题了。

CLO 作为公司无形资产的管理者和运营者,需要具有专业的法律技术和敏锐的商业嗅觉,对无形资产的经营始终保持清晰的思路,即利用创新和收购等方式产生无形资产,通过清理和调查掌握无形资产的清单和价值,然后寻找最适合公司无形资产运营的商业模式,例如成立独立的法律服务公司或者知识产权公司,盘活公司拥有的专利、商标等无形资产,对外进行许可收费和法律服务,以实现无形资产的净盈利目标。同时,通过优良的无形资产经营,更加促进公司的创新动力和优势。

◆ 结语

法务部应该为公司保驾护航还是成为比业务更能创造收入的利润中心,对这个问题大家的看法迥异。在风险控制和业务驱动的博弈中,其中的纠结 CLO 最能感同身受,要两者兼顾是不是真的可行?当同行们都把爱立信法务部当成学习的榜样,CLO 要保持清醒并有这样的大局观:法务部成为盈利部门对 CLO 来说是功绩,但对公司整体来讲,可能是业务悲观的信号,毕竟,爱立信法务收入上升曲线和主营业务下降曲线都是那么引人注目。

第六节 企业反腐,来自董事会的坚持

CEO、董事会和 CLO 三权分立的治腐结构才能真正地净化企业,杜绝腐败。

在公司治理中,出现了两种很有意思的倾向,一种是更多的职能让更少的部门承担,这是多年以来跨国公司对日渐臃肿的公司结构的一种自觉反思,总不能等到公司无法承受的那天再来精简吧。而另一种倾向更为值得关注:董事会越来越想直接雇佣 CLO,并赋以实权,因为他们感受到了某种压力,即如果 CLO 是 CEO 雇佣来的,他就很难不为 CEO 说好话而保证自己应该有的独立性。①

于是,一项非常重要的任务董事会想到了公司法务部,即独立监察的工作。以前,这项工作可能是有内部审计部门完成的,也可能由财务部门完成,或者由临时成立的独立监察小组完成。但效果都差强人意,董事会没办法,最后终于想到了法务部。美国学者认为,CLO 除了担当总法律顾问以外,他还像企业警察一样去监管其他部门。②

监察与审计有着很大的区别。审计更多的是一种内部的评价,他更多的是放在事件的本身,但监察更地把精力放在调查和对人的行为的认定上。这样说的话,CLO 统筹监察似乎也责无旁贷。

【案例:美国法务的内部调查】③

美国公司法务部负责公司内部调查已成为行业惯例。美国大公司一般均在公司设有内部调查机构,一旦有来自公司内外部的举报,如员工违规、商业贿赂等,必须启动公司内部调查。美国联邦采购法规(Federal Acquisition Regulations, FAR)针对涉及政府采购、军品采购等公司专门规定,公司必须有法律合规部门和内部举

---

① Omari Scott Simmons, James D. Dinnage, A Unifying Theory of the In - HouseCounsel Role, Social Science Electronic Publishing, Jan. 10, 2010.

② Nelson & Nielson, supra note 142, at 457.

③ 《美国大企业总法律顾问制度建设与启示》,资料来源:http://www.sasac.gov.cn/n1180/n14200459/n14279647/n14279816/index.html,访问日期:2016 年 7 月 29 日。

报机制,如波音公司因涉及政府军用飞机的采购,因此在法律部下设专门的公司调查部门,由 CLO 领导开展工作。

一、波澜壮阔的企业反腐大潮

在大企业,内部经营环境变得越来越复杂,因此环境的净化已经成为公司高层重点关注的事情。反腐败原本是政府和国企中开展的工作,而目前已经在上市公司和民营企业中全面铺展开来。

【案例:华为自律宣言】①

2013 年 1 月 14 日,华为公司深圳坂田基地,华为董事会、监事会、市场大会全体会议成员举行董事会自律宣誓大会。任正非带领华为全体董事会成员宣誓:绝不允许“堡垒从内部攻破”。任正非把华为目前的管理重点定调为“反腐败”,并且规定:高级干部的合法收入只能来自华为公司的分红及薪酬,不许以滥用职权、收受贿赂等方式获得其他任何收入。

华为当前正在探索的管理难题,是通过何种方式能够根本性地防止腐败,以及管理层愿景能否在执行过程中被有效地传达并行之有效。有业内人士认为,“这一次自律联盟,是针对华为发展到一定阶段面对特殊环境而采取的措施”。事实上,任正非这种“坚决抵制内部腐败”的作风,是因为他正在遭遇不得不面对的问题,即日趋增加的内部腐败现象,以至于他不得不痛下杀手。

华为应该是忍无可忍之下,才做出这么高调的事情。但华为只是沧海一粟,可以说,几乎每一个企业中都存在或多或少的舞弊行为,如果这种现象得不到遏制,最终会导致企业经营的失败。这绝不是危言耸听,看几个案例就可以深刻地明白这些经济犯罪对企业的危害。

【案例:阿里反腐打破刑不上大夫】②

2011 年,阿里巴巴从当时的一项独立调查中发现,部分销售人员为追求高业绩,故意纵容或疏忽,允许部分外部分子进入阿里巴巴会员体系,有组织地进行诈骗。阿里的整风运动就此拉开大幕并成立廉政部,目的在于“快、准、狠”解决内部腐败现象。为此,阿里公开了邮箱,只要是实名举报,淘宝都会受理,并在必要时向

---

① 康钊:《华为高管集体宣誓自律反腐称最大风险来自内部》,资料来源:http://tech. sina. com. cn/t/2013 - 01 - 14/17017976545. shtml,访问日期:2016 年 8 月 21 日。

② 白灵、唐婷、曹一方:《家丑不可外扬? 窥视中兴华为阿里企业内部反腐》,资料来源:http://money. 163. com/13/0409/10/8S104OEV00253G87_3. html,访问日期:2016 年 2 月 2 日。

公安部门提出介入调查。最终，公司清理了1107名涉嫌欺诈的“中国供应商”客户。阿里巴巴CEO卫哲、COO李旭晖因此引咎辞职。此外，阿里巴巴还处理了近百名负有直接责任的销售人员。

“免职”仅是阿里巴巴反腐举措的其中之一。在马云主导下，阿里巴巴还创造了一系列的反腐败措施，如强化用于发现和调查内部贪腐事件的廉政部的作用。在阿里系内部，还运行着一部《阿里巴巴集团商业行为准则》，其中对财务利益、关联交易甚至接受礼品、款待等都做了详细规定。此外，阿里巴巴还实行高管轮岗制度，定期在公司内部进行管理人员的轮换，预防权利过度集中等弊病。

二、企业内部环境亟待净化

腐败的企业内部商业环境是藏在苹果内部的蛆虫，如果不加重视并及时消灭，那么整个苹果就会烂掉。企业内部环境亟待净化，据统计，2005年至2015年的十年间，企业因经济问题被立案的金额超过10亿元以上，而这仅仅是通过司法程序呈现的，如果按照1/10的报案率，实际贪腐的金额已经超过100亿元人民币，这绝对不是一个小数字。

【案例：长城汽车黑色的石头】①

在长城汽车公司主楼门前的草地上，竖着两块大石头：一块白色石头上刻着长城汽车研发失败案例；另一块黑色的大石头上书写“警钟长鸣”四个大字，刻着因贪腐判刑的人员名单。不仅在石头上，就是在长城汽车的会议室、培训室里，这些内容也被指名道姓地到处公布。在这里，办事靠的是真材实料，而不是回扣或者关系。

2012年，长城汽车营收增长43.4%，净利润增长65.7%。而整个汽车市场在2012年的增长率平均只有3%左右。为什么在行业如此低迷的时候长城汽车能够一枝独秀？除定位、品质这些因素外，一位管理者的话尤其值得深思：对比其他公司，我们仅仅采购人员不收取贿赂这一项，就为公司省多少钱啊！

长城汽车深受企业行贿受贿之害，痛下决心坚决反腐说明企业反腐并不是没有解决之道，关键看公司的决心，触动利益比触动心灵更难。

三、法律合规监察被逼上场

不管在华为、中兴还是阿里、腾讯的反腐实践中，我们都没有注意但却无法忽

---

① 白灵、唐婷、曹一方：《家丑不可外扬？窥视中兴华为阿里企业内部反腐》，资料来源：http://money.163.com/13/0409/10/8S104OEV00253G87_3.html，访问日期：2016年2月2日。

视这样一个群体,是谁把事情调查的水落石出,是谁把企业的蛀虫送上了被告席,又是谁推动公检法将他们判刑收监？又是谁发动宣传惩恶扬善？CLO 带领的公司法务部就这样默默地在后台做了所有工作,而他们的工作细节很少见诸报道。

不过,公司内部非常清楚 CLO 的能力和贡献,CEO 也越来越主动地让 CLO 从事后案件的办理提前到案前的调查,最终负责到整个案件的复盘。甚至公司董事会也渐渐意识到 CLO 的关键作用,有些公司的董事会更加干脆,CLO 由董事会直接雇佣并由董事会直接授予监察的实权。既然被授以权责,就不能吃干饭,CLO 在这项新任务上,游刃有余地用三板斧打开局面:

1. 预则立,丑话说前头

在企业反腐的预防上,CLO 向来不遗余力,方式方法也多种多样。例如与供应商签订廉洁协议、缴付廉洁保证金、与员工签订廉洁保证书等,并大力开展各种各样的廉洁教育活动。

【案例:廉洁责任书有用吗?】①

浙江爱迪尔包装集团公司与供应商在签订购销合同的同时,还会签订一份廉政合同:甲方及其工作人员不得向乙方索要现金、有价证券和贵重物品,不得向乙方报销任何应由甲方或个人支付的费用。德力西集团坚持对内与所有经营管理人员签订了廉洁责任书,对外与供需方合作伙伴签订了反腐倡廉责任书。升华在集团建立了廉政保证金制度,年底经考核后对违反廉政要求的,不仅没收保证金,还要给予经济处罚。

2. 找出企业腐败的根源,相信制度而不是人

企业为什么产生这么多腐败现象,其中一个重要原因是制衡和监督机制不够或者形同虚设。如何形成内部互相制约的力量并加强内部的有效监督,就成为 CLO 整日思考的问题。就像以下收银机故事所讲的美国人对机器和工具的崇拜,在 CLO 看来,机制的作用比轻信人更加靠得住。

【案例:收银机的故事】②

美国南北战争后,商业越来越发达。但许多商家却深受店员小偷小摸之害,为了解决这个问题,俄亥俄州一家杂货店老板的儿子设计了一架能够把每笔交易结

① 白灵、唐婷、曹一方:《家丑不可外扬？窥视中兴华为阿里企业内部反腐》,资料来源:http://money.163.com/13/0409/10/8S104OEV00253G87_3.html,访问日期:2016 年 2 月 2 日。

② 林达:《总统是靠不住的》,三联书店 2013 年版,第 66 页。

果显示出来的机器,并能计算每笔交易总额、计算找零和记账。之后,收银机得到关键性的改进,收银机上设计了有自动锁放现金的抽屉,还有一个铃。

伙计把每样东西价格和数量打进去,机器自动算出总数,再把顾客的现金打入,机器计算找零,整个过程就显示了出来。双方无异,一按键,随着铃声抽屉自动弹出来。如果你没有按规矩做,抽屉想打也打不开。机器把每笔交易都记录了下来,在收银机的机制、顾客监督以及店主复查三重管理下,店员的偷鸡摸狗行为再也没有了。

3. 挖出企业的蛀虫,树负面典型

CLO 非常清楚,企业必须有这样的畅通渠道,保证企业内外的举报和监督意见可以不打折扣地递送到公司一把手里。比如,监察举报制度、举报者奖励制度以及民主听证和监督制度等。

【案例:保持民主监督的畅通】①

万向集团在 1996 年制定了《万向集团企业廉政制度》。所有员工都可以监督、举报,一般以电话、提案等形式进行。集团有专门的监督部门来处理各种举报,举报有功者将获得奖励。比如在采购方面,车间里都装了一块公示板,如高于市场价,就可以向上级或监督部门举报。金额 10 万元以上的大型举报,还将在集团内通报。

4. 创建企业的法治文化

贪腐一直是寄生在企业内部的暗疮,企业反腐有没有一把万能钥匙呢?答案是否定的。事实证明,腐败绝不是简单的企业运行机制问题,"人"的因素可能在其中会被无限放大。从前面的许多案例中我们都可以看出,再规范的企业,再严谨的制度,再有决心的老板,在面对越来越"高智商"、"高段位"的腐败行为之时,也有些力不从心。

欲壑难填,在利益面前人们总能找到制度的漏洞,贪念一起,"办法"就总比"困难"多,腐败也就应运而生了。CLO 的所有努力都是为了形成一个企业惯性的文化,例如在腐败方面,CLO 要以形成不敢贪、不愿贪、不想贪为目标的法治文化。

---

① 白灵、唐婷、曹一方:《家丑不可外扬?窥视中兴华为阿里企业内部反腐》,资料来源:http://money.163.com/13/0409/10/8S104OEV00253G87_3.html,访问日期:2016 年 2 月 2 日。

◆ 结语

你可以监控人们的行为,却无法监控人们的欲望。你可以设计一套“天衣无缝”的制度,却很难找到那些能为企业所用,而又能不折不扣地执行这套制度的人。另外,企业整体利益和个人利益的冲突,似乎是普遍而不可避免的。任何行业、任何企业都有自身的潜规则,很难通过“自律”和“监管”的方式去完全杜绝这种现象。

不过,本来就没有理想化模型。CLO 坚持,将治理企业内部腐败的“完美解决方案”变成“最优解决方案”。如何尽最大可能遏制住内部腐败,进而保证企业利益的最大化,这个问题的答案只有一个,就是依赖 CLO 主导下的依法治企和外部更加法治化的市场。

“董事会的存在不是为了管理公司,而是为了确保公司管理得当。”①这时候,我们试图将美国三权分立的思想引入公司治理的层面,看能否形成全面治腐的结构。在企业中,如果 CEO 类比总统主管行政(Administration),董事会和股东会类比国会进行立法(legislation),那司法(Judicature)大权交给谁?似乎以法务审计为代表的企业内部监察组织最合适不过。

企业应尽早形成三权分立的治腐结构,它的威力与目前的企业反腐力度不可同日而语,更会让深陷于腐败事件难以自拔的企业看到制度反腐的曙光。当然,这套机制需要周密的设计,并需要合适的人去执行,可不是简单的事情。

---

① [美]乔安·戈登:《一路向前》,张万伟、杨明明译,中信出版社 2011 年版,第 98 页。

第三章

企业启用 CLO 正当时

> 用不了多久,就会知道,不重用 CLO 可能是公司最失败的决策。

与传统法律部相比,现代企业法务管理已经不仅仅局限于合同审查和官司处理,法务部被赋予了更多的职责,企业家也不能再停留在原来的认识上。现代企业制度的核心是良好的公司治理,而企业的良治在很大程度上依赖于企业法务管理的水平。优秀的企业法务部通过科学系统的法务管理,拟定合理的公司治理方案,控制潜在的商业风险,提升企业的盈利能力和综合竞争力。

黑石资本 CEO 施瓦兹曼关于投资有句名言:“成为第一行动者至关重要”。[①] 勤劳的华尔街的金融机构领悟这句话的意义并发扬光大总结出一条军规:一旦发现有对某种金融产品的需求,就要尽快想方设法去满足它。CLO 深刻认同这条军规的精髓,也是这样指导自己的团队,保持对业务最佳的敏感,唤醒沉睡在各部门的法律需求,并第一时间满足他们,这成为 CLO 的公司律师团队的一项铁律。

CLO 常常以此自勉:是好是坏,还是不好不坏,你总归要思考、行动和发挥。如果不这样,一切都变得索然无味。[②] 你必须创造一些有趣的事情,算对东家更是对自己的交代。作为专业的行动派,来让我们看看他们具体都能为公司做些什么吧。

第一节 冰山一角,CLO 的能量被严重低估

> CLO 可以做的事情永远比你想象的多。

---

① [美]戴维·凯里、约翰·莫里斯:《资本之王》,巴曙松、陈剑译,中国人民大学出版社 2014 年版,第 208 页。

② [美]布赖恩·伯勒、约翰·西利亚尔:《门口的野蛮人》,张振华译,机械工业出版社 2016 年版,第 128 页。

如果一家公司的 CLO 提出辞职,如果他不是太差,最可能的原因是其才华无处施展。据很多更换工作的 CLO 反馈,他们的能量未能在前东家得到真正的发挥和尊重,自己满腹的才华和抱负经不住这样的浪费和消耗。薪酬待遇倒是其次,他们也从来没有担心过。

一、没把 CLO 用好是公司最应反思的事情

美国一项研究发现,即使在发达的美国,公司律师真正受到重视也就在 20 世纪 80 年代,以 CLO 开始参与公司的核心决策为标志,之前公司律师只是做做咨询,没有什么发言权。而这个时间点已经距美国公司成立法律部有将近一个世纪的距离(据称,全球第一个公司法律部是成立于 1882 年的美孚石油公司法律部)。[①] 从日常的法律咨询到公司的战略决策,这里面是大量公司律师前赴后继的不懈努力,展现给我们的更是一篇 CLO 职能疆域不断扩张的优美画卷。

在不同的商业模式下,法务部在企业的经营活动中发挥的作用区别很大,但不得不承认,法务管理已成为企业一项必不可少的管理活动。一个较为完整的法务管理体系包括法务管理的职能、工具、组织、模式和流程制度等模块,由此构成较为完整的法务管理框架。法务部在此体系框架指导下进行的业务设置和资源分配会更加实用和高效。

二、CLO 管控的新边界

CLO 操盘的企业法务管理被赋予越来越多的职责。涉及风控的职能主要包括战略管理、公司治理、合同管理、合规管理、内控管理、危机管理、律师管理、信息披露和安全管理等;涉及竞争的职能有案件管理、知识产权、商业秘密、竞争情报、反垄断和反不正当竞争等;涉及经营的职能主要有政府公共关系管理、投资管理、知识产权管理和对外咨询服务等;涉及战略的职能包括知识产权、政策法规等。对这些新的职能,简单阐述如下:

1. 战略管理

企业财务管理反映企业的现在,企业战略管理决定企业的未来。法务部在战略管理中有两重角色,既是战略的参与者,也是战略的策划者。作为参与者,法务管理要为战略决策提供中肯的法律风险防控意见(包括否决权),作为策划者,法

---

① TANINA ROSTAIN: General Counsel in the Age of Compliance: Preliminary Findings and New Research Questions, THE GEORGETOWN JOURNAL OF LEGAL ETHICS.

务管理要将企业指派的战略任务(如知识产权战略)规划落地。就比如"快播"的最大的问题出在产品合规战略上,不管怎么竞争,只要合规出问题,很容易被对手抓到把柄。这种工作就可以上升到战略风险层面,因为这关系到企业的生死。

2. 公司治理

公司治理的核心是通过对公司内部权力的分配和制衡,实现科学完善的决策管理机制。良好的公司治理结构有助于提高企业的运营效率、盈利能力、财务安全与合规合法,最终实现股东利益。CLO 在公司治理中发挥的作用越来越重要,例如,CLO 凭借专业的技术和丰厚的经验去配置股东会、董事会、监事会和高管的职权,通过权力的制衡和监督,从源头上解决公司经营决策的科学化,以及各机构的权责对等和相互制衡。

3. 合同管理

现代经济是契约经济,市场经济活动离不开合同的规范。合同管理的工作在法务管理中就显得尤为基础和重要。公司一定要重视合同,但大部分法务合同审查只浮于表面,因为没有参与合同整个流程整个周期,所以对合同履行等问题更是一知半解。合同管理是企业风险控制的重中之重,需要进行全面的风险管理。

4. 风险管理

企业整体的风险管理机制包括风险收集和分析制度、风险分级审批制度、风险分级预警和汇报制度以及风险发生后的处理和追责制度等。法务管理在风险管理方面优势明显:一方面,通过法律业务活动,深入介入到各个核心业务的最前端,获取及时准确的风险信息,为风险管理提供源源不断的第一手的风险信息。另一方面,通过专业严谨的法律工作,在企业整体的风险分析、预警、审批和应对处理中起到核心领导作用,建立系统的风险控制体系。

5. 合规管理

合规管理即企业所经营的业务要遵循业务所在国的法律法规,以确保企业的经营始终在合法的轨道上运行。随着欧美等国家对企业监管的强化,合规管理在企业中逐渐受到重视,目前合规管理已经成为法务管理的一项基本工作。合规管理的内容庞杂,需要资深的公司律师承担该项工作,其中包括重大决策和企业制度的合法性审查,内部违法行为的预警和整改,遵守证券监督规定和行业监管,环保职业健康和安全,反垄断、反不正当竞争、反洗钱,海关政策和税务政策遵循,合法劳动用工,国际反腐败和出口管制遵循,等等。

6. 内控管理

内部控制管理是企业全面风险管理的重要组成部分，COSO 的风险管理框架也是由内部控制模型发展而来。内部控制注重于企业的流程风险诊断，并为流程的痛点找到医治的办法。优秀的内部控制管理可提高流程的效率，还可将风险管理的动作最终通过流程落地。CLO 在推动企业风险管理工作中，必须借助内控管理的工具和方法，这样才能起到事半功倍的效果。

7. 安全管理

安全管理是企业发展的基础保障，传统的安全管理主要指生产安全。企业需要采取一切措施，预防和控制危险因素，保证生产的安全状态。在现代的安全管理中，生产安全已经不是安全管理的全部，资金安全和信息安全将变得更加重要。法务部主管的信息安全工作包括攻守两方面，守即盾，如建立企业信息安全系统；攻即矛，如建立竞争情报系统。法务管理通过建立整体的攻防体系，有效控制信息安全的风险，保证了企业信息安全的目标。

8. 政府关系与政策研究

企业不能跟政府走得太近，但是也不能走得太远，最佳的政商关系永远是若即若离。商人的目标是在控制风险的前提下实现长久盈利，即使在自由市场竞争的西方国家，企业都要保持与政府的适当关系。其实，美国跨国企业最注重政府公关工作和各国政策的研究，与各国政府保持非常紧密的联系。法务部通过积极追踪立法动态，把握各个国家法律政策的发展方向，避免不期而至的立法使公司经营策略发生重大变动。通过积极参与并影响涉及企业重大利益的立法，尽量使国家的政策和立法符合企业的利益。

9. 危机管理

在跨国经营的过程中，企业的风险无处不在，特别是面对复杂多变的国际环境，一个企业很难做出安全周密的预防措施，因此危机管理成为跨国企业必须面对的一个难题。法务部门应组织公关、市场、品牌、媒体等各部门，建立企业危机管理办法，以保证企业在危机前有一套完整的应对机制。大公司的危机事件基本上由法务部牵头也有的是由公关部牵头，但是由法务部牵头成为一种趋势。法务部牵头有一个特别大的好处是他是从法律逻辑来策划的。很多危机不仅仅是简单的公关工作，一个危机公关小组，至少有公关、市场、品牌、媒体等组成，各部门各尽其职，齐心协力处理好危机事件，做好危机管理。

10. 案件管理

法律纠纷和仲裁诉讼等案件的处理是传统法律业务的核心,案件胜诉率几乎成为所有企业对法务部考核的指标。现代法务管理赋予案件管理更多的竞争属性,企业法务部常常主动发起诉讼(如知识产权许可和侵权)来打击竞争对手,以获取市场竞争优势。

案件处理不等于案件管理,很多企业因为没有系统的案件管理而导致案件处理不利的案例不在少数。案件管理包括案件策划和预警、定期汇报、分级决策、案件费用、公关工作、进展报告、结案报告、责任追究到案件归档的各项制度和流程。优秀的案件管理会促进案件处理的效果,其不仅保证案件目标的圆满达成,更有助于知识经验的沉淀,对企业的管理来说,这是一笔重要的财富。

11. 政府调查

面对国际竞争对手,跨国企业善于借用政府调查的手段打击对手,这些手段包括反倾销、反补贴、保障措施、反垄断、国家安全、反腐败、反商业贿赂和出口管制等,介入国家强制力的措施。公司律师在政府调查方面虽然很有经验,但依然险象环生。政府调查往往情况复杂,周期很长,可以跨国界跨区域,可以不受属地管辖的限制。公司律师需要在维护企业利益和合规合法的政府管制之间寻找平衡。

12. 专利布局和运营

知识产权制度初衷是为了保护发明人,鼓励创新,但在全球市场的惨烈竞争中,知识产权的竞争属性和资本属性更为人们所关注。知识产权是利器,可以为企业血刃竞争对手,开疆扩土。知识产权同时又是资本,是得到政府确权的智慧财产,法务部应学会像商人一样去经营企业的知识产权,为企业创造财富。

13. 投资管理

在企业对外的投资管理中,法务部和财务部发挥的作用最大,在实际操作中,已有法务部和财务部主管投资管理的先例。在法务管理主导的模式下,法务部负责投资项目整体的策划、可行性研究、风险的控制、法律文件的签订、项目的交割、相关法人主体的设立和变更等,财务部负责测算项目的财务指标、税务筹划和资金支持等。在很多公司,投资并购业务是法务部的核心职能之一。

14. 成立公司律所

为解决公司律师的长期激励和职业通道问题,一些大型的法务部开始尝试成立公司内部律所,开展企业内外的收费业务。这一模式有助于可量化地体现公司律师的劳动成果,公司律师的收入也可大幅提高。但如何处理好利益冲突是个大问题,因为在金钱利益的驱使下,很难相信公司律师还能在追求收入和控制风险之间保持客观公正。

15. 律师管理

外聘律师管理也是生产力,管理的好坏会影响企业法律成本,还会影响工作效果。法务部与外聘律师是合作共赢的关系,法务部需要了解律师事务所的优势和所擅长的业务,利用外部资源取长补短;而外聘律师要深入了解法务部的需求,提供最合理的收费和方案。在对外聘律师的管理中,法务部应建立企业专门的分层级的律师数据库,一方面可以保证找到合适的律师,另一方面可以避免产生利益冲突。

16. 法务部兼任董事会秘书

法务部在很多上市公司兼任公司董事会秘书,这种安排主要考虑公司秘书工作对律师的依赖程度很大,在信息披露和投资者关系这方面公司律师有更强的专业性和敏感性,而这正是公司秘书的基本素质。

◆ 结语

很多事例证明,CLO 为代表的法务管理的职能在企业管理中的角色越来越重要,这一变化得益于法务管理工作的重心转移。现代法务部将更多的注意力从接受垂直命令转向业务流程,建立起业务设计—风险控制—决策支持的整个流程。将法务流程融入业务流程,法务部全面参与企业的流程再造和公司变革。

经营环境的巨变使法务管理被不断地重新定义,也被赋予了更多诸如风控、竞争和经营的属性,整个法务管理的模块组织成一个紧密的价值链条。CLO 通过这种强大的组合对企业各个业务施加影响和实现控制。法务管理需要人力和预算的保障,精英的公司律师遇上足够的财力支持,法务管理各个模块的工作就会无往不胜。

第二节　全面法律风控体系的强大威力

没有法律风控体系的护航，企业就像一只漂在海上没有帆的船。

现代企业应当着力建设全面法律风险控制体系，以应对层出不穷的法律风险和危机事件。体系的建设是个漫长的过程，不能急于求成，否则就会是纸上谈兵，欲速则不达。

一、什么是法律风险

法律风险是公司面临的最重要风险之一。根据《中央企业全面风险管理指引》（以下简称《指引》），把公司风险定义为："未来的不确定性对公司实现经营目标的影响"。《指引》同时指出法律风险被列为公司面临的五大风险之一①。且不论这种分类方法是否科学，比较下这五种风险，与其他公司风险相比，法律风险更容易量化，也更具有可操作性和可控性，法律风险其实可以覆盖了公司大部分可控的风险类别，而且大多数的风险最后都会以纠纷和诉讼的方式出现，最终体现出来的是法律风险。

关于法律风险还有以下几个定义：一是国家标准化管理委员会发布并实施的指南里提到的，企业法律风险是基于法律规定、监管要求或者合同约定，由于企业外部环境变化或者企业及其利益相关者作为或不作为，对企业目标产生的影响。二是国际律师协会认为，企业法律风险是指企业因经营活动不符合法律规定或者外部法律事件导致风险损失的可能性。三是全球企业法律顾问协会对于企业法律风险的定义，即企业所承担的发生潜在经济损失或其他损害的风险就是法律风险。这三个定义从不同侧面定义了法律风险。

我们倾向给出一个简单的定义：企业法律风险是指企业因违法违规而可能承担的损失。既然是法律风险，毫无疑问风险是一种可能，它把这种可能的发生和法律建立起关联，而把风险和法律建立关联一定要通过一些行为。当我们知道可能会发生风险，并且有法律风险的时候，其实所谓的管控风险更多的是管控行为从而实现对风险的管理，如果不管控行为是没有办法管控风险的。

---

① 五大风险是指战略风险、财务风险、市场风险、运营风险和法律风险。

二、为什么法律风控体系这么重要

一个完整的企业法律风控体系框架对企业来讲至关重要,他就像一座城池的护城河。平时放下栈桥跟外界正常往来,而一旦受到敌人攻击,它立刻能保卫着城民的安危。当然,他无法保证敌人不会想其他办法攻陷城池,但是,他起到最起码的屏障作用,不是随便谁都可以轻松地攻进城内。

一个没有法律风控体系的企业肯定不是一个成熟的企业,很可能哪一天就因为法律风险的疏忽而导致满盘皆输,特别是在倡导法治精神的市场经济中,这种对法律风险的轻视更是要不得。而一个成熟的企业,一定有基本的法律风险控制机制,不管他是外包的还是内生的,企业老板也都非常注重合法合规,因为他们都尝到过违法违规的代价。

三、法律风控体系包括哪些内容

一个法律风控体系包括的内容尽管很宽,目前也没有明确的边界,它可以向广处无限延伸;但一个法律风控体系不能少了三样核心要素:一是风控体系框架,二是风控组织架构,三是风控流程和制度。

1. 风控体系框架

CLO 最重要的工作目标之一是建立公司法律风控框架,该体系是一个持续变动和不断改善的动态体系,而不是一个孤立的系统,更不是公司额外的管理活动。它将公司风控的管理动作渗透和嵌入公司的各个业务流程之中,让风险控制成为各个业务管理活动的自然组成部分。

参考 COSO 风险管理框架,一般来讲,一个完整的公司法律风控体系可由风险控制、目标评价和控制范围三大要素组成。在此三维模型框架下,风险控制活动需要依赖目标评价,同时需要相应的组织保证(控制环境),以图 3.1 为例。

- 风险控制

风险控制的目标是将公司可能遭遇的风险控制在可以接受的范围内,避免因重大风险给公司造成严重损失。风险控制不是能医百病的灵丹妙药,即使实施良好的风险控制也不能完全避免公司发生重大风险,但可以使公司在重大风险前做到有预期、有防范和有应对,为公司控制重大风险和实现公司目标提供合理保障。

公司建立公司风险控制的组织和流程,首先要设置控制环境,它是风险管理的根基,为风险管理提供文化、制度、纪律和组织结构的保障,其中最重要的是公司进

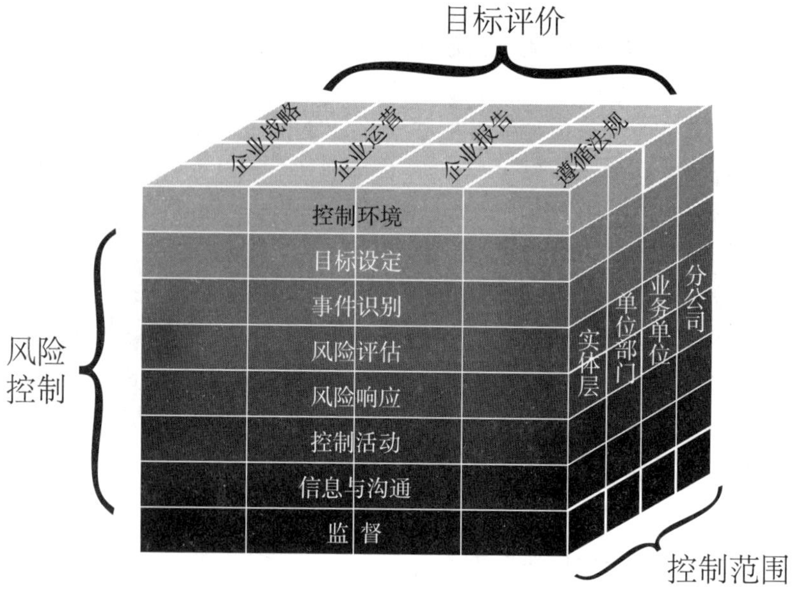

图 3.1　COSO 风险管理框架

行风险管理的决心和风险管理的组织设置。

风险管理包括目标确立、风险评估、风险处理和审核评价四大基本步骤,监控审查和沟通咨询则贯穿于这四大基本步骤中。进一步看,公司风险管理流程是一个分成四步的闭环:第一步确立目标,根据公司业务的目标和特性,确定风险管理的具体目标。第二步风险评估,针对确立的目标所可能遭遇到风险进行识别、梳理、分析和评价。第三步风险处理,该阶段要根据风险评估的结论,准备相应的应对措施和解决办法。第四步审计评价,通过公司内审部门对风险处理的结果进行审查,评价风险处理的效果。当公司面临新的风险时,重复以上步骤进入新的循环。在这个风险管理循环中,监督和沟通贯穿于每个步骤的始终。

- 目标评价

搭完法律风控的主干,法务部就需要引入一些明确的目标对风控体系的有效性进行评价,这些目标包括公司是否做到合法合规,财务报告是否真实可靠,企业运营是否卓有成效以及公司战略是否实现,等等。通过目标的成果检验和效果评价,法务部可以进一步验证风控模型的效用和成熟度。

- 控制范围

一个风控体系,在建立基本框架和设定目标评价的基础上,就要明确其控制的范围。当然,之所以称之为体系,控制范围应该尽可能的覆盖企业的主要业务和单位。如果是大型企业集团,法务部就要先梳理出集团整体的母子公司情况,将他们都纳入风控体系之中。

构建公司法律风控体系是跨国公司的必然选择。这个风控体系的建设是个系统工程，要从风险控制、合规遵从和组织保证等方面立体化建设，公司律师要做好持久战的准备。CLO 要制定和发布该公司的风险控制管理制度，作为公司风险管理的总纲，同时应该至少拟定风控 3～5 年规划作为风险控制的指导性文件。

公司风控体系的建设就像盖大楼，没有统一的模式，公司要熟悉内外部环境以决定适合自己的方案。同时，不管地基、楼体还是顶层设计都需要扎扎实实的铺砖排瓦，稳扎稳打，心急不得。下面以风控体系的一个子体系——安全管理为例，看看一个体系的建成有多么不容易。

【案例："9·11"英雄瑞克与他的 3000 信徒】①

瑞克是摩根的安全副总裁。摩根占据了世贸中心双子塔的南塔楼第 47～74 层楼，有 2700 多名员工办公。瑞克认为：世贸中心是美国地标性建筑，袭击这样的地标无疑更有震慑效果，所以，瑞克开始实施一项计划：把窝在办公椅中的"金领"们变成逃生能手。每年 2 次，组织从最高管理层到最低级别职员的摩根全体员工，哪怕是交易时间，也要离开电脑、电话、正在谈的百万大单，参加逃生演习，2 人 1 组下楼梯，直到第 44 层。他用秒表计时，惩罚那些行动迟缓的员工，确保紧急状态下员工都能迅速行动。

他还近乎专断地纠正摩根安全管理中的错误做法：在世贸中心这种超高层，等待救援简直愚蠢之极。尽管每次演习都会打乱公司工作节奏，造成很大损失，但瑞克顶住了压力，甚至不惜丢饭碗，因为多年的军旅生涯让他相信：在极端状态下，冷静思考几乎不可能，只有反复练习，人才能在恐惧中做出近乎本能的反应。在"9·11"事件中，处于南塔最危险位置的摩根，仅有 6 名员工牺牲，其中，包括瑞克。而摩根的 2687 名员工，连同正在摩根谈业务的 250 多名股票经纪人，都得以幸存。

2. 风控组织架构

不同公司的风控组织架构有很大的不同，孰优孰劣没有定论。按主导部门，大致可分为三种。一种是 CFO 主导的风控组织，这时候 CFO 依赖其强大的财务力量落实风控的各项要求，这种组织方式在大部分中小企业非常盛行。另一种是设立单独的风控官（CRO）和独立的风控部门，这种组织在金融机构比较常见。还有

① 木青：《最伟大保安：提前 8 年预见"9·11"，拯救近 3000 个家庭》，载《世界华人周刊》2016 年。

一种是 CLO 来主导,这种组织方式一般是大型企业才会选择的方式,因为在大企业,CFO 要负责的事情已经很多,他更愿意找个伙伴帮自己分担。

在以 CLO 主导的风险控制组织中,如果把研发、采购、生产、市场和销售等构成的公司主航道比喻成机身,那 CFO 主管公司财务和盈利,CLO 主管公司法务和风险,构成以 CEO 引领公司主营业务的左右机翼(见图 3.2)。一个飞机有机身就可以动起来,但只有配备了机翼它才能飞起来!

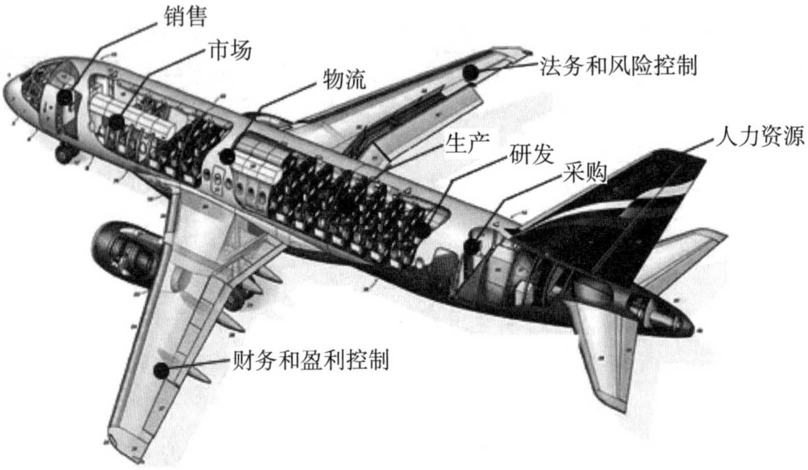

图 3.2　风险控制组织架构

法务部作为公司的风险主管部门直接向公司风险管理委员会负责并汇报工作,法务部门下设治理风险合规(Governance Rise Contros,GRC)部门作为公司风控管理的实际操作部门,该部门要在 CLO 的协调下保持跟法律与业务部门的紧密合作,同时视情况在公司某些重点单位派驻风险专员负责该单位的 GRC 工作,并将相关问题反映给 GRC 部门。

3. 风控流程和制度

在建立公司法律风险控制体系过程中,量化分析和流程嵌入是非常重要的技术工作,首先要将流程中每个阶段的每个指标进行量化,常常会有人主张风险上的很多指标难以量化,这时要坚信如果不能量化一定是没有找对量化的方法,科学完整的量化工作可为风险控制提供了扎实的数据基础。同时,在风险控制中,将每一个管理动作嵌入公司的各个业务制度流程中,成为每个业务单位的规定动作,才能有效地保证风险控制的落地和实施。具体的制度和流程详情会在下文中讲到,在此不再赘述。

◆ 结语

搭建全面的法律风险控制体系的目的就是将偶然的、临时的、随机的风险应对转变为企业惯常的动作，从而在不期而遇的风险面前做出本能的反应，这才是最为靠谱的风险控制，也是风控体系着力培养的力量。

大海航行靠舵手，企业经营就像一艘航行在大海上的船，前进、停止、后退全靠舵手的指挥。而法律风控体系就是船上的帆，确保以上指令的执行到位。CLO 坚信，我们虽然无法控制风的方向，但可以决定帆的升落。一家企业如果没有法律风控体系的护航，就像一只没有帆的船，所有指令都会失效，所有的进退都会失据。

【案例：2016 年葡萄牙队夺欧冠对法律风控的启示】①

思考一：葡萄牙队几乎一直是靠打平局走过来的，几乎没有赢球，因此也饱受诟病，很多人觉得这个球队的实力有问题。但葡萄牙队就是这样磕磕绊绊，晃晃悠悠地进入决赛并最终拿到冠军。其实，每场打成平局可能比赢球或者输球要更难，这体现了葡萄牙超强的控球能力。反映到法律风险管理上，就是控制风险的能力。企业之间的竞争最终看的是谁活得更长，而一家企业法律控制风险的能力越强，他才能活得越久，然后笑到最后，战胜所有竞争对手。

思考二：C 罗不上场可以，但如果葡萄牙队没有 C 罗会怎样？估计结果都不用猜。C 罗作为球队的灵魂人物，一直带伤负重前行，身先士卒。很多时候他就是大家的心灵支柱，关键时刻能够起到一锤定音的作用，这时他能不能上场厮杀已经不是很重要。在法律风险管理中，我们也要注意培养这样的核心人物，这个核心人物可能是主管副总裁或者 CEO。他们的法律风险意识决定了法律工作的开展，他们的一举一动都深受关注，并且影响着风险管理的效果。如果你作为 CLO 感觉法律风控工作很难开展，必须想想是不是这方面出了问题。

思考三：法国真的是运气不好吗？法国不是没有机会，全场至少有 5 次以上有威胁的破门机会，但每次都被莫名其妙地被挡了回来。法国人当然可以说运气不佳，葡萄牙人也可以说自己运气太好，但好像大家都没有这样想，不管输赢都心服口服。法国人知道，每次就是差一点点没有进球，那是因为葡萄牙完美的防守控制，如果换做一个任何二线球队，法国人运气一定不会这么差。这一点说明，法律人在任何时候都不要相信运气，一场成功的谈判或者胜诉的官司背后一定是辛苦准备的汗水，很多时候法律上的胜败就差之毫厘，谬以千里。只有付出足够多的精力，法律的控制力才能越来越精准和强大，给竞争对手的运作空间才会越来越小。

---

① 健君：《葡萄牙夺欧冠对法律风控的启示》，载《公司首席法务官》微信公众号，2016 年 7 月 30 日。

思考四:葡萄牙从未夺取过欧洲杯,这次夺冠绝对是爆了冷门。此前,最被看好的德国队在四分之一赛中便惨遭淘汰,法国大热门一致被看好,更是大多数人押宝的对象。这次葡萄牙夺冠估计让大多数押宝法国的人可能会深夜裸奔。这个结果告诉我们,大家一致看好的事情最好躲着走;一致认为没有风险的项目要多问几个为什么?看似圆满的项目计划书一定要想他怎么可能这么完美?而在企业做法律风控的公司律师,最好"悄悄地进村,打枪的不要",暗地里多做调查,大张旗鼓地开始往往会虎头蛇尾地收场。

思考五:很多球队和球员属于愈战愈勇类型,但遇到困难则会遇挫即败。比如,尼日利亚球队对于观众来说极受欢迎,因为比赛惊心动魄而赏心悦目,但成绩却极不稳定,大起大落。而类似葡萄牙队这样的球队细细想来真的让人不寒而栗,遇强不弱,遇弱不强。他们绝不会出现这场五比零,下场零比五的情况。灵魂人物+专业的团队+隐忍的力量会所向披靡。帕特里西奥整个比赛中并不显露,但在决赛全场三次奋勇关键的扑救,让大部分时间处于被动的葡萄牙,等到了属于自己的绝杀时刻和最终荣耀。对比下中国的球队,每一项要素都需要我们自省和努力。这一点说明,法律风险控制追求的不是一两个项目的成败,而是追求因为标准化而在业务中形成的范式心理,最终深入影响到每一笔交易的稳定和安全。这不仅要有过硬的技术,而且每个律师都要有强大的心理承受能力,让每个人都成为帕特里西奥。不过,这一点,说起来容易,做起来真的很难。

第三节 让无形智慧财产成为企业的主要财富

> CLO 是第一个将企业的无形资产转换为真正财富的公司高管。

专利发明、商标版权等是得到政府确权的智慧财产,CLO 一方面,要让公司每一个人认识到知识产权的创新功能,为企业的持久创新提供源源不断的动力。另一方面,也应学会像商人一样去经营公司所拥有的无形资产,为公司创造持续的财富。

在全球市场的惨烈竞争中,知识产权是利器,可以在战场上兵不血刃,开疆扩土。企业家对于知识产权不必了解太多,但必须明白知识产权的三个重要属性,创新是专利制度的初衷,竞争是市场化冲突的结果,资产是知识产权的财富效应。记住这三点,企业家就会把知识产权应用得如鱼得水。

一、中国企业在知识产权上最常犯的十个错误认识

> 这些认识都是企业用血的教训换来的，可以帮助后来的企业少走很多弯路。

台湾地区鸿海集团（富士康母公司）前法务长周延鹏是企业知识产权管理教父级人物，他曾经写过一本书《虎与狐的智慧力》，该书以他在业界二十多年的经验，展现给我们的是一幅台湾地区企业国际化过程中知识产权战略的画卷。

最让人记忆犹新的是，周先生每次演讲，都会讲一个小故事，他讲他最怕过节，特别是中国的传统节日。因为鸿海国际化的竞争对手常常选择中秋和春节这些传统节日对其发起专利调查和诉讼，以便打个措手不及。他也常常因此很多春节要远渡重洋去异国应诉（与我们现在大陆企业遭遇的经历何其相似）。

中国企业在国际化的过程中，我更愿意把我们比喻成狐，把强大的竞争对手比喻成虎，狐与虎可以展开的不是体力而是智力的搏斗。知识产权已经成为一项企业战略，周先生的经验有着示范效应，他提示中国正在“走出去”的企业，面对强大的专利对手，在专利化生存的高级阶段，企业 IP 工作应该具有虎的霸气和狐的灵性。源于周先生的启发，本书总结了以下十个知识产权工作中常见的认识上的错误，供大家探讨。

1. 在专利代理上不舍得花钱

很多企业愿意花大价钱请国际一流的律师处理官司，但不见得他愿意花同样的成本请专业的代理。事实上，很多企业在专利代理的价钱上锱铢必较，很多代理写一个专利赚的钱还不够覆盖人力成本。

如果你看到此文，请赶紧将廉价的专利代理换掉。专利代理水平直接影响你专利的质量，在这里省下的钱以后你会在专利许可或者诉讼中成倍地赔回去。在良莠不齐的专利代理市场中，他们给你撰写的专利有天壤之别。许多企业往往在被无效和诉讼时才发现此问题，但为时已晚。

2. 专利数量已经够了，着重提升专利质量

随着富士康、中兴、华为等深圳本地企业为代表的科技公司在专利申请数量上的大跃进，中国已经连续五年专利申请数量全球第一。同时，很多不同的声音开始出现，外媒如路透社都开始质疑中国创造了大量的垃圾专利，质量堪忧。

对这个问题我们千万不要落入陷阱，要知道，不管早期的美国、欧洲还是日本，他们申请的专利的创新水平一样不高。从数量的积累转换为质量的提高需要一个

漫长的过程。专利量变到质变的嬗变需要过程，不能一蹴而就。事实上，中国除了深圳和北京等地方的企业，大部分企业还处在专利认识的初级阶段，中国专利教育和专利数量的累积还远远不够。增加专利数量和提升专利质量要两手都要抓，两手都要硬。

3. 没有基本专利没脸见人

基本专利是绕不过去的罗马，许多企业开始前仆后继，花很大的代价在基本专利上，这是否值得？

基本专利是核武器，一件基本专利的培养过程从研发申请、写入标准、使用推广到形成价值，一般需要几年甚至几十年的时间，投入成本高而且失败风险大。周边专利是常规武器，投入小、时间短、针对性强，但容易被替代和无效。有些企业没有认识到二者的矛盾因素，好高骛远，投入大量的资源在基本专利的自主研发上，结果不仅没有开发出基本专利，而且周边专利的优势也没有形成，最终丧失了企业竞争力。

不管是核武器还是常规武器都可以制敌，西方公司一直践行着这样的务实理念，企业对基本专利的追求不能拔苗助长，而应水到渠成。华为公司总裁任正非2005年就坦言，华为尚没有一项基本专利。在技术和资金实力都不占优势的我国企业，更加重视周边专利布局是一个比较合理的选择。

【案例：松下和苹果的专利布局】

20世纪70年代日本经济的崛起招致欧美专利的大量攻击，以松下为代表的日本企业为此加大研发投入，疯狂地在欧美基本专利周边申请从属专利，对欧美基本专利形成包围圈，有效抵御了欧美专利的进攻。而苹果公司的经验更值得借鉴，该公司近一半的专利是增进消费者体验的外观设计，而非技术发明，更非基本专利，但这丝毫不影响苹果的专利实力。

4. 专利运营为公司创造利润

除非你是专利经营公司，那么，一定不要被眼花缭乱的专利运营所迷惑。专利运营对科技公司来讲看上去很美，但不一定是好事。如果你是企业的创始人或者董事长，千万要小心任何关于专利运营的意见，对这样的提议应该慎之又慎。因为很多试图通过专利运营帮助企业增加利润或者转亏为盈的想法在实践中都被证明是不务正业的痴心妄想。

往往专利经营的收入与主业相比不仅微不足道，而且常常会影响对企业创新动力和市场领航的判断，掩盖企业主营业务遇到的困难，造成决策者的判断错误。

离开制造等实业就绝对不会有专利的立足之地，即使存在也是昙花一现。[①]

企业由盛转衰的征兆其实跟一个国家的兴衰很相似，比如企业开始变得越来越傲慢和臃肿，更加关注公关而不关注产品，竞争由开放转为封闭，等等。其中，专利运营就是这样一个征兆，企业不是靠产品创新而是开始依赖专利垄断优势获取利润和竞争优势，这对于一家科技公司来讲，意味着创新动能的干涸，不仅本末倒置，而且无以为继。

【案例：爱立信会否成为下一个诺基亚】[②]

2015 年底，爱立信宣布公司来自知识产权上的总收入将达到 130 ~ 140 亿瑞典克朗（约 100 亿元人民币），据了解，在过去 5 年中，爱立信的知识产权许可收入翻了超过三番。但专利收入的增长难掩主营业务的巨幅下滑，爱立信总裁兼首席执行官卫翰思（Hans Vestberg）表示：增长主要是得益于更高的知识产权许可收入和较低的运营开支的贡献。而去除专利收入，公司很可能是亏损的。更耐人寻味的是，就在爱立信宣布不久，已经停产的诺基亚也发布声明，这家公司宣布虽然手机业务已经死掉了，但他们收取的专利费 2018 年将达 6 亿欧元。

5. 忽视域名

2015 年奇虎公司斥资一亿元从德国沃达丰手中买下了“360. com”顶级域名。无数个忽视域名而付出沉重代价的案例警示我们，企业在非常小的时候要认真地做好域名的布局，特别是在“互联网 +”时代，这个显得尤为重要。人们一定想不明白奇虎为什么还要这么大的代价拿下，看看下面这个案例就明白了。

【案例：360 为什么要花亿元巨款买一个域名】[③]

2015 年 2 月，360 对外宣布他们从达沃丰手中收购了 360. com，但没有对外透露具体金额。不过，坊间盛传的收购金额是 1700 万美元，约合一亿元人民币。这个钱花得值不值只有周鸿祎自己清楚，但可以确定的是，如果不拿下 360 的顶级域名周鸿祎一天都不会安心。

更早的案例，2011 年，携程最终花 300 万元人民币从蔡文胜手中买下了 xiecheng. com，其中一个重要的原因是，在携程收购之前，xiecheng. com 这个域名每天有 1800 个访问量，对于携程来说，流失掉的这些都是精准客户，收购

---

① ［日］丸岛仪一：《佳能知识产权之父谈中小企业生存之道》，知识产权出版社 2013 年版，第 58 页。

② 《爱立信 2015 净利大增，专利真的很重要》，资料来源：http://tech. qq. com/a/20160128/000822. htm，访问日期：2016 年 1 月 2 日。

③ 陈海宁：《360 为什么要花亿元巨资买一个域名?》，资料来源：http://tech. 163. com/15/0209/08/AI0ENAJB000948V8. html，访问日期：2016 年 1 月 2 日。

xiecheng. com 这个域名可以留住他们。另一个值得关注的点是,蔡文胜从 2001 年就开始主动向携程推销这个域名,当时蔡文胜的报价是 1 万元,从 1 万元到 300 万元,十年时间 xiecheng. com 这个域名的价值就涨了 300 倍,而升值的最主要原因就是携程的品牌价值在不断上升,导致域名价格水涨船高。

6. 专利开放

IBM 只有一个,爱立信只有一个,大公司的战略并不一定合适小企业。面对日渐兴起的开放式创新的呼声,企业反应各异。有的企业依然固守封闭模式,坚持雁过拔毛式许可收费,如微软;有的企业标榜开放,实为垄断,不交许可费的就以诉讼威胁,如爱立信;有的企业采取有限开放方式,将专利低价许可给竞争对手,打造联合创新的知识产权生态系统,如宝洁;也有先知先觉的企业认识到专利垄断经营模式对技术创新和市场占有的伤害,开始了真正开放专利的行动,如 IBM、谷歌和特斯拉。

面对开放式创新的浪潮,我国企业应认识到:首先,专利开放是富人的游戏。专利开放战略是近年来具有超强实力的跨国企业重新定义的游戏规则,参与游戏的玩家需要有很强的专利实力做支撑,否则贸然地开放会让企业陷于被动甚至巨大的风险之中。其次,专利开放是争夺市场份额的一个手段。比如,IBM 等企业,虽然倡导通过技术开放促进专利和平,但他们真实意图还是为争夺市场份额。最后,不同的行业应采取不同的选择策略。专利开放跟你无关,做个封闭的美男子。

7. 专利官司从头打到尾

一个国际的专利官司常常会耗尽一个企业的精气。据统计,一个国际专利官司如果从头打到尾,其诉讼成本平均至少在一千万元左右。很多企业在专利讼诉开始时不注意,越往后拖就越像掉入沼泽一样,越陷越深,最后无半点力气自救。所以,对于大部分的企业来说,专利官司开打,并不意味着许可谈判的大门被立即关上,要尽快寻找时机,果断和解结案才是正途。

除了成本问题,专利官司的技术问题也是大部分专利战最后以和解了结的重要原因。针对看不清楚的专利丛林,究竟哪 500 项或者 5000 项专利可能涵盖到自己的新技术或者自己不小心落入对方的势力范围,要做出正确的判断绝非易事。①不管你有多强大的专利分析团队,都会被这样的工作折磨得精疲力竭。

---

① [美]丹·L. 伯克、马克·A. 莱姆利:《专利危机与应付之道》,马宁、宇俊译,中国政法大学出版社 2013 年版,第 36 页。

8. 商标不如专利重要

小商标里有大学问。商标肩负着品牌信息的重任,商标争夺战其实就是品牌的市场争夺战,在市场经济环境下这是经常发生的事情。即使像苹果这样的跨国公司常常在商标上犯低级错误,2012 年,苹果公司因为在 IPAD 商标布局上的失误付出了近 4 亿元的赔偿,要知道当年中国净利润超过 4 亿元的上市公司不到 200 家! 如果现在还没有进行商标检索和布局,赶紧找个专家把把关吧。

9. 什么都申请专利

很多尝到专利保护甜头的企业对专利过于迷信,什么都申请专利,这一做法非常危险。要注意不是每个技术都适合用专利保护,可以保护你的也不仅仅只有专利。专利制度存续百年,仍有许多人以保密的方式保护发明,原因就在于专利权无法阻止他人对专利保护的发明进行深度思考,从而借助其灵感创造出与原发明不同的产品,发明一旦公之于众,即可能成为他人获利的工具。

10. 通过购买专利推动创新

研究近几年的并购案件发现,以爱立信、西门子、通用为代表的传统行业巨子倾向于通过研发持续申请和布局专利,而以苹果、谷歌为代表的新兴科技公司更倾向于通过快速的专利收购增强自己的专利实力。这些公司虽然采取的专利策略不同,但是有明晰的专利布局;而大部分企业在进行专利布局时,并不是非常清楚自己的策略。

其实专利并购解决的是你的市场和竞争的问题,但对于企业的创新却无能为力。而且频繁的专利并购也会把企业财务压得喘不过气来。经验丰富的西方跨国企业每次专利并购都目标明确,并擅长利用商业判断规则来判断自主研发还是并购。比如,通过哪种方式可以降低成本,缩短上市周期,提高产品质量,增加产品利润,威慑和打击竞争对手等。谷歌收购摩托罗拉专利案经典地诠释了这一判断原则:专利并购给你带不来创新,通过收购,谷歌一方面可以有效对抗苹果并保护其安卓生态系统,另一方面通过将收购的专利分拣出售,来降低财务压力甚至还能盈利。

“眼看他起朱楼,眼看他宴宾客,眼看他楼塌了……”诺基亚、摩托罗拉等昔日的巨头,在衰败之前都储备有大量的专利并进行过眼花缭乱的专利运营,他们的知识产权战略管理甚至被写进了教科书,但他们最终都倒下了。

知识产权不是一个单纯的法律问题、一个技术问题,而更多的是个商业问题、市场问题。我们必须把知识产权放到整个商业的生态中,你才会发现自己犯了很多常识性错误,而很多知识产权部门至今仍然执迷不悟。

二、知识产权战略与商业生态系统

> 离开生态系统，知识产权就无立足之地。

全球竞争格局正在发生巨大的变化，商业生态系统的竞争已经逐步取代传统经济规模的竞争，成为国家之间、商业组织之间进行较量的战略重心。商业生态系统的实力在很大程度上代表了跨国企业及其背后国家的软实力，一个成功的商业生态系统除拥有优秀的企业、卓越的商业模式和创新的产品外，知识产权越来越成为其关键内核。

商业生态系统如果搭载前瞻的知识产权战略导航，则既可通过专利和标准实现商业生态系统的行业垄断，又可通过开放共享的知识产权战略推动商业生态系统的创新和进化。为了匹配商业生态系统，传统知识产权战略的调整和转移便显得日益紧迫。

1. 商业生态系统基础理论

(1)从智能终端商业生态系统三国杀说起

【案例：移动互联网的生态系统】[①]

苹果IOS、谷歌android、微软WP是当今智能终端的三大操作系统，三大公司借此主导了移动互联网的生态系统，而在系统之间到处可见专利混战。从2011年开始，三星仰仗其深厚的专利储备与苹果展开了全球范围内的专利战争，然而事与愿违，2012年三星在美国被判侵权和巨额赔偿。确切地说，苹果的胜利不在专利而是乔布斯苦心构建的商业生态系统，作为对手要与苹果竞争，至少要建立与之不相上下的生态系统。

各种迹象表明，世界经济动力和创新的源泉开始重返美国，而在10年前，除德国外的欧洲国家还可以倚赖诺基亚、爱立信等大公司营造的商业生态系统与之抗衡[②]，但如今，美国人仅凭以上的三大超级生态系统就可以笑傲全球。商业生态系统站到了竞争和变革的最前沿，而知识产权更成为生态系统之间不确定性和冲突

---

① 《三星被判巨额赔偿给苹果》，资料来源：http://cn.reuters.com/article/companyNewsEng/idCNL2E8JOHDZ20120825，Jan. 10，2016。

② 德国不同于其他欧洲国家，德国4.0工业革命的核心即以人工智能为核心的商业生态系统的又一次革命。

的源泉[①]。当美国人基本完成了自己的商业生态系统构建和与之匹配的知识产权布局时,其他国家才恍然大悟,显然美国人在商业生态系统的知识产权储备和布局上也已经略胜一筹。

(2)商业生态系统的概念

1993 年,穆尔教授首次提出了"商业生态系统"的概念,他指出商业生态系统(Business Ecosystem)是以组织和个人等商业世界的有机体相互作用为基础的经济联合体[②]。1996 年,他进一步将自然生态系统的理论引入商业竞争并系统阐述了商业生态系统的构成[③]。其后,穆尔在"*The rise of new corporate form*"一文中,强调了商业生态系统的共生性和动态性[④]。Marco 和 Roy 认为处于生态系统中的企业之间互相依存、共生共长,并最终促使组织和整个商业生态系统获得持续成功[⑤]。Mirva 和 Elisa 则给出一个更加完整的定义,商业生态系统是具有一定关联的组织组成的一个动态结构系统,这些组织包括企业、研究机构、政府机构等与系统有关的组织,并表现为竞争、合作以及协同进化等特征[⑥]。

(3)商业生态系统的要素和特征

类比自然生态系统,一个跨国的商业生态系统包括商业组织(生物)、价值链(食物链)和市场(自然环境)等要件:商业组织是商业生态系统的主体、发起人和构建者,组织的质地决定生态系统的成败。一个跨国的商业生态系统往往有一家居于行业霸主地位的核心企业,他掌握了行业的国际技术标准,是生态系统的中心物种;价值链实质上是组织间分工合作的商业体系,价值链条中只要有一个环节遇阻,则整个链条中的技术和商业都无法得到广泛应用;行业市场是影响商业生态系统形成最重要的外部环境,一般来说,自由和法治的市场环境是商业生态系统生长的沃土。

商业生态系统具有开放、共生、竞争等基本特征:商业生态系统必须保持开放,只有通过不断与系统外部信息、资金、人才的交互,才可以保持理念的先进和系统的最优状态;共生性是一个商业生态系统成功的关键,生态系统各要素彼此的依赖性很强,处于一种共存共生,共同进化的生态关系[⑦];竞争性即优胜劣汰,生态系统

---

① [美]亚当·杰夫:《创新及其不满》,罗建平、兰花译,中国人民大学出版社 2002 年版,第 102 页。

② Moore J. F. Predators and Prey: A new ecology of competition. Harvard Business Review, Jan. 12, 1993.

③ [美]詹姆斯·弗·穆尔:《竞争的衰亡——商业生态系统时代的领导与战略》,梁骏、杨飞雪、李丽娜译,北京出版社 1999 年版,第 39 ~ 45 页。

④ Moore: The rise of new corporate form, Washington quarterly, Apri. 12, 1998.

⑤ [美]约翰·C. 麦克斯维尔:《共赢》,任月园、路本福译,北京时代华文书局 2016 年版,第 132 页。

⑥ Pehoniemi Mirva, Vuori Elisa. Business ecosystems the new approach to complex adaptive business environments. Conference proceedings of ebrf, Tampem, Finland, Aug. 23, 2004.

⑦ Paul Tracey, Networks and competitive strategy: rethinking cluster of innovation. Growth and Change, Feb. 21, 2003.

之间以及生态中各个要素互相竞争，适者生存。

（4）商业生态系统的重要性

在全球大生产的背景下，各行业的分工合作越来越细化和紧密。没有一家企业可以从产业链的首端吃到末端，也没有一家企业（无论他多庞大）可以单独为用户创造价值。比如，因当时触摸屏技术尚不成熟，爱立信和摩托罗拉比苹果早十年左右推出的智能手机因体验较差并未获得市场认可，错过智能手机的大发展[①]。当今，一个产品技术的最终成功开发和应用，离不开配套性产品技术的同步开发和应用，一个企业要获得大的发展，更离不开整个技术开发和应用的大环境。现代企业处在一个生态系统中，竞争由单个企业之争演变成为区域供应链之争，进而升级为跨国生态系统之争。

一个商业生态系统的能量之大会超出大部分人的想象，比如它的大数据分析能力有时比政府机构的能力还强大和精准。对于一个国家来说，商业生态系统关系到国家的政治和经济安全，越来越多的国家开始将商业生态系统的建设提升为国家战略。对于一家企业来说，商业竞争的成败越来越依赖于它们所在的商业生态系统。因此，无论对企业还是对国家而言，建立或参与到一个持续创新的生态系统中都至关重要，它不仅能促进技术创新，更重要的是它为创新理念提供了一套完整的商业上的实现方案，提升整体竞争力。

2. 知识产权与生态系统的关系

【案例：长虹兵败等离子】

从2005年开始，四川长虹前后在等离子项目上的投入超过40亿元人民币，希望通过此项目称霸全球面板业，然而该项目在2014年最终以6000多万元的价格转让清盘。事实上，等离子无论技术还是成本都优于液晶，长虹的惨败不是输在技术，而是在生态系统的判断上出现了严重失误，等离子生态输给了液晶生态。背后的原因在于，以松下为首的日系厂商掌握了等离子的核心技术，而他们所坚持的专利封锁却让等离子错过了最佳发展时机。相比之下，韩系厂商掌握的液晶面板技术为争夺市场份额，相对较为开放，参与厂商很多，产业很快形成规模经济，成本下降速度比等离子快，价格上很快占据竞争优势[②]。

长虹的走麦城提示了知识产权作为商业生态系统价值链要素的影响和作用主

---

① 《爱立信将在中国推出全新 R380sc 智能手机》，资料来源：http://www.people.com.cn/GB/channel5/31/20001222/359104.html，访问日期：2016年5月8日。

② 《长虹梦碎等离子数百员工等待安置》，资料来源：http://money.163.com/14/1117/16/AB91UMIK00253G87.html，访问日期：2016年7月7日。

要有以下几个方面：

(1) 知识产权对生态系统的作用

第一，知识产权有利于生态系统的协同整合。衡量生态系统价值的一个重要标准是生态系统中各方信息和商业价值的互利互换，而要实现此目标，标准特别是国际标准和专利发挥着不可替代的作用，大大提升了生态系统供应链的连接和智能程度①。商业生态体系只有在专利标准的指导下进行技术创新，才能发挥系统的协同整合功能，为客户提供整套解决方案②。

第二，知识产权有利于营造良好的市场环境。商业生态系统的实力决定国家的竞争力，在全球国家竞争力评级指标中，知识产权保护体制赫然在列，成为重要指标③。强有力的知识产权保护为商业生态系统提供了良好的行业和市场环境，给生态系统成员和投资人极大的安全感，为商业生态系统带来大量的外来投资。

第三，知识产权有利于控制商业生态系统的风险。商业生态系统风险巨大，巨大投入后开发出的产品如果因专利侵权无法卖出，就无法带动整个生态系统成员获利，前期的所有投入有可能打水漂，严重的话，生态系统也会因此坍塌。为避免这样的系统风险，就要进行知识产权的全程风险控制，例如，通过强大的专利检索和分析工具，可以为生态系统提供源源不断的行业内外最尖端的技术和产品信息，随着行业边界的消失，这种看似无关的信息可能成为未来商业生态系统的关键商业要素。

第四，知识产权可以提升生态系统的竞争力。商业生态系统的较量虽然最终表现为企业的生存和盈利能力，但在过程中常常见到的是生态系统之间的专利较量。这种较量一方面表现为国际专利标准制高点的争夺，另一方面表现为生态系统之间的专利战争，知识产权已经成为生态系统之间竞争的利器。

第五，知识产权可以推动亦可阻碍生态系统的变革和创新。一方面，知识产权可以有效呵护初创生态系统的创新优势，并为商业化提供源源不断的资金支持。特别是新产品市场化的开发，往往大于新产品研发的投入，许多新产品出师未捷身先死都是因为侵权泛滥和资金缺乏，这时，适当的知识产权策略可以有助于延长新产品的生命周期④。例如，爱立信每年在专利上都会有很多收入，这些收入又投入到了研发和市场化中，都是在生态系统内，没有流出系统外⑤。另一方面，生态系

---

① [美]斯科特·斯奈德：《4G 革命：无线新时代》，钱峰译，中国人民大学出版社 2014 年版，第 19 页。

② Ron Adner. Match your innovation strategy to your innovation ecosystem, Harvard Business Review, March. 12, 2006.

③ World Economic Forum, The Global Competitiveness Report , 2014 – 2015.

④ Lolleen Chien: From Arms Race to Marketplace: the complex patent ecosystem and its implications for the patent system, Hastings law Journal, Nov. 10, 2010.

⑤ 《爱立信知识产权官：战略目标是把专利收入重新放入研发领域》，资料来源 http://www.c114.net/news/137/a747801.html，访问日期：2016 年 8 月 2 日。

统的开放性与知识产权的垄断性相冲突,专利权垄断限制市场竞争,损害自由公平的市场秩序[①],妨碍知识信息的创造和传播,也不利于生态系统的创新和升级。例如,在2G通信时代,CDMA的应用因要求用户缴纳数目不菲的知识产权费用而受到限制,相对开放的GSM迅速占领了全球市场,CDMA则只占不到1/4的市场份额[②]。

(2)生态系统对知识产权的反作用

第一,商业生态系统成就了知识产权。苹果电脑虽然有强大的专利实力,却只给苹果公司带来短暂的辉煌。转向智能手机后,苹果开始聚焦用户的极致体验,培育合作伙伴,获得了巨大的市场,知识产权也成为其开疆扩土的竞争利器[③]。成功的源创新战略就是把感性和理性结合在一起,逐渐建立一个强大的生态系统[④]。因为,只有形成强大的生态系统,创新的理念和技术的价值才能被真正实现,而只有生态系统实现了创新的商业价值,知识产权的价值才能为大家所认识。

第二,商业生态系统的实力影响知识产权保护政策。美国、德国、日本等国家在商业生态系统实力较弱时,需要大量引进外国的知识资本,这些曾经的知识净进口国均采用保护力度较弱的知识产权政策,而当这些国家培育出可以称霸全球的生态系统后,则转而采用保护力度较强的知识产权保护政策。因此,一般来讲,与商业生态系统的实力是否相适应,可以作为衡量一国知识产权政策和法律是否科学的标准。

第三,商业生态系统可有效检验知识产权战略的效率和质量,并加速其变革的进程。一个结构完整的法律文本,一套可以与国际标准接轨的知识产权制度,都不足衡量一国知识产权制度质量。只有形成良好的商业生态系统,促进了信息的可持续发展,才是真正有价值的知识产权战略。

3. 与商业生态系统匹配的知识产权战略转移

【案例:德国的创新】

从2009年至今,欧洲深陷债务危机,德国经济却一枝独秀,依然坚挺。德国经济增长的动力来自其基础制造产业生态系统的竞争力。同时,德国也是一个高度法治化的国家,在全球竞争力报告中被推选为知识产权保护最佳的国家之一。前瞻的知识产权战略规划和强有力的知识产权保护,不仅为德国带来大量外来的投资,带动了德国的创新经济,而且为商业生态体系提供了强有力的法律保障。如何

---

① 张平:《标准化与知识产权》,知识产权出版社2005年版,第310页。
② [美]斯科特·斯奈德:《4G革命:无线新时代》,钱峰译,中国人民大学出版社2014年版,第19页。
③ 周胜生:《乔布斯的发明世界》,知识产权出版社2012年版,第138页。
④ 谢德荪:《源创新》,五洲传播出版社2012年版,第37页。

建立与生态系统匹配的知识产权战略框架，德国以及德国企业为世界提供了一个优秀的范例①。

(1)商业生态系统的循环

1917年，美国生态学家 Crinell 提出了生态位的概念，生态位是指在生态系统中核心物种与其他物种相关联的时空位置和功能地位。在一个商业生态系统中，核心企业为了占据核心的生态位，有时可以通过合同和专利来获取②，但若企业长久则必须有完整的产品创新体系、专利标准化体系和供应体系。一个生态体系的基本战略模式从协同开发开始，然后建立技术标准合作，通过源创新输出符合市场需求的新产品，通过合理的供应体系实现资产到利润的转变，然后生态内成员分配利润并将一部分投入到新的开发创新当中。创新产品、专利标准、资金利润就这样在生态系统体内循环往复，形成一个对外开放、对内闭环的系统。

(2)知识产权战略的调整和转移

新兴商业生态系统的内在循环和不断进化使基于传统经济模式的知识产权战略已经过时，旧有的战略模式已经无法适应生态系统的发展，无论对于政府还是商业组织来讲，向与商业生态系统相匹配的知识产权战略转移都是当务之急，并且该项工作很难一劳永逸。

战略转移一：从资产到利润

传统的知识产权战略讲究资产，从专利的挖掘、布局、储备、授权去规划企业的知识产权工作，从而形成庞大的无形资产是标准的工作范式。现代的知识产权战略讲究利润，如何将大量沉睡的无形资产转化为可见的利润并且将这些利润在生态系统内实现良性循环被设定为战略的追求目标。

一个知识产权战略，如果可以协调生态系统成员需求并且使商业模式获得竞争优势，那么它将是生态系统中一股强劲的力量③。从实用角度出发，商业生态系统更加讲究专利的质量而不追求数量，企业对核心专利特别是基本专利会非常重视，他可以为企业带来垄断利润。商业生态系统也更加讲究专利的效率而不是形式，在他们眼里不一定发明才是好的专利，被消费者认可的外观设计很多时候比发明专利更好使，比如苹果战胜三星的大部分专利都是用户特别喜欢的外观设计而不是发明。

从资产到利润的理念转变是传统知识产权战略思想的重大革新，这里的利润

---

① Richard Li – Hua, Innovation's Vital Role in Germany, www. innovationmanagement. se, Nov. 23, 2011.

② [美]詹姆斯·弗·穆尔著：《竞争的衰亡——商业生态系统时代的领导与战略》，梁骏、杨飞雪、李丽娜译，北京出版社1999年版，第85页。

③ [美]布鲁斯·伯曼：《资产到利润》，罗文星译，机械工业出版社2011年版，第98页。

不能狭隘地理解为专利许可费收入,而是指整个商业生态系统成员的综合投资回报(ROI)。因此,参与商业生态系统再造的知识产权战略更加注重画出总揽全局的利润蓝图,以便让系统内的成员都能共享受益。比如,设计正确的知识产权战略不仅有助于重塑研发回报的方式,打开产品的溢价空间,更有助于组织向产业最新的利润点转移,使组织始终处于生态系统价值链的利润池的中心①。

战略转移二:从封闭式垄断到开放式创新

封闭必然落后,开放走向创新,这是商业生态系统的生存法则。从 IBM 公布其源代码开始,谷歌、特斯拉等新兴商业生态系统的缔造者都纷纷效仿,一场开放式创新的浪潮在全球已经如火如荼地展开。基于开放授权框架的知识产权战略对传统的知识产权战略提出了巨大的挑战②。

垄断与开放格格不入,但专利的独占性格在商业生态系统的开放态度前必须保持克制,否则就成为阻碍创新的因素。这方面的案例不胜枚举,IBM 在 PC 时代果断摒弃了垄断的专利策略,积极培育 PC 生态系统的合作伙伴,一度使 IBM 成为笔记本的代名词。而谷歌通过开放免费的知识产权战略,鼓励上下游伙伴在他们的平台上开发配套应用,形成互补性的创新体系和相当的用户基础,成就了移动互联网时代最大的跨国生态系统。

战略转移三:从授权诉讼到专利费用筹划

据称,中国企业每卖出一部手机,都要给高通交 5% 的专利许可费③。但收取专利费用的巨头不止高通一家,目前,爱立信、微软、诺基亚、西门子都欧美巨头在中国除获取巨额的销售利润外,专利方面也有不菲的收入。以爱立信为例,2012 年,爱立信仅仅专利方面的许可费用就达到 10 亿美元的利润④。

专利授权许可和诉讼可以有效地改善企业的财务指标,但这绝非专利的核心价值。过分强调专利的短期收益具有潜在危险,企业应该设计好的知识产权战略以获取更大的商业利益⑤。好的知识产权战略不该仅仅由利润收入评判,而是应将战略重心放在保证产品的销售自由、鼓励企业的技术创新和增强商业生态系统的竞争优势上,而想要做到以上几点,则必须有科学有效的专利费用筹划。

专利费用筹划并不仅仅是第三世界企业的专利,西方跨国公司更加注重专利

---

① Orit Gadiesh and James L. Gilbert, "Profit pools: A fresh look at strategy", Harvard business review, Jan. 13, 1998.

② 张平:《冲突与共赢:技术标准中的私权保护》,北京大学出版社 2011 年版,第 343 ~ 345 页。

③ 《一部国产手机含 5%"高通税"》,资料来源:http://finance.china.com.cn/consume/scgc/20140910/2666015.shtml,访问日期:2016 年 8 月 1 日。

④ 《爱立信首席知识产权官:专利收入增至 10 亿美元》,资料来源:http://tech.163.com/13/0226/01/8OJPM6B2000915BE.html,访问日期:2016 年 8 月 1 日。

⑤ [美]凯文·李威特、戴维·克莱恩:《阁楼上的伦勃朗:揭开专利的隐藏价值》,哈佛大学商学院出版社 2000 年版,第 52 页。

费用筹划的工作。看国际趋势，专利费用筹划越来越成为跨国高科技公司的一项核心业务，被摆在了像国际税务筹划一样的重要位置，可以创造巨大的价值。专利费用筹划研究涉及的范围不仅是专利授权许可费，在政府层面，会涉及上到国家有关专利的政策法律，下到地方的专利资助；在企业层面，会涉及从产品、品牌和市场等诸多方面的因素。专利费用筹划得当，不仅可以为企业节省大量的费用成本，提高企业的产品竞争力，而且可以有效阻击西方跨国巨头和专利蟑螂的进攻，为拓展海外市场铺平道路。

对于专利授权人来说，因为没有科学的专利费用筹划，常常受到涸泽而渔等类似的指责，最明显的例子是日本 3C 和 6C 联盟为了攫取高额专利费用，最终将中国欣欣向荣的 VCD 和 DVD 行业整体压垮。越来越多的专利授权人意识到先养鱼再捕鱼的道理，给被授权人足够的时间去休养生息，以便保证自己日后源源不断的收入。而从专利被授权人角度，专利费用的整体筹划则显得更为重要，科学合理的费用筹划可以降低整体运营成本，提升企业腾挪的空间。市场本来就是一个动态的过程，专利被授权人应学会在其中利用各种因素进行谈判和博弈，为自己获取最佳的内外部专利运营环境。

◆ 结语

有人说未来的竞争是知识产权的竞争，这不准确，真正展开竞争的永远是商业及其背后的生态系统，知识产权只是提升生态系统竞争力的一个支撑工具而已。如果把知识产权战略当成发展目标，就会将自己陷于一个不易被识别的逻辑误区中。在知识产权战略支撑下的生态系统才是发展的重中之重。还有人认为生态系统就是物竞天择，适者生存，而事实上，商业生态系统的运转过程不仅仅是驱逐弱者，相互依存的物种在无穷的交互圈中互惠共生，共同进化，对整个生态系统的进化同样起着非常重要的作用。时代的变迁要求结合对手各自的贡献，共创技术标准，形成新的竞争与合作规则，使大家生存在一个丰富而协调的动态系统中①。

先有商业生态系统，才有知识产权，只有商业生态系统大发展，才会有知识产权的大发展。生态系统成就了知识产权，知识产权反过来保障生态系统的垄断地位，而不是倒过来。我们应客观地看待知识产权的价值，过分夸大或者贬低的态度都不利于生态系统的发展。知识产权是生态系统创新的成果，同时反过来又推动生态系统的创新。生态系统的模式灵活多变，但知识产权的形式则会相对稳定，没有一成不变的生态系统，也没有经常变化的知识产权。应利用知识产权的相对稳定性去

---

① ［美］詹姆斯·弗·穆尔著：《竞争的衰亡——商业生态系统时代的领导与战略》，梁骏、杨飞雪、李丽娜译，北京出版社 1999 年版，第 135 页。

固化生态系统每个阶段的创新结果,并与时俱进地推动商业生态系统的变革。

厘清以上的认识误区,当我们转向目前的知识产权制度设计时,就很容易发现目前商业生态系统发展的制度障碍。现行的知识产权制度并没有如当初设计者想象的那样起作用,结果专利垄断阻碍了技术创新,专利诉讼和授权压倒一家家成长型企业,产生了大量的垃圾和问题专利,越来越多的知识产权蟑螂成为实体企业的梦魇,这都严重破坏了知识产权制度设立的初衷①。因此,确立怎样的知识产权制度,才能既保证创新者能获得足够的激励,又有利于社会知识信息的传播和共享,以培育强大的商业生态系统,值得深思熟虑。

第四节　合同是企业的生命线

企业 80% 的风险由合同产生,企业却只投入了 20% 的资源在合同上。

现代经济是契约经济,市场经济活动离不开合同的规范。公司八成以上的经济活动由合同承载,公司八成以上的风险也由合同产生。合同管理的好坏对公司的影响巨大,甚至会影响到公司事业的成败。对很多法务部来说,合同审查几乎构成了法律工作的全部,因此合同管理的工作在公司律师中就显得尤为重要。

一、无处不合同

现代公司之间的各种经营活动主要都是通过合同形式进行的,几百页的契约是合同,买卖双方的三言两语也是合同,合同成为了现代公司之间沟通的桥梁,大大小小的合同连接了不同的公司,合同也便理所当然成了公司法务部门的主要工作。合同是公司依法办事的重要基础,市场经济要求公平有序的竞争,竞争的秩序要靠法律来规范,合同就存在着相当重要的经济地位。

【案例:中国 500 强企业法律风险管理需求调查报告】②

2006 年,路伟律师事务所发布了《中国 500 强企业法律风险管理需求调查报

① Stephen Merrill, A patent system for the 21st century, National research council of the national academies, Sep. 12,2004.

② 路伟:《中国 500 强企业法律风险管理需求调查报告》,资料来源:https://wenku.baidu.com/view/44dec50eba1aa8114431d90b.html,访问日期:2016 年 5 月 1 日。

告》,在其所调查的中国 500 强企业所反馈的法律风险管理需求中,合同管理在所列的企业法律风险管理需求中排名第二。在同一篇报告中,还显示,“对国际业务依赖程度高”的 500 强企业最为重视合同的法律风险管理需求,同时,其所调查的公司高管及法务人员关注的培训中,合同法律风险的管理培训需求排名第一。由此可以看出,对于公司合同法律风险的管理是公司法律风险管理的主要组成部分。

二、合同风险管理的三个要点

1. 从合同的定制化到标准化管理

公司主要的经济活动是跟合同打交道,因此,公司非诉律师主要时间花在了合同的谈判、起草、修订和定稿等工作上无可厚非。但合同工作虽然是公司律师的主要工作,却不是最重要的工作。据统计,大部分公司法务部门的大部分律师的大部分时间都在做跟合同相关的工作。如果能把公司律师的这部分时间解放出来或者至少部分解放出来做更重要的事情,那么法务部的成本和效率都会大大提升。

解决之道就是推行商业合同模板。大型规范的公司在合同管理方面会花大量的时间在建立自己的合同范本体系上,法务部门经常要做的事情是把使用较为频繁的合同版本根据本企业的特点、业界的最佳实践和在市场交易中所占话语权的轻重加以统一的修订和整理,建立和充实合同范本库并经常进行更新。

不要低估商业合同模板的作用,从定制化到标准化是法务部合同管理的必由之路。一套设计精良、体系完整的合同范本可以大大降低企业的法律风险,再没有这种先入为主的风险控制方式更为主动和积极。企业在全面梳理各种合同风险,建立合同模板的过程中,就是保护自己企业,防备交易对手的布局过程。制定并推广各类合同示范文本,就相当于将对手引入自己控制的区域,以后进退都非常自由,规避了许多不确定的法律风险。

2. 加强合同审查的管理

对于合同风险的管理,不仅仅是在字面上把握好合同书的各个条款,而应该超越合同本身,回归到其本质,即合同所反映的交易本身中。对合同法律风险的控制,应从整个交易本身出发。交易的法律风险是否得到控制,与该交易所对应的合同书所包含的合同条款是否完备、合同条款是否存在瑕疵息息相关。

然而,一份看似完美的合同书,并不必然保证在交易中不会出现合同法律风险。例如,在起草合同时,是否保证业务的整个履行过程,真实准确地以合同的形式体现出来;所有执行环节的关键风险是否被识别出,并最终在合同条款中予以明确;后续的执行过程中,双方是否均按照合同条款来履行;如果出现偏差,是否都遵照了事先约定的纠正措施等。一份即便看似完美的合同,但在实际经营活动中,被束之高阁,双方都不按照合同来履行,或者合同所规定的内容与经营活动中的各个业务活动偏差太多,都会导致争议出现。

3. 合同全生命周期管理

当交易双方有了商业合作的意向,公司律师就要基于企业对于风险的承受度将已经达成的商业合作意向转化为法律合同的语言。这个合同周期很长,从商务策略到合同终止的各个阶段。合同的全生命周期管理是合同风险管理的重中之重。

【案例:美国公司法务部的合同全周期图】

根据具体业务活动中的操作流程,美国公司将合同的生命周期分为六个阶段:商务策略、文件起草、合同谈判、合同签订履行、合同归档以及合同维护和终止。[①]并明确公司律师在各个阶段的工作职责。

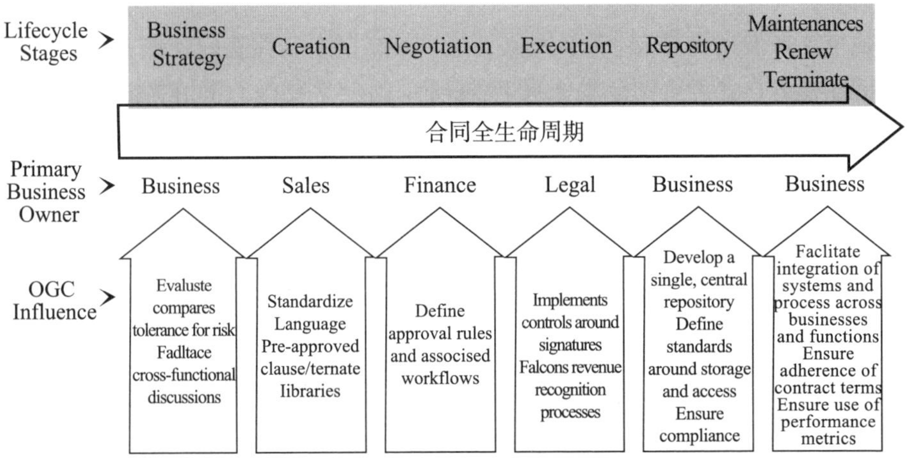

图 3.3　合同全周期

- 商务策略

此阶段是合同还未真正开启的准备阶段,这个阶段,业务部门需要跟法务部门沟通一下商业会触及的基本问题,比如商品、数量、价格、备期、交货等。这个阶段公司律师参与控制在有限的程度内,而且尽量让业务人员要主导整个接洽和安排。

---

① Nancy Jessen, Jason Simth, The General Counsel's Role in Driving Enterprise Change for Contract Lifecycle Management, Oct. 14, 2013.

- 合同起草

根据前期已经商定的业务框架,公司律师现在需要真正参与进来,负责起草相关的协议。这个阶段优秀的合同范本和模板指引会起到很大的作用。这将大大提高效率并节省公司律师的时间,同时,也会保证输出的合同更加科学有效。

- 合同谈判

在合同谈判期间的法律风险管理,目的是为了通过合同谈判,在双方准备签署时,在实现商业利益的同时,得到一份风险较低的合同草本。谈判本身是门学问,尤为重要的是谈判策略。如果把合同谈判分为对抗性谈判和合作性谈判,他们的策略完全不同①,因此谈判前最好定好自己的谈判策略。另外,谈判中最重要的是,要充分考虑各种情况,充分设置好自己的底线。一份好的合同的法律风险在交易中可以被清晰地识别出来,能明确知道该法律风险可能给公司带来的后果,并且也明确了公司可能因此获得的商业利益,经过全面深入的分析,公司决定承担合同中的部分法律风险,并在合同中对风险的分摊明确进行清晰的约定,否则,这就是一份不好的合同。

【案例:前证监会副主席高西庆讲谈判】

高西庆曾担任某大型外企 CLO,在其任职期间,有一个合同双方一直谈不下来,双方一直纠结于几个合同条款,相互都不让步,最终业务部门只能请 CLO 出面做协调。CLO 首先就双方有争议的条款征求业务部门的意见,确认公司的谈判底线及真实想法,同时经过与业务部门沟通,CLO 也清楚了本次双方合作的意图,于是 CLO 建议让双方开会当面解决分歧,在会议现场,CLO 根据事先与业务部门制定的策略,针对可以妥协的条款进行让步,步步为营,在底线性条款为自己争取主动权,在会议休息期间,CLO 同时利用自身的人格魅力与对方进行友好交流,对方也将底牌透露给 CLO,最终在 CLO 的协调下双方达成一致,合作得以顺利开展。

- 合同签订和履行

在经过双方艰巨的谈判,准备好一份比较好的合同草本以后,就进入到了签字盖章环节。但在公司实践中,由于操作人员缺乏法律意识,仍可能存在大量不合规的现象。这些问题通常情况不会显现,只有在真正遇到纠纷时才暴露出来,但为时已晚。因此,公司律师应结合公司的实际操作,设计出符合公司实践的管理流程,使员工在根据流程来提起授权申请时,其风险即已经被管控。

在合同履行阶段,可能由于客观情况的变化,出现需要变更的情形。虽然依据法律规定,除非法律另有规定,双方协商一致即可变更合同。但在实践中,重要条

---

① [美]拉里·特普利:《法律谈判》,法律出版社 2005 年版,第 88 ~ 90 页。

款的变更应注意最好采用合同书的形式,以免日后不必要的争议。即使有了完美的合同条款,合同在履行过程中,仍可能因操作不当给公司带来不必要的损失,因此合同管理应贯穿合同履行过程。

- 合同归档

合同归档看似容易,但往往在公司在解决某些重大争议时,成为决定公司是否处于有利地位的关键性因素。发生问题的合同往往是多年以前签署的,中间经过了漫长的履行过程,这时候就充分体现一个公司的档案管理能力。很多公司都存在同样的问题,合同出现争议,要打官司了,原来的合同原件找不到了,双方当时洽谈的一些重要会议纪要也找不到了,相关人员离职了,邮件也找不到了。因此,合同法律风险管理,应该考虑针对合同签订、履行中可能涉及的这些重要的文件材料,建立起一套归档制度,最好能建立合同档案中央储存库。

- 合同维护和终止

到合同维护阶段,会有合同的更新或者终止的现象出现。例如,每年的合同更新是一个非常好的谈判机会,可以为企业争取更好的付款安排或者商业条款。而且还可以将合同的数据进行汇总,进行大数据的分析和应用。合同工作越往后做,越容易出现合同不一致和脱节的现象,这样会导致低效的操作。合同管理的最优状态是一种无缝集成整个合同生命周期,从商机的把握开始到最终合同履行或双方确认终止。

三、幸存者偏差定律

【案例:飞机为什么没有飞回来】①

“二战”时期,两军空战激烈,双方都想着法子让更多的飞机安全的出去,消灭更多的敌人,然后安全的返航,以此掌握战争的主动权。为此,盟军成立一系列组织机构来为此服务,其中,有一个专门做统计研究的小组。

于是,问题来了,盟军不希望自己的飞机被敌人的战斗机击落,因此需要为飞机披上装甲,但是装甲会增加飞机的重量,这样飞机的机动性会减弱,还会消耗更多的燃油。防御过度并不可取,但是防御不足又会带来问题。为此,需要在这两个极端之间找一个方案。

因为美军飞机在欧洲上空与敌机交火后返回基地时,飞机会留有弹孔,但这些弹孔分布得并不均匀,机身上的弹孔比引擎上的多,军官们据此认为,如果把装甲集中装在飞机最需要防护、受攻击概率最高的部位,那么即使减少装甲总量,对飞

① 健君:《法律合规风控都应该看的一则故事》,载《公司首席法务官》微信公众号,2016年6月8日。

机的防护作用也不会减弱,但这些部位到底需要增加多少装甲,军官们需要统计研究小组给出建议。

于是他们找到小组负责人亚伯拉罕·瓦尔德,瓦尔德给出一个预期之外的答案。瓦尔德认为需要加装装甲的地方不应该是留有弹孔的部位,而应该是没有弹孔的地方,也就是飞机的引擎。瓦尔德的回答延伸出来,可以这样理解:飞机各部分受到损坏的概率应该是均等的,但是引擎罩上的弹孔却比其余部位少,那些失踪的弹孔在哪儿呢?瓦尔德认为,这些弹孔应该在那些未能返航的飞机上。

大量飞机在机身被打得千疮百孔的情况下仍能返回基地,这个事实充分说明机身可以经受住打击,因此无须加装装甲。后来基于这个案例,此类现象被概括为"幸存者偏差"(survivorship bias)现象,也有人称之为"沉默的数据"、"死人不会说话"等。这是一种常见的逻辑谬误,意思是人们只能看到经过某种筛选而产生的结果,而没有意识到筛选的过程,因此忽略了被筛选掉的关键信息。

人们都试图在幸存者身上寻找一些特质来说服自己每一位幸存者都绝非偶然。之所以产生偏差,是由于我们经常想当然地选择样本。

比如,媒体调查"喝葡萄酒的人长寿"。一般是调查了那些长寿的老人,发现其中很多饮用葡萄酒。但还有更多经常饮用葡萄酒但不长寿的人已经死了,媒体根本不可能调查到他们。再者,在投资理财类电视节目中,我们经常看到取得成功的投资者谈论其投资经验和方法,但观众往往会忽略了一个事实:采用同样经验和方法而投资失败的人是没有机会上电视的。

2000多年前罗马的思想家西塞罗讲过一个故事:有人把一幅画给一位无神论者看,画上画着一群正在祈祷拜神的人,并告诉他,这些人在随后的沉船事故中都活了下来。无神论者淡淡一问:我想看看那些祈祷完被淹死的人的画像在哪儿?

所以,克服偏差的最有效方法就是让"死人"说话,要扩大选择的样本,努力寻找那些失败的案例。风险管理要让"死人"讲话。

你是否因为审理一份合同而跟业务部门吵起来,业务部门甚至指责你阻碍他们业务的开展?你是否考虑过为什么我认真地审查一份合同,到最后却得来一顿抱怨?合同的审查对象是文本,如果单纯基于文本进行合同审查,那就犹如你仅看到飞回来飞机上的弹孔,那些没有回来的飞机被你忽略了,你没有抓到问题的关键,合同仅是商业合作模式的最终载体,而在最终形成该载体之前,双方为什么合作、为什么选择这种商业模式、我方为什么要做出这样的让步等信息,才是这份合同的"隐形弹孔"。可见,只有在合同审查的过程中不断地去寻找"隐形的弹孔",你才有可能给业务部门一份满意的合同。沉默的数据不会说话,需要你自己去找线索。

四、智能合同的到来

随着科学技术的日新月异,智能合同应运而生。智能合同的典型代表是Ultimus流程化合同管理系统,这个系统可以支持客户以合同模板自动生成的合同创建方式,对于具备标准化合同模板条件的客户,提供模板管理、模板套用、文本自动生成,支持企业各类合同进行自动创建。

【案例:Ultimus智能生成合同】①

Ultimus基于模板,一键自动生成,系统对定义好的模板提供关键元数据映射功能,用户在使用时只需填写关键数据(客户信息、时限、份额、控制条款等),即可进行数据自动映射,无须再对过程性描述及标准化合同部分进行填写,亦可自动生成相应合同。智能合同可以一键自动生成合同文本,无须人工手动输入。相对而言也最高效,避免了体外循环,但是也就存在适用性较差的缺憾,只适合企业中非常标准化的合同。

我们知道,大部分公司法务部的工作集中在非诉方面,而很多涉及诉讼的案件都通过委托外部律所完成。如果智能合同通过机器人可以做大量以前需要非诉律师做的事情,那么问题来了,他们是否可以完全替代合同律师?更进一步,合同业务占80%以上的公司法务部是否也会因此被撤销?这个问题就更加严肃了。

答案是什么?真的不知道,只有等待科技来解答,不过至少我们这辈子应该不会失业。机器虽在不断革命,但人类也同样在进化,而且进化的速度比以前更快。②

◆ 结语

在企业中,合同管理怎么被重视都不过分。事实证明,企业在整个合同全周期管理中所省下的钱,都会被当成昂贵的学费,成倍地返还给交易对手。

---

① 《Ultimus智能合同》,资料来源:http://www.ultimus.com.cn/,访问日期:2016年11月1日。

② [美]尤瓦尔·赫拉利:《人类简史》,林俊宏译,中信出版社2014年版,第121页。

第五节 一个重大官司往往成就一家伟大企业

伟大的企业不是与生俱来的，而是一步步成长起来的，而重大诉讼往往成为企业重大进步的阶梯。

【案例：华为 vs 思科】[①]

2003 年 1 月，思科公司宣布对华为就华为侵犯思科知识产权向美国德克萨斯州东区联邦法院提起诉讼，指控华为侵犯思科多项专利。思科起诉华为并非偶然事件，思科不仅是因为华为侵犯了其专有权利，更多的则是基于市场利益的考量，因为华为近几年在美国市场大刀阔斧的开拓确实太咄咄逼人，这已经严重威胁到思科的美国本土市场。

针对思科的起诉，任正非确定了“敢打才能和，小输就是赢。”的策略。然后以主管法务副总裁牵头，成立一支由知识产权、法律、数据产品研发、市场、公关等部门组成的“应诉团队”，与外部律师共同确定了应对策略。在项目组的共同努力下，华为最终化险为夷。2004 年 7 月，双方达成和解，结束持续了一年半的诉讼。虽然思科自称获得胜诉，但思科内部也承认，华为的确在这场官司中获取了比思科更多的商业机会和利益。事后证明，华为事实上成为最终的赢家，不仅保住了来之不易的美国市场，而且因为项目组的全盘策划，把被动的官司变化成为华为的品牌宣传。华为通过与思科的国际官司，从一个中国品牌立刻成长为全球知晓的品牌。

这个案子让许多公司律师认识到自己的重要性和在企业的格局，更让天然厌诉的中国企业家开始认识到，遭遇重大诉讼不一定是坏事情，反倒是一个企业从优秀走向卓越的契机。同时，企业家也意识到，在自己的高级幕僚中，除了总揽全局的 CEO 和财务大管家 CFO，还需要熟悉规则的 CLO，他们在政策法律和国际规则的玩法上更加老道和让人放心，也更有利于公司战略的执行。

一、案件的成功是留给有准备的 CLO 的

案件的成功只留给有准备的 CLO 的，持续的高胜诉率始于辛勤的案件准备，

① 郭海峰、李岷：《华为两年一场官司与一个公司的改变》，载《中国企业家》2004 年第 10 期。

案件的成败不是在法庭上,而是在图书馆和办公室。CLO 关注胜诉率无可厚非,因为胜诉率是 CLO 重要考核指标,胜诉的良好战绩也会提高部门士气和 CLO 的信心。这样,公司在遇到突发案件时就会万事俱备,只欠一搏。

1. 案件准备

在一个法律纠纷案件发生后,公司法务人员应对纠纷案件做好十足的准备。法务人员应该对纠纷案件的进行详细的调查研究,形成对该案的系统分析,确定可否通过采取补救措施减少企业损失,或防止损失扩大。

【案例:美国公司律师如何准备案件】

美国大公司企业法律顾问认为,要成功处理一件诉讼纠纷,诉前准备至关重要,做好诉讼策略研究谋划更是重中之重。

一是客观分析案件事实,评估案件影响。由于在美诉讼费用昂贵、拖延时间长、对企业干扰大,美国大公司无论是主动提起诉讼、还是被动参加诉讼都极其谨慎。作为原告通常不会直接到法院起诉,作为被告也不会匆忙应诉,而是先进行诉前评估。艾森哲公司在纠纷发生时,第一时间对案件进行客观评估,分析案件的是非曲直,预测胜诉可能性,评估案件的曝光度。为了避免先入为主,通常还聘请外部专家对案件进行客观评价。美国国际集团认为诉前对案件进行评估判断是诉讼处理的前提。

二是务实选择应对方式和运用诉讼策略。在案件评估的基础上,美国大公司都会反复权衡利弊,从有利于纠纷顺利解决和公司整体利益的角度,选择务实的应对方式。艾森哲公司大部分案件都采用调解的方式解决。公司通常会与对方协商邀请第三方介入调解,但第三方不是对双方的对错进行判断,而是帮助协商,推进和解,务实地解决争端。美国国际集团通常在涉及监管部门的诉讼中选择庭外和解,将其作为避免更大范围诉讼的重要方式。事实上,尽管美国诉讼率居世界之首,但 95% 的案件都没有进入由陪审团负责的庭审。

2. 案件回溯

案件发生后可以对公司的经营风险进行回溯。案件管理的全流程动态管理目的之一是对公司的经营现状进行回溯,根据已发案件的处理,对现有经营进行风险排查整改。根据对公司案件数据库的各项数据进行分析,可以对公司目前及未来的各项运营风险进行定性及定量分析,进而将各项分析进行排序,使公司目前的各项风险一目了然,根据公司资源配置情况,选取排列前面的风险进行应对处理,以此为基础进行风险防范,防范案件的发生,维护公司利益。

3. 案件管理

行之有效的案件管理是展示公司形象的途径之一，特别是上市公司，上市公司须对重大案件进行披露，案件管理可以确保上市公司及时准确披露重大案件情况。完善的案件管理是向竞争对手或者政府机关展示公司形象的重要途径，如果是在美国或海外上市的公司来说，完善的案件管理流程对公司来说是非常重要的，可以表明公司对案件管理、风险控制的重视。

4. 重在预防

减少案件发生本身就是法务部的责任，也是公司最划算的选择。CLO 应不遗余力地采取多种措施做好事前防范，尽量防止或减少诉讼案件的发生。不少企业 CLO 向管理层和雇员灌输和强化诉讼是一件非常麻烦、非常昂贵的事情的“观念”，让他们养成一种习惯，在打电话、发送电子邮件之前，就能够有意识地防范诉讼风险的发生。

【案例：高盛等美国大公司诉讼管理的主要做法】①

高盛公司除在法务部门配备 300 名企业法律顾问外，还有 200 名法律顾问分布在各个业务条线，这些人的任务是确保每个业务线条都遵守法律的规定，在事情未发生时做好准备，确保问题处理好。NBA 有两位 CLO，一位负责公司商业活动，一位负责球赛、球队事务。他们表示，内部律师的业务不只是协商式的服务，更是对业务流程的监管，确保公司各项事务合法合规运营，减少案件发生。

高盛公司的 CLO 重要职责之一是确保公司从诉讼纠纷案件中全身而退。在他的统率下，法务部除按照公司业务分类划分为交易、咨询、投行、资产管理、证券、商业银行等众多部门外，还单独设立两个诉讼业务部门，一个部门负责一般性诉讼，另一个部门专门负责雇佣诉讼。

许多美国大公司为了减少在美诉讼，通常在交易合同中增加一些条款，约定发生纠纷时采取仲裁、调解等替代性争议解决方案。即使在协议中没有这些条款，有些企业也试图在争议后与对方达成这方面的协议，减少在美国的诉讼花费。

不仅在美国，中国企业也越来越认识到案件预防的重要性，华为 CLO 宋柳平曾经讲过，华为正在建立的是以风险预防为核心的管控体系，即整个队伍 80% 以上的力量是投入到风险管控当中，传统意义上的争议解决，可能只有不到 20% 的力量。

---

① 蒲公英：《美国大公司诉讼管理的主要做法》，资料来源：http://blog.sina.com.cn/enchantedgarden，2013 年 7 月 9 日。

二、100%的胜诉率是怎么获得的

无论怎样，总有一些纠纷最后会走向诉讼。案件管理的一个指标很重要，那就是胜诉率，案件管理成功与否很重要的一点就是看胜诉率。那么如何提高案件的胜诉率呢？要保证胜诉率的唯一办法是谨慎挑选你选择的案件，这在律所可能，但在公司里基本不可能。公司作为一个商业实体，每天你不知道会发生什么事情，你也没有可能选择成为原告还是被告。所以要提高胜诉率，CLO 需要付出比律所合伙人更多的努力。

许多公司的法务部门往往将追求胜诉率作为案件管理的终极目标，然而，案件管理绝不仅仅是为胜诉率而管理。CLO 要主动将法律纠纷案件管理置于公司发展战略目标之中进行考量，在基本合法合规的前提下谋求企业利益最大化，这是法律纠纷案件管理的目标，也是案件管理的意义所在。胜诉并非是所有案件的最佳结果，对法律纠纷案件实施有效管理，不但可使企业减少损失，而且可以创造价值，最终推动公司治理的水平提升。

面对纷繁复杂的法律诉讼案件，没有哪个律师敢保证 100% 的胜诉，但却应该保证 100% 的尽心准备和设计好每个案件。庭上十分钟，有的律师应对自如，有的律师慌里慌张，这全取决于庭下的功课。好的案件不是打出来的，而是精心设计出来的。

就主诉案件而言，公司律师前期会做大量的准备工作。针对纠纷事实与业务部门、职能部门等模块进行多回合沟通交流，争取捕捉最大量的信息内容，以便后期筛选使用，形成有效的事实说明及证据链。在法律文本工作方面，包括了诉讼方案制定、诉讼请求及标的确定、诉讼主体确定、争议事实过程还原及说理、证据清单及证据制作等。

对于被诉案件，更是一场与对手斗智斗勇的角力，任何对手都不会在短时间内将所有的底牌和王牌亮出来，而是根据局势变化酌情掂量。诉讼律师应当做的不仅是在对方发起攻击时及时接招，还要主动反击，如果单单局限于纠纷事实本身或者法条文字，而不是依据尽量穷尽各种可能性或高概率突发情况主动设计出 N 套应对方案，这种案子办下来，即使胜诉，也可能是侥幸得之。

对于策略性诉讼，更需要诉讼律师在启动法律程序前，通盘考虑商业因素、诉讼本体、结果设定、达成途径和替代方案等，这种诉讼的目的性很强，通常要争取到对己方更有利的商业谈判空间、相关事件替代性解决方案、迫使对方妥协让步等，某种程度而言，策略性诉讼是体现设计好案子的集中体现。

【案件演练:违反竞业限制协议案】

常规思路:作为保护公司商业秘密的重要手段之一,与离职高管人员及其他接触商业秘密的离职员工签署《竞业限制协议》,若离职人员违反该协议,原用人单位可通过法律途径追究其违约责任。处理此类案件,核心便是收集离职人员入职竞争企业的相关证据,如劳动合同、社保缴费记录、个税证明及其他能够证明存在劳动关系的证据材料,配合《竞业限制协议》及竞业限制补偿金发放记录等证据,胜诉便唾手可得。

殊不知,这些证据材料大部分涉及个人隐私信息,非经司法程序调取,一般无法获取,而劳动仲裁部门一般不会主动去职权调证。若通过跟拍、邮寄快递等途径确定离职人员的就业情况,会耗费大量人力物力,存在较大风险。但若没有掌握落实上述证据之前,仓促起诉则可能打草惊蛇,促使对方也做好万全准备,相关信息获取难度会更大。在这种情况下,该案的胜诉概率微乎其微。

设计好案子的思路:从案件设计和提供可供选择的多元诉讼方案而言,办理这种案件,"曲线救国"方案未尝不可:违反竞业限制案件属于劳动争议受理范围,必须是仲裁前置。但是侵犯商业秘密的案由可以直接诉诸法院,待法院立案后,即可申请法院前往竞业单位调取员工信息等证据,掌握上述证据后,向法院申请撤诉。再回到违反竞业限制协议这个正途,再次申请劳动仲裁时,便可以做到游刃有余、掌控全局。

【案例:侵犯商业秘密案】

常规思路:应对侵犯商业秘密违法行为,无外乎民事侵权追责和刑事追责,但两个途径都面临着非常繁重的举证责任。民事程序中,权利人必须提供证据证明商业秘密属于合法拥有、侵权人通过非法途径获取并实施了相关侵权行为、侵权行为与侵权结果之间存在因果关系,还要进一步举证证明侵权造成的经济损失金额等。

整个过程,对于诉讼律师,哪怕是外部律所专业律师而言,都是一项烦琐的工作任务,成本花费不菲,最终能否达己方欲求的目的,也存在诸多不可控因素。对于刑事追责而言,涉及公安、检察院到法院各个司法机关,每个阶段要求的举证责任又各有异同,尤其是在公安侦查阶段,要实现权利人举证、商业秘密司法鉴定、经济损失认定等诸多环节配合,甚至要召开专家研讨会,对其中涉及的商业秘密界定等内容出具专家意见。可以说,一着不慎、满盘皆输。刑事追责历时久、风险大,没有十足把握,不会轻易启动。

设计好案子的思路:维护权益、敲山震虎,求助的途径不限于上述两种。我们不能忽视行政监管处罚的威慑力。工商行政管理或者市场监管管理部门,作为维护市场良好竞争秩序的行政机关,内设的反不正当竞争科室部门拥有法定的立案调查、行政处罚权。

权利人在提供商业秘密既侵权行为存在的相关证据后，上述部门即可进行立案调查，相比司法程序，行政执法反应速度快、执法效率高、调查手段丰富，能够有效控制己方成本支出，并且伴随而至的行政处罚、市场影响和商誉影响不比一纸司法判决的威慑力小。

三、案件的追责和稽核机制

通过一个案件，完善一项制度，规范一套流程，解决一批隐患，真正地帮助企业防患于未然。"海恩法则"给企业的启示是，CLO 应当带领法务团队帮助公司建立案件追责机制。①

【案例：海恩法则】

海恩法则(Heinrich's Law)，是德国飞机涡轮机的发明者德国人帕布斯·海恩提出的。这个在飞行领域有个著名的法则指出任何不安全事故都是可以预防的，而且每一起严重事故的背后，必然有 29 次轻微事故和 300 起未遂先兆以及 1000 起事故隐患。海恩法则运用到案件管理，启示就是公司看似偶然出现的重大案件只是冰山一角，它的背后可能存在诸多类似的隐患，可能反映出业务或管理上存在一些漏洞和问题。

案件追责机制赋予 CLO 对案件的评价职能，它赋予法务部在案件办理的全过程中这样的权力，如果发现相关责任部门不负责任，例如公司完全不在理的被动诉讼，或者不能提供出应该有的证据或者证据有所遗漏，那么法务部就有权力追究相关单位和人员的责任。

有了案件追责制度保障还不足够，海恩法则还提示，再好的技术，再完美的规章，也无法取代人自身的素质和责任心，毕竟案件是人做的。因此，公司还应该重视建立合规稽核机制，定期开展合规稽核活动，针对处理案件处置纠纷过程中反映出来的问题，提出监察整改要求，培养全员的法律意识与合规理念。

◆ 结语

没事不惹事，有事不怕事，企业大了就不能再害怕打官司了。就像很多爆炸事故的发生一样，一个案件的发生，一定是问题积累到极限的一次总爆发和清算，它

---

① 李宜坤：《"海恩法则"与企业案件管理》，载《法人》2015 年第 1 期。

是反映企业方方面面问题的负面清单，也可以考验企业关键时刻的抗打击能力。倒下了的算英烈，没倒下的就是“小强”。

第六节　政府公关不是推杯换盏

> 企业政府公关不是推杯换盏，是个很专业的活动；参与和影响政策与立法才是企业政府公关的核心。

公司不能跟政府走得太近，但是也不能走得太远，最佳的政商关系永远是若即若离。商人的目标是在控制风险的前提下实现长久盈利，即使在自由市场竞争的西方国家，公司都要保持与政府的适当关系。

一、国内与国外的理解

在我国，政商关系自古以来就是一个既复杂又敏感的问题。概而论之，其主要特点有两个方面：表象上的钱权交易和本质上的规则缺失。费正清曾说过：“中国可能选择的道路，各种事件必须流经的渠道，比我们能够轻易想象到的更窄。”在数千年的文明史上，中国的政商关系就始终运行在这条“更窄”的道路上，任凭政权更替、制度变迁，乃至主流意识形态的重铸，其固有逻辑却如同昼夜轮替，在固定的领域中持续发挥着难以逆转的作用。经济和政治，不是水和油的关系，而是水和牛奶的关系，水乳交融是常态。

吴晓波曾说过：“1978 年以来中国企业家大浪淘沙，淘到现在还在舞台上能够坚持 30 年的这些企业家，绝大多数都是在政商关系问题上进行过很多的思考，或者说在政商关系处理上比较恰当的人。”中国的改革到了如此关键十字路口的时候，构建健康的政商关系就变得越来越迫切。

而在当今的欧美发达国家，政商关系是政府与企业之间全方位的互动过程，就政府对企业的影响方式来说，其主要表现为通过颁布立法、出台政策等对企业的运营加以监管。据称，美国联邦政府每年颁布的监管法规约达 4000 项之多。由于法律对行政部门权力的限制及监管，企业基本上主要是和民选代表拉关系，在需要的时候，通过议员向有关部门施压，而不会依附于某位行政官员或某些政府部门，这是有别于中国政商关系的一个地方。

反之，就企业对于政府政策的影响而言，企业对于公共政策环境作出的反应主要有三种类型：反应性的、互动性的和积极主动的。所谓反应性的反应就是指企业在政府的政策出台后再作出反应。互动性是指企业和政府决策者和参与者（包括媒体）保持沟通，以试图影响公共政策，使之为企业的利益服务。而积极主动的反应则是指企业需要主动影响政策，预测公共政策的变化，试图通过正确的预测政策变化而提高其竞争地位。毫无疑问，积极主动型是政府政策工作的最佳姿势。

二、跨国公司的政府游说

对企业来说，尤其是跨国公司，政府公关和政策研究尤其重要。政府公关不是简单的推杯换盏，CLO 通过政治游说，参与和影响立法和政策，以便能更加准确的预测公共政策的方向，才是企业政府关系工作的价值。近几年来，美国政府、印度政府，还有新加坡政府都对中国企业提出过安全调查。他们认为中国企业特别是国有企业在国际投资并购中，目的除商业目标外还有经济、文化甚至政治考虑，例如联想在收购 IBM 的时候就遭遇到这样的安全调查。他们认为被收购是允许的，但是会不会对其国家造成安全影响，这里面有大量的政府游说工作。

【案例：三星与苹果的官司输在了"游说"起点上】①

2012 年韩国媒体《中央日报》发文认为，三星输掉跟苹果的官司，源于三星对知识产权法案政策方面的"游说"投入太少。美国政治资金监督组织"责任政治中心（CRP）"消息，从 2011 年开始至 2012 年 9 月 17 日，苹果、谷歌和微软用于"合法"游说国会的资金各有 323 万美元、1847 万美元和 1113 万美元。这些钱除了用来游说国会修正《知识产权法》之外，还用来游说修改《税法》《通讯法》《通商法》等，使相关法律有利于自家公司。相反，三星在这段时间内用于国会游说的资金仅有 14 万美元。

三星正在为此付出惨痛的代价。美国法律专业杂志《美国法》（American Law）最近称"苹果的创始人史蒂夫·乔布斯生前最重视的知识产权就是商业外观（Trade Dress）"。虽然早在 1946 年制定的《商标法》中，就包含有商业外观的相关条款，但一直未受重视。"苹果多年以前开始针对议员展开游说活动，不仅使这条规定重新得到重视，而且还进一步强化了相关内容"。也就是说，三星的惨败并不是简单输在了法院，而是早在美国华盛顿说客（lobbyist）"K 街"上，就注定了这一结局。

---

① 虎嗅网：《三星与苹果的官司输在了"游说"起点上》，资料来源：https://www.huxiu.com/article/4352/1.html，访问日期：2016 年 12 月 1 日。

世界经济研究院的理事长司空壹表示:在美国,游说是合法的商业活动,三星等企业已经成为了全球规模的企业,必须在游说活动上加大投入,才能在世界最大的美国市场上取得成功。这也为中国企业走出去提供了生动的反面教材。

游说工作谁出面组织?在跨国公司中,既能懂法规又能懂政策的专业人士就是 CLO,当然他离不开公关部门或是政府关系与法务部门积极合作。特别是欧美国家这些地方,会发现这个需求非常大。在美国华盛顿,国会议院旁边有一条街全都是做游说的公司,80% 都是律师出身。

跨国企业在拓展海外市场的过程中更需要注重游说工作,并与国外政府维持良好的关系,法务部门被施以重任。法务部门通过积极追踪立法动态,把握各个国家法律政策的发展方向,避免不期而至的立法使公司经营策略发生重大变动;通过积极参与并影响涉及企业重大利益的立法,尽量使国家的政策和立法符合企业的利益;通过熟悉各国鼓励投资和创新的政策,申请和获取为数不菲的政府补贴和奖励,为企业贡献利润。

【案例:美国说客,不游说无政治】①

美国华盛顿特区横贯东西的中心大道之一,开车在这条街道上朝西南方向行驶 10 多分钟就会到达议事堂,这里密布着苹果、谷歌、波音等全球规模企业开设在华盛顿的事务所和游说公司,仅活动在这一带的说客就有 3 万余人,每年用于合法游说的资金高达 21 亿美元。各大企业、利益团体、市民组织等都会以此地为中心展开游说活动,甚至有"立法市场"之称。

作为美国民主体制中的一道独特风景线,政治游说活动已经成为美国政治必不可少的一个组成部分。根据"美国说客联盟"(ALL)的定义,说客的工作是为客户提供当前法案或将要在国会进行投票表决的法案的信息,并为了客户利益而寻求法案条款的修改。因习惯上国会是民意的表达机构,游说人员主要的工作对象是国会议员及其助手,尤其是国会中有影响的议员和一些小组委员会的负责人。

美国的政治游说机构分为两种:一是职业游说行,二是行业代表组织。职业游说行并没有固定的政治倾向,拿了谁的钱就替谁说话。不过,职业道德与行规不允许同一家游说行同时替在某个问题上针锋相对的两派游说,这与律师行不得同时代表诉讼双方的规则是一样的。事实上,游说行中有多一半本身也就是律师行。这些律师行雇用着大批精通立法程序的律师,包括过去的政客以及政府官员。美国的游说业十分发达,有许多经验可以借鉴。

---

① 余万里:《院外游说,美国政治的灰色地带》,资料来源:http://news.ifeng.com/,访问日期:2016 年 5 月 1 日。

三、新型政商关系

政商关系不但有着自身的斑斓色彩,而且还是一面棱镜,能够透视出各国的政治经济模式。企业们都寻求一种新型、健康、长久的政商关系,将长期目标优先于短期利益,以公共利益为共同诉求,以追求良性互动、合作共赢、共同发展、造福社会为取向的政商关系是各个企业希望寻求的。

【案例:阿里假货事件】①

马云说,要"跟政府谈恋爱,但不要嫁给他"。2015 年伊始,这个声称要跟政府"谈恋爱"的企业,却和国家工商管理总局吵了一架,起因就是关于假货问题的调查,国家工商总局指出淘宝管理存在漏洞,要求其改正,但因处理中存在的程序问题或沟通问题,阿里某员工觉得其处理不当受了委屈,对工商总局的不够客气颇有微词,后阿里又声称要上诉工商总局,指称工商总局"一碗水端不平",结果工商总局一个"白皮书",这场不大不小的"口水战"导致"阿里巴巴市值蒸发逾百亿"。

阿里巴巴的例子只是政商关系一个小小的方面。在不同领域,政商关系所指涉的问题及其表现方式也不一样,随着市场经济的发展和商业文明的进步,以及商业力量介入社会建设和人们生活程度的加深,比如参与保障体系、养老产业、食品安全和环境保护等,政商关系必将面临更多挑战,也将迎来更深刻的变革。

四、为什么要 CLO 做政府公关

美国大企业普遍认为,政府对企业的监管往往都是通过出台法律、政策等手段实现的,因此,企业与政府协调有关事项主要由法律专业出身的 CLO 牵头负责,然后跟其他部门协同开展相关工作。

【案例:高通的案例】②

高通公司专门在法律部下设政府关系部,该部在世界各地都有工作人员,负责监测世界主要国家的法律发展和政治倾向、对政府游说、影响立法等工作,该公司认为将政府关系部与法律部放在一起往往能事半功倍。在培训团访问和了解的其

---

① 人民论坛:《新型政商关系》,资料来源:http://paper.people.com.cn/rmlt/html/2015-02/11/content_1542083.htm,访问日期:2015 年 12 月 1 日。

② 国资委:《美国大企业总法律顾问制度建设与启示》,资料来源:http://www.sasac.gov.cn/n1180/n14200459/n14279647/n14279816/index.html,访问日期:2016 年 5 月 1 日。

他美国公司中,也无一例外地在其法律部专门下设政府事务部,IBM、波音、GE、纽交所等企业均如此,可见美国大企业对于妥善处理政府公共关系的高度重视。

当然,政府关系虽然重要,美国大多数企业会将精力集中在如何具备做好企业内功的能力。如果企业整天忙于与政府打交道,企业必定发展不好。同时,美国企业在做政府关系非常重要的一点是坚持长期、持续的努力。政府关系是一个漫长的培养过程,不是一朝一夕就能实现的。

◆ 结语

在美国的政府与企业关系中,尽管"反监管"、"小政府"在企业界仍颇有市场,但是,在拓展海外市场、吸引外资和人才、提供基础设施以及确保信息安全等方面,企业仍需要得到政府的支持。在国际竞争不断加剧的背景下,政府与企业的合作有望呈不断加强的趋势,CLO 经常在商业与政治之间亦政亦商。而事实上,从政府官员转行做企业高管在美国已经司空见惯,很多公司的 CLO 都来自前美国政府,前美国司法部长,前副检察长,前联邦上诉法院和地方法院法官,这都不足为奇,甚至前白宫律师现在都是美国主要公司的 CLO。[①]

第七节 在危机中得到升华

> 成功处理一个危机是幸运,成功处理每个危机是本事。

一个公司风险的预防措施再周密,很多危机一样照常发生,因此危机管理成为跨国公司必须面对的一个难题。公司必须组织法务、公关、市场、品牌、媒体等各部门,建立公司危机处理机制,以保证公司在危机前有一套完整的应对计划。成功处理一个危机是幸运,他靠的是个人,成功处理每个危机是本事,他靠的是机制。CLO 常常在危机处理中,不知不觉成为当仁不让的主角,并深信危机即危中有机,有的企业在危机中倒下,有的企业却在危机中得到升华。

---

① Ben W. Heineman ,Harvard law school, the general counsel as lawyer stateman, Harvard law school Program on the Legal Profession, April. 26 ,2012.

一、失败的企业危机处理

每个企业在成长过程中,都可能经历企业内部或者外部的危机,例如安全事故、质量问题、谣言中伤等。但是如果企业缺乏有效的危机管理手段,一旦出现危机事件,就难以转危为安,甚至持续发酵恶化,直接威胁到企业的生存。

企业的危机管理主要存在以下三个问题:

1. 缺乏足够的危机意识

没有危机意识本身就是最大的危机。如果不能保持清醒的头脑和对市场变化敏锐的觉察能力且对新变化做出快速的反应,而是安于成功的现状,那么当你感觉到环境的变化已经使自己不得不有所行动时,你也许会发现,行动的最佳时机早已错过了,所有的行动只是徒劳。甚至一些企业在危机来临时认为与己无关或是认为"时间是最好的良药"。所以他们在面对危机时要么任由事态的发展,要么一味地躲避,不面对事实,不主动披露,不配合媒体的采访,这时企业便处在极为被动的状况。

2. 缺乏诚信沟通的态度

经历过数次经济危机的雷曼总裁富尔德曾得出一个教训:必须及时辟谣,如果任由各种谣言传播,谣言最后就会成真。[①] 特别在全民侦探的自媒体时代,不真诚沟通问题,欲盖弥彰,等到被曝光之时,企业不仅失信于消费者,还容易引起公愤。甚至有些企业在面对质疑时通常把责任推给媒体,这就把媒体推到了企业的对立面,错失了和谐解决问题最佳的渠道。在企业面临危机时,媒体的跟进通常令企业十分头痛,"无可奉告"往往引起更多的负面猜测。在这种情况下最严重就是引发企业的诚信危机。

3. 危机处理专业化程度不够

在大部分企业在遇到危机事件时不知所措,不知道将危机事件交给什么部门去处理。甚至还有一些经营者认为危机管理就是公关,公关就是请客吃饭,凭借各种关系想暗中摆平。这不但失去了转机的机会,更有可能因为操作过程的曝光将会给企业形象造成难以挽回的损失。讲道理、讲法律、讲规则是公众的最终诉求,越来越多的企业选择将危机事件交给法务部门,因为专业性在危机处理中显得越来越重要。

---

① 安德鲁·罗斯·索尔金:《大而不倒》,巴曙松、陈剑译,中国人民大学出版社 2015 年版,第 321 页。

二、把危机应对交给法务部

危机是一种常态，每一次危机既包含着导致失败的根源，又孕育着成功的种子，就是危机管理的精髓。研究中国企业的管理，会发现一个引人深思的现象，中国企业面对的危机很多，但在危机事件的处理方面，可以用来当作正面典型、管理标杆的企业却特别的少。大部分企业严重缺乏危机意识，在危机到来时就倒下了。

大公司的危机事件越来越明显的趋势是让法务牵头，虽然不见得所有的 CLO 都愿意接受这个棘手的活。不过，法务接手危机事件的大好处就是会从理性的法律逻辑来策划的，因为很多危机不仅仅是简单的公关工作。公关是做政府关系的，是感性的。危机处理是要通过讲道理去看市场的反应，要讲规则和理性的。

在这个过程中，跨部门的协作也是关键所在，法务部门应组织公关、市场、品牌、媒体等各部门，建立公司危机应对小组，以保证公司在危机前有一套完整的应对机制。在危机管理方面，如果 CLO 带领着法务部们牵头处理好，绝对会是个加分业务。

三、CLO 在危机管理中的应对术

为什么在同样的市场环境及危机面前，有的企业可以镇定自若，在最短时间内平复危机，而有的企业却无应对之策，损失惨重？

1. 严谨的信息披露

美国强生公司因成功处理泰诺药片中毒事件赢得了公众和舆论的广泛同情，在危机管理案例历史中被传为佳话。因为披露的信息都经过公司法务部的细致审查，比较严谨、充分，后续措施也都得到了落实。相较强生危机管理的全面成功，2010 年富士康的跳楼事件也算是一件“亡羊补牢”的不完全成功的危机管理案例。

【案例：富士康跳楼事件】

2010 年，富士康陆续有员工跳楼自杀，富士康一开始采取了回避与沉默姿态。5 月 26 日富士康发生第 11 起跳楼事件之后，郭台铭抵达深圳龙华开始进行危机公关，在记者会上向员工、家属和社会鞠躬致歉，并带领 200 多人的媒体团队参观龙华厂区。郭台铭对记者的提问有问必答，信息完全公开，这一系列的举动在富士康和郭台铭来说都是首次。除此之外，郭台铭还下令组织修建爱心防护网、建立相亲相爱小组、设置举报奖励制度等，来尽可能地阻止跳楼事件的发生。虽然之后富士康又发生两起跳楼事件，但是实际上郭台铭这次危机公关取得了很大的成效。

2. 有理有据的应答和据理力争的反击

在出现危机的时候，最容易乱了阵脚，特别是自己在理的地方都阵线全失。在危机沟通中素有“黄金24小时”理论，危机爆发的12至24小时之内，企业应当立即采取一系列措施来控制危机的继续蔓延升级。能够及时作出响应的关键，就是要有一套解决问题的事件响应、危机管理、灾难恢复或者业务连续性方案。

越来越多的企业采取新闻发布会的方式应对公众质疑，而越来越多的CLO坐在了新闻发言人旁边，甚至直接作为新闻发言人对答如流。这时候，公司律师的理性就显得尤为重要。成熟的CLO知道在防守中怎么样节节抵抗，在反攻中怎样顺势而为，用法律的严谨和说理的态度一步步换回人心。

【案例：三星 Notes 危机处理】[①]

三星世界各地发生的“爆炸门”事件让三星立即陷入前所未有的危机之中。三星反应相当迅速且有章法，可见其内部应当有较为完善的机制来应对此类危机事件。危机事件最忌讳的是说得多，做得少。三星深谙其道，危机事件一爆发，他们的处理方式是先做后说。我们看到三星手机业务负责人高东真出来赔礼道歉后，立即启动召回程序，先安抚消费者的情绪。

待这个本质的问题解决后或者已经提供了解决思路后，三星就需要处理满天飞的谣言或不利言论了。针对此类谣言，三星法务公关也是毫不手软地辟谣，对故意造谣传谣的立即采取法律行动。而针对像民航局发布的此类公告，三星的做法却相当的有气度，且从消费者的安全角度出发，奉劝消费者不要在飞机上使用该类手机并尽快完成换机任务，客观地讲这种处理方式已经相当有水平。

Note7虽然废掉了，但三星这次的“爆炸门”危机事件处理，从目前来看，应该说是比较成功的，法务、公关、平台等部门能够快速反应，且正面应对，相信还是会获得消费者认可的，三星良好的品牌积淀及其雄厚的财力，也不至于让其因此倒闭。

3. 全面系统的应对

一个重大危机有千丝万缕，但CLO很清楚，法律规则和舆情监控这两条线是永远不变的主题。以法律和舆情两条主线开展工作，危机事件往往能成功系统的处理，创维应对危机的案例可以看作系统应对的经典案例。

---

① 健君：《三星notes7危机处理案例》，载《公司首席法务官》微信公众号，2016年8月1日。

【案例:创维如何成功处理危机】[①]

2004 年香港廉政公署在代号为"虎山行"的行动中,拘捕了"涉嫌盗取公司资金"的创维董事局主席黄宏生。创维数码在香港被停牌,黄宏生及多名公司高管被捕当日,创维董事局副主席张学斌及公司多名高管当晚即召开紧急会议,商议对策,并在深圳创维大厦紧急约见媒体,答疑解惑,稳住大局。

同时,创维公司在十面埋伏之中,没有顾此失彼,而是四面出击,争取到了各方的支持。在舆情方面,各大家电连锁巨头、彩管企业、银行行长聚集深圳创维大厦,表示将鼎力支持创维。而在公司内部,全体员工更是齐心协力共渡危机。在整个事件中,创维都及时召开媒体见面会或新闻发布会,将真相及事件进展状况告知公众,从而最大限度地遏制了谣言。

从法律程序方面,创维自始至终都在强调两件事:一是创维方面会积极配合香港廉政公署的调查;二是整个集团不会因此受到不良影响。对于廉政公署的"打虎行动",创维公司并未去隐瞒或辩解,而是不断强化公众"黄宏生≠创维"的观念。而后创维更是果断"丢车保帅",聘请有政府背景的王殿甫出任公司 CEO。同时,深知北京在全国的影响力,创维的新闻发布会不仅媒体规格颇高,还特意定在北京举行。2 月 4 日创维 PDP/LCD 技改项目正式获得深圳市政府财政贴息,从侧面向公众告知了政府对创维公司的信赖。如此一来,公众自然信服。

创维不但没有发生与金正、爱多等家电企业"成也老板,败也老板"的悲剧,反而力挽狂澜,不仅在危机之后创造了销售和回款的双增长,还实现了从家族式管理向现代企业制度过渡的"革命"。黄宏生一定很庆幸自己及早建立了一个以职业经理人为主的现代公司治理结构。

◆ 结语

从一个公司危机处理的水平可以看出其公司治理的水平。大公司中总会有一些能人,因此,成功处理一两起危机不算什么。但在危机爆发日渐频繁的今天,这种人治的危机处理机制存在极大的不确定性,其弊端也显而易见。企业呼唤更加专业系统的危机处理长效机制,虽然 CLO 带领的法务团队已经撸起袖子干了,但他们是否能承接这一重任,让我们放到企业未来的实践中去证明。

---

① 《2005 十大危机公关案例》,资料来源:https://wenku.baidu.com/view/b272e7370b4c2e3f5727636b.html,访问日期:2016 年 6 月 3 日。

第八节　“走出去”，我们交的昂贵学费

为什么中国企业海外投资并购大都以失败告终?

许多中国公司是被忽悠出去的，他们根本不知道风险有多大。境外投资对任何一个国家的企业都是高风险的行为。如果没有形成一套比较完整的投资风险控制机制，中资公司“走出去”可能更多的不是机会，而是灾难。

为了有效应对海外法律风险，跨国公司非常注重法律政策的研究和投前尽职调查，并依赖强大的法务团队去具体落实。本节精挑细选了七个小而美的法律研究报告，有代表性的覆盖了海外投资的主要区域，因为每个国家区域的情况不同，中国企业遭遇的风险特点也不同，下面按照区域分别进行阐述。如果能帮助准备“走出去”的企业少交点学费，便倍感欣慰。①

【中国企业海外投资失败案例】②

根据财新网的资料统计，我国海外投资成功率很低，大多数损失惨重，有些行业的对外投资失败率在80%以上。财新网对近年来著名的中国企业海外巨亏的案例统计如下，见表3.1。

表3.1　中国企业海外投资失败案例分析统计表

	时间	背景	原因简述
中国铁建	2010年	在沙特承建轻轨项目，由于合同签订过于草率，需求不明确，报价过低。导致在工程实施过程中，沙特方面不断提出增加工程量的要求，甚至提出新的功能需求，而双方此前在合同中却并没有针对这个项目列出详细的工程量。为了将整个项目完成，中国铁建不得不赔本继续推进项目工期，最终巨亏42亿元	合同过于草率
中信泰富	2008年	为了澳洲铁矿石项目进行的杠杆式外汇买卖合约引致亏损共8.07亿港元；而仍在生效的杠杆式外汇合约，按公平价定值的亏损更高达147亿港元	期权投资失败

① 郭小明、郭建军：《中国海外投资法律风险指引》，法律出版社2012年版，第122～130页。

② 《中国企业海外巨亏案例一览，责任承担须更明确》，载http://finance.sina.com.cn/roll/20110704/083310087782.shtml，访问日期：2015年12月1日。

续表

	时间	背景	原因简述
中国平安	2008 年	2007 年 11 月,中国平安宣布斥资约 18.1 亿欧元折合人民币 238.7 亿元购买以经营银行及保险业务为主的国际金融服务提供商富通集团 9501 万股股份,约占总股本的 4.18%,成为其最大单一股东。在平安收购富通后不久,富通集团轰然倒塌。在 2008 年年报中,中国平安对富通投资巨亏拨备 227.9 亿元	遭遇金融危机
东方航空	2008 年	航油套期保值浮亏 62 亿元	期货投资失败
中国远洋	2008 年	为抵御航运运费下滑风险,采用远期运费协议进行套期保值。在与高盛等金融机构的对赌中导致其截至 2008 年底浮亏 41.21 亿元	期货投资失败
江西铜业	2008 年	团持有看多合约进行套期保值,但实际铜价大涨导致亏损 13.6 亿元。在此前的 2006 年,江铜因持有看空合约,实际铜价大跌也导致过 13.5 亿元亏损	期货投资失败
中投投资	2007 年	当时尚在筹备中的中投斥资 30 亿美元入股黑石集团。紧接着美国次贷危机发生,美国各大金融机构的股价纷纷大幅跳水,黑石集团也未能幸免,最低时股价跌至 5 美元以下。截至 2009 年 8 月,中投对黑石的投资浮亏近一半	遭遇金融危机
	2007 年	成立仅 3 个月的中投斥资 56 亿美元投资摩根士丹利,意图"抄底",但同样因金融危机大摩股票一度跌至 6 美元左右,中投此时又追加投资 12 亿美元。截至 2009 年 7 月,该项投资账面浮亏 32 亿美元	遭遇金融危机
中航油	2004 年	因石油衍生产品交易,总计亏损 5.5 亿美元	炒衍生品失败
中储棉	2004 年	成立于 2003 年,注册资本 10 亿元人民币。当年 10 月起进口棉花多达 20 多万吨,豪赌国内市场棉价上涨。结果棉价一路下跌,截至 2004 年底亏损约 10 亿元人民币	期货投资失败

一、非洲篇:中国投资非洲的风险综述

非洲成为中国海外投资的热点。根据中国商务部的数据显示,2012 年中非贸易额已经超过 2000 亿美元。中国在非洲投资的企业已经超过了 2000 家,项目遍及非洲 50 多个国家,非洲已成为中国海外在欧美和日本之后的第四大投资目的地。

在此良好背景下,很多中国企业都已经制定或者正在筹划对非洲的投资计划,走出国门去非洲投资建厂。但是,过往案例告诉我们,不是所有的中国企业在非洲

的投资都有斩获，由于中国与非洲各国在政治、法律、经济、文化、宗教、风俗习惯等方面的差异，导致中国企业对非投资存在诸多风险及不确定因素，再加上中国企业海外投资经验的缺乏，很多中国企业在非洲的投资折戟而归。

许多中国企业“走出去”，本身盲目性的风险已经很大，选择投资非洲更是高风险的行为。如果再没有形成一套比较完整的投资风险控制机制，去防备投资非洲的高风险发生，中国企业“走出去”则凶多吉少。

1. 特有的政治和人身风险

政治风险，是指东道国出于政治因素的考虑而对境外投资造成的风险，政治风险主要分为东道国内政治风险和东道国外政治风险。国内政治风险主要有战乱风险、政府更迭、国家征收征用风险、政策风险、国家安全和恐怖主义风险等。最为突出的，在发展中国家主要表现为政局动荡或战争冲突，在发达国家主要表现为东道国基于国家安全等政治因素对境外投资所做的限制。国外政治风险主要有战争风险、制裁风险、大国博弈等由其他国家对东道国的政治策略和市场竞争策略所带来的风险。

中国企业在投资非洲前，首先要仔细研究非洲国别政治风险地图，从风险地图上可以一目了然的区分哪些是高风险国家，哪些是中低风险国家，从而做出决定，争取那些投资机会和放弃那些投资机会。目前，很多国际评级机构每年都会发布这样的评级报告，对于中国企业投资非洲是个不错的参考。但中国企业不能完全迷信评级机构的评级，而要结合政策、行业和风险承受能力做出最适合自己的决定。

【案例：北非的政治动荡】①

2012年非洲埃及、利比亚等北非国家的“颜色革命”诱发的新一轮政治风险将中国企业推向了风口浪尖，部分非洲国家政府出台政策，严格限制中国在非投资，或没收中国企业在非资产，比如以中石油为代表的中国企业因2011年的利比亚政治动荡，直接导致其在利比亚大量的已建和在建海外项目终止，商务部发言人姚坚在记者会上表示，利比亚政局的动荡确实对中资企业造成了相当大的影响。相关专家估计，中国相当部分的投资和款项在利比亚利益洗牌中有可能“打水漂”。

除政治风险外，企业在非洲可能遭遇的人身安全和疾病风险也值得关注。多年的战乱和横行的疾病是非洲吸引外商投资的大敌，很多西方公司因为安全和疾病威胁，断然放弃了对一些非洲国家的投资。为了争取这些人弃我取的市场机会，很多中国劳工也付出了健康甚至生命的代价。以疟疾为例，这一在大多数国家已经消失的疾病还在非洲特别是撒哈拉以南非洲肆虐，这一疾病虽有药物可治，但却

---

① 《利比亚动荡　中国企业利益损失几何?》，资料来源：http://news.xinhuanet.com/fortune/2011-03/25/c_121230630.htm，访问日期：2016年1月1日。

会大大降低人的免疫力,在一些国家因为疟疾的影响,居民的平均寿命只有 30 多岁。

南非是非洲投资热门地区,曼德拉政府执政后,黑人在南非的地位逐渐上升,同时由于历史造成的贫富差距过大,南非成为抢劫等刑事犯罪的重灾区,很多西方公司因此都撤出了南非的投资,南非的整体经济相比之前白人统治时期倒退了十年,可以说安全和艾滋病已经成为南非经济发展的障碍。

2. 需要格外注意的法律风险

非洲大陆国家有被殖民的历史,因此其法律制度比较复杂。中国企业在决定在非洲投资前,建议多花些时间熟悉东道国法律,避免不熟悉当地法规导致的负面后果。这类风险可称为法律合规风险,这方面的例子很多,例如中国企业投资南非首先要了解南非的 BEE 政策,很多企业因为不熟悉或者不重视 BEE 政策,导致在南非的业务长期无法正常开展。因此准备进入南非市场的中国企业首先要研究的就是 BEE 政策。

劳动法律风险是中国企业海外投资特别是收购并购后遭遇的典型法律风险,主要包括高级雇工缺乏和非法用工的问题。在非法用工方面,中国企业历来是被当地劳工所诟病和投诉的对象。由于缺乏有效的政府监管和习惯于其在中国的不良做法,一些中国企业在非洲无视当地法律,不与雇工签订劳动合同,随意解雇劳工,工资标准甚至低于所在国规定的最低保障工资,不注重保护员工基本权益,严重影响了中国企业在当地的形象。

目前,越来越多的高科技企业也走向非洲掘金。这些企业对雇员的知识水平要求很高,但鉴于非洲整体落后的教育水平,雇佣到企业需要的人才已经是非常困难。同时,雇佣到的本地雇员法律意识强,对不合规的做法几乎报以是零容忍的态度,很多中国企业因为本地员工的举报遭遇巨额罚款,这一现象昭示出中国企业雇员本地化的道路还任重道远。

外汇汇出风险也是一种常见的法律风险,中国企业将资金、利润等汇回本国时则会遭遇外汇管制。埃塞俄比亚就是采取外汇汇出管制的非洲国家之一,之所以出现这种状况,是因为埃塞俄比亚外汇极端紧缺,该国政府至今仍实行严厉的外汇管制,整个金融业也未对外资开放,而且这个问题短期内很难得到解决。

此外,还需注意的是产品质量风险,产品质量问题一直是中国企业扩张海外市场的一大障碍,中国企业出口到非洲的产品更是如此。由于在非洲的无序竞争和相比欧美比较宽松的市场监管,很多中国企业不重视产品质量和企业信誉,中国产品成为廉价质差的代名词。例如,2012 年曝出的中国安全套侧漏引发非洲国家公共安全事件对中国制造带来很大的负面影响。

3. 可能增加成本的经营风险

汇率风险是经营风险中首当其冲的一个。汇率风险指因外汇市场变动引起汇率的变动,致使以外币计价的资产上涨或者下降所带来的风险。在此情况下,中国企业应当考虑使用套期保值等财务手段避免汇率损失。

中国企业在非洲的项目一般都以美元计价,由于中国企业外汇风险意识不强,在这一波长周期人民币升值美元贬值的过程中,外汇变动给中国企业带来了巨额的损失,外汇风险管理的好坏已经成为项目盈亏的关键因素。为此很多中国企业在非洲投资项目上设置了专门的外汇专家对外汇操作进行设计,一些重大的项目也开始委托专门机构进行外汇操作,以保证投资的保值和增值。

企业不懂如何安排国际税负,也会带来税收成本增加,影响企业利润。中国企业在非洲投资,要保证项目的回报,妥善的国际税务安排是必不可少的考量因素。全面税务筹划是一个非常专业的领域,它是在法律允许的范围内,合理规避企业税负,避免额外税负风险。有经验的律所或者会计事务所都有很多成功的案例可供借鉴。

【案例:非洲避税地毛里求斯】

毛里求斯是非洲投资的避税天堂,很多外国公司为了避免过重税负,往往采取在毛里求斯设立离岸公司的方式。例如在坦桑尼亚,中国企业如果想转让其项目公司的股权给第三方,因此取得的收入需要在当地缴纳30%的所得税,如果这家中国企业通过在毛里求斯设立的公司,间接持有坦桑尼亚项目公司的股权,那么,将毛里求斯公司的股权转让给第三方,因不涉及变更坦桑尼亚项目公司的股东,便无须缴纳坦桑尼亚的所得税。

此外,供应链管理风险也可能带来经营成本的增加。许多非洲国家基础设施比较落后,企业生产所需的材料以及配套设施严重不足,对非投资的中国企业如果对此认识不足,则后期在本地采购和国际物流等方面将付出高昂成本,从而大大提高企业投资成本。

因此,中国企业在项目启动前,要对项目涉及的本地采购需求和分包商进行充分市场调研,对物流安排进行多轮的论证,通过科学合理的供应链管理,为公司降低税负。例如在一些离岸中心,成立离案采购平台,将利润尽量留在离岸公司,利用其零税率或者低税率为企业降低税收负担。

4. 非洲风险防控对策

第一,在非洲开展业务之前要实施谨慎的尽职调查,进行全面的项目可行性分析。境外投资与境内投资区别很大,中国企业面对的是极其复杂、陌生的法律环境。如果不能事先了解相关法律、政策和规则,将会置境外投资以极大的不确定性之中。中国企业要特别重视对项目前尽职调查和可行性分析,很多中国公司往往为了省钱或者项目进度忽略此阶段,或者象征性的草草了事。殊不知,这样做不仅为企业省不了钱,而且为项目后期的风险埋下了重大隐患。

第二,实施本地化战略。相比于西方大公司,中国企业非洲投资的本地化上一直做得不好,本地化率也很低,这成为制约中国企业非洲投资做大做强的一大"瓶颈"。本地化是判断一个企业是否国际化的一个重要标准,也是判断一个企业是否在东道国扎根的重要因素,同时也是判断一个企业对当地贡献的重要因素。

本地化主要包括劳动用工、物料采购、公共关系、情报信息和企业社会责任等方面的本地化。要做到本地化,首先,要借助资深中介机构,掌握最及时准确的投资信息。其次,实施人才、采购等方面本土化战略,增加与当地居民、企业、政府和媒体的互动,真正融入当地,实现互生共赢,建立有利于企业发展的公关生态系统。最后,企业可以通过企业责任的履行,在当地树立良好形象,实现企业在当地的可持续发展。

第三,弱化中国企业背景、树立跨国公司形象。与西方国际大公司相比,中国企业的中国标签太过明显,导致其抵抗国别政治影响的能力明显不足。已经做强做大的中国企业应该学习西方跨国公司的做法,及时调整自己的全球化战略,弱化企业的国家标签,强化其世界公民和本地公民的特征。

以在非洲耕耘百年的德国西门子公司为例,西门子公司在非洲各国设立了大量的实体子公司为当地提供通信、医疗、电器等方面产品和服务。如果不从其名称和内部的股东结构判断其为德国西门子公司设立的子公司,无论从管理层到黑人雇员,无论从企业文化到本地采购,你都可能认为这是一家完全的非洲公司。

第四,积极向保险机构投保、善用双边或多边投资保护协定。对于境外投资过程中产生的各类法律风险及其他风险,积极向保险机构投保是化解和转嫁风险的一种常见方法。在境外投资中,向保险机构投保包括商业财产保险和海外投资保险。

第五,充分利用中国政府的力量。相比投资发达国家的企业,对非投资的中国企业一定要更加重视中国政府的作用,具体来讲,中国政府在如下方面发挥着非常重要的作用:首先,依赖中国政府强大的信息收集能力,获取充分的东道国信息,为投资决策提供参考;其次,争取中国政府双边和多边的税收和融资安排,为投资项目提供足够的资金支持;最后,利用中国使领馆、商会、银行和保险机构等提供的服务,为投资项目保驾护航。

中国企业海外投资第一站往往选在非洲大地,很多人匪夷所思。但其中的逻辑又强悍的无以辩驳。一位在非洲深耕 20 年的企业老板曾就当初选择投资非洲的原因讲过，"国情很相似，很快能适应"。这真的是句很值得玩味的话。

二、南非篇：南非 BEE 安排对中国的启示

南非 BEE(Black Economic Empowerment)即"黑人经济振兴法案"，是南非曼德拉政府1993年在消除种族隔离后推出的一项特殊法律制度。BEE 法律要求政府应加大政策倾斜力度，鼓励黑人发展中小型企业，积极参与国家大型企业的发展，并从法律上对各企业黑人持股比例、参与公司治理程度和扶持民营中小企业等设定硬性目标，以期全面提高黑人融入经济的程度，从最初的不平等走向形式公平，最终走向实质公平。

中国同样是在1993年提出混合所有制概念，与南非 BEE 一样，距今已有20年的历史且实践过程中存在诸多反复和困难。中国政府目前正在大力推动混合所有制的改革，南非 BEE 所推动的黑人经济融入白人经济的改革本质上也是一种混合所有制结构，其在混合所有制的政策、立法和公司治理结构方面的优秀设计和经验教训可资借鉴。

1. 南非 BEE 制度概述

(1)BEE 产生的背景

南非按照人均 GDP 属于发达国家的水平，但却也是世界上几个收入差距最大的国家之一。种族隔离时期残暴的法律扭曲了南非经济的发展，即使1993年后政治上取消了种族隔离，但是在南非的经济领域，占主导地位的仍然是利用种族隔离时期不平等法律和政策而成长起来特权阶层。为了鼓励受到不公正待遇的黑人[①]参与到经济活动中来，使占南非人口近九成的黑人能够共享南非经济发展的成果，南非政府和商业界开始联手应对影响南非的社会性与经济性目标不平衡的问题，黑人经济振兴法案(BEE)正是在这一背景下由南非政府推出的战略措施之一。[②]

(2)BEE 的发展历程

南非 BEE 经历了两个阶段，狭义的黑人经济振兴政策实施阶段和广大黑人经济振兴法案实施阶段。狭义 BEE(Narrow Based Black Economic Empowerment)从

---

① 这里的黑人是广义的黑人，指非白人的所有族群，根据其定义，是指通过出生、血统关系，而拥有南非国籍的非洲土著人、有色人和印度人，或者是在1993年新宪法实施之日前、实施之日后因为血缘关系而通过移民成为南非人的非洲土著人、有色人和印度人；华裔是否应当被认定为因种族歧视而受不公正待遇的人，在 B－BBEE 法案中没有明确约定，正式确认1994年4月27日前拥有南非公民身份的华人享有 B－BBEE 法案所规定的权利，则是在2008年6月18日南非高等法院大法官终审判决中确认的。

② 有关南非 BEE 的法规可访问南非贸工部(DTI)网站：www. dti. gov. za。

1993 年 Sanlam via Sankorp 出售其股权①开始至 2003 年南非政府颁布广义 BEE 为期 10 年②。在该阶段,BEE 政策实施的主要特点是:政府颁布了一系列的法案来促进南非经济向黑人参与的转型;其次设立了黑人经济振兴委员会,推动公司混合所有制和黑人进入公司董事会,使得黑人参与到公司的利益分配和决策管理等。狭义 BEE 的实施虽然取得了一定效果,但由于没有明确具体的操作细则,黑人并不能够真正的行使股东的权利,在公司治理中更是参与有限,结果是 90% 的经济仍然主要掌握在不到 10% 的白人手中。

南非 BEE 的核心要素是通过公司所有权、控制权转移,人力资源发展和雇员平等,以及通过非直接的采购政策来保证黑人能够从政府和私人采购中获得利益,从而让更多的黑人参与到南非发达经济实体中来。与此同时,为了完善 BEE 法案的实施力度,法案明确要求:为南非总统建立 B－BBEE 顾问委员会,授权贸易与工业部部长有权为 B－BBEE 法案颁布实施细则,为特定经济部门的经济转型提供支持。

(3)BEE 评级体系

由于 2003 年颁布的 B－BBEE 法案只是一个框架性的法案,南非贸易与工业部于 2007 年 2 月公布了针对普通企业的 B－BBEE 评级实施细则(Codes of Good Practice)③,根据该细则,确定一个企业的 B－BBEE 等级,将采用百分制和加分项的设置方式进行,即有的企业在某项评分项目中,有可能超过 100 分。

B－BBEE 法案的评定标准中评级要素至关重要,一般来讲,政府授权的评级机构会根据公司所有权、管理控制、公平雇用、优先采购、技能发展、当地 BEE 中小企业扶持和社会福利等七个方面进行全方位评估,然后根据七个方面的综合得分,将企业 BEE 等级定义为九个等级,其中第九等级是完全不符合 B－BEE 法案的要求。

(4)评级机构

BEE 具体实施评级的机构是由南非当地的企业评级机构进行,B－BBEE 的等级评估师通过专业的评级机构对申请进行 B－BBEE 评级的企业进行评级,评级不仅包括书面材料的准备,更重要的是通过现场考察和访谈,进行全方位的测评,从而确定一个企业的 B－BBEE 等级。Association of B－BBEE Verification Agencies

---

① 1993 年 Sanlam via Sankorp 向黑人所有的公司 MetLife Investment Holdings(Methold)出售了其在 Metropolitan Life 中的 10% 的股份,Methold 是由黑人组成的商业联合体,在此次交易中,由南非国有公司 Industrial Development Corporation(IDC)资助其完成交易,Methold 后更名为 New Africa Investments Limited(Nail),该公司随后在 Johannesburg Stock Exchange 上市,也从而成为第一个在南非约翰内斯堡上市的黑人公司。

② Reconstruction and Development Programme(RDP), African National Congress(ANC), SA. 1994.

③ DTI:"the Codes of Good Practice on BEE", Republic of South Africa, February 2007.

(ABVA)是 B－BBEE 评级机构协会组织，所有经过其认证的测评机构将是合格的机构①。

(5)BEE 对南非经济的影响

通过 BEE 手段，南非在过去的二十年里，至少有 5000 亿兰特的资本成为黑人资产，催生出大批的黑人富翁。通过 BEE，南非的黑白差距与贫富差距再也不是等同的了，黑人经济在南非经济的比重显著提高，混合所有制公司的治理结构趋于优化，特别是对于受过高等教育的黑人，其在南非企业的管理层比例逐步增加，在南非经济地位的提升尤为明显。

但是 BEE 在南非的发展仍然存在很多问题，2010 年南非财长就严厉的指出，BEE 并没有使南非社会更加平等，BEE 只让少数黑人精英受益，而广大受教育水平低下的黑人的经济转型并没有好处。南非的贫富差距依然很大，南非政府必须在改革上下功夫，以避免 BEE 成为“披着羊皮的狼”，造成对大部分黑人新的歧视，可以说南非的 BEE 改革还任重道远②。

2. 南非 BEE 对中国的启示

(1)从宪法高度确定现代产权制度，明确混合所有制改革的方向

南非为了推动黑人经济振兴，首先通过宪法的形式授权政府制定 BEE 法律，然后立法部门通过立法的方式设立了 BEE 法律和具体的等级和评分标准。③ 虽然在后期的政策立法上经历了不断的反复，但是因为有国家根本大法对产权制度的保障，BEE 一直沿着比较正确的方向在推进黑人经济融入的深化改革。④ 无独有偶，法国在 1986 年为了改革效率低且亏损严重的国有企业，也是首先从修改宪法着手，颁布了私有化法案，以便给国企改革提供法律依据⑤。

(2)从政策上大力鼓励民间资本，开放共享经济发展成果

南非政府为了振兴黑人小型和中型经济实体的发展，政策上的倾销力度很大。2000 年财政部颁发了《优先采购政策框架法》(Preferential Procurement Policy Framework Act)⑥，并且设立了一整套优先采购的评价系统。该法案规定，政府部

---

① 具体资料可在 ABP 评级网站 www. abva. co. za 查询。

② Elizabeth. Hoffman：a Wolf in sheep's clothing，discrimination against the majority undermines equality，2008，International law and commerce(87).

③ 1996 年南非宪法修正案 S217 条规定政府可以对 BEE 采取倾斜的采购政策，奠定了 BEE 政策的法律依据。

④ Elizabeth. Hoffman：a Wolf in sheep's clothing，discrimination against the majority undermines equality，International law and commerce(87)，2008.

⑤ ［法］让·多米尼克·拉菲：《混合经济》，宇泉译，商务印书馆 1995 年版，第 121 页。

⑥ Financial Department："the Preferential Procurement Policy Framework Act"，February 2002，Republic of SA.，February 2002.

门或者国有企业的采购项目在同等条件下,必须优先采购黑人企业的产品或者服务。该法案从实质上,从政府资源着手进行优先采购控制,从而也就要求任何从政府获取特许经营权,或者授权的企业在获取政府资源时,必须满足一定的 B - BBEE 等级得分。

与之相比较,中国在支持和鼓励混合所有制上的政策差距较大。据统计,私人企业经营效率为国有企业的 2 ~ 5 倍。政府将国有企业部分转让出去或者承包出去,可以大大提高资产的利用效率①。但是,在混合所有制和民营企业的鼓励政策上政府一直没有有力的动作。政府应该在取消原有国企垄断地位和享受的各项特权的同时,对标南非 BEE 强制性规定,在投标、上市、税收等方面给予混合所有制各方面的优惠和倾斜,这样才能体现国家在大力发展混合所有制的决心,让更多的非公经济参与到混合所有制的改革大潮中来。

(3)制定细则促进股权多元化,完善公司治理结构

在 BEE 最重要的七个评级项目中,资产所有权要求(Ownership)是最重要的项目,该项目主要从两个方面进行评估,即投票权和经济利益,投票权主要反映了黑人股东在企业中的经营决策权,经济利益则反映了黑人股东分享企业发展所带来的经济利益②。BEE 法律认为,黑人只有获得了企业的所有权,并积极参与到公司运营决策管理,才能真正地让黑人提高经济社会管理能力,逐步扩大管理国家经济事务的黑人群体。

值得注意的是在评判所有权时,BEE 不仅仅根据当地黑人股东所拥有的股权数量,而是要根据以下三个基本项和一个加分项共同构成,其中三个基本项包括投票权、经济利益和实现度;一个加分项下包括了黑人股东的融入度和黑人新加入者的融入度两个部分。其中黑人股东融入度包括了是否有员工持股计划等。

在公司治理方面,BEE 评级项目中也有严格要求,Management and Control(M&C)管理和控制项目同所有权项目评估息息相关,设置本项目的目的是让合格的黑人管理人员进入公司的董事会和管理层,通过进入董事会,成为董事、执行董事或者独立董事,影响到公司的重大事宜决策,一方面能够保证黑人股东真正地参与到公司的日常运营(day to day running)中来,另一方面主要是能够确保黑人股东在公司的利益得到保障。在具体的实施评估过程中,黑人只有能够参与到公司的战略制定和日常运营的决策当中来,才能真正地认为是被任命为管理层,不能通过简简单单的职位名称就认为其是管理层人员③。

---

① 刘小玄:《中国工业企业的所有制结构对效率差异的影响》,载《经济研究》2000 年第 2 期。

② DTI:"the Codes of Good Practice on BEE", February 2007, Republic of South Africa, code series 100., February 2007.

③ DTI:"the Codes of Good Practice on BEE", February 2007, Republic of South Africa, code series 200,. February 2007.

南非 BEE 在混合所有制经济股权多元化和公司治理结构优化方面的努力非常值得中国学习。中国的混合所有制的目标虽然很明确,但是在具体操作上,我们并没有像南非 BEE 的具体强制措施,这大大影响了混合所有制改革的推动和效果。中国政府应学习南非 BEE 的经验,在具体操作上,通过制定具体的私有化比例和考核方案,制定国企董事会、股东会、监事会的控制和管理的评价体系,严格计算和评估民营资本在国企的话语权和参与度,让非公经济代表进入董事会并有建议和决议的权利,这样才能进行彻底的股份制改造,消除政企不分的国企现状、增强国企的效率和竞争力,在混合所有制改革上取得突破性进展。

(4)消除非公经济歧视,从形式公平到实质公平

南非政府在实施 BEE 过程中,发现由于黑人的知识水平和技能水平较低,在实际经济参与的过程中存在实质的不公平,比如大部分受过高等教育的黑人是 BEE 的受益者,而其他未受教育的黑人往往被排除在企业的管理和用工之外。为了消除歧视,创造公平竞争的环境,南非政府在 BEE 的雇佣公平(Employment Equity)和技能发展(Skills Development)等方面明确了实施细则,使更多的黑人享受黑人经济振兴法所规定的权利,并通过教育和培训,努力提高黑人的劳动技能,真正让黑人融入经济主流体系中①。

根据 2013 年数据显示,非公经济在中国的大力发展,已经占到整个国民经济的 60% 以上,承担了 70% 的税收,解决了 80% 的就业。但是即便这样,非公经济在国有经济面前仍然不能享有同等的地位,非公经济只占用了 30% 的融资成本,承担的税负比国有经济高出 14%。② 国家为了发展混合所有制,应该学习南非 BEE 政策,将国有经济和非公经济的地位真正地放在一个天平的两端,甚至在初始期间,应该学习 BEE,给非公经济更多的辅导、政策优惠和安全保障,以保证非公经济既享受到形式公平又享受到实质公平。

(5)缩小贫富差距,增强社会福利和公共利益

南非 BEE 中的企业发展(Enterprise Development)按照法案的要求,不是单纯地为了提高企业 B-BBEE 得分等级而强制性要求其对社会承担责任,而是为了促使上游企业帮助相关领域的中小型黑人企业发展。同时也促使这些企业能够培育出相关的产业链条作为自己企业发展的资源池。该评估项目所评估的对象是企业每年设定用于帮助其他企业发展的费用和实际的对于其他企业的贡献。根据 B-BBEE 实施细则的规定,要求企业每年 3% 的税后纯收入要资助黑人中小公司

---

① DTI:"the Codes of Good Practice on BEE", Republic of South Africa, code series 200, February 2007.

② 《2010 年上市公司税负榜:消逝的利润空间》,资料来源:http://finance.sina.com.cn/stock/s/20110627/004710049470.shtml,访问日期:2015 年 1 月 1 日。

发展[①];另外,BEE 还设置了社会福利投资要求(Corporate Social Investment)项目,其目的是促使整个经济社会的可持续发展,企业只要将 1% 的税后收入捐给需要的人,即可获得满分[②]。

总之,南非 BEE 改革证明,只要制度设计的全面合理,混合所有制改革和公共利益不仅不冲突,而且会更好地促进社会福利和公共利益的发展。必须认识到,社会公共利益的承担者不仅是国有企业,更多的混合所有制企业和非公经济企业将越来越多地承担起社会公共利益的担子,而且随着经济的全球化,企业的社会公益已经超越国界放眼全球,政府所要做的就是制定符合国际惯例的社会福利和公共利益的法律政策和规则,以帮助企业消除经济壁垒,尽可能地融入世界经济贸易的范畴[③],以便让更多的人受益于企业公民开展的社会福利和公益计划。

三、北美篇:美国长臂管辖的三大护法

如今,美国依赖强大的经济实力称雄全球,但这都不足为惧。美国真正让人惊叹的是其强大的法律制度顶层设计,从世界警察到全球裁判,美国以经济实力打底,然后凭借优良的法律制度输出,通过合规管理,控制了全球几乎 80% 以上的跨国企业,这才是美国真正的竞争力。

你不必是美国企业,美国管的也不仅仅是美国企业。只要你的企业在美国有市场,或者有分支机构,或者即便没有出国,但是你用得着美国的芯片和设备,或者都没有但你侵犯了人权或者行了贿赂,美国都可以将手伸过来管管你。美国长臂管辖就是这么任性,也有诸多法律根据,最重要的三大法律金刚是出口管理法、海外反腐败法和萨班斯法案。

1. 以正义之名颁布《出口管理法》(EAA)

讲到美国出口管制,必须提到其主要的三个法律渊源:一个是国会通过的《出口管理法》(Export Administration Act,EAA);一个是美国商务部制定的《出口管理条例》(Export Administration Regulations,EAR);一个是美国财政部制定的《经济制裁条例》(OFAC)。出口管制制度的核心是任何企业不得将美国生产的管制设备(比如军事器材)出口到美国禁运的国家(参考 EAR 清单,比如伊朗、朝鲜等)。对于违反出口管制相关法律法规的组织机构,将采取以下一种或几种惩罚措施:剥

① DTI:"the Codes of Good Practice on BEE", Republic of South Africa, code series 200, February 2007.

② DTI:"the Codes of Good Practice on BEE", Republic of South Africa, code series 200, February 2007.

③ Jeffery Brown, Black Internationalism, embracing an economic paradigm, Michigan Journal of international law, Feb. 10, 2002.

夺出口权、禁止从事相关行业、对每次违法处以罚款甚至企业法人追究刑事责任。

【案例:深圳驰创董事长被美国法院判刑】[①]

2011 年 1 月 26 日,深圳驰创公司董事长吴振洲在美国被美国法院以非法对华出口美国国防物资的罪名,判处 8 年监禁,同时驰创被禁止从事出口交易。吴振洲是哈佛大学和南开大学高材生,于 1996 年在深圳创办驰创电子,积累了丰富的国际元器件分销经验和企业管理经验。驰创电子在中国的元器件分销领域有黄埔军校之谑称。2008 年 12 月 5 日,吴振洲应邀出席美国耶鲁 CEO 峰会,在芝加哥被美国 FBI 以“违反出口管制”等罪名被拘捕。

从美国《出口管理条例》可以看出,这个法案是相当严厉的,他适用的是禁运设备和禁运国家的双重规范,因为外国企业在进出口美国原产设备时,如果不熟悉出口管制规则,很容易就触犯了美国的法律。不要以为山姆大叔在吓你,深刻的教训还历历在目,为了维护出口管制的严肃性,美国出动 FBI 的案例都不罕见,大家知道 FBI 的手段很多,大部分企业的信息安全和保密措施在他面前都是小学没毕业的水平。再举一个近期的案例。

【案例:中兴通讯 vs 美国商务部】[②]

2017 年春节刚过,世界第四大通讯设备制造商中兴通讯即收到来自美国的噩耗:因涉嫌违反美国对伊朗的所谓“出口管制”政策,中兴通讯遭到美国商务部处罚和禁止中兴通讯在美国的供应商向中兴(中国)出口产品。禁令一出,通信行业分析师普遍悲观,甚至预测中兴通讯可能会进入破产保护,因为不管是华为还是中兴通讯等通信设备中绝大多数的核心芯片,大部分来自于美国供应商。

美国的断供是中国企业不能承受之重,它意味着这家企业全球供应链的崩塌。早在 2012 年,美国商务部就调查发现,中兴公司与伊朗最大的电信运营商签署了总值数百万美元的电脑软件和硬件产品合同,这些产品来自一些美国知名科技公司,中兴这一举措违反了美国对伊朗的高科技产品出口禁令。中兴通讯事后通过中美两国政府的紧急斡旋暂时转危为安,美国商务部决定暂缓执行禁令,中兴通讯的临时代价也非常惨重,包括史立荣总裁在内的多位高管都被迫辞职,后面如何发展让我们拭目以待。

当中兴通讯被美国禁运的消息一出,大家都在说两国博弈,企业躺着中枪。但

---

① 深圳特区报:深圳驰创董事长在美被判刑 8 年 ,资料来源:http://sztqb. sznews. com/html/2011 - 01/28/content_1429225. htm,访问时间:2016 年 5 月 1 日。

② 谢丽容:《揭秘美国制裁中兴:如被列入黑名单面临供应链断掉风险》,载《财经》2016 年第 3 期。

行内人们更愿意坚持,中兴通讯美国禁运事件是个合规事件,因为他可能违反了美国的出口管制法。这个说法很多人不服气,认为国家博弈,一个中国企业的合规依据为什么要看美国法,但美国的确管着了。这个事件也让中国企业开始认真思考,中国企业如果真的想“走出去”而又不想当烈士,应该如何主动学习规则,适应规则,参与全球竞争。2017 年 3 月 7 日,中兴通讯终于与美国政府达成和解,中兴通讯承认违反美国相关法律,并同意支付 8.9 亿美元罚款。自此,所有争论和质疑可以结束了。

2. 以清廉之名颁布《海外反腐败法案》(FCPA)

【案例:西门子被罚案】①

2008 年,德国西门子涉嫌在阿根廷、孟加拉、伊拉克等国向政府官员支付不当钱款案被美国和德国立案调查。西门子全球行贿案是美国实施《海外反腐败法案》(Foreign Corrupt Practices Act)31 年以来的惊天大案,总计 16 亿美元的罚款创下了历史纪录。据美国证券委员会调查指出,从 20 世纪 90 年代起,西门子开始通过系统的不法行为,以向官员行贿方式在全球开展业务。据查,西门子行贿行为规模惊人,总计为超过 290 个项目向各国政府官员行贿,涉及委内瑞拉、中国、以色列、尼日利亚、阿根廷、越南、俄罗斯、墨西哥等国。西门子至少向政府官员行贿约 14 亿美元,以换取商业合同。

首先要提一下,在这个案例中,西门子为贿金的支出设置了较好的掩饰,大多通过向第三方公司支付,以至于接受内部审计时不会被轻易查出。同时,公司缺乏内部控制措施使这种商业腐败现象愈演愈烈。正是这些故意逃避法律监管的行为和视而不见的内部治理被监管部门认定为恶意,为西门子的巨额罚款贡献不少。

那么,为什么西门子作为德国企业被认定违反美国法律,而且乖乖地认罚呢?在西门子被罚案中,涉案的 8 名前西门子高级主管没有一个美国人,所支付的商业贿赂款项也没有一分支付给美国个人或机构,但因为西门子是一家在美国上市的公司,其股票在美国证券市场上市交易,这就是美国对西门子予以制裁的连接点,这样的案例还不少。

美国 FCPA 出台源于 1977 年美国证监会的一次调查,结果发现逾 400 家美国上市公司承认在海外从事“不当支付”。于是,FCPA 在公众一致痛恨贪腐丑闻的背景下很快得到两院通过,并在当年 12 月 7 日被卡特总统签署生效。但 FCPA 真正得到重视和应用是近十年的事情,一系列跨国公司被调查:如意大利埃尼石油、日本立邦、德国西门子、巴黎银行等,被罚的金额也屡创新高,FCPA 成了美国政府

---

① 王磊燕、王佑:《西门子行贿案调查始末》,载《新华月报》2009 年第 2 期。

的“现金牛奶”。

根据这部 FCPA 的法律规定，“禁止向美国以外的政府官员提供任何有价值的物品”，其管辖适用的范畴，包括在美国任何证交所或柜台交易机构上市的公司，任何美国国民、公民、居民，任何受美国联邦或州法律管辖的实体，以及任何主要营业地点在美国的公司。这样，大量的外国企业就被纳入监管，有人指责美国 FCPA“管外国人比管美国人来劲”，有越界执法之嫌。这样的观点不无道理，因为据统计，历年“倒霉”的大多数是外国公司，而总部在美国的企业很少。而 FCPA 对受贿方的界定也被人诟病很多，如外国政府控股占多数的国企，其雇员将被视为“外国政府官员”。这样宽泛的定义都大大延伸了美国管辖的疆域。

FCPA 的另外一个重要组成部分：“会计条款”要求受该条款管辖的公司准确地记录和保存内部的账簿及记录，并且建立良好的内部控制体系。这是因为，几乎所有的行贿行为都离不开各种掩人耳目的虚假安排，都伴随着大量的财务账目做假①。SEC 抓住了违规者的命门，希望通过立法予以禁止的行为。因此在 SEC 的推动下，会计条款被写进 FCPA，于 1977 年生效。

【案例：必和必拓违规】②

在必和必拓违规赞助北京奥运被罚 2500 万美元一案中，虽然必和必拓安排了审批的程序，审核业务部门关于邀请客户和官员的申请，以确保所有的邀请都符合法律规定和公司制度。但是这个程序在执行上有一些瑕疵，例如没有足够的机制以确保关于内部申请表的准确性，导致很多被邀请政府官员身份在申请表上都没能披露，许多招待申请都不准确或者不完整，致使必和必拓向那些涉及正在进行的合同谈判或交易审批的政府官员发出了奥运会邀请，很多申请问卷的答案涉及造假。最终 SEC 认定必和必拓违反了 FCPA 的“账簿与记录”条款和“内部会计控制”条款。

3. 以公平之名颁布《萨班斯法》(SOX)

《萨班斯法》(SOX)的出台是因为一系列的上市公司财务造假事件。简要来讲，《萨班斯法》要求上市公司必须设立独立会计监管委员会，明确公司的财务报告责任和公司财务披露义务，并大幅加重了对公司管理层违法行为的处罚措施。例如，其中令人生畏的第 404 条款规定：所有在美国上市的公司都要建立内部控制体系。按照该法案的要求，公司 CEO、CFO、CLO 等为代表的上市公司高管必须对财务报告的真实性宣誓，一旦公司提供了不实财务报告，这些高管同时面对民事及

---

① 赵何璇：《真正理解美国海外反腐败法》，载《国际合规法律问题实务与观察》2016 年 10 月 8 日。

② 《必和必拓被罚 2500 万美元》，资料来源：http://business.sohu.com/20150522/n413573701.shtml，访问日期：2016 年 1 月 28 日。

刑事起诉的风险,故意进行证券欺诈的犯罪最高可判处入狱 25 年;对犯有欺诈罪的个人和公司的罚金最高分别可达 500 万美元和 2500 万美元。法案实施后,受到刑事起诉的上市公司高层不多,最令上市公司头痛的是民事诉讼。根据彭博和舒默的统计,在 2005 年,证券相关诉讼总金额高达 96 亿美元,而在 1997 年,相关金额只是 1.5 亿美元。

【案例:萨班斯合规的代价】①

为了符合《萨班斯法》的要求,一家上市公司要投入大量的人力物力在公司的内部控制建设上。有报道称,国际 CFO 组织对 321 家企业的调查显示,结果让业界非常震惊。即每家遵守《萨班斯法》的美国大型企业第一年实施第 404 条款总成本平均超过 460 万美元(注意还仅仅是第 404 条款),美国通用电气公司更是花费了高达 3000 万美元的巨款,来完善内部控制系统以符合第 404 条款的要求。各大上市公司对该法案的敬畏程度可见一斑。而据一项中国的会计机构统计,在美国上市的中国企业每年也要为《萨班斯法》的合规支付数亿美元的中介费用。

21 世纪是合规遵循的时代,如果说美国 20 世纪跟别国竞争,靠的是经济实力,那么,这个世纪人家已经完全改变了打法,将更多的精力放在了规则的制定、规范的执行和最后的裁判上。从运动员逐渐进化到规则制定者和纷争的裁判者,美国总是先人一步。本书提到的 EAA、SOX、FCPA 仅仅是管中窥豹,只为打开一扇让大家了解美国长臂管辖的窗口,其实,美国还有更多的法律制度创新等待着我们去学习和研究。

四、南美篇:外汇管制也帮不了委内瑞拉

【案例:委内瑞拉经济濒临崩溃】②

委内瑞拉自 2003 年实行全面的外汇管制政策以来,已经建立了一整套规范用汇的政策和制度,如用汇许可证制度、双重审批制度、统一汇率制度、生活必需品优先满足政策等。这些政策虽然在经济衰退、国有化和国际油价下跌的大背景下对增加国家外汇储备、防止资本外逃、保证生活必需品的供给等方面起到了非常积极的作用。但到 2016 年,外汇管制已经没有太大用处,由于美国加息,原油价格暴跌,委内瑞拉不得不大肆印钱,而又因为本币贬值,资本通过各种途径迅速流出国内,外汇储备从 200 亿美元很快缩小到 100 亿美元以下,最终导致通货膨胀率高居全球第一(700%),外汇管制形同虚设。中国向委内瑞拉提供的 600 亿美元贷款不

---

① 罗绮萍:《404 条款的紧箍咒:华尔街魅力消褪》,载《21 世纪经济报道》2016 年 11 月 9 日。

② 搜狐财经:《委内瑞拉经济濒临崩溃,中国成“救命稻草”》,资料来源:http://business.sohu.com/20160914/n468400593.shtml,访问日期:2016 年 8 月 2 日。

确定性也大大增加。

1. 委内瑞拉外汇管制简介

2003 年,委内瑞拉政府宣布成立外汇管理委员会(CADIVI),实行外汇管制,取消并禁止外汇自由兑换,无论本国或外国公民,无论自然人或法人以任何名义使用外汇均须依据规定向 CADIVI 申请用汇。同时还宣布实行固定汇率制,买入价为 1 美元兑换 1596 玻利瓦尔,卖出价为 1 美元兑换 1600 玻利瓦尔。

(1)进口外汇管制

按照委内瑞拉汇管理委员会(CADIVI)于 2003 年制定的进出口用汇规定,进口商需要向 CADIVI 证明其有足额的现金收入和后续偿付能力并据此申请进口商资格登记(RUSAD),经 CADIVI 审核批准后,颁发进口商登记证。只有取得进口商登记证的单位或个人才有资格申请进口用汇。进口商如果需要进口货物并申请购汇,需要到 CADIVI 网站下载官方用汇申请表,如实填写完整后提交经 CADIVI 授权的外汇经纪机构(Exchange Operator)代其向 CADIVI 申请用汇。CADIVI 会在其官方网站上公布审核结果,通过审核的进口商将获得用汇许可证 AAD(Authorization of Acquisition of Divisas)。该 AAD 系实名制,不得转让第三人并且有效期仅为 120 天,过期作废。

CADIVI 会在批准购汇许可后冻结进口商账户中购汇所需额度的本国货币以备将来购买外汇使用。进口商获取 AAD 之后,方可向银行申请开立信用证并通知出口商发货。货物通关后,进口商必须按照 CADIVI 的要求向有关银行或金融机构提交提单、付款凭证等相关票据。有关银行或金融机构在审核盖章后,必须在 5 个银行工作日内将所有票据提交 CADIVI,申请用汇额度。CADIVI 审查通过后,进口商将获得 CADIVI 颁发的 ALD(Authorization of Liquidation of Divisas)。此后,外汇经纪机构方可依据 AAD 和 ALD 向委内瑞拉中央银行申请代为购汇。因此,委内瑞拉进口商的整个用汇申请过程需要经过三层审批:用汇资格审批、用汇申请审批、放汇审批。三个环节相互衔接,任何一个环节不通过都无法获取外汇。

(2)出口外汇管制

出口商(自然人或法人)必须到外汇管理委员会(CADIVI)进行外汇管理体系用户登记(RUSAD),经 CADIVI 批准后颁发出口商登记证。在货物出口后 3 个工作日内,税务总署必须将有关出口票据提交外汇管理委员会,以便中央银行控制结汇。出口商必须在结汇后 5 个银行工作日内按照政府公布的汇率将外汇强制性地卖给中央银行。

(3)非贸易外汇管制

非贸易外汇管制主要是指对某些日常费用(如个人差旅费、公派留学费、购买私人用品费用等)进行必要的管理和规制。这些费用一般比较零星分散,管理比较困难,委内瑞拉采取规定限额制的方式规制这类费用的收支。私人用途用汇(如出国旅游、出境就医、网上购物等)需要向外汇管理委员会申请换汇。

(4)投资外汇管制

委内瑞拉政府于1992年2月13日颁布第2095号法令(Decree 2095),决定给予外国投资者国民待遇的同时,在财政部下设外商投资注册局(SIEX)专门负责外商投资的登记和监管工作。按照该法令第13条、14条规定,所有外商投资(包括增资)必须在获得商业登记部门批准后60日内向SIEX申请外商投资登记。2003年实施外汇管制后,该规定的执行趋于严格,外商投资者除了需要向SIEX提供公司西语章程、授权委托书和登记申请书之外,还要提供外汇入境回执。该回执只能由委内瑞拉中央银行系统按照官方汇率将外商投资者汇入的外汇按照政府官方汇率兑换成强势玻利瓦尔之后出具。按照委内瑞拉外汇管理局(CADIVI)和中央行的规定以及新的《反非法外汇交易法》的规定,只有在SIEX登记的企业才有资质申请兑换外汇并可以汇回利润,所有外汇兑换必须按照官方汇率在中央银行进行。也就是说,外商投资者必须将外汇汇入委内瑞拉官方指定的银行并强制兑换为委内瑞拉强势玻利瓦尔,才有权向SIEX申请外商投资登记,进而才有申请汇回利润。

2. 委内瑞拉《反非法外汇交易法》概述

2005年10月14日,委内瑞拉《反非法外汇交易法》开始实施。该法在对委内瑞拉境内自然人和法人的外汇交易做出详细规定的同时还对违反该法的行为规定了一系列的行政和刑事责任。该法作为委内瑞拉《刑法典》的特别法,对有关非法外汇交易问题优先适用,但并不排除《刑法典》的补充适用,如有关非法外汇交易的既遂和未遂等问题需要进一步参考《刑法典》的有关规定。

2010年5月17日,委内瑞拉公布了《反非法外汇交易法》修正案,宣布取消早前合法存在的平行市场汇率,进一步扩大中央银行(CBV)的在外汇管制和外汇买卖方面的权力。《反非法外汇交易法》对有关非法外汇买卖的刑事处罚的规定非常严格,非法买卖1万美元或等值的其他外汇就要承担监禁及罚款的刑事责任。

3. 应对措施初探

委内瑞拉作为世界上少有的外汇管制非常严格的国家之一,国外出口商或投资者很容易遭受回款困难、汇率损失和利润汇回困难等风险,因此在委内瑞拉经商或者与当地客户合作时需要小心谨慎并参考如下应对措施:

(1)外国出口商应对措施

由于委内瑞拉政府操纵汇率,经常突然宣布调整汇率,因此建议出口商出口货物时尽量约定以美元结算。交易之前尽量向专业机构咨询委内瑞拉国内的货币政策新动态并参考第三方机构的警示性意见。为避免货物到货后 CADIVI 不发放 ALD 导致的风险,建议尽量提高首付款比例,尽量使首付款足以覆盖货物成本。如果当地进口商有离岸账户,建议我国进口商尽量要求出口商通过离岸账户付款,以避免委内瑞拉国内烦琐的审批程序和付款不确定性。发货前必须确信当地进口商已经取得 CADIVI 颁发的 AAD 证书。作为用汇申请书的 AAD 是当地进口商在通关后申请放汇的前置审批文件,进口商如果没有取得 AAD 则肯定无法获得 ALD 并成功汇款。

由于委内瑞拉本国食品等生活必需品稀缺,当地政府对此类生活必需品进口政策较为宽松;其他商品的进口必须首先向委内瑞拉商务部申请本国不生产或本国产能不足的证明及相关进口许可证,然后凭此证明及进口许可到 CADIVI 办理进口用汇申请。因此,建议尽量向委内瑞拉出口食品、日常消费品以避免过多的审查程序和回款变数。当然,出口商也可以向出口信用保险公司购买商业保险以规避和转嫁风险。一旦出口企业或经营户因为进口商所在国的外汇管制而无法正常收汇,可以借助中国信保的专业性力量和政策性职能挽回损失。

(2)中国投资者应对措施

对我国在委内瑞拉的投资者建议如下:按照当地规定要求,通过委内瑞拉 CBV 并按照官方汇率兑换为当地强势玻利瓦尔。如前文所述,只有获得了外汇入境回执,才有权向当地外商投资注册局(SIEX)申请外商投资登记,进而才有申请用汇资格。没有用汇资格的投资实体很难汇回利润或者进行国际贸易。

尽量与当地政府合作投资或者尽量参与政府项目,这样一方面可以利用各种优惠政策,另一方面可以及时获取官方信息,尽量减少投资风险。例如,当企业在实施外汇管制的国家经营业务又或投资时,汇率波动是一种近乎不可控制的因素。如果投资者保持与当地官方长期良好的沟通和合作,其对政府的汇率政策变动一定有较为灵敏的嗅觉,可以通过一些变通措施及时地避免汇率损失。

总之,外汇管制是中国企业走出去必须筹划的一个问题。委内瑞拉外汇管制是很多发展中国家管制的一个缩影。企业在投资中只有提前安排好,才能实现海外投资收益的最大化。

五、欧洲篇:知识产权的圣地杜塞尔多夫

【案例:欧洲专利战争的策源地】[①]

2011 年 8 月苹果宣布,该公司已获得德国杜塞尔多夫地方法院的支持,三星电子将不得在除荷兰之外的欧盟国家发售 Galaxy Tab 10.1 平板电脑。

---

① 《苹果获德国法院支持,Galaxy Tab 在欧盟遭禁售》,资料来源:http://tech.qq.com/a/20110810/000162.htm,访问日期:2016 年 9 月 1 日。

德国杜塞尔多夫地方法院裁定，针对苹果诉三星电子侵犯知识产权一案，对三星电子 Galaxy Tab 10.1 平板电脑发布初步禁令。根据禁令要求，禁止除荷兰之外的欧盟成员国销售和进口 Galaxy Tab 10.1 平板电脑，违者最高罚款 35 万欧元，并有可能施以监禁。

苹果与三星电子的争端始于 2011 年 4 月，当时苹果在美国起诉三星电子，指控后者的 Galaxy 系列产品抄袭苹果产品的设计和技术。随后，三星电子在韩国、日本、德国和美国对苹果进行了反诉。苹果表示，“三星电子的最新产品，无论是从硬件形状、用户界面还是包装，都与 iPhone 和 iPad 极为相似，这绝不仅仅是巧合。这种公然抄袭的做法绝不正确，当其他公司抄袭我们的创意时，我们需要保护自己的知识产权。”

欧洲最重要的专利诉讼所在国是德国，欧洲 60% 以上的专利侵权案选择在德国诉讼。欧洲统一专利法院设立了中央法庭和地方法庭，一般一个成员国可以设立一个地方法庭，德国是唯一一个设立四个地方法庭的成员国，包括杜塞尔多夫、曼海姆、慕尼黑以及汉堡。

全德国 70% 以上的专利侵权诉讼都会被提交到杜塞尔多夫地区法院的专利审判庭（以下简称“杜塞尔多夫法庭”）审理，因此欧洲约一半的专利官司都在杜塞尔多夫这个城市审判。

随着中国企业走出去向纵深发展，越来越多的大公司遭遇国际专利官司，在欧洲的主战场，人们也慢慢认识了这个安静的德国城市。杜塞尔多夫（Düsseldorf），人口 57 万，位于莱茵河畔。杜塞尔多夫紧邻世界著名的鲁尔区，是欧洲人口最稠密、经济最发达地区北莱茵 - 威斯特法伦州的首府，以服装、通讯业、广告和旅游著名。

根据德国诉讼法第 12 条、13 条、17 条和 32 条，专利侵权可以向被告营业地的地区法院专利审判庭或向原告可以证明的专利侵权地的地区法院专利审判庭提起诉讼。理论上只要侵权人在德国从事了销售行为，通常所有德国专利审判庭都具有管辖权。杜塞尔多夫法庭受理欧洲近半数专利案件是原告精心设计的结果。那么问题来了，为什么杜塞尔多夫法庭深受原告青睐呢？

1. 其战略地位不可替代

德国是欧洲重要的政治、经济、文化中心，欧盟颁布了一个承认判决与执行的指令，原告通常希望在德国尽快做出一个有利的生效判决，根据欧盟承认判决与执行的指令，德国法院作出的生效判决可以在欧盟成员国进行执行，因此这个生效判决可能影响整个欧洲的判决结果。杜塞尔多夫因为历史原因已成为欧洲专利诉讼的中心，杜塞尔多夫法庭在专利纠纷审理上具有很高声誉，在欧洲专利诉讼领域具有特殊重要地位。因此,欧洲最重要的专利诉讼所在国是德国,而德国最重要的专利诉讼所在地是杜塞尔多夫。苹果诉三星侵权案、华为诉中兴侵权案选择在这里进行也就不足为奇了。

2. 以亲专利著称

杜塞尔多夫法庭在欧洲以"亲专利"著称,杜塞尔多夫法庭在专利侵权诉讼中维护专利权利人的倾向性明显,在杜塞尔多夫法庭认定存在侵权行为的可能性更大,对侵权人的打击力度很大。

与杜塞尔多夫法庭齐名的还有美国的得克萨斯州东区联邦地区法院马歇尔分院,因为在亲专利权的法院起诉,专利权利人更容易塑造一个对己有利的判决先例(得克萨斯州东区法院基本上承包了全美半数左右的专利诉讼案件)。

其实这个道理很简单,天下攘攘皆为利来。无论是专利诉讼还是其他的诉讼,无论是德国、美国还是中国都遵循相同的规则。我国专利诉讼环境不是很好,以打假类案件为例,因为广州地区的法院相对亲近维权人的利益,所以广州法院在全国打假案件中具有特殊的地位,全国打假看广州就是这个道理。

3. 拥有专业的法官群体

专利侵权案件是一个特殊的案件类型,因为专利案件通常与技术关联,为了准确公正地审理专利侵权案件,通过设立特殊的法院或者法庭审理专利侵权案件是世界上比较通行的做法。例如,我国专利纠纷第一审案件就规定由各省、自治区、直辖市人民政府所在地的中级人民法院和最高人民法院指定的中级人民法院管辖,最高人民法院根据实际情况,可以指定基层人民法院管辖第一审专利纠纷案件。

根据《德国专利法》第 143 条的规定,地区法院民事法庭对所有专利纠纷享有排他性的管辖权,不论争议价值的大小。每个地区法院均设有地区法院专门审判庭,专门审理知识产权纠纷。杜塞尔多夫法庭在专利纠纷审理上具有极高的声誉,杜塞尔多夫法庭的法官在专利纠纷案件中积累了丰富的经验,杜塞尔多夫法庭的法官对技术非常专业,也非常了解专利,减少了律师对法官的说教,原告选择杜塞尔多夫法庭的另一个重要原因就是杜塞尔多夫法庭可以更快、更专业地作出判决。

4. 既高效成本又低

德国有完整的知识产权体系,与欧洲其他国家比较具有程序上的优势。德国没有庭前证据交换环节,所有案情证据文件都通过书面提交。以英国为例,所有案情必须以口述形式陈述,时间冗长,值得注意的是,在中国的专利无效案件中也有口审环节,即当事人双方在法庭上口头阐述自己的观点和专利有效或无效的理由。

德国的听证会时间短，具有明显的优势。在杜塞尔多夫法庭诉讼相比其他欧洲国家可以减少诉讼时间，节约诉讼成本，以更小的投入赢得更多的商业优势。

5. 汇集了强大的律师团队

聘请一支专业、高效的律师团队是打赢专利诉讼的重要条件之一。杜塞尔多夫汇集了欧洲和德国众多知名律所的总部或分所，众多行业顶尖的律所和律师都在这里设有办事机构。德国人的工匠精神在专利律师身上也体现得淋漓尽致，他们熟悉欧盟及德国的法律以及德国专利法庭的诉讼程序，掌握了专业的专利案件的诉讼技巧，对案件细节和证据严谨细致的分析，为当事人运用专利武器维护权益提供了强有力的保障。

总之，杜塞尔多夫、曼海姆和慕尼黑往往是国际巨头发起专利战争的策源地。作为一个不超过 100 万人口的德国城市，它展现出的司法和制度威力是德国法律制度的最好体现，成为知识产权界敬仰的典范倒也不足为奇了。

六、亚洲篇：印度投资建厂的风险

【案例：投资印度法律风险】[①]

印度国内各种法律名目繁多，对外商投资有诸多限制。2013 年《印度新土地法案》规定，征地方必须向农村、城市地区的土地所有者分别支付最高达土地市价 4 倍、2 倍的价格，且当公私合营项目、私营企业进行征地时，必须事先分别取得 70% 和 80% 的土地所有者的同意。与其他国家相比，印度的劳动法规规定严格、内容复杂，1947 年《产业争议法》要求雇用 100 名员工以上的企业在裁员或停业之前必须获得政府批准。印度针对外商投资的税种繁多，税率波动较大。

许多中国企业为了应对印度的贸易保护措施和安全调查，纷纷准备在印度建厂，以获得当地政府的支持，但投资建厂并非想象得那么简单。下面就这个问题我们进行简要的分析。

1. 印度法律关于印度制造商（Manufacture）的定义

印度中央许可征税法将“制造”定义为有助于工业制品完成的任何过程。根据该定义规定以及对“制造”的一般意义上的理解，现有工厂要符合构成生产单位的条件，就必须实施工业产品的生产活动或过程，且该活动或者过程能实质性地增

① 《蓝皮书：中方在印投资面临诸多潜在风险》，资料来源：http://finance.sina.com.cn/roll/2016-07-12/doc-ifxtwchx8571752.shtml，访问日期：2016 年 3 月 1 日。

加产品的价值。同时,印度反倾销总局 DGAD 认为,产品组装活动并不足以构成产品制造,不属于印度"国内产业"。

为了扶持印度本国的电信产业发展,印度电信部政策规定,印度制造商是指印度公民所有和控制的制造企业。外国公司在印度的子公司,如果是由非印度居民实体所有和控制的外资企业,不符合印度 FDI 政策中要求的印度本国公民所有和控制的要求。

2. 解决方案

为规避贸易措施的壁垒和安全审查的限制,中国企业最保险的方式就是获取印度制造商的认定,解决方案包括向印度电信制造商转让技术、与印度本地企业合资建厂等。

(1)向印度电信制造商转让技术

企业可以在相关设备/软件订单后 3 年内与印度居民所有和控制的印度本地企业签署技术许可协议。企业可以通过对技术许可协议的内容进行把握安排,在协议中严格技术的使用范围等限制性内容,对公司的技术采取保护措施。

(2)与印度本地企业合资建厂

企业可以先设立印度子公司,再与印度本地企业合资建厂。而且中方只能持股 49% 以下且在董事会中不能占多数。合资企业必须是印度本地居民所有和控制,才能满足电信部对强制技术转让对象的要求。根据电信部有关规定,印度本地生产商不需要进行安全审查。与上述第一种方案相比,在本地建立合资生产企业更有利于公司对技术转让的管理和控制。

综合来看,在印度设立一个由印度居民所有和控制的生产企业是公司的最佳选择。设立合资企业符合印度法律对印度制造商的要求,即由印度居民所有和控制且其从事的活动构成生产,无论对于解决电信部技术转让、安全审查问题还是反倾销问题都有巨大优势。

(3)本地生产与技术转让问题

根据印度电信部有关规定,印度电信运营商向国外电信设备商购买电信设备,必须在订单中规定强制性技术转让条款,即国外设备商在订单之日起 3 年内,必须将"关键"设备/软件所涉及的技术转让给印度本地制造商。根据该规定,印度电信运营商必须要求公司在订单之日起 3 年内将技术强制性技术转让。如果公司将技术转让给该合资企业,则符合印度电信部关于向印度制造商转让技术的要求。

3. 合资建厂的风险

(1)失去控制权的风险

中国公司在印度与本地企业合资设立企业,要确保两个方面问题:其一,合资企业的所有权即企业的 50% 以上的股份为印度公民居民或者印度公民居民所有和控制的印度企业所有;其二,印度公民居民或者印度公民居民所有和控制的印度企业对合资企业有控制权及在董事会中占多数席位。只有同时符合印度人“所有”和“控制”两个条件,中国公司设立的合资企业才能被视为印度制造商。

如果中国公司在合资企业中是少数股东,在董事会中也占少数席位,在该合资企业中中国公司会面临一定风险:由于公司是少数股东,根据印度公司法规定的简单多数即可通过的股东大会决议,公司无法对该决议进行否决,除非是需要特别多数的决议(要求代表 76% 股份的赞成票才能通过)。由于公司在董事会中站少数席位,公司也无法对董事会决议进行否决。

为减低公司因在合资企业中持股少数、董事会中占少数席位所带来的风险,中国公司必须对合资企业的公司章程进行设计安排,制定维护公司利益的保障性规定。例如,公司可以在合资企业的公司章程中纳入下面的保障性规定:

①最低人数保护

印度公司法规定召开董事会需要至少两名董事或者董事总人数的 1/3 出席。中国公司可以对董事会会议的董事出席人数进行修改,只要该人数规定不违反印度公司法的最低出席人数要求。在公司章程和合资协议中规定,如果董事会会议中没有公司任命的董事出席,则该会议没有达到最低出席人数要求。这种保护措施可以确保没有公司任命的董事出席和认可,合资企业董事会就不能采取任何行动。

②赞成票条款和少数股东保护

中国公司可以在公司章程或合资协议中规定赞成票条款或少数股东保护条款。如规定没有中国公司任命的至少 1 名董事的赞同票,董事会的任何决议不能通过。公司同样可以在合资协议中规定,没有公司作为少数股东的赞成票,合资企业不能通过任何股东决议。当然,公司应当对保护条款进行设计,以有效保证合资企业从事对公司不利的活动。

③中国公司与印度本地合资设立工厂,可以采用两种模式:

模式一:公司与一家印度本地企业合资设立合资企业。

模式二:公司也可以采用多股东合资模式,即公司持股 49%,其余 51% 股份由印度本地公司和合资企业的员工持有。需要注意的是,印度 FDI 政策要求董事会中印度本地股东要占多数。

④挑选有条件的合资伙伴

根据印度 FDI 政策第 4.6.5 条规定,外国投资与没有任何经营活动和下游投资的印度公司合资,无论该外国投资的规模大小,都需要印度外国投资促进局 FIPB 的审批。因此,为减少政府审批带来的风险,公司应当寻求已经从事经营活动的公司作为合资伙伴。

(2)技术转让的风险

中国公司该如何通过对合资企业的持股安排、公司架构以及与印度本地企业的合资协议的内容进行安排，以使公司既能保护核心技术，同时又符合印度法律的技术转让的要求？

根据印度 FDI 政策规定，中国公司在印度设立的合资企业需由印度本地所有(持股 50% 以上)和控制(董事会中占多数)。要达到在技术转让中保护公司的核心技术，可以在两个环节上控制：一是在公司将技术转让给合资企业的技术转让协议中对技术的使用、授权、修改等进行明确规定；二是在合资企业中设立赞成票机制。

例如，在合资企业章程中规定，以任何方式对技术进行销售、转让或者处置的事项都属于需要公司的赞成票。合资企业没有公司任命的董事的赞同票，不能决议采用销售、转让或者其他方式对技术进行处置。这种规定可以有效保护公司向合资企业转让的核心技术，同时遵守了印度政府关于技术转让的要求。

(3)合资企业从事组装的风险

中国公司在印度设立合资企业，在短时间内可能无法生产印度市场所需的全部产品。公司可能要从中国出口单板到印度，在印度采购机柜进行组装。合资企业能否仅仅从事设备装配活动，如将从中国进口的单板组装在印度本地采购的机柜制成成品？组装是否能解决目前公司面临的技术转让、反倾销和安全审查问题？

印度反倾销总局认为仅仅组装不能构成生产，不能满足反倾销法对国内产业(Domestic Industry)的条件要求。印度反倾销法将国内产业定义为从事类似产品制造或与制造相关活动的全部国内生产商，或者产品产量占国内类似产品总量多数的生产商。同时规定两类企业不属于印度国内产业：第一类是与倾销产品的进口商或者出口商有某种关联的生产商；第二类是自身倾销产品的进口商的生产商。如果公司设立合资企业是从中国进口零部件，该合资企业可能被反倾销总局视作从中国进口被倾销调查产品(SDH 产品)的进口商而被排除在国内产业范围之外。

根据印度电信部相关规定，中国公司应当将技术转让给印度本地制造商。如果电信部认为组装不构成生产，即便合资企业是印度人所有和控制的企业，也不是印度制造商。因此如果中国公司设立的合资工厂仅仅从事组装活动，将不足以满足印度电信部关于技术转让对象的要求。

印度电信部规定，只有印度居民所有和控制的制造企业在印度的产品才能免除安全审查责任。公司设立的合资企业在同时满足印度人所有和印度居民控制这两个条件下就能被认为是印度制造商，合资企业生产的产品就无安全审查风险了。

七、香港篇：小心香港公司对中国内地企业提出破产

【案例：中兴通讯被香港公司申请破产清算】①

2012 年，中兴通讯突然收到香港高等法院传票，称一家香港公司已经向法院提出申请中兴通讯破产的申请，理由是中兴通讯未支付到期债权。这一消息一经暴出，不明真相的投资者迅速传开，资本市场反应激烈，中兴通讯股票巨幅下跌。

经过调查，这家公司是中兴通讯的一家供应商，双方因货物质量问题产生纠纷，中兴通讯因此一直未支付全款，而争议金额仅仅 300 万港元。一个 300 万港元的债权人居然可以对一个市值超过千亿元的上市公司提起破产清算，着实给中国企业上了一课。事后，中兴通讯为避免给上市公司造成负面影响，立即跟对方达成和解，法院最终以撤诉处理。

1. 香港公司破产法重要内容介绍

(1)香港破产法适用对象介绍

香港破产法律既允许公司②破产，也允许个人破产，因此其破产法也相应区分为公司破产法与个人破产法。对公司的破产香港称为清盘，相关法律主要有《Companies Ordinance》的第五部分、《Companies (Winding - Up) Rules》和《Companies (Fees And Percentages) Order》等；对个人的破产直接规定在香港《破产条例》里。需要注意的是，海外公司即使未在香港注册，一定条件下仍然可以在香港被其他公司申请作为强制清盘的对象。

(2)在香港申请公司清盘的条件

根据香港《公司条例》第 169 条的规定，公司清盘按主导主体的不同可分为法院清盘(又称强制清盘)和自动清盘两大类。在适用法院清盘时，法院在其中的主导作用更大；自动清盘是由公司利益相关方主导，相对简便和自主，具体有关清盘分类，如下所示：

---

① 《香港公司起诉中兴：要求香港高院对其破产清算》，资料来源：http://finance.ifeng.com/news/corporate/20120816/6922231.shtml，访问日期：2015 年 5 月 1 日。

② 在香港，公司的类型包括股份有限公司(company limited by shares)、担保有限公司(company limited by guarantee)和无限责任公司(unlimited company)。

- 公司清盘
  - 自动清盘
    - 股东提出的自动清盘
    - 债权人提出的自动清算
      - 债权人根据第228条、241条提出的自动清盘
      - 债权人根据228A条提出的自动清盘
  - 法院清盘（强制清盘）
    - 一般情况下，法院做出的清盘
    - 法院依第227A条以规管令做出的清盘
    - 法院依第227F条对小额清盘以简易程序做出的清盘

(3)香港公司清盘的事由

法院清盘的事由，根据香港《公司条例》第177条的规定，针对已经在香港注册的公司，可由法院强制清盘事由如下：公司在其成立为法团时起计一年内并无开始营业，或停业一整年；公司并无成员；公司无能力偿付其债项等。

根据香港《公司条例》第327条的规定，针对非注册公司①，可由法院强制清盘事由如下：如公司解散或已停业，或只为将事务结束而继续营业；如公司无能力偿付其债项；如法院认为将公司清盘是公正公平的。

从上述规定可以看出，如果债权人想通过法院申请作为债务人的公司清盘，必须先证明该公司“无能力偿付其债项”。根据香港法律的相关规定，“无能力偿付其债项”并不需要资不抵债的要求，而只需要满足以下条件之一即可：①只要是10000港币或以上的到期债权债务，在债权人向债务人发出法定催款函后的3周内，债务人没有偿付该笔款项，或忽略为该笔款项提供令债权人满意的保证或做出令债权人满意的债务重整的；②或者是公司不执行法院生效判决的，债务人就已经满足了“无能力偿付其债项”的条件，债权人即可径直向香港法院申请清盘该（海外）公司：

关于法定催款函里面提到的欠款金额只要是债权人认为属于到期债权即可，法律并不要求该金额必须和实际完全一致，夸大陈述该金额在香港和英国都不影响该法定催款函的合法效力。② 但如果债权人在此虚构债权，则该催款函的效力就会无效。

香港清盘管理机构和公司清盘查询介绍，为指导和监督破产行为，香港成立了破产管理署。关于公司清盘在香港的现状，法院清盘可登录香港破产管理署的网站查询最新情况 www. oro. gov. hk，自动清盘可登录香港公司注册处的网站查询最新情况 www. cr. gov. hk。

---

① 根据香港《公司条例》第326条的规定“非注册公司”（unregistered company）包括任何有限责任或非有限责任的合伙（不包括根据《有限责任合伙条例》在香港注册的合伙）、任何社团及任何公司，也包括在香港以外成立为法团的公司。

② 但是在澳大利亚的一些法院就已经判决认为在法定催款函中夸大欠款金额会使该催款函无效。参见 Kenneth Liang, ed. *Butterworths Hong Kong Company Law Handbook* (13th *Edition*), LexisNexis, 2011, p. 662。

2. 香港公司清盘的流程概述

(1)法院清盘的流程概述

由法院清盘主要包括:当事人申请──→法院聆讯──→受理或驳回──→呈交资产负债状况说明书──→召开债权人会议和分担人会议──→清盘人或破产管理署署长作出报告──→公司财产归属清盘人──→清盘人将款项存入银行或库务署──→执行清盘──→正式解散。

(2)自动清盘的流程概述

自动清盘主要包括:公司决议──→债权人会议──→年终大会──→最终会议──→解散。

3. 香港公司清盘的特殊性规定

香港《公司条例》关于公司清盘的相关规定不仅适用于在香港注册的本地公司,也包括在香港注册的海外公司,还包括未在香港注册的海外公司。债权人向法院申请清盘时无须证明债务人资不抵债和债权债务无争议。

4. 债务人在债权人申请公司清盘时的法律救济

首先,从以上关于香港公司清盘的规定来看,我们可以了解到在香港债权人申请债务人清盘的门槛相对于中国内地来讲较低,其申请时并不需要资不抵债的要求,并且如果在申请以后,即便债务人有能力还款,但如果债务人在法院强制要求其付款前仍未付款时,法院仍会认定该债务人"无能力偿付其债项",从而发出对该公司的清盘令。其次,香港的司法实践认为债权人或是自称的债权人申请债务人清盘是一项基本的法定权利,除非被申请人能证明该债权债务完全不成立或者有实质性争议,否则申请人的权利不应被受到任何限制。最后,由于债权人需要在第一次开庭前在香港登报两次,号召潜在债权人登记债权一起加入本程序,从而容易引发多米诺骨牌效应。为此,债务人在不同阶段可根据具体案情采取不同的法律手段进行救济。

5. 债权人在债务人申请本公司清盘时的法律救济

一些公司作为债务人时会通过申请本公司清盘破产的方式逃避继续履行债务或其他合同义务,在此情形下债权人可通过以下措施尽可能地保护自身利益:

(1)在签订合同的时候,尽量要求债务人提供抵押、质押等担保物权或者第三人、大股东等的保证以保证自己的债权在该公司破产时仍能取得优先顺位或得到他人的代替履行。

(2)要求法院冻结该公司的所有财产,同时如果对公司资产有所怀疑时可根据《公司条例》第 221 条和第 276 条的规定向法院申请传召、拒捕该公司高级人员或任何有关人士,强制他们向法院提供公司的有关资料,以及进一步调查他们是否有失职、失当或者欺诈经营、欺诈债权人的行为。

(3)要求法院清查该公司在清盘前半年(对于关联人士的交易是两年内)是否有可撤销的交易,包括:欺诈性产权处置行为、选择性偿债行为、欺诈性信贷交易行为、低价交易行为、设定抵押和质押的行为等。

(4)积极申报债权,全程参与到该公司的清盘过程中,尽可能地维护债权人的所有权益。

在中国企业的概念中,企业被清算或者宣告破产是非常严重的事情,从程序上讲,如果债权人对企业提起清算,他不仅有大量的举证责任,漫长的司法程序也会让恶意清算者望而生畏。但在我国香港以及欧美国家的司法程序中,这个程序的提起要容易得多。如果不熟悉法律程序,企业在应对中将处于非常被动的地位。

◆ 结语

中国企业"走出去",是个必然的选择,做好前期的尽职调查和可行性论证非常必要。但是,世界风云变化莫测,各地具体情况又千差万别,总是发生一些意想不到的风险。尽管如此,也不能阻止中国企业"走出去"的脚步,为此要冒一些风险,交一些学费也是值得的。

第九节 找到优秀的CLO,你就找到了全世界最优秀的律师

> 中国企业家有个不良习惯,要不喜欢重用一个律师,要不满世界乱找律师,这都是很危险的做法。

一、跨国公司的全球律师管理策略

> 外部律师是CLO的最佳资源。

"穿过那些不良习惯的错误目的,我们才能找到其隐藏的密码。"[①]以上企业家的

① [美]简·尼尔森:《正面管教》,玉冰译,京华出版社2013年版,第80页。

不良习惯的背后是严重的不自信和不他信,这都是很危险的事情。在外部律师的管理上,企业家要有甘当小学生的心胸,你要做的就是交给 CLO,并给予充分信任。

每个世界 500 强公司背后都有一个强大的外部律师团队,他们跟公司内部的律师的良好合作可以帮公司在日益白热化的竞争当中脱颖而出。跨国公司对全球律师的管理非常重视,外部律师是公司法务部门最重要的资源储备,它可以保证公司在需要的时候立刻能找到合适的律师,并且保证律师与公司的合作有足够的默契。

1. 外部律师是公司律师最有效的资源

(1) 外部律师是公司律师的外脑

在外部律师和公司律师优劣势的区分上已经毋庸多言,外部律师是专家顾问,公司律师是公司员工。外部律师应成为公司律师的最强外脑,这样的定位应该是比较普遍的认识。大公司基本都设置了法务部,这说明公司运营不能单单靠外部法律顾问,而必须有自己内部的公司律师组织。但仅仅设置了法务部还不够,或者说仅仅公司律师是无法处理所有的公司法律事务的,比如,遭遇重大的官司或者有重大项目的时候,公司必须引入外部的专业律师给予支持。

但是,非常奇怪的是并不是所有的公司律师都意识到外部律师是自己最有效的资源。比如,由于公司律师自己的不作为和怠惰,他们自己在公司的位置本来就已经边缘,当公司遇到事情时,他们并不积极寻求外部律师的帮助,甚至外部律师都是由其他部门引入;还有就是公司律师自己没有管理律师的概念,由于平时没有积累,当需要用到外部律师时才开始手忙脚乱;还有一种情况是,有些公司律师相当自负,对一切事情大包大揽,最后解决不了问题时,才抛给外部律师,但此时已错过解决问题的最佳时机,令人惋惜。

(2) 变被动管理为主动管理

除了上面所说的极端例子,公司律师最为常见的现象是被动管理,例如聘请完外部律师后即完事大吉,后面基本上当甩手掌柜。这样的做法很不负责任而且风险很大,如果你遇上一个有责任心的律师,算你运气好,可能会把每个委托事项给你处理得井井有条,完全都达到公司预期。但是,这样的律师少之又少,概率极低,因为大部分的律师不仅仅是负责一个公司的一个业务,他们为每个客户服务的目标非常明确,就是按部就班地走完程序,而结果他们确实无法保证,有时候会与公司的预期目标南辕北辙。完全交给外部律师处理而导致公司巨大损失的案例不胜枚举,公司律师又常常在这种情况下把责任都推给外部律师,这一点恰恰是公司最无法接受的。

正确的做法应该是主动管理。CLO 要让每一个公司律师明白,应该是公司律师而不是外部律师主导案件和掌控全局。公司律师要很清楚自己要对结果负责,自己就是最后的堡垒,已经退无可退,而外部律师只是公司律师完成任务的一个重要资源。当公司律师有了主动管理的意识,工作的界面就会完全不一样。他会与外部律师积极沟通，告诉公司在这方面的预期和变化；他会积极跟踪进展，及时纠正律师工作方向的偏差，以保证事情始终按着正确的轨道前进；他也会调动一切可能的内部资源，例如公关媒体等，配合律师的正面战场。如果公司律师这样做了，就是一个比较胜任的公司律师，结果也一定会让公司满意。

【案例：壳牌的外部律师管理】[①]

壳牌法律部有遍布全球各地的专家，包括超过1000名内部法律专业人士。壳牌法律部处理并购和知识产权问题，解决争议，将道德和合规考虑纳入每个业务决策的核心，成功要求将法律战略与业务战略紧密结合。参与提供法律服务的每个利益相关者都有共同的目标：通过确保合适的人员以正确的价格以正确的方式做正确的工作，为客户实现正确的结果。壳牌法律部认为，管理外部律师的基本任务是通过共同目标、共同价值观和正确的结构实现联合绩效。具体来讲，壳牌全球法律总监Donny Ching为了实现这一目标可谓煞费苦心，甚至雇用了Vincent Cordo作为壳牌公司的第一个全球法律采购官，并将外部律师的管理从以前的采购、定价、项目管理和关键绩效指标（KPI）进一步细化为招标、律所投标、多家竞标、服务范围设定、预算、费用结构、财务跟踪、性能测量、技术利用、发票分析等精细化的管理指标。如果有必要，法律部还会引入外部定价师来判断律师费是否与律师服务相匹配。

2. 如何对全球律师进行有效管理

（1）不是甲方乙方，而是战略伙伴

如果公司律师把自己当成甲方，把外部律师当成乙方，这很难取得外部律师真正的信任和支持。不管公司律师的组织多么强大，他都离不开外部律师的支持，如果公司律师对外部律师颐指气使，不管你规模有多大，都不是一个成熟的法务组织，而要让公司律师忘掉自己甲方的身份并非易事。如果公司律师把自己当成乙方，把外部律师当成甲方（不要怀疑，很多公司律师的确做到了）则说明公司律师无能和不作为，公司常常因为使用外部律师而忽略了自身内部队伍的建设，从而导致公司律师永远称不起门面。这种现象必须改变，只有公司律师与外部律师在业务能力和管理水平上没有太大悬殊，才能建立起二者平等的对话平台，否则就很难真正管理和评价外部律师的工作。如果公司律师对外部律师没有半点掌控力度，更遑论掌控全局。正确理解公司律师与外部律师的关系是管理律师最重要的心理障碍，CLO应时时刻刻提醒公司律师，二者之间不是甲方乙方关系而更应该成为

---

① Vincent Cordo and Casey Flaherty, Shell Sees Legal Team as Instrumental to its Future, http://www.accdocket.com, 2016.

战略伙伴关系。

(2)不可小觑律师短名单

每个公司的法务部都会有一些合作律所,但真正采取短名单制的却凤毛麟角,很多跨国公司非常重视这门功课,因为他们的 CLO 很清楚:短名单制度是规范律师管理的必经之路,一份不断动态调整的外部律师短名单是公司法务部最重要的积累和家当。巴克莱银行 CLO Bob Hoyt 表示,他们正将自己的外部律师库由 350 家精简为 150 家,而在这 150 家之中,费用也更加集中在排名前 30 名的律所。①

必须强调的是,短名单关注的不是律所而是律师,虽然律师所在的律所也会作为考察因素,但律师的良莠是短名单制度的核心,否则你会对那些知名律所的律师感到失望。江平先生讲过,任何律师都不是借助其所在的律师事务所来得到名声的,而只有律师事务所是靠律师、合伙人而出名的。律师本身是靠能提供最优质的服务一点一点积累起来的,这一点和医生、教授的职业生涯有很多相通之处。

能进入短名单的律师都要经过层层筛选,可以为公司在不同的个案、不同的业务领域都能选择到优质的律师服务提供保障,以避免由于缺乏对律所及律师的了解,聘用不符合公司要求的律所及律师的情况。在短名单制下,律师的筛选标准如何确定非常重要,不同公司会设置不同的要求,但基本都是从专业技能去考察,例如律师的专业特长、执业经历、擅长领域、应变能力等,而最重要的有关律师信用的因素却考虑得比较少。律师的信用是靠实干出来的,因此对律师的背景调查非常重要,包括其办理案件的胜诉率、客户评价、诚信记录等,如果该律师有不良诚信记录,不管其多专业,能量有多大,公司律师都应该宁愿错过也不能冒险引进。

(3)对律师要有明确的服务标准

对于进入公司短名单的律师来讲,基本上就具有了给公司提供法律服务的资格,虽然后面遇到大的项目或者案件时,还要正式地参与招投标,但这都是程式范畴。对于外部律师来说,这时最应该想的是如何服务好自己的客户,而对于公司律师来说,他们的管理工作才刚刚开始。在做好外聘律师服务管理这一个任务上,公司律师最重要的是要输出一套科学的律师服务工作规范标准,例如在律师的专业水平、服务态度、处理结果和响应速度等多个纬度进行评价标准的设定,并且把每个目标细化成可以量化的数据目标,以便对律师的服务质量进行跟踪和管控。

(4)怎么谈价体现公司律师水平

思科 CLO 钱德勒认为,如果公司法务部一味地要求外聘律师明天比今天收费更低,一味讨论"零和"博弈,是不合适的。② 如果公司律师把自己定位于一个杀价

---

① [美]Bob Hoyt:《巴克莱银行的律所管理之道》,载《中国企业法务观察》,法律出版社 2016 年版,第 223 页。

② ACC:《公司法务与外聘律师的更佳合作模式》,载《法人》2011 年第 11 期。

高手,然后回来跟公司炫耀为公司省了多少钱,是将自己纳入街边小贩的愚蠢之举,何况这个钱还不一定真的能省下。公司律师和外部律师的谈判目标绝不仅仅为了获取一个报价最低的律师,而是为了找到最合适的律师,并且帮助他们树立威信、提高效率、增强合作并最终完成公司的目标,这才是公司律师的本分。

公司律师控制费用是应该的,但不要因为费用的控制,预算的限制而让公司失去获得最好法律服务的机会。当公司面临真正需要最好律师的时候,不要因为预算问题而耽误聘请,进而影响事情的处理。在很多关键案件和项目上,尤其是在公司发展上的关键时刻,应该舍得花钱去请优秀的律师队伍,这时公司律师有站出来提醒和说服决策者的勇气和义务。

(5)外部律师收益和责任应匹配

很多跨国公司的律师费年度支出已经超过上亿元,高的甚至达到几亿元。这一数字相当于许多大型企业一年的利润总和,确实高得可怕。但这些公司仍然乐此不疲而且律师费投入近几年还在增长,理由很简单,就是投入和产出成正比。苹果是目前全球官司最多的公司,但正是通过一个个官司,苹果公司在全球开疆拓土,维护了其巨无霸的地位,而他们花的律师费绝对是天文数字。

值得注意的是,这些律师的金主虽然在律师费的支出上很大方,但在律师的考核上却从不手软,也就是说,CLO 花给外部律师的每一分钱都要外部律师加倍地赚回来。因此,他们的法务部对于进入公司服务名单的律所和律师都会定期地进行考核,并对不满足公司要求的律师进行更换,毫不留情地清退出律师库和短名单,甚至列入黑名单永不续用,以督促律所为公司提供更好的服务。如果遇到特别不负责任的律师,因为自己的疏忽和不负责任给公司造成巨大损失的,有些法务部甚至不惜以诉讼的方式要求律师赔偿巨额补偿,让好律师更好,让差律师受罚,分得一清二楚。

3. 合作共赢,敢于改变

在公司律师对外部律师的管理中,遇到的最大问题是律师的不合作和耍大牌,如果问题真出在律师方面,公司就要毫不犹豫地换掉,何况大部分时候这些律师根本不是所谓的大牌,而是高不成低不就的半吊子。在外部律师与公司律师的合作中,最让外部律师厌恶的就是公司律师的傲慢和不懂装懂,而且还必须忍气吞声,如果这是真的,CLO 必须出场,让公司律师端正职业态度,以去努力推动公司律师和外聘律师形成良好的合作关系,否则公司法务部门与律师事务所之间的关系就会变得越来越紧张。

越来越多的董事长和 CEO 把外聘律师的管理交给 CLO,他们相信 CLO 会比自己管理得更专业更经济也更有效率。找到一个优秀的 CLO,就相当于找到全球最优秀的律师。当然也有些不放心 CLO,他们往往重用一个常年律师或者遇到事情满世界找律师,这不仅会大大戳伤法务部工作的积极性,对公司来讲也风险极大,绝对是吃力不讨好的事情。

严格的招投标制度、短名单准入门槛、科学的服务标准和大数据的比对等这些技术手段在法律管理中的应用,基本可以保障为公司找到最合适的律师。但在"术"之外,500 强的 CLO 们已经将更多的精力放在"道"的建设上。以一碗水端平的态度对待内部的公司律师和外部的律师是 CLO 的必修课,他会使外部律师充满被信任感和责任感,外部律师会像小鸟珍惜自己羽毛般珍惜自己在公司的口碑,打了鸡血般为公司卖命;他也会让公司律师挑起该挑的担子,与外部律师紧紧地团结在一起,为了公司的利益而进行不懈努力。

二、律师的专业化之路

> 如何做一个公司认可的专业律师。

在律师专业性的认知上,律师和客户之间存在着较大的反差,如果不及时消除隔阂,律师的权威性就会受到质疑甚至挑战,客户的耐心也会丧失殆尽。

律师大多以最专业的个体和团队自居,但有点自说自话,客户好像对此并不完全认同。这里由里及外的落差在于,律师的专业性不是自己说自己有多专业,而是要以实际行动和工作效果来证明,或者说,这种专业性的表现受工作方法和资源调度的影响很大,并且与律师最终的处理结果息息相关。至少,律师在输出自己的意见和建议时,应该认真思考如何为客户着想,被客户接受并使其利益最大化,这可能才是律师真正专业化的开始。

1. 不受重视的律师和他的法律意见

除非监管部门需要出具法律意见,大部分公司还没有习惯有什么事情都问问律师的意见。于是,虽然律师可以根据自己的专长和经验为客户提供咨询并输出法律意见,但提出的意见往往得不到重视,至于真正地贯彻执行就显得更难。中国传统的定分止争的文化和厌讼情结与这种现象有莫大的关系。那么,即使抛开这些律师无法掌控的因素,法律意见不受重视的原因也有很大部分在律师自己,一份不受重视的法律意见肯定不是出自于一个优秀的律师之手,这时再埋怨客户已经毫无意义。

2. 判官或终结者

在法律实务圈有一种很特别的现象,就是干得非常优秀的社会律师如果转行做公司律师,他会觉得非常不适应,公司高层总是无法理解并支持他的工作,甚至还给人留下眼高手低,又总爱教训人的印象,这样工作也很难得到老板的认可;而一个优秀的公司律师如果出去做社会律师,却往往被老律师告诫不要多事,也不要把手伸得太长,干好自己本分的事情即可,否则会产生很多不可测量的机会成本。

进一步分析发现,两种职业虽然都是法律工作,专业性的定位却并不相同。社会律师可以堂而皇之地充当判官,常常点到为止即可,剩下的事情让客户自己决策和执行,而公司律师已经没有退路,不能给出建议就万事大吉,剩下的事情还要自己想办法解决,要给一件麻烦事画上句号。虽然律师们已经习惯了这种定位,但这种状态正在发生巨大改变。

作为客户,当然希望不管你是外聘律师还是公司律师,都应该成为事情的终结者,如果公司律师堪当此重任,那么社会律师的压力就会越来越大,公司会雇佣更多的公司律师替代社会律师,社会律师要想混口饭吃就必须进行转型。这样一来,公司律师和社会律师的定位也会走向融合和一致,将各自的优缺点进行互补。社会律师在经验值和技术性上有较大的优势,公司律师在管理和服务意识上更有直接感触,社会律师应该多想想怎样将自己冷冰冰的意见书修订为客户感兴趣的投名状,最起码让客户有兴趣拿过你手里的法律意见书,开始了解你和你服务的领域,否则再专业都无用。公司律师应该在技术上更加深入和专注,这样才能让自己的价值发挥到最大化,这样,专业性的评价也才会离我们越来越近。

3. 律师专业化的进阶路径

从初出茅庐到成为一个专业的律师,专业化的进阶路径一般可以表述为三段论:首先,律师能看懂专业问题并能找出问题的症结,这叫发现问题;其次,能以点带面,给出整体的分析而不是片面的解读,这叫分析问题;最后,在扎实理论分析的基础上,能通过丰富的实践经验为客户取得圆满的结果,这叫解决问题。但这样简单的结论显然是不够的,成为专业律师还需要注意以下几点:

进阶一:拥有法律思维仅仅是开始

如果你只是一个拥有法律知识的律师,你已经没有任何竞争力了,况且这里的知识可能只是知道,每个人去百度下都不难获取。法律人修炼自己的第一步是拥有一个缜密的法律思维,这需要大量的历练和失败的教训,但却是有价值的。律师提供的产品是服务,所以律师的思维模式直接决定他的思想给付的成果质量。

但是,谈话间法言法语并不代表你有法律思维,真正的专家即使说到专业问题也会转化成平实而通俗的语言。这是因为,他把法律当成一种工具去了解业务本身,往往能掌握事务的本质,法律思维开始上升到商业思维,律师才能找到解决问题的命门。更具体地讲,对于律师来说,他必须熟悉自己所服务客户的行业,他越熟悉客户的产品和商业模式,越透彻理解客户的痛点,就越能提供符合客户目标的法律服务。

专业的律师必须是跨界的,如果一直蜷缩在一个很小的领域,不是我们所说的专业。在中国很多律师因为法治环境原因讨厌诉讼,觉得非诉更加专业,但是,每个时代的特征都表明,如果一个律师没有处理过纠纷诉讼和重大危机,很难成为一个真正的专业律师。律师的专业性还体现在对自己生存环境的争取,我们知道,不管是林肯,还是甘地都是律师,是他们通过自己锲而不舍的努力,才争取到律师发展的优良环境和地位,一味地埋怨毫无用处。

进阶二:来自客户多大程度的回应

法律意见能被人接受是律师专业性的开启。如果没有人接受你的意见或者正眼都不瞧一下,再专业的法律意见都是废纸一张而没有用场。法律意见能得到客户多大程度的回应取决于律师的本事,优秀的律师常常不顾面子,像一个兜售自己小物件的商贩,竭力去让客户接受自己的商品,一旦有人买自己的东西就会十分高兴,而如果你是一个得不到客户回应的律师,就会像一个没有开张的小贩一样可怜。于是,能收到来自客户多大程度的回应成为律师业务管理的重心,以客户为中心,律师们开始真正重视与客户的联系和沟通,了解客户的实际需要和诉求并站在客户的角度设身处地地为他着想。沟通和回应已经成为专业律师的必修课。

进阶三:将法律意见付诸实施方能体现价值

这是律师专业性实现的关键一步。在实践中,我们往往不缺乏严谨的法律思维和连篇累牍的法律分析,最缺的是有丰富实战经验的律师,只有他们才能将这些理论分析在实践中付诸实施。律师将得到客户认可的法律意见开始应用,就像将手中持有的大量期权进行变现一样,只有落袋才能为安,只有执行才能检验效果,这一点非常重要。但是,大部分的律师在出完意见后就浅尝辄止,他们可能真的也没有精力跟踪实际落实的情况,但要知道,这将大大影响律师意见的质量并会影响他在客户心中的形象。

进阶四:解决了问题才叫圆满

大部分的律师倾向于在过程中收取大部分费用,而客户更愿意按结果给律师服务费,即便在律师发达的美国,这种矛盾也越演越烈。常言道:“拿人钱财,为人消灾”,如果律师没有帮人解决问题就收那么多费用实在说不过去。如果客户无法改变,律师就必须改变这种过分利己的管理模式。必须清楚,律师服务既是过程导向又是结果导向,所以律师必须关注自己所服务客户的感受并要给客户一个最终的交待。而且,结果导向有利于将法律意见的实施结果进行事后复盘,以检验律师法律意见的含金量,这是对客户最负责的一种态度。

4. 专业性的追求

每种职业都有自己的生成空间,律师的生成空间是一定形态的社会以及其中最重要的构成要素，即个体和商业组织。律师的工作是否有效，或者在多大程度上发生效力也将取决于该律师能够在多大程度上回应与他紧密相连的社会要素。

一个专业的律师往往产生于比较法治的社会，只有当人们享有良好法律的时候，他们才会信仰法律，也才会在法律所设定的秩序中生活，律师在这种环境中工作会如鱼得水。同时，专业的律师非常善于在法治和社会既存秩序之间寻找一种切合点，通过自己的努力培养客户的法律消费习惯和法律品格，慢慢形成一种内心的秩序，并在主要精神上获得与社会既存秩序的一致性。

◆ 结语

江平先生讲，律师成就了美国，律师兴则国家兴。把律师当成一份事业孜孜追求，还是仅仅当成一个养家糊口的饭碗，这对律师的专业性影响甚大。西方律师的专业性不容置疑，其中一个主要原因在于他们在把握自己利益和客户利益的平衡时，总是将天平升起的一端给了客户，并把这份职业当成自己一生追求的目标。态度不同是专业与业余之间的唯一区别。[①] 每个律师都应该在忙忙碌碌地混口饭的空当，保留对律师这一职业的理想和追求。每当我们迷失不知所终时，可以将审视的目标投回给律师的发源地欧洲和美国，以便能找到某些解决迷惑的启示。

第十节 如果企业犯法，CLO 要不要举报

> CLO 追求的是法律合规事业，还是公平正义事业？但一定不是违法犯罪或可能触犯法律的事业。

在企业里，没有人关心公平正义，人人都想得到胜诉或者大事化了。我们深知任何人不得超越法律，凌驾于法律之上，但软性潜规则与恶性腐败无处不在，让 CLO 和他的搭档 CCO 身不由己，除非你决定与这个行业无处不在的行骗精英不同流合污，并且还要装作视而不见。

2010 年，三星前 CLO 金永哲（Kim Yong – chul）发布了一本名为《思考三星》的书，在韩国掀起轩然大波。书中描述了惊人的腐败细节，披露李健熙窃取三星子

① ［美］埃德温·利非弗、杰西·利弗莫尔：《股票做手回忆录》，屠建峰、马晓佳译，湖南文艺出版社 2015 年版，第 189 页。

公司的 100 亿美元资金,毁灭证据,并通过行贿政府官员确保三星权力的世袭。三星 CLO 揭露的行为给我们带来很多启示。

【案例:三星腐败启示录】[①]

在李健熙继承父业的整整四分之一世纪中,三星经历了旋风一般的财富积累过程,从一个默默无名的韩国小生产商,转变为世界商业的中坚力量,而且成为当之无愧的亚洲品牌之首。如今,三星的销售额比 1987 年增长了 38 倍之多,并贡献了韩国 20% 的 GDP,李健熙本人也是韩国第一富豪。

财富的积累过程却伴随着腐败丑闻,三星的成功之路充满争议。作为最典型的韩国家族大企业,三星集儒家理念、家族纽带和政府影响力于一身。腐败和官商勾结的指控、贪污丑闻的定罪、导致大企业结构摇摇欲坠的紧张家庭关系都为三星和李健熙的商业生涯蒙上了一层阴影。2008 年,李健熙就曾因臭名昭著的贿赂基金丑闻被检举,随后辞去在三星的职务,因逃税和侵占公款被定罪。金永哲声称:三星拥有一笔预算为 2 亿美元的贿赂基金,用于疏通检举官员和政客,并让他们对三星的非法行为睁一只眼闭一只眼。

尽管检举人员要求判处李健熙 7 年徒刑并罚款 3.5 亿美元,但他最终只被判 3 年缓刑和 1 亿美元罚款——这对全球富豪榜排名第 106 位的有钱人来说,只是个零头小数。数月之后,韩国总统李明博为确保李健熙在国际奥委会的地位,赦免了他。随后,李健熙率领韩国成功申办 2018 年冬季奥运会。尽管无数人指责这位腐败的家族大企业高管获得的优待太多,但次年,李健熙依然以董事长身份重回三星。

一、伦理困境中的公司律师

即便是法律行业发展相对较早较成熟的美国也面临职业伦理败坏和司法腐败的现象。当代最著名的刑事辩护律师亚伦·德萧维奇,在其《最好的辩护》一书中提到,"如果我决定接下一个案子,我便只有一个信念:要打赢官司,我会尝试用所有公平合法的方式让我的当事人无罪开释,而不去想到后果如何"。

一直以来,亚伦·德萧维奇是一个很有争议的人,一方面他经常为一些臭名昭著的罪犯担任辩护人;另一方面他也经常为弱者伸张正义,在维护民权等方面也做出了突出贡献。这些都表明,律师到底是正义的化身还是代理委托人的利益?一直都是备受争议的焦点,而公司律师因为身处企业,面对的道德困境往往更为艰

---

① 《三星统治者李健熙:诡诈、腐败于一身》,资料来源:http://www.techweb.com.cn/news/2012-12-02/1259805.shtml,访问日期:2016 年 3 月 2 日。

难。在某种程度上,公司律师必须有着在公司环境内可行的行为准则,在这一点上与外部律师有很多的不同。

1. 保密问题

作为公司律师来讲,他有义务保护公司事务的隐私。但是如果公司律师因为其他的利益考虑,而将公司的商业秘密公之于众的话,那么便是违背了保密义务。公司律师要全心全意履行自己作为公司律师的职责,尽全力为自己所在的公司服务,但是如果公司损害了公共利益的话,公司律师仍能毫不犹豫地保护所在公司吗?

正义是人类社会的美德和崇高理想,是人类社会不可或缺的。法律本身也是社会正义的体现,公司律师在对公司负有忠诚义务的同时,理想中他们还担负着维护司法正义的使命。对公司律师职业伦理存在两个核心价值,如果对公司的忠诚义务绝对化,那么公司律师所担负的正义使命将丧失,如果过分强调公司律师的正义使命,那么又会将公司律师沦为法官的角色,使其失去在公司存在的必要。三星的 CLO 不堪其老东家的行为而愤然举报,也是在他离开三星之后。那么,如果 CLO 在位期间,公司有违法违规事件并让 CLO 参与其中,CLO 要在忠诚和正义之间找到平衡着实不易。

2. 当事人利益和职业冲突

当公司律师在处理事务时,不可避免地会受到职业道德和一般社会道德的约束,甚至在某些情形中会出现公司律师职业道德与一般社会道德的冲突。公司律师作为社会的特殊从业者,其职业道德伦理与大众道德伦理存在一定的差别。公司律师职业道德伦理对公司律师的要求不限于普通道德伦理要求,如诚实、守信、廉洁等,这是对普通民众的共同要求,公司律师的职业道德还要求其要尽最大努力维护公司实体的合法权益。

利益冲突一直是困扰公司律师的一个棘手问题,也是公司律师伦理困境中最常见的一个问题。这是因为利益冲突在实践中的表现形式多种多样,让公司律师难以琢磨和判断,并且对于利益冲突的适当补救也难以把握。公司律师所面临的利益冲突是潜在的,即使没有发生实际的不当行为,利益冲突都可能存在。

3. 报告不当行为

在项目的内部调查中,法律合规人员最有条件发现高层的不当行为。在这种情况下,CLO 必须采取行动弄清楚原委,对调查动因进行充分了解,因为 CLO 的主要职责之一就是向高级管理层或者董事会汇报。CLO 要了解到什么可能是公司的最佳利益,还应该考虑不当行为后果的严重性,考虑公司的责任、策略组织和其他相关问题。

【案例:农行纽约分行被罚案】[①]

纽约州金融服务局(DFS)于2016年11月宣布对中国农业银行处以2.15亿美元的罚款,理由是违反反洗钱法、掩盖了可疑的金融交易。美国州级监管机构之所以能管到中国四大银行,是由于中国农业银行在纽约设立了分行。而该分行并非独立法人,故而其法律责任将由北京的总行一并承担。

与普通个人或机构不同,银行业金融机构违反反洗钱法,不一定是直接参与了洗钱。商业银行是洗钱的基本渠道,银行是反洗钱的前线阵地。所以银行有关反洗钱的主要责任是建立有力的体系,密切监测和发现可疑的资金来往并予以上报,这正是中国农业银行纽约分行没能做到而遭罚之处。

本次案件中,农行纽约分行涉及与被美国制裁的金融机构进行交易和发票伪造、隐瞒交易方身份等行为,更有甚者,DFS发现"农行纽分"自2013年起通过境外代理账户实施的美元清算蹿升后,曾要求他们在显著改进合规功能前不得增加此类业务,结果被当成耳旁风,2014年、2015年业务量依旧火箭式增长。农行纽约分行的CCO 2014年秋试图启动对可疑交易的内部调查未果,反而被告知别去向监管者废话,最后大部分合规职员在2015年中辞职走人并愤而举报。

农行案不是中资银行被调查的首例案件,2016年2月,工商银行马德里分行因为涉及洗钱犯罪活动,遭到西班牙警方的突袭,6名高管被带走。西班牙检察当局经过近4个月的调查,6月公布案件详情,认为分行成为2个犯罪集团洗黑钱的渠道。[②]

但农行案确实要更严重一些,这次农行纽约分行不仅要交钱,根据DFS要求,该行还得建立有效的合规控制体系,并聘用一个可直接向DFS汇报的独立监测者,对今后18个月的美元清算活动予以持续调查,以免再犯。在此案中,CCO因为内部举报没有被采纳而转向外部渠道,他们自己也丢了饭碗,银行因为没有接受CCO的独立意见而遭受罚款等重大损失,法律合规从业人员和其服务的东家似乎两败俱伤。经过这样的教育,银行以后可能会更加听得进法律合规人员的意见,但是CCO以后还敢像以前一样独立发表意见吗?毕竟作为个人他首先要混口饭吃。

---

① 缪因知:《农行被罚2.15亿美元但教训是大家的》,资料来源:http://epaper.bjnews.com.cn/html/2016-11/09/content_658894.htm?div=-1,访问日期:2016年12月1日。

② 《工商银行马德里分行涉嫌洗黑钱,总额涉及1亿美元》,资料来源:http://money.163.com/16/0613/10/BPEFES1800254445.html,访问日期:2016年12月1日。

二、如何走出伦理困境

1. 提高道德素养

道德是劝诫,法律是强制。目前我国公司律师群体从业素质良莠不齐。一些公司律师为了满足自己的物质利益,见利忘义,不遵守职业道德。这就要求以CLO为代表的公司律师要全面主动地进行道德修养,提高道德素质,做一个在道德方面以身作则的公司律师。只有具备扎实的业务功底与高度的职业道德素质,才能胜任其职责使命。

2. 增强公司律师独立性和责任感

无独立则意见无法客观。公司律师如果维持现状,吃人家的饭就得看人家脸色,那么公司律师就永远无法履行他正义的使命。这个问题不仅中国,西方公司同样也没有完善的解决方案。法务部可以脱离管理层向董事会甚至股东会直接汇报吗? 至少现在还没有真正做到。

3. 严惩公司律师不当行为

对不良公司律师的纵容是最不负责任的行为。对不合格的公司律师进行惩戒,才能强化公司律师职业伦理,促使公司律师加强自律。对于公司律师的监管和惩戒还缺乏法律的具体规定,这个监管的权利是要交给公司自己还是行业协会,各有利弊。

【案例:微软法务部的独立性】

以微软的法务部门优化为例,微软的CLO身兼董事会秘书,属于高级行政副总裁级别,在微软的地位高于COO(首席运营官)。就微软法务部的实践来看,比较成功的经验是垂直型管理和财务独立。所谓垂直型管理指微软位于全球的所有法务部员工都归美国法律总部直接领导;财务独立则是法务部所有的费用都由美国总部直接向全世界发放。这两个制度是微软法务人员能够独立发挥作用的最核心保证。

◆ 结语

法律不能要求应做道德赞许的事情,而只能要求如何符合法律的条件;道德是高要求,法律是低要求,高要求的事情可以朦胧些,低要求的事情必须泾渭分明。[1] 所以,CLO 追求的首先是为保证企业长久发展的合法合规事业(这是基本要求,当然他可以对自己提出更高的要求),而不是公平正义的事业,他的能量到此为止。给 CLO 和公司律师过多道德方面的责任和义务,他们不仅承担不起,而且会影响他们本来作用的发挥。

严格来说,不管对于一个组织甚或人类来讲,对公平正义的追求也并不是最终目标,而只是追求生存繁衍的手段而已,公平正义的背后都存在某种经济的逻辑。[2] CLO 非常认同这样的观点,即公平正义充满了道德要求的意味,但相比法律合规,却少了实际操作上的内涵。其实,如果每个企业都做到合法合规,间接就是对公平正义的贡献,二者似乎也不矛盾。

第十一节 管理层犯错

> 大多数公司的欺诈和不道德行为都发生在管理层,但多数提高公司治理和道德规范的努力却由低级别的管理者实施。

高管滋生腐败是现代公司治理的难题,比如高管因为厌恶风险而不去做明智但有胆识的决策。西方大公司多数欺诈行为和不道德行为都发生在管理层,但多数提高公司治理和道德规范的努力却由低级别的管理者实施,这里形成的悖论使所有的努力都白费,这里面产生的问题,确实有一部分是由 CLO 的缺位造成的。

一、管理层犯错的原因和类型

1. 管理层决策的失误

现实中企业的许多决策,甚至一些重大的决策,难免存在管理层决策失误的情况。往往这决策的严重错误会带来重大的损失后果,形成难以挽回的局面,或是决策方案远远没有达到预期的决策目标,形成决策偏误,从而造成损失。

---

① 刘星:《西窗法雨》,法律出版社 2013 年版,第 184 页。

② 熊秉元:《正义的成本》,东方出版社 2015 年版,第 198 页。

【案例：国家电力公司领导层决策失误】[①]

2004年时任国家审计署审计长李金华披露，原国家电力公司领导班子决策失误造成重大损失。在审计署抽查该公司的投资、借款、担保、大额采购和重大股权变动等6818个项目中，有损失或潜在损失的项目631个，金额达78.4亿元，而其中因个别领导人违反决策程序或擅自决策造成损失或潜在损失的有32.8亿元，占42%。其中，北京供电公司总经理赵某在公司不具备独立法人资格的情况下，擅自为北京威克瑞公司提供担保，本息合计11.2亿元。由于威克瑞公司濒临破产，经法院判决，北京供电公司承担部分赔偿责任，造成损失4.57亿元。

管理层造成决策失误的原因有很多，无决策程序是引起的决策失误的原因之一。当一项决策来临时，管理者对面临的决策问题不知从何开始，不知按什么程序进行，只凭个人胆识、经验和直觉就拍板定案，作出决策，必然会引起重大的决策失误。

在决策过程中CLO的缺位也是重要原因，公司的决策最终实现要通过一定的决策方案才能达到。方案中没有CLO等专业人士的全面可行性论证，或者论证不清，方案的利弊、优劣没有进行系统分析与综合评价，都容易引起决策失误。

2. 管理层内部控制的失控

目前相当一部分企业的管理者对内部控制认识不足，有的没有建立内部控制制度，有的内部控制制度不健全，甚至有些企业对内部控制认识还存在许多误区，从而造成管理层内部控制的失控。内部人控制是指现代企业中的所有权与经营权（控制权）相分离的前提下形成的，由于所有者与经营者利益的不一致，由此导致了经营者控制公司，即“内部人控制”的现象。企业在业务处理过程中，常以强调灵活性或特殊性为由而不按规定程序办理，使内部控制失去了应有的刚性和严肃性。另外，由于企业对外部环境和经营业务等的变化难以预料也会导致管理滞后，有时也存在无章可循的现象，从而使内部控制也失去了健全性。

【案例：中航油形同虚设的内控机制】[②]

在新加坡上市的航空燃料供应商，名称为中国航油（新加坡）股份有限公司（以下简称中航油），因石油衍生品交易出现巨亏，于2004年11月30日向新加坡高等法院申请破产保护。危机的原因就是内部监督控制机制形同虚设，公司的风

---

① 《原国家电力公司领导班子决策失误造成重大损失》，资料来源：http://news.sohu.com/2004/06/23/41/news220684141.shtml，访问日期：2016年12月1日。

② 郭芳：《期货经典战役——中航油事件》，资料来源：http://finance.sina.com.cn/roll/20150728/003522803991.shtml，访问日期：2016年1月12日。

险管理制度抵抗不了风险。

中航油曾被评为2004年新加坡最具透明度的上市公司。中航油成立有风险委员会，还曾聘请安永会计师事务所编制了公司的《风险管理手册》和《财务管理手册》。《风险管理手册》明确规定，损失超过500万美元，必须报告董事会。但总裁陈久霖却擅自扩大业务范围，从事石油衍生品期权交易。一直未向中国航油集团公司报告，中国航油集团公司也没有发现。最终致使中航油在清算时造成账面实际损失和潜在损失总计约5.54亿美元。

中航油事件最突出表现在“管理层凌驾”，导致监控机制的失效，直接与内部控制的经营合规性目标和报告可靠性目标相抵触。而且从事期权场外交易没有在财务报告上披露，也没有直接向母公司汇报。

许多内部控制事件爆发的企业对内部控制监督缺失、缺位，企业重大决策审批制度流于形式，一些高层独断专行，权责不对等，利用管理层经营的权利谋求私权。比如，为了自己薪酬的提高，过分关心短期股价而损害公司利益，损害股东和投资者，这一现象不违法但是却普遍存在。在现代企业中，只有相互制约，相互监督，形成有效制衡的机制，才能最大限度发挥企业经营者、决策者的能动性，若权力严重集于一人只会加重犯错的风险。

一个企业能否及时有效地进行风险的防范和处理，关系到其兴衰存亡。但是，从目前一些企业的现状来看，大多数企业风险防范还仅仅停留在书面上，未能建立一套完整有效的风险管理系统。风险防范既是企业管理的必要部分，也是内部控制机制建立的内在动力，还是CLO的重要职责之一。正是因为存在各种各样的风险，企业才应该建立良好的内部控制系统，配合风险管理，实现企业目标。

【案例：惠普调查舞弊案例】①

2006年，Hewlett－Packard（HP）为调查内部泄密案，经董事会主席授意，惠普一名合规官向惠普总法律顾问报告，授权安全部门使用各种欺诈手段调查涉嫌的董事会泄漏案，包括对调查记者进行了跟踪，为了掩人耳目，他们将这一行动进行了包装。当调查策略被暴露出来时，他们被谴责为荒谬、非法和高度疯狂。美国国会召开了听证会，美国联邦调查局和司法部都介入了调查。同时，惠普公司还将面临美国证券交易委员会的正式调查。由于这件丑闻的影响，惠普公司董事会主席Dunn、公司总法律顾问Ann Baskins和其他两名员工已经相继从惠普公司辞职。

---

① Miriam Hechler Baer, Corporate Policing and Corporate Governance: What Can We Learn from Hewlett－Packard's Pretexting Scandal?, 77 U. Cin. L. Rev, Jan. 10, 2013.

3. 管理层违法违规的行为

近年来，公司高管违法违规的行为已不再是个别事件，具有相当的普遍性。随着反腐力度不断加大，涉嫌受贿犯罪的高管们不断被调查，案件数量呈井喷式增长，不仅涉案人员众多，涉案高管的级别之高也是近几年之最。摆在我们面前的现实说明，尽管企业正在建立一整套治理结构来监管，但公司高管依然能够突破各种限制，低成本地从事各类违法违规事件，给公司造成巨大损失。

【案例：上市公司高管犯罪】①

上市公司数量不断扩容，与之俱来的是上市公司高管犯罪问题的频现。据不完全统计，自2005年1月1日至2016年12月15日的近11年中，A股市场上约有43家上市公司的董事长及高管涉嫌严重违纪或职务犯罪。其中，民营上市公司为17家，国企上市公司为26家。从涉嫌犯罪的行为来看，国企上市公司高管多因收受贿赂与挪用公款，民营企业则多涉及行贿与不正当的政商关系。

公司高管违法违规是纯粹的个人行为，但是对公司的形象会造成较大伤害，涉案人员分布于经营管理的各个环节，从2015年度中国企业家犯罪报告中看出在投融资、交易环节、财务管理以及招投标环节最容易引发违法违规。一旦事发，公司整个管理层要经历一场人事“大地震”，还要遭受不可挽回的巨额财产损失。

4. 个人道德的欠缺，素质低下，价值观扭曲

管理者的业务素质和道德水平是管理层是否犯错的重要因素。管理者在经营活动中对自身角色定位不明晰，受错误价值观的影响，再加上个人道德缺失以及侥幸心理等，是管理层犯错的重要个体原因。

【案例：惠普CEO因违规辞职】②

2010年8月，当时全球最大的IT企业美国惠普公司发表公告，称公司CEO马克·赫德辞职。起因是一个多月前，一名曾帮助惠普公司组织外部市场营销活动的女承包商通过律师致信惠普董事会，指控赫德对她进行过性骚扰。董事会随后授权公司的法务部门展开内部调查。法务部最终认定性骚扰指控并没有足够的证据支持，但是发现了赫德曾向公司提供不实的报销单据。董事会因而迫使赫德辞去CEO一职。

---

① 《上市公司高管犯罪频现》，资料来源：http://news.163.com/16/1220/17/C8OBUERU00014Q4P.html，访问日期：2016年6月1日。

② 《惠普CEO因卷入性骚扰指控而引咎辞职惠普CEO宣布辞职》，资料来源：http://tech.sina.com.cn/z/HPCEO2010/，访问日期：2016年7月1日。

二、对策与建议

1. 建立完善的决策机制

要想在决策中避免重大的失误，首先 CLO 就必须督促公司建立科学的决策程序，明确规定决策活动所必须遵循的手续和程序，并将其规范化、制度化和法制化，这样才能保证决策过程的正确。

【案例：SFX 及合规官 Eugene Mason 受罚案】①

由于 SFX 公司当时实行的制度对总裁 Brian Ourand 限制的欠缺，公司外部许多交易往往由公司总裁一人便可拍案，于是 SFX 前任总裁利用其在职务上的便利条件，在短短的 5 年时间内贪污了高达 67.5 万美元的客户投资款。当其被追究责任时，公司的首席法律官 Mason 随之躺枪，在与 SEC 达成和解后，最终缴纳罚款 25,000 美元。

虽然此次事件中 Mason 参与调查并最终对 Brain Ourand 做出了相应的处罚，但 SEC 认为由于公司合规政策和程序的设计漏洞导致 Brain Ourand 能够轻易地避免公司内部审查，从客户的账户中盗走资产。Mason 作为 CCO 负有责任对相应的不合理的管理政策提出自己的反对意见，但很显然他没有做到，应承担其未履行公司合规管理的职责而该受到应有的处罚。

以上是一个典型的 CEO 犯错的案例。无独有偶，贝莱德公司（Black Rock）56 岁的 CCO Bartholomew Battista 同样因为没有披露有关公司董事违反私人投资政策的行为，而与公司一同被罚款。② 这样的案例提示我们：合理的决策流程和精细的执行措施一样重要。同时，大多数的重大违规都发生在高管层，如果公司合规制度的设计仅仅是为了规范公司高管以下员工的行为，那么这样的监管机制就不是真心的合规。而且这个公司的高管不应该庆幸自己是落网之鱼，而应该开始坐立不安。

2. 穿透公司面纱的法律制裁

对公司高管的违规和犯罪采取最有效和最现实的监管方法就是严刑峻法。对犯错的高管，公司既要严格依法处罚，也要积极寻求与司法部门配合，加大司法介

---

① SEC：Investment Advisory Firms Former President Charged With Stealing Client Funds，https://www.sec.gov/news/pressrelease/2015 - 120.html，Jan. 10，2016.

② CW：Gallagher Uncorks on SEC Action Against CCOs，https://www.complianceweek.com/blogs，Aug. 10，2016.

入的力度。最近我国香港地区提议修改上市公司法规的做法值得借鉴。根据该提议,在公司年报中发布虚假会计信息的在港上市公司的董事,可能面临长达10年的监禁和高达1000万港元的罚款。该提议还将把年报中不完整或虚假会计披露等市场不正当行为与内幕交易和价格操纵等其他犯罪行为列为同等的犯罪。

此前,香港和内地一样,与财务报告和其他定期报告披露相关的,以及与价格敏感信息、关联交易的披露等相关的不法行为,仅仅会受到交易所的谴责。淡化对公司的处罚,突出对犯错高管个人的法律制裁,可以从根本上减少上市公司的违规运作。我国有必要修改法律中的相关规定,加重对各类违法犯罪的刑事处罚,并引入个人破产制度和集体诉讼制,大幅提高违法成本,使公司高管对滥用权力行为"不敢为、不能为、不愿为"。

3. 建立多层次的举报监督机制

对于公司高管的犯错,不能光盯住高管本人或公司内控制度不放。事实上,许多高管问题是由外部审计和专家评估牵扯出来的。比如,浙江省审计厅对浙江东方进行就地审计时,发现一系列违规问题,揭发银广厦高管造假案的功臣是来自证券公司的一些行业分析师,他们通过专业的研究分析最早对银广厦经营的可信度提出质疑。证券监管部门应该及时跟踪海关、工商、税务、纪检、监察等部门对上市公司及其关联方的稽查信息,商业银行作为上市公司重要资金来源和债权人对公司的监控信息,机构投资者和行业研究员对公司实地调研的信息,鼓励与公司业务有关的机构积极提供线索,举报各类不法行为,建立公司高管危机预警体系。

4. 建立完善的内控风险防范机制

CLO应制定一套行之有效的举措,全面地评估和分析企业所面临的风险,判断风险的大小、原因和可能产生的后果。CLO应采取一定措施防止风险的发生或尽量把风险的危害降到最低,特别要建立全面的法律风险防范系统。公司需及时、定期了解外部环境的变化及自身业务的变化,并结合实际情况分析自身的优势和劣势,分析外部的机会和风险,然后综合分析制定出完善的风险防范机制。除了对企业面临的经营风险和财务风险进行全面的防范和控制外,还要能够制定出切实可行的风险转嫁机制。

【案例:荷兰 Vimpelcom 被罚案】①

2016年2月荷兰电信巨头对外表示,将支付7.95亿美元,以了结美国与荷兰

---

① SEC: VimpelCom to Pay $795 Million in Global Settlement for FCPA Violations, https://www.sec.gov/news/pressrelease/2016-34.html, Jan. 12, 2016.

当局针对其在乌兹别克斯坦行贿问题进行的调查。这是全球反腐败历史上第二大罚单，仅次于 2008 年美国和德国当局对西门子开出的 13 亿美元罚单。在纽约曼哈顿联邦法院宣布的和解协议中，VimpelCom 在乌兹别克斯坦的子公司承认向该国官员行贿 1.14 亿美元，违反了《美国反海外腐败法》。

SEC 的调查查明，Vimplecom 为了获取合同，通过不高明的假合同大肆行贿，总计超过 1 亿美元。SEC 同时敦促 Vimplecom 要尽快建立合规内控系统，而之前 Vimplecom 几乎没有法律合规人员的设置，遑论一个完善的合规监控系统了。

5. 健全治理结构

企业内部应建立健全的法人治理结构，明确股东大会、董事会、监事会和经理层的职责，并规范运作。其中，最重要的是，确定 CLO 直接向公司 CEO 或者董事会报告的工作机制，CLO 拿到这样的"尚方宝剑"才有可能有效地对抗管理层犯错。据全球法律顾问协会调查，美国公司 CLO 有 70% 直接向 CEO 汇报，向董事会主席汇报的有 11%，向董事会汇报的占 1%。而据高通、波音、IBM 等公司介绍，公司 CLO 一方面向 CEO 汇报工作，很多时候同时也向董事会报告有关事项。还有不少美国上市公司（如 COWEN GROUP）的 CLO 兼任公司董事会秘书。①

现实中，如果 CLO 说一些公司管理层不喜欢听的话就可能遭遇被解雇的风险。例如，美国银行的 CLO 就面临这样的法律争端，当他建议公司 CEO 更多地向公司董事披露高管薪酬信息的时候，就遭遇到被解雇的尴尬，因此，为了促进 CLO 改进公司治理和履行其受托责任，董事会必须为 CLO 增加适当的权威和来自董事会的指挥链，这样才有可能平衡 CLO 的许多角色和潜在的利益冲突。②

◆ 结语

管理层犯错是 CLO 最头疼也是最害怕出现的情况，因为冲突不可避免，除非 CLO 选择视而不见或者同流合污。这个全世界公司治理的普遍难题，想要通过 CLO 的一己之力就完全改变，很不现实。

---

① 国资委：《美国大企业总法律顾问制度建设与启示》，资料来源：http://www.sasac.gov.cn/n1180/n14200459/n14279647/n14279816/index.html，访问日期：2016 年 8 月 12 日。

② Ashby Jones, So Why Was BofA's General Counsel Fired? Here's BofA's Answer, WALL ST. J., Feb. 17, 2010, http://blogs.wsj.com/law/2010/02/17/so-why-was-bofas-general-counsel-fired-heres-bofas-answer/tab/article/., Jan. 10, 2016.

第四章 CLO是成熟企业的标志

> 看一家企业是否规范和成熟，看其有没有 CLO 及 CLO 的话语权即可。

现代公司治理的内容庞杂繁多，但从股东会到董事会再到管理层的三级脉络是非常清晰的，核心问题是如何在这三个层面分配权利和义务。很可能不同的职能落在不同的级别上，也可能在每一个级别上都有交叉和涉及。以审计工作为例，在美国定义为守门人的角色和职责，他们在股东会层面要出审计报告供股东审阅，在董事会层面需要审计委员会的支持，在管理层审计部是常设的组织。如果在三个层面都有涉及的职能，一般来说都是公司最为重要的部门。

遥看大洋彼岸的美国，我们会欣喜地发现，经过艰苦卓绝的漫长努力，美国公司 CLO 已经进入了公司治理的每一个层面。这归功于安然的倒闭，公司内部触目惊心的舞弊事件让美国痛下决心，加强公司治理和政府监管。例如，该法案要求公司律师负责监督公司是否遵守《证券法》的规定，以及高管是否履行信托责任。一旦有不遵守的情况，报告必须第一时间递交给 CLO 或者 CEO。① 更让人惊讶的是，无论是资本市场还是行业市场，人们也习惯了用 CLO 的设置和话语权来判断一个企业是否成熟，CLO 成了公司良治的一个软性指标。

而回顾中国公司法务管理的历史，我们会发现一个残酷的事实，即在公司治理的哪一个层面都没有公司律师的身影。而最近十几年，才真正有管理层开始重视法务管理并尝试设置 CLO。但直到现在，进入第三阶层即公司管理层的仍然屈指可数，而进入第二阶层董事会的 CLO 更是凤毛麟角。不过，我们不是很悲观，CLO 制度在中国应该处于含苞待放的阶段，是黎明之前的黑夜。

---

① ［卢］马克·格尔跟：《公司治理》，王世权、杨倩、侯君等译，机械工业出版社 2014 年版，第 122 页。

第一节 CLO 制度的金字塔结构

CLO 制度的核心是分权和授权,跟现代公司治理的理念殊途同归。

在全球范围内,尚没有完整的 CLO 制度,包括公司制度已经十分发达的美国。不过,应不应该制定和推行 CLO 制度? 由政府还是行业组织来制定? 制度能不能发挥作用? 这一系列问题虽然都还没想清楚,很多企业已经开始先逼着 CLO 上阵了。CLO 制度是公司治理中的重要制度之一,在这项制度下,CLO 已经不再仅仅是与法条打交道的公司律师,而成为参与到公司的全面经营并与 CEO 一道决策的战略伙伴,成为公司治理的核心成员。

一、CLO 制度发展简史

CLO 产生于欧美国家。西方发达的经济、现代的公司制度、优良的营商环境和严苛的市场监管等肥沃土壤孕育了现代 CLO 制度。特别是从 20 世纪末算起,已经发展了近 20 年的美国 CLO 模式逐渐成为全球公司治理学习的典范,而以德国、法国为代表的欧洲国家和以中国、日本、韩国为代表的亚洲公司正成为现代 CLO 先进制度的拥趸者。总体上,欧美国家法律层面和公司管理层面均对 CLO 寄予厚望,促使该制度不断契合公司治理的演进趋势,融入企业管理框架中并日益占据重要地位。

1. 美国

美国在发生了令世人震惊的公司内部舞弊丑闻后,CLO 制度已经成为公司治理框架之内不可或缺的一环,CLO 向 CEO 汇报工作并对董事会负责,一般都列席公司董事会并成为董事会成员。同时,CLO 不仅承担着公司内部的专项职责,而且日益受到公众伦理、社会责任的约束。

美国金融业监管局的章程规则中明确定义了总法律官制度"General Counsel",[①]并且在 2013 年的修订中明确将"Chief Legal Counsel"加入到"General

---

① SEC, Self - Regulatory Organizations; Financial Industry Regulatory Authority, Inc. ; Notice of Filing and Immediate Effectiveness of Proposed Rule Change To Add the Term Chief Legal Officer to the Definition of General Counsel, Vol. 77, No. 247, 2012(12) Dec. 12,2011.

Counsel”的定义之中。美国《HSR 法案指引》中对于企业 CLO 在合并、收购其他公司股份时所应注意的事项和应负的义务作了规定[①];美国联邦证券交易管理局(SEC)条例中明文规定了 CLO 的忠诚义务与职业责任[②];美国律师协会代表大会(ABA HOUSE OF DELEGATES)所编的《标准职业规范》及其 2013 年修正案中也可印证 CLO 的职业标准要求[③]。

2. 欧洲国家

在欧洲,德国不同于传统的欧洲国家,德国强盛的工业经济和严谨的公司制度促进了德国公司治理的发展,同时也促进了 CLO 制度的发展,CLO 在德国公司中受到的重视不比美国公司差。除德国外,其他欧洲国家的 CLO 制度的发展与美国仍有一定差距。但伴随着经济全球化、欧洲一体化进程的加速发展,以及国家私有化推动下企业自主性的增加,以法国和意大利为代表的欧洲国家的大型企业在应对日益激烈竞争环境时,也开始逐步重视 CLO 制度的建设。

法国自 2002 年发布《提升上市公司公司治理水平》的报告(又称伯顿报告)以来,相继颁布了《金融安全法》《经济创新法》等一系列法律,依法加强审计监管,完善公司治理结构。而根据《金融安全法》的规定,法国设立了由 CFO 和 CLO 牵头的财会检查委员会制度,如果发现公司有违规或欺诈操作的行为,可以通知该公司的 CEO 或董事长[④],以督促整改和惩戒。

3. 亚洲国家

(1)日本

在亚洲,CLO 制度总体发展缓慢,这里面的因素很复杂。亚洲公司很难简单照搬美国的 CLO 模式,而需要结合本国的特点进行改造后才能移植。以日本为例,日本经济在 20 世纪 60 年代高速发展,一些综合商社、大型制造商、银行等纷纷在企业内部设立法务部或法务室,专门处理与本公司有关的各项法律事务。随着全球经济一体化,传统的法务部已经无法适应。为此,大型公司纷纷提升法务部的地位并雇佣资深律师担任本公司的法务长。值得一提的是,这些法务长除了须承

---

① HSR Act Guidance for CEOs, Board Directors, and General Counsel, 2011(12). www.morganlewis.com.,Dec. 12,2011.

② SEC, 17 CFR Part 200 Release, Responsibilities of the General Counsel, No. 34 – 71238, 2014(1). https://www.sec.gov/rules/final/2014/34 – 71238.pdf,Jan. 10,2014.

③ ABA, Model Rules of Professional Conduct, 2013www.americanbar.org,. Dec. 12,2013.

④ Anonymity, Recent Law on Financial Security Improves Corporate Governance in France, 2008(3). http://corporate.findlaw.com/litigation – disputes/recent – law – on – financial – security – improves – corporate – governance – in.html ,March 12,2011.

担作为公司雇员的职责,作为专业律师它们还需受到所属地方律师协会的管理与监督。因此,日本公司 CLO 除了完成企业交办的公司法律事务外,还要承担一定的社会义务,比如承担一定数量的国选辩护人工作,承担律协交办的法律援助工作等。这是日本企业 CLO 制度有别于他国的突出特点,即相对于其他国家大公司 CLO 而言,日本公司 CLO 有足够的弹性空间和职业自主程度。

(2)中国

在中国,经济结构的复杂和经济组织的多元是 CLO 制度在中国企业发展中遇到的最大问题。1997 年,以国家经贸委颁布《企业 CLO 管理办法》为标志,中国企业开启了探索 CLO 制度的征途,但 CLO 制度发展得并不顺利,此后十年基本被认为是圈定在国有企业小范围内的改革实验。受益于经济的全球化和中国民营经济实力的增强,近十年 CLO 制度在中国取得了一些发展,但与西方的差距仍然很大。由于经济的多元化,CLO 制度在国企和民企表现出完全不同的突出特征:国家通过立法和政策在国有企业中推动 CLO 制度的建立与发展,民营企业自发性回应市场竞争并借鉴国外经验建立与发展 CLO 制度,形成双轨并进的具有中国特色的 CLO 制度。

二、CLO 制度的理论基础

CLO 作为一种新兴的公司治理制度,其理论框架必然建立在诸多法学、管理学和经济学的基础理论之上,其中最主要的包括委托代理、公司治理、薪酬激励和律师豁免等理论。

委托代理理论(Principal - agent theory)是研究 CLO 制度的基础理论,其认为企业是各种委托代理关系的总和,委托人为了实现自身效用最大化,将其所拥有资源的某些决策权授予代理人,并要求代理人提供有利于委托人利益的服务或行为。在股东大会、董事会、经营管理层三者之间,因信息分布不对称而引起的委托人和代理人利益的偏离和冲突,就会产生内部人败德和内部人控制行为。为减少或避免上述行为或现象,所有者对经营者的监督需贯穿于企业经营活动的全过程,于是,CLO 监督制度作为双方博弈的必然结果被推到前台,CLO 监督机制在矫正经营者的懈怠、无能和败德行为上被寄予厚望。

公司治理理论(Corporate Governance)思想渊源最早可追溯到亚当·斯密(1776)在《国富论》中关于代理问题的论述。其后,不同专家从不同角度对其进行了归纳。例如,奥立弗·哈特(Oliver Hart)认为,公司治理是一个决策机制,治理结构将决定资源如何使用;钱颖一认为,公司治理结构是一套制度安排,用以支配若干在企业中有重大利害关系的团体之间的关系;吴敬琏认为,公司治理是由所有者、董事会和高级经理三者组成的一种制衡的组织结构。公司治理的核心是权力的制衡，而CLO制度正好偏重于内外部的控制，CLO制度是一种董事会在经理内部建立的制衡机制，是董事会对经理制衡机制的一种延伸。

薪酬激励理论认为，解决因委托代理产生的信息不对称和道德风险问题，最好的方法就是进行股权激励，没有股权的高管不是真正的高管。现代企业的CLO扮演了战略家、决策家、监督者等多重角色，为调动权高位重的CLO的积极性，给他们较多的股权激励成为CLO制度设计的核心之一。现代CLO是企业人力资本的重要构成部分，他应拥有以股权、期权为基本表现形式的人力资本产权，成为企业人力资本的所有者。

律师豁免理论（Attorney – Client Privilege/Lawyer's Litigation Privilege）又称律师特权，在崇尚契约精神的社会中，律师作为当事人的法律事务代理人其言行只受严格的合同相对性原则约束，不承担向非当事人如公权力机关披露当事人信息或相关的举证义务，当事人和律师之间的通信受法律绝对保护，律师为当事人辩护时发表的言论亦免受法律追究。

尽管各领域信息公开呼声日盛，该理论在西方国家亦受到一定程度的挑战，但主流法律体系中仍在该理论之上构建起相当程度的律师职业保护制度。现代企业中，CLO即是雇员又是公司首席律师，相比其他岗位而言CLO在处理公司事务中拥有更多的灵活性与话语权，借此可在决策层的充分信赖下展开工作。在律师豁免权限范围内，CLO应当搭建起企业内外部资源整合的桥梁，有效辨识并化解危机。

价值管理理论认为，增加企业价值和业务绩效视为企业管理者最重要的工作，这也应该成为现代CLO的业务目标。CLO必须反思过去乃至现在奉行的法务管理目标是否与企业总体目标一致，否则CLO的工作就会误入歧途。比如，法务工作规划是否与企业已经量化的战略目标吻合，甚至还要与具体的企业经营数据钩稽。虽然这些指标不能呈现CLO所有的工作成果，但这些指标在一定程度上仍代表着股东的价值取向。为了增加公司律师的企业价值，CLO需要及时调整法务管理的工作方向和考核指标，以便在公司的各个方面发挥作用。

三、CLO的权力渊源和内部结构

在公司治理中，现代企业已经意识到赋予CLO权力的重要性，在实践中，CLO的权力来自股东会、董事会或者CEO的不同授权，而最常见的是后两种情况。例如，根据2012年的一项调查显示，55%的CLO从CEO获得授权并向CEO负责，36%的CLO从董事长获得授权并向董事长负责，这一比例比2007年增长了10个百分点。

在CLO制度内部我们可以清晰地看到一个金字塔椎体，公司高管及董事会成员身份是锥体的顶端，而支撑起该顶点的三个支点分别是一票否决权、独立合规监管和法律责任。一票否决权是指 CLO 对其职责范围内所负责的合同、项目、议案等需要决策事项拥有否决权；独立合规监管可以保证 CLO 的独立影响和监控覆盖整个公司的各个业务环节；而法律责任时刻提醒 CLO 要履行自己的勤勉义务。

CLO 的权力渊源直接关系到 CLO 的定位。CLO 对 CEO 为代表的经营层负责的情况下，经营者履行股东受托责任，需要 CLO 作为法律和风险控制方面的专家，通过其专业才能协助经营者保证企业安全；CLO 对董事会负责的情况下，CLO 不受经营者的直接制约，增加了 CLO 的独立性，在一定程度上减轻了经营者的“内部人”行为，使股东的利益得到较有效维护。KMPG2012 年的一项调查显示，美国 38% 的 CLO 本身就是董事会成员，这一数据远远领先于其他国家。从发达的市场经济国家来看，CLO 最好由董事会直接任免，因为董事会是股东的代表，公司章程对 CLO 的职权有明确的规定。

但两种定位都有不足之处。第一种做法会为形成“内部人控制”埋下隐患，即 CLO 对 CEO 言听计从，上市公司重大违规和舞弊由此产生。第二种做法由于 CLO 独立于经营层，那么经营层就可能排挤 CLO，使其游离于企业的核心事务之外，很容易因 CLO 与经营层面的沟通不顺畅而出现较高的代理成本。

于是，CLO 应从单向定位向双向定位协调的转变，即 CLO 既要向董事会负责，又要向经营层负责，并协调好两者的关系。由此，产生了三个层次的 CLO 受托责任：第一，对股东的受托责任，即对股东负责，因为 CLO 首先应该作为代表股东的董事进入董事会而对股东负责，这就意味着 CLO 与 CEO 都作为执行董事，在重大决策方面享有平等的决策权利；第二，对董事会的受托责任，即对董事会负责，CLO 不同于其他经理层人员的一个重要特征是其应该直接由董事会聘任，而不是由 CEO 聘任，因而与 CEO 一道对董事会负责；第三，对经营层和 CEO 负责，出于效率的考虑，董事会经营决策的执行必须统一由 CEO 领导，CLO 必须服从。

◆ 结语

中国推动的总法律顾问制度，有成功也有失败。成功之处在于它为中国 CLO 的推行搭出了基本框架并积累了丰富的经验，例如它在总法律顾问的配备、岗位设置、职能覆盖和法律责任等方面都进行了规范并通过立法的形式进行强制推广。失败之处在于过分迷信政府的权力而没有解决（可能也无法解决）CLO 制度赖以生存的市场经济和公司治理问题。举个不恰当的例子，在漫天雾霾之下，要保证自己公寓有干净的空气谈何容易。

看看国企就知道，如果不解决市场化的问题，政府再怎么力推 CLO 制度都是一厢情愿；看看民企更知道，如果企业市场化了，不用政府管，CLO 就会自然受到企业的重视和追捧。

第二节 从总法到CLO,还有三万米的距离

CLO除了法律顾问外,还有七张新面孔。

在西方公司管理中,CLO的地位因其重要作用而日渐显赫,也因CEO和董事会的信赖和授权而位高权重。同时,CLO在公司治理中也呈现出多张面孔,担任的角色功能跨度很大,如果没有强大的定力,CLO一定会因无法掌控而精神分裂。

每天在不同的角色间穿插转换而又能毫无衔接障碍和矛盾磕碰,这不仅需要CLO具有高超的领导艺术和强大的心理承受能力,而且要有深厚的知识背景、老道的管理经验和广阔的战略视野。老实讲,术业有专攻,这样有违自然规律的全才确实奇货可居,因此也一将难求。

一、GC是个传统角色

CLO的传统角色是GC,英文全称为"General Counsel",本意即公司首席法律顾问,这是CLO最为传统和被大家广泛认知的面孔。为CEO和董事会提供法律咨询和意见是GC最为重要的工作之一,很多时候,公司董事会和CEO在重大事项决策前都要先征询GC的意见,这些重大事项既包括公司重大的投资并购、采购销售、上市融资等项目,也包括重大诉讼纠纷和政府调查等危机处理。这时,GC的意见是决定项目生死的关键因素,很少看到CEO和董事会无视GC的意见而一意孤行,除非GC的水平实在太差。因此,GC作为资深的专业智囊,要知道公司看的不是他的资历,而是看他提供的意见质量,要做到这一点,不仅考验的是GC的专业洞察力,还考验的是GC日常工作的功力。比如,对业务的熟悉程度,对公司战略的把握和商业策划的敏感,以及跟董事会和CEO的良好沟通,GC在这方面做得越好,他出具的意见就越有分量和针对性,也越会受到高层的重视和依赖。

万事皆可合同,大部分商业风险也都由合同产生。因此,GC在公司合同的审核和管理方面花的功夫最多,合同审核占据了传统法务部大部分的时间和精力。法务部不仅要为公司的每一份合同出具法律意见,而且需要规范公司的合同模版以及配套的合同条款的使用指引和风险条款的升级规则,这方面都需要法务部做大量的潜在工作。法务部在合同审查方面最容易犯的毛病是合同审查意见不接地气,给出的意见距离业务太远,对业务没有指导意义;甚至有的是简单给予"是"或

者“否”的评价，让业务单位无所适从。造成这种尴尬现象的主要原因是在公司律师自己身上。GC需要在这个时候加以引导和督促，让公司律师更加熟悉和贴近业务，出具的意见更易被业务单位接受，这样才能发挥风险控制的真正作用。

打官司是GC的拿手好戏，GC主管的法务部胜诉率常年维持在80%以上基本可以向CEO交差，但如果低于60%GC就应该反躬自省。案件纠纷处理是GC最重要的KPI，但要让案件胜诉率每年维持在一个很高的比例却着实不易。经验老道的GC往往会在官司起诉前的纠纷阶段就深入介入，将一些没有把握的或者不在理的纠纷尽量通过谈判解决。而一旦进入诉讼阶段，GC就会全身心地投入到案件中，找到最合适的代理律师，组建以代理律师为核心的专案小组，深入地分析案件情况，并建立与管辖法院的正面沟通，实时监控案件的进展。另外，GC要在内部建立系统的案件管理制度，通过案件管理推动案件的进展和执行。通过这样的组合拳管理动作，法务部的胜诉率会得以大幅提高并保持相对稳定。

即使再庞大的法务部都不能完全替代外部律师，特别是在公司遭遇重大诉讼和政府调查等重大危机时，外部资深专业律师的介入就显得更有必要。虽然从地位上讲GC是甲方，外部律师是乙方，但正直的GC从来不会以势压人，而是会更加客观地从专业、经验、案例等方面去判断最有利于公司利益的合作律所和律师。通过这种平等、不卑不亢的沟通，GC与外部律师建立密切的战略合作关系，以便在需要的时候能很快地找到合适的律师，而外部律师也会在关键时刻挺身而出，在一些付款等条件上也更愿意达成妥协。同时，也愿意接受和配合公司对外部律师的管理举措，以保证外部律师的成本控制符合公司预期。

二、从GC到CLO，还有三万米的距离

美国公司在CLO定位上的实践堪称典范，CLO除了具有GC传统的功能之外，公司管理给CLO赋予更多的职责：一是企业战略制定的主要参与者；二是企业合规遵循的监管者；三是企业风险管理的掌舵者；四是企业安全的保障者；五是无形资产的经营者；六是公司治理的设计者；七是投资者关系的协调者；八是企业重大危机的领导者，下面重点阐述CLO的七大职责。

1. 企业战略规划制定的主要参与者

增强CLO的战略参与功能，促进公司战略实现，是现代公司治理对CLO的主要要求。CLO立足在股东和经营管理者之间的位置上，是公司重要战略决策的制定者和执行者。CLO从法律风险的角度参与战略制定，具备很强的优势，成为CEO决策的得力高参和亲密战友。CLO已将关注的焦点由交易处理和控制，转向决策支持和更深入的参与制定全球化的战略。CLO的战略支持角色，为董事会的

战略决策控制权的行使奠定了坚实的基础。

2. 企业合规遵循的监督者

合规遵循要保证公司运营、财务报告的真实可靠,确保相关法律、法规、规章制度的遵循。CLO 公司合规的保证责任起始于董事会,由于董事会以对经理的授权经营作为制衡手段,以达到和 CEO 或其他经理成员间的制约作用,增强经理对所有者利益进行侵害的难度,降低经理舞弊的可能性。

3. 企业风险管理的掌舵者

CLO 既是战略的规划者,又是决策的实施者,因此 CLO 应该承担起企业风险的控制责任,并能采取措施有效防范和化解风险。CLO 通过其独立的信息流,能敏锐探知附于公司之上的风险增量。现代企业战略规划流程中必须嵌入对法律风险的考量,并以此主导企业战略目标设定、评估及实施。

随着立法规模的井喷式发展、大数据与新技术带来的冲击、全球化背景下的新挑战,造成了现代企业风险管控的空前压力,尤其是大型的跨国企业,企业风险的边界往往更难测量:细微至员工出入境、各国劳动用工问题,重要如全球税务规划、知识产权、融资信托、公司面纱刺破、当地政府管制、重大危机处理等领域,无不需要精明的 CLO 提前谋篇布局,以防止企业发展战略遭遇雷区。

4. 企业安全的保障者

安全特别是网络安全已经成为 CLO 重点关注的关键问题之一,尽管如此,许多公司仍然无法从最近的数据泄露事件中完全恢复。五分之一的 CLO 说他们的组织在过去的两年经历过数据的泄露。虽然几乎不可能完全预防数据泄露,但 CLO 必须要有一个相应计划,因为现在很多国家在发生事故时都需要公司履行强制性的通知义务。[①]

CLO 作为公司安全的守护人,从物理、信息和人员三方面对公司安全进行防护。在物理安全方面,CLO 要建立物理安全的防护体系,围绕企业生产安全管理制度与规范,创新企业安保工作机制,科学配置技术手段,形成内部治安防范的网络化,提高企业治安防范能力。CLO 要能抓大放小,通过抓住安保防卫追责这根线头,维系整个物理防护体系有条不紊地运转;在信息安全方面,要建立攻防一体的控制体系。现代企业的资产结构中,无形资产的比重在逐步增加,信息安全保护模式也发生了根本性改变。信息泄露往往造成对企业商誉、企业机密等无形资产

---

① ACC,2016 CLO Survey, https://www.acc.com/legalresources/resource.cfm?show=1422254, Jan 27, 2016.

的巨大损害,尽管有统计指出绝大部分的信息窃取事件源于电脑病毒,但归根结底仍需从加强企业员工管理及安全防护制度上着手。CLO 应是信息安全防护的总策划师,擅长判断识别信息价值,运用保密制度和保密协议,组织技术力量构建严密的信息防火墙;在企业法人安全方面,CLO 的职责更多,他要保证法人的安全。保护法人永续经营、加强内部控制和治理,是摆在 CLO 案头的现实任务。

5. 无形资产的经营者

美国很多上市公司的资产中,无形资产所占比例已超过所有资产的一半以上,无形资产的运作管理已成为企业法务部门的重要工作。出色的无形资产管理者应是多面手,能随时在技术和知识产权专家、财产评估专家、商业战略家等角色间切换。企业中没有谁比 CLO 更适合担任公司无形资产如专利、商标、域名等的操盘手。CLO 对公司所拥有的无形资产进行梳理、分析和运营,会识别企业无形资产中的关键价值驱动源,懂得无形资产价值增值与商业化的路径,熟知如何调配无形资产、技术储备来打造企业核心竞争力。

6. 公司治理的设计者

美国 CLO 的职业角色经历了一场变革,传统职能的地位已经弱化,从为 CEO 的决策提供顾问咨询转变为与 CEO 共同分担决策制定的合伙者。CLO 从法务功能中转变出来,以前是在一个竖直的公司构架中提供意见和进行控制,而现在要在一个水平的层面上为公司治理和战略决策提供支持,CLO 被提升到与 CEO 同等重要的地位。CLO 作为公司治理的策划和设计者可做的事情很多,公司董事会和 CEO 需要经常向 CLO 咨询公司治理的规划。

7. 投资者关系的协调者

公司秘书或者叫董事会秘书是股份公司特别是上市公司必备的机构设置,对于上市公司来讲,投资者关系的处理特别需要专业的敏感。因此,有些公司秘书由专人担任,有些由 CFO 担任,有些则安排 CLO 担任。公司秘书是一个非常重要的岗位,也是一个比较容易出事的岗位,很多傲慢的公司秘书就是因为权力太大而陷于违规违法的泥潭,身陷囹圄的也不在少数。而 CLO 出任公司秘书的公司出现这种情况的比例要小得多。

【案例:ACC 关于 CLO 角色的调查】

全球企业法律顾问协会(以下简称 ACC)于 2014 年在中国首次发布的《21 世纪 CLO 技能报告》中指出:首席法律顾问需要承担三个不同的角色,即法务部门领头人、首席咨询师和商业策划师,法务部门领头人是 CLO 的传统角色,首席咨询师与商业策划师正是 CLO 正在演化的角色。融入了更多策略方面的职责,对于公司律师来说商业头脑变得更加重要,CLO 需要具备的技能也集中于管理、财务和商业诀窍。特别是商业策划师是最值得关注的角色,将会成为今后 5 ~ 10 年的首要价值驱动因素。很多集团 CLO 指出,法务人员应该做的不仅是告诉企业管理者这件事能做还是不能做,而且要告诉他这件事通过什么方法可以做,需要法务人员具备商务头脑和战略思维,发挥商业策划师的作用,做一个好的商业伙伴。可见,具有商业意识与商业头脑成为 CLO 为企业创造价值的必然素质要求。

三、CLO 的另外七张面孔

根据以上美国公司 CLO 的定位,一般来讲,CLO 除担任 GC 的角色外,CLO 在一个大型公司还可能以 CCO、首席风险官、首席知识产权官、董事会秘书等诸多面孔出现,有些情况下还担任首席责任官、首席政府官、首席安全官等。在现代公司的管理中,CLO 的定位和职责已经远远超过了传统公司对一般公司律师定义的范畴,成为高管中的多面手。

面孔一:首席合规官(CCO)

首席合规官是 CLO 的一张面孔,也是 CLO 最重要的身份之一。其实 CLO 的工作内容已经部分地覆盖了合规官的工作内容,只是随着政府监管的加强,企业开始不得不更加关注企业的合规遵循,因此合规合法作为一块单独的职能越来越被更多的公司所接受,成为区分于传统法律业务的一块独立业务。美国律师协会(American Bar Association,ABA)坚信,CLO 新的工作重点应该是向董事会保证,企业有一个有效运作的法律合规系统。①

自 2008 年美国金融危机以来,消除金融危机的根源迄今为止仍是一个不可能完成的任务。系统性的风险敞口和失败的合规遵循饱受责备。全球系统重要的金融机构,被称为金融服务行业的 GSIFI(Globally Systemically Important Financial Institutions)有相当大的法律需求,并雇用规模庞大的法律部门,这个部门的首长是 CLO。CLO 的声望、重要性和总体责任都有所增加,从一个低级职位演变成一个非常重要的职位,吸收了以前其他领域的职能,一个这样的角色就是 CCO。GSIFI 必须遵守广泛的法规,并且必须有 CCO。在现代化的 GSIFI 中,CLO 同时也

---

① Michael W. Peregrine and Joshua T. Buchman, Managing the General Counsel/Compliance Officer Relationship, AHLA Connections, October 2011.

是 CCO。[①]

CLO 作为 CCO 具有无与伦比的专业优势,公司里可能没有第二个人更适合这一身份。有些公司会设置独立于法务部的合规部并招录独立的 CCO 专门主持合规部门的工作,有人认为这是画蛇添足,臃肿的机构一方面增加了公司额外成本,另一方面因为工作重叠会引起 CLO 与合规官的很多不必要工作冲突,因此,很多公司会让 CLO 兼任 CCO。也有人认为,美国政府更愿意看到独立的 CCO 的出现,而且事实上有一半以上的合规部都是完全独立的,这样 CCO 可以减少 CLO 的影响。[②] 如果公司组织需要设立独立的 CCO,那 CCO 必须隶属于 CLO 的管理,这样可以减少很多人为造成的麻烦。

CLO 还应非常清楚合规管理与法律业务、内控管理、风控管理和审计业务的区别并加以引导和协调。其中,法律与合规工作区别就很大,公司新兴合规业务可以部分地看成传统法律业务的总结和升级,但工作思路和方法却存在很大区别。合规更多的是主动性地规范公司行为,如与审计稽核相比同等重要的合规稽核是 CCO 最重要的一项工作,公司因为重视合规和信赖 CCO,往往给予合规部稽核、整改和处罚的权限,以便让合规管理之手伸到业务的各个角落,这是做好合规稽核的基础;但传统法律业务更多地表现为与业务部门的协作,在尽快保证风险可控的前提下将业务做成是法务部门的工作目标。

以反舞弊和反商业贿赂的合规工作为例,这些内容往往作为很多公司合规稽核的重点,在这一方面,合规工作的思路与法律工作截然相反。合规部门可以非常明确地告诉业务单位哪些行为是高压线,根本不用给其商量的余地。如果业务单位的合规工作没有达标,CLO 可以毫不犹豫地行使否决权,因为触碰高压线的后果会让公司处于完全不可控的风险当中,这与因此而获得的冒险收益无法匹配。

面孔二:首席风险官(Chief Risk Control Officer)

除金融行业外,很多公司设立独立的首席风险官的尝试大部分都以失败告终,这一方面证明这一工作的难度,企业风险管理不同于银行,由于无数据沉淀,很多风险点无法量化;另一方面也证明了企业风险管理必须有业务支撑才能做好,单独的风险管理部就像缘木求鱼,没有实体业务支撑,风险控制很难真正做好。

做过企业风险管理的专业人士会认为,最适合做首席风险官的非 CLO 和 CFO 莫属,主要是因为他们手中都各自有强大的业务部门和信息资源,对公司存在的基

---

① John B. McNeece IV: The Ethical Conflicts of The Hybrid General Counsel and Chief Compliance Officer, Georgetown Journal of Legal Ethics, Summer, 2012.

② SCCE: The Evolving Role of the Chief Compliance and Ethics Officer, October 2010, www.corporatecompliance.org,. October 2010.

本风险了然于胸。而 CLO 也往往愿意主动承担这项职责,因为这与法务部门的风险控制功能一脉相承。

在 CLO 兼任首席风险官的情形下,CLO 会着手做三件事情:首先,建立风控的组织,如筹划公司风控委员会作为公司风险管理的最高机构,打通与董事会沟通的渠道,设立风险控制部门并将其作为公司风控委员会的秘书机构,安插各个业务体系的风险控制代表与业务对接,并尽快让风险控制代表成为业务流程的一个控制点,这样形成一个基本完整的公司风险控制的架构;其次,与法务部、内控部、审计部、财务部等建立沟通机制,及时地收集公司的风险信息,这解决了风险信息源的问题;最后,引入外部成熟的风险分析模型和大数据分析结果,为公司的风险管理工作提供源源不断的专业风险报告。做到这三点,CLO 的风险控制工作就会如鱼得水,得到公司 CEO 和董事会的关注和重视。

面孔三:首席责任官(Chief CSR Officer)

"追求最大利润"一向不是高瞻远瞩公司的主要动力和首要目标,伟大公司在追逐财富的同时,更不会忘记自己的理想,比如承担社会责任和推动人类进步。[①]西方社会很关注企业的社会责任承担,是否诚心实意地参加社会公益并承担社会责任是一家企业文明的标志。虽然没有强制,但这种责任慢慢成为一种软性的要求,比如在供应链的整个链条中,如果你所在的企业达不到社会责任的系数要求,很可能失去供应的资格,事实上很多跨国公司已经这样做,比如沃达丰、英国电信和德州仪器等。由于中国企业海外投资集中在能源、矿产等社会影响大、污染较重的行业,因而不可避免地会受到当地非政府组织对环境绩效、社会责任的监督,中国公司在这方面吃的亏已经不少了。

【案例:中国工商银行放弃埃塞俄比亚的项目】[②]

2010 年,中国工商银行同意为埃塞俄比亚的吉贝三级大坝项目提供约 4 亿美元的贷款,但银行监察组织、国际河流组织和图尔卡纳湖之友 3 个组织认为该大坝项目将导致图尔卡纳湖湖区生态环境的崩溃,并致信给中国工商银行,随后国外很多媒体相继报道了该项目及该 3 个组织向中国工商银行致信事宜,最终不仅迫使中国工商银行不得不放弃该项目,而且对中国工商银行的国际形象也造成了极为负面的影响。

中国工商银行的案例揭示,中国企业对外投资和援助中存在的环境问题值得

① [美]吉姆·柯林斯、杰里·波勒斯:《基业长青》,真如译,中信出版社 2009 年版,第 34 页。

② 章轲:《工行贷款项目被指破坏生态,非洲水利贷款引争议》,资料来源:http://finance.ifeng.com/bank/zzyh/20100630/2357704.shtml,访问日期:2016 年 7 月 1 日。

关注。根据环境保护部环境规划院公布的《中国对外投资和援助中的环境保护》调查报告,我国对外的大坝建设和石油开采等项目屡被西方媒体指责,油田和其他重要资源开发、加工组装制造业以及劳动密集型的建筑与服务行业是我国对外投资比较集中的行业,这些行业与当地的环境有着密切关系,如果不熟悉环境方面的法律和管理,便很容易给当地带来一定的环境问题。

很多公司让 CLO 担任首席责任官也是出于这样一种考虑,即 CLO 更容易掌握 CSR 的规则和精髓,非常熟悉 CSR 国际标准的遵守和执行,有现成的律师团队对国际社会责任开展研究,更加注重权利义务的规范。在 CLO 的总体筹划下,通过企业文化部、品牌部、质量部及流程部门的协助,CSR 工作可以较为顺利地得到开展。从企业内部来讲,确保产品质量,优化工作流程,关注员工权益保障;从企业外部来讲,提倡环境保护,支持社会公益,关注社会慈善等。然后通过宣传,如利用新媒体的传播方式,提升企业品牌的美誉度,帮助塑造负责任的企业公民形象。维护相关利益方的关系,为企业发展创造良好的生态环境,让公众更加了解企业在社会责任方面的积极努力,甚至让公众直接参与到企业的 CSR 中。

CSR 工作对于 CLO 的能力来说可谓小菜一碟,也是很多 CLO 非常乐意承担的工作之一。与精益求精、在商言商的法律工作相比,CSR 工作会让 CLO 有一种从未有过的成就感和满足感。赠人玫瑰,手留余香,CLO 在 CSR 的工作中术道兼得,职业荣耀在某种程度上得到升华。

面孔四:首席智财官(Chief IPR Officer)

公司知识产权业务作为 CLO 主管的第二大传统业务,在 CLO 心目中有时重要性甚至超过了法务部。特别是在近几年 TMT 行业掀起的全球专利战争的背景下,任何一个聪明的 CLO 都会投入重兵在这一块业务上。事实也是如此,在很多高科技公司中,知识产权部门已经成为 CLO 主管的最大部门,往往是几百人的庞大团队。

通常,如果 CLO 没有技术背景,他会寻找一个有技术、法律复合背景的专家担任公司知识产权总监来帮助自己。而如果 CLO 有理工背景,例如美国很多的 CLO 都是学理工出身,那么,CLO 就是直接出任首席智财官。其实,不管是否兼任首席知识产权官,CLO 都是公司知识产权战略当仁不让的策划者和实施者。

CLO 是法律和商业结合的集大成者,他的战略眼光一定要高于一般的知识产权总监。CLO 在智慧财产的应用上可谓淋漓尽致,公司的每一个专利都被 CLO 视为增值的资产、竞争的武器和盈利的筹码。在 CLO 眼中,法律和技术都是一种实现商业目标的工具,能非常大气地做到用时得之,不用弃之的境界,而绝不会让他们成为商业成就的障碍。

【案例:小商标学问大】[1]

商标在知识产权从业者看来,不比专利高大上,但如果想把商标这个法律工具用好也绝非易事,它牵扯到公司品牌、营销、市场等方方面面,这里面有很多学问。以华为为例,华为在市场中对知识产权手段使用得得心应手。2001 年,华为将非核心商标 Avansys 以 7.5 亿美元的价格卖给了爱默生,不仅能够帮助企业扩大商标的知名度和开拓市场,而且能够节约商标运营费用,防止被撤销而丧失价值。2008 年以来,仅深圳福田法院受理并结案的侵犯华为商标的案件就有 9 起,最高罚金达 450 万元。

面孔五:公司秘书(Board Secretary)

在上市公司,CLO 通常担任公司秘书。一个潜在的道德行为问题值得关注,即在 CLO 建议董事会(其中 CLO 是其成员)的情况下,除了要保持与董事会的日常合作外,CLO 还必须就道德合规发表意见并带头遵守道德。即使没有任何不寻常的情况,CLO 仍然必须确保正确的决议获得批准并保留会议记录,董事会和公司的整体治理是适当的。[2]

公司秘书一方面必须非常熟悉证券监管的法律法规,另一方面要严格地去遵守和执行。这对于很多没有法律和财务背景的公司秘书来说要求过高,但对于 CLO 来说不是难事。再加上 CLO 对证券交易和上市公司责任的深刻理解和一贯正直、严谨的形象,很多公司董事会和股东都愿意 CLO 出任公司秘书。CLO 作为公司秘书深知自己的责任和董事会的重托,因为任何一个违规事件在资本市场都会掀起轩然大波,更可怕的是会无法控制而导致失控,这方面的例子不胜枚举。

【案例:益盛药业董秘违规案】[3]

2016 年,益盛药业(002566,SZ)董秘李某因为信息披露和内幕交易被证监会通报。李某涉及的内幕交易违法事实是在敏感期利用"马甲"交易益盛药业股票。而这一敏感期分别是在 2013 年 11 月 20 日至 2014 年 4 月 1 日、2014 年 1 月 10 日至 4 月 9 日,分别涉及益盛药业的重组和年度利润分配。根据证监会的处罚意见,由于涉嫌内幕交易,李某将被没收违法所得 504.7 万元,并被处以 1514.2 万元的巨额罚款。同时,由于信息披露违规,李某还被证监会给予警告,并处以 30 万元罚款。

---

① 《华为品牌价值达 400 亿,商标屡被侵权》,资料来源:http://roll.sohu.com/20110421/n306197433.shtml,访问日期:2016 年 8 月 1 日。

② Paul Bokota, The Evolving Role Of General Counsel, 55 - AUG Orange County Law. Jan. 14, 2013.

③ 《益盛药业董秘涉嫌内幕交易被罚千万元》,资料来源:http://news.163.com/16/0923/02/C1K64QPD00014AEE.html,访问日期:2016 年 10 月 12 日。

此外,李某还被采取3年证券市场禁入措施。由于涉嫌内幕交易和违反信息披露要求,李某被合计处以1544.2万元罚款。

面孔六:首席政府官(Chief Government Officer)

成功的企业会对政府关系高度重视,从管理上讲由高层负责,从执行上讲把政府关系管理列入公司的重要日程,精心策划。很多跨国公司成功,很重要的一点是非常重视与各国政府的关系,政府也乐意与企业互动,达到这样双赢的结果。从企业角度来说,与政府维持良好的关系,不仅能够降低企业在运营中的风险,还能够为企业带来直接的利益。其实,美国跨国企业最注重政府公关工作和各国政策的研究,与各国政府保持非常紧密的联系。企业与政府保持了良好的关系,不仅能够从政府获得大量资源,如从政府重大项目中获得资金支持、补贴、税收减免,而且有助于了解政策立法的最新动态,为企业赢得发展机会的同时减少企业行为中的风险,并通过影响政府政策立法的制定,获取政府对企业发展的支持,并为企业创造有利于其运营的政策环境。可见,政府关系管理不仅能够为企业带来有形的经济利益,还可以创造无形的价值,对企业发展具有重要影响。

首席政府官又称首席政府关系官,又有人称政府联络或沟通总监,主要用以协调政府与企业之间的关系,是政府与企业沟通的桥梁。首席政府官在公司内部普遍认为是肥差,不用做事,只管吃喝,很多大公司的驻省办和驻京办也是这么做的,喝酒的本领是考察首席政府官能力的首要标准,在实践中,这套理论在某些地区还吃得开。

很多公司让CLO兼任首席政府官是深思熟虑的结果。如果首席政府官的定位仅仅是传统的日常应酬,那么CLO出任就会大材小用,而随着公司全球化的运营,公司对政府官提出了更高的要求,首席政府官不仅要跟政府联络,而且要熟悉政策、法律和程序,既要有应酬的本领,还要胜任公司外交家、政治家、游说家等角色。最后经过层层筛选,CEO最终还是找到了CLO。法律与政治是一对亲兄弟,难以分开,政府也愿意跟一个既懂得人情世故,又懂得法律和程序的专业人士建立沟通和联系,因为这样可以节省很多沟通的成本,办事让人更加信赖。所以,再没有比CLO更合适担当这一角色了。

面孔七:首席安全官(Chief Security Officer)

因为信息安全需要很多IT的手段来实现,有些公司把信息安全管理设置在IT部门,这样的安排看似合理,但其实却存在很大的问题。公司安全管理中的IT技术操作仅仅是实现安全的工具,就像每一种业务都需要IT支持一样。安全管理更多考虑的是风险控制、法律政策、竞争情报、政府监管、合规及道德等问题,这些东西让一个 IT 专业人士去思考是勉为其难。层出不穷的公司安全事故让越来越多的公司开始关注公司的安全管理，因为信息化时代会将公司机密信息的裸露风险无限放大，损伤足可致命。

【案例：支付宝 QQ 等泄露账户信息事件】①

2013 年 3 月，支付宝转账信息被谷歌抓取，在谷歌网络平台中直接能够搜到转账信息，数量超过 2000 条。2013 年 11 月，腾讯被曝光 QQ 群关系数据被泄露，在迅雷上很容易能够找到数据下载链接。数据库解压后超过 90G，有 7000 多万个 QQ 群信息，12 多亿个部分重复的 QQ 号码。大规模的数据在网上被公开，由此引发的后遗症可想而知，很难消除。

CLO 一般会设置安全管理部，主管公司的信息和物理安全。在制度和流程上进行安全风险的防控，并在此基础上建立适合公司发展的安全攻防体系。有野心的 CLO 不满足将工作到此为止，他会说服公司设立商业竞争情报系统，通过进攻来防守信息安全风险；他会借助最先进的 IT 技术措施，将公司的有形和无形资产看得紧紧的；他还会通过各种合规措施，将公司法人代表等核心人士隔离在违规风险之外。

◆ 结语

优秀的公司 CLO 不仅关注法务及相关领域，而是越来越多地成为 CEO 和 CFO 的商业伙伴，站在同一高度共同去关注公司的前途和发展。他不仅要负责法务相关计划的制订和执行，而且是公司全局业务的管理者，越来越多的整体性战略任务落在 CLO 身上并依赖 CLO 的能力去推动落实。毫不夸张地说，在美国公司中，优秀的公司 CLO 的工作可以直接影响到公司的生存和发展。

CLO 的多张面孔后面是其在公司扮演的各种角色，例如，CLO 首先应该是一位严谨的律师，又必须是一个敏感的商人，同时还是对违规事件不留情面的监督者等。就像美国学者克里斯丁在其专著《不可或缺的公司律师》中声称的，CLO 必须是一个大无畏的伟大人物，不仅仅只敢于承担一种角色。虽然，CLO 心里很明白，作为一位谨慎的律师要天然地关注风险和讲究先例，公司律师如果过度地从商业角度考虑有时会有失本分，而作为一个商人，厌恶风险、着眼未来、敢为天下先则是一个优秀商人的特质，但缺乏合规的神经又常常会让自己暴露在法律风险之下，于是，这种风险与商机的深层次矛盾因素集于 CLO 一身，需要有极高的水平才能去把握平衡和节度，这时便开始考验 CLO 的功力。

---

① 《7000 万 QQ 群曝出数据泄露，腾讯称已修复》，资料来源：http://tech.sina.com.cn/i/2013-11-22/07418938248.shtml，访问日期：2016 年 1 月 1 日。

第三节 有趣的法务管理学定律

> 不要请不懂管理的专业律师当 CLO。

在 CLO 的选拔上要宁缺毋滥,如果他不懂管理,即使再专业的律师都不适合担任 CLO。遥望大洋彼岸的美国,胜任的 CLO 不仅是某一领域的专业律师,更是企业管理上的高手,只有这样的"火车头"才有可能带领公司律师团队建立卓有成效的公司律师事业。

作为一门实践性很强的学科,法务管理学虽然不会摆出一幅硬邦邦的学术面孔,但如果没有深厚的理论基础和丰富的实战经验,则作为学院派,你可能会因不接地气遭到实务派的冷遇,而作为实务派,你又可能因没有系统的理论框架受到学院派的鄙视。最好是怀着谦卑的心态,试着走进法务管理学的殿堂,你不仅会发现这种新兴跨界学科的特别定律,而且原来它是那么耐人寻味和兴趣盎然。当法学遇到管理学,会产生很多新鲜的东西。

一、二八定律

虽然地球人都知道,一个商业组织 80% 的风险都是由合同产生,但即便是跨国公司,他们真正愿意花在合同风险控制上的时间和精力投入都不会超过 20%,这就是法务管理中的二八定律。其实,类似的现象在法律事务中不胜枚举,例如在风险预防上,不管公司领导如何强调防控的重要性,他们却对公司法务 80% 大量烦琐的事前风险预防工作熟视无睹,而会对 20% 的事后重大案件和危机事件过问有加。如果在年终大会上公司法务得到褒奖,那一定是打赢了官司,而不是风险预防做得好。还有,在团队管理上也一样,不管一个公司法务团队如何庞大,80% 的公司律师却总是默默无闻,办事麻利、能出业绩并在公司摊上大事时能挑起大梁的总是那 20% 的某些公司律师。

法务管理的二八定律也让公司律师不得不开始容忍这样的现实并习以为常:即不管你如何强调法律风险的巨大和危害,它永远都被排在公司风险类别的最后而不及公司战略、技术和经营等风险;在做任何商业决策时,法律风险都是 CEO 最后一个考虑的问题,而且只是因为不考虑它显得决策者的思维不全面和严谨;尽管很显然,法律风险是许多企业的短板,但好像大部分公司业务也没有受这块短板的影响,而完全因为法律风险被打倒的企业更是微乎其微。特别在中国,再多的法律风险预警抵不过一个政策的转向,于是乎,市场派反过来会这样教训公司律师:真正要提醒的是你们,不要因为让公司过于担心法律风险而耽误了潜在的巨大商机,成为公司的罪人。

二、不确定性定律

万事万物的不确定性是风险管理产生的根本原因,人类一直试图从不确定到确定性的追求,构成风险管理的核心内容。公司法务深信不确定性定律在风险控制上的暗示,例如,若一个项目风险控制存在好的一面和坏的一面,他们宁愿相信会朝着最坏的一面发展,但研究结果却让公司法务很是泄气:预警很多次的法律风险往往不会发生,不管你如何在公司里叫破了喉咙,而当公司法务自己都认为该风险不会发生而取消预警的时候,风险却终于发生了。无论如何,对优秀、好强的法务管理者来说,发生这种事情都是很没有面子甚至是无法接受的事情。

不确定性定律告诫我们不要试图预测和测量风险,否则将自取其辱,但公司律师在这条道路上却乐此不疲。CLO 更愿意相信,通过长期的经验积累和职业锻炼可以令公司律师的风险嗅觉越发敏锐,而通过逐渐丰富的大数据信息和先进的风控测量技术和模型,可以帮助公司律师将风险控制做得更加准确。在风险管理上公司律师也始终坚持这样一个原则:往最坏处想,朝最好处做,在不确定性中寻找确定的规律,重视小概率事件并做好各种充分的应对,这样的积极心态本身似乎也没有什么错。

三、法外定律

法外定律即非法律因素往往成为公司法务搞定事情的核心要件,功夫在法外。在我们日常的法务管理活动中,也处处体现着该定律的作用。例如,一个公司律师被重用是因为其干成很多法律之外的事情;一个公司法律部保持奇高胜诉率一定有强大的政府人脉做支撑;一个危机事件如果处理得当往往得益于背后公司律师的辛苦游说;而如果能将一个被动诉讼成功转变为对公司正面形象的宣传,该企业一定配备了具有超强公关能力和策划能力的 CLO,而且他一定不仅仅在法律上在行。

法外定律会提醒公司律师,在处理相关法律业务时,不能把精力全部放在纯法律层面的东西,而应该把眼界放得更加宽广。没有综合能力修养的公司律师已经无法跟上现代商业发展的需求,最终会被竞争激烈的商业组织淘汰。法律永远只是基础层面的要素和工具,法律之外的要素如战略、政策、媒介和产业等更应该引起我们的重视,这一定律在商业自治领域体现得尤为明显。公司律师经常会在自以为很内行的领域被外行教育,至少部分受制于自己狭隘的格局。

四、头头定律

在亚洲特别是中国公司治理中有一个普遍现象,即公司法务在企业内部地位比较高的,不是有一个有背景且能力强的 CLO 站在背后,就是公司 CEO 因为吃过大亏而非常重视法律合规。而一旦领导人发生更替或不重视了,公司法务的组织和地位就会发生巨大的变化,公司法务的发声也变得人微言轻。头头定律揭示了在亚洲国企和家族公司中存在的强烈的法务管理一把手人治色彩,公司法治意识强烈倚赖头头的意识,因此也具有很差的稳定性。在这种夹缝中,公司法务也势利地发现,一切法律合规从头头抓起效率最高,CLO 应该将主要精力花在头头法律意识的培养和教育上,头头若想明白了,一切法律事务办起来就顺理成章。

头头定律在法务管理上体现得非常明显,却不一定适用于企业的其他管理行为,这或许是因为,与欧美人相比,亚洲复杂的人情社会及其天生厌诉的传统根深蒂固。从感情上来讲,没有一个中国商人喜欢律师,除非他开的是律所,提供的是法律服务。也没有一个商人主动愿意跟律师接触,除非他已经遇到法律纠纷或者官司缠身。这种思维惯性令公司治理距人治更亲近而离法治更遥远,大众更愿意相信人情和权威而冷落法治和秩序。头头定律对法务管理的影响不可小觑,它可能是公司法务管理发展中最大的心理障碍,并不比垄断和非法治的市场经济带来的负面作用小。

五、非必要存在定律

不管你如何强调公司法务管理的重要性,我们都不得不接受这样一个残酷现实,很多公司特别是小公司认为公司法务并不是一个企业的必备业务模块,特别是对小公司而言,更无成立公司法律部的必要,这就是法务管理的非必要存在定律。事实也是这样,考虑到成本问题,大部分的中小民营企业都没有成立法律部,更让人唏嘘的是,在很多已经设立了法律部的企业,事后证明其实根本没有设立法律部的必要,只是大家不愿承认这个事实:离开公司法务,企业可以照常运转,而且效率可能还会更高。

大部分公司律师根本不会承认非必要存在定律,认为是无稽之谈。想想也是,很多 CLO 一直认为自己很重要并且每天都在试图说服企业主,应该在公司律师上投入更多的人力和物力,大力扩张的公司律师可以为公司创造价值,在这种情况下,怎么可能让他们接受自己其实没有存在的必要的冷酷事实。因为触及了公司律师存废的根本，承认非必要存在定律需要非凡的勇气和极度的自信，但我们必须保持清醒的头脑，你承认或不承认，这个定律都在那里，只有敢于认识并承认该定律的存在，时时刻刻保持危机感，公司律师才会更加认真思考自己在公司的价值和定位，以及未来业务的重点。

六、从不否决定律

相比其他公司高管，有些西方跨国公司的股东会或者董事会更愿意相信 CLO 并赋予其一票否决权，他们希望通过 CLO 的否决对经营管理层怠惰舞弊和内部人控制现象进行监督和制衡。这种特殊授权体现了董事会对 CLO 的极度信任，但调查发现，似乎所有的 CLO 都做出了一致的选择，从来不行使否决权，这就是法务管理上的从不否决定律。

CLO 为什么不会凭借否决权耀武扬威一把，而是选择低调地协助业务单位的决策，从心理学来讲，可能是因为帮助业务出谋划策会比否决业务让 CLO 更加有事业成就感。但更多的行业内专家在如下观点上达成一致：从不否决定律一方面体现了 CLO 对商业决策的尊重，另一方面也体现了 CLO 在否决权行使的慎重，同时也展现出 CLO 在商业风险把控和博弈上的高超水平，毕竟，枪毙一个项目比做成一个项目要来的容易得多。而且，不进行否决不代表着放弃权力，悬在空中的剑可能比已经落下的刀更有威慑力。从简单地否决行为进化到对商业的敬畏是一个成熟 CLO 及其法务团队的专业品格和必备修养。

七、无主业定律

没有一个公司律师能清晰地讲清楚公司律师的主业是什么，或者即使他讲清楚了也很难得到其他同行的认同，这就是法务管理的无主业定律。确实是这样，公司律师除了审查合同和办理案件，好像的确有没有哪个业务会泾渭分明的分给公司律师去做，或者当哪个事情发生时业务单位一定会想到法务部。而仅仅合同和案件这两个业务则确实过于单薄，很难支撑其一个大部门的工作职责，毕竟企业主要是做生意而不是打官司，而且打官司也只是时有发生的事情。事实也是这样，在很多公司管理制度里，我们也很难找到一个对公司律师完整职责的明确规定。

这个定律想想都可怕，它不仅让审审合同、打打官司的传统法务部如坐针毡，而且更进一步证明了非必要存在定律的正确。很多公司律师最后告别这一职业去做社会律师，很大一部分原因也是由于公司律师在公司尴尬而边缘的地位。但是现代 CLO 治下的公司律师价值发生了较大的变化，他们认为主业不清不一定是坏事，反倒它为公司律师的职能扩张提供无限可能，法务管理尽可以横冲直撞展开实践和研究,公司律师管控的范围可以无边无界。而当一个准备大干一场的CLO撸起袖子的时候,他却惊讶地发现,公司律师扩张往往阻力不在外力而在内部,很多保守的公司律师会自愿放弃新业务的开发,因为他们认为那样会给自己带来不必要的麻烦和挑战。

八、零和定律

法务管理的零和定律是讲:大部分情况下,公司法务管理都会被业务单位认为是低效的、无用的、没事找事的,阻碍业务的。公司律师越积极主动地介入业务活动就会遭遇越强的来自业务单位的反对,公司律师越是想嵌入每一个业务流程,业务单位都会想尽办法拒绝,就像陷入淤泥一样让公司律师痛苦不堪。好一些的情况下,他们会选择非暴力不合作,坏一些的情况下,他们会以影响业务为由,想方设法地进行阻碍甚至投诉。零和定律揭示了这样一个事实:公司法务管理在风险控制和经营效率上总是试图制造一个多方接受的动态平衡,但大部分情况下这样的良好愿望却很难实现。

零和定律清晰地指明,对抗和制衡一定会带来内耗,风险控制一定要以牺牲效率为代价,这是个零和游戏,没有共赢。实践证明,大部分的业务部门根本不会考虑风险控制,公司律师的善良介入不会给他们任何好感,而会让他们感到厌烦和不安。所以,公司律师根本不要尝试去讨好业务单位,也不要抱任何幻想业务单位会投桃报李,只要保持不卑不亢即可,因为大家都是为了企业的利益而不是为了个人私利。

九、帷幕定律

不管公司律师在后台如何运筹帷幄,也不管公司律师对企业的贡献有多大,在台上领奖的永远都是企业的市场、销售和技术人员,虽然有些人你可能向来鄙视,但他们天生受到镁光灯的眷顾。如果哪天突然冒出个公司律师出现在舞台上,所有人都会觉得很奇怪,甚至在这种指指点点下,公司律师自己都会觉得很不好意思。帷幕定律是跨国公司法务管理的一种潜在规则,它将公司律师与闪光灯隔绝,所以公司律师只能甘当幕后英雄。

帷幕定律还有另外一成含义,即公司律师的职业特征不适合抛头露面,或者他们根本就不需要接受企业表面的奖赏,因为他们已经是公司高层最为信任的一个群体。很多公司的高度机密只掌握在包括CLO在内的几个要员手里,很多公司棘手的重大危机和事故都交给公司律师处理,很多竞争对手的暗战更是都离不开公司律师的身影。在很多情况下,公司律师就像中情局和克格勃,掌握着许多公司大事上生杀予夺和一锤定音的权力,归根到底,他们有着自己的舞台和观众。

◆ 结语

法务管理学与 CLO 制度是现代公司法务管理中最重要的两个渊源。法务管理学着重于理论层面,CLO 制度着重于执行层面。他们就像 CLO 手中的倚天剑和屠龙刀,为公司法务事业的拓展披荆斩棘,所向披靡。作为一名 CLO,如果你真的不懂管理,那就要加把劲,并至少要像扎克伯格一样对他的团队坦诚地说出:“你们犯的错误可能几乎都在我身上出现过,我确实还在一边工作,一边学习如何管理。”①

第四节 CLO 很少轮岗,但并不代表他不可替代

近九成的企业没有 CLO 接班人计划,因此造成的隐形损失无法估计。

接班人计划很重要,这样可以保证 CLO 出现变更时,能很快有胜任的继任者填补,以减少对业务的影响。但是,很多 CLO 并没有设置接班人计划,这里面有公司的制度问题,也有 CLO 的自信问题。如果 CLO 不重视,公司再不主动推进,麻烦就会接踵而来。

不要相信 CLO 不可替代,该轮岗时就要坚持轮岗,而且要他在位时,就给他找好接班人,这个事情如果 CLO 不上心,公司就应该负责。大部分 CLO 都很少轮岗,公司也很少会要求 CLO 换到别的岗位,主要是因为继任者很难内部寻找,CLO 的专业性好像成为轮岗的障碍。但 CLO 如果不轮岗,很难全面地了解业务,也不符合干部提拔的惯例,一般来说,一个高级干部至少应该有三个以上不同岗位的管理经验,才有可能得到进一步的升迁。

一、难轮的岗

据观察,现在企业中 CFO 轮岗的数量比较多,因为 CFO 自身有着强大的财务运作能力、风险控制能力和成本分析能力,加上其敏锐的洞察力,对公司的整体经营状况了如指掌。营销出身的高管轮岗比例也是相当高的,CMO 最大的优势是他

---

① 埃克特理娜·沃尔特:《像扎克伯格一样思考》,李昆、杨帆译,机械工业出版社 2015 年版,第 117 页。

们对市场、对客户的深刻了解，对未来市场发展趋势的洞察力。然而调查显示，中国 90% 以上的 CLO 在位时没有轮过岗，缺乏科学的 CLO 轮岗机制。如果企业没有安排，CLO 就应该主动要求轮岗，为自己打开职业通道。

1. 轮岗的必要性

CLO 的工作岗位需要有计划地进行轮换，这样可以促进 CLO 全面熟悉公司业务，不断提高业务素质。但目前看来公司 CLO 仍长期固定在一个岗位上，虽然看起来工作比较稳定，但总是重复着千篇一律的工作很容易产生惰性，缺乏学习新知识的动力。实行 CLO 的人员轮岗制度，可以消除 CLO 长期从事法律业务的厌倦感，并让 CLO 对学习新知识产生紧迫感。另外，在不同的岗位上 CLO 会有不同的视角，通过轮岗也可能使 CLO 更加理解业务的难处。轮岗不但能提高 CLO 自身综合业务素质，还能提高企业法务服务的质量。

CLO 的轮岗制度还可以保证法务管理的事业得以传承。通过有计划的轮岗，使法务人员在新旧岗位的交接过程中学习岗位技术，以保证法务管理的最佳实践往下相传，为公司提供法务人才的保障。另外，在有多个分公司的大公司内部，使 CLO 在总公司与分公司之间，以及各个分公司之间，实行定期轮岗，可以使 CLO 全面熟悉集团情况，以适应公司持续发展的需要。

同时，CLO 的轮岗制度有利于加强监督和管理，更好地进行内部控制。部分 CLO 长期从事固定的工作岗位，容易形成关系网，如果在关系网中的部门人员互相掩护，相互提供条件，利用关系网进行串通作弊，通常不容易被发现。CLO 的轮岗可以中止关系网的形成过程，并打破已形成的关系网，使利用关系网串通作弊的可能性大大降低，使内部控制制度发挥应有的监督作用。

【案例：可口可乐 CLO 对轮岗的认识】①

可口可乐公司有一个著名的“3 +3 +3 +3”方案，代表着可口可乐的轮岗制度。它的第一个特点是年限。员工在同一岗位上的时间最多不可以超过 3 年，领导可以长一些，但不宜超过 5 年。企业认为如果一个人在同一个岗位上做了快 3 年，很可能对他的工作已经很熟悉了，失去了新鲜感和热情。他就应该换到另外岗位上学习新的知识，这样可以为员工增添新的经历，加快知识更新。

即便是公司的 CLO 也不例外，德瓦尔 · 帕特里克（Deval Patrick）就是经过这样的轮岗制度中不断去发现新意，可以让自己在轮岗时间总结过去的业绩，吸取曾经的教训，做好知识的传承，并调整好心态和角色进入新的环节。从实际的例子中

① 《可口可乐：三年就轮岗》，资料来源：http://finance.sina.com.cn/leadership/case/20070613/13383688204.shtml，访问日期：2016 年 1 月 12 日。

往往可以学得更快,从这些成功或失败的原因中学到真正有用的东西,以解决他们曾经或马上会遇到的问题。并且长此以往,企业里面的知识就形成了一个循环。

2. 突破心理障碍

如果CLO之前长期从事一项业务,脑海里只有一种工作模式,那么很有可能拒绝或抵制轮岗。同时有些CLO不愿意接受比之前挑战更大、压力更大的岗位。如果不在事前做好说服和解释工作,CLO容易产生心理波动。轮岗是人才识别与培养工作的一部分,同时,CLO个人的发展也有其个人职业生涯规划,事前做好沟通,可以使管理者与CLO双方找到最终结合点,发挥最大效用的资源。

CLO在轮岗中首先要克服的就是自身心理障碍。许多的CLO对自己信心不足,总觉得只有管理法务部门的能力,涉及公司的其他部门及业务时不敢去尝试,存在严重的心理障碍。CLO要深刻认识到他们深谙风险控制和危机处理之道,相比之下,生产、销售等其他部门的高管在这方面的能力是非常欠缺的。所以CLO要学会去树立信心,克服心理障碍,培养足够的自我意识和思维敏捷性,改变根深蒂固的行为模式,同时将这种改变扩散到整个管理团队。

CLO在轮岗中还应当具有自己独特的职业规划,将自己的职位目标定位的更高更远,深知最终目标就是成为CEO那样的人物。因为CLO轮岗的目的就是能成为企业的领头人。CLO此时就应该主动要求轮岗,为自己打开职业通道,为更好地成为CEO做足准备。

二、何为CLO接班人计划

一个企业要持续发展,它就必须要有勇气来讨论接班人问题,并且接班人计划越早实施越好。接班人计划不应只包括CEO一职,还应包括企业中的所有的关键高管职位。一旦它成为例行公事,并不会比年度薪酬评估更麻烦,同时也会减少职位竞争中的钩心斗角,增加对实际工作的关注。

“成功始于计划,没有计划就是计划失败”,这样的短语用在CLO接班人计划上恰到好处。尽管在现有CLO在位时就提出接班人计划,这个主题本身十分敏感,而且计划在实际推行中也是暗礁四伏。但是比起那些临时抱佛脚的,未经过谨慎斟酌便仓促确定CLO的企业,拥有一个健全的CLO接班人计划的企业则要幸运很多。

【案例:宝洁的接班人计划】[①]

在宝洁公司强大的领导力培训计划下,公司的 13.8 万名雇员建立了一个全面的数据库。宝洁最高层的 50 个职位,每一个都常备 3 个接替人选,如果需要,公司能在一个小时内填补任何职位的空缺。宝洁公司的前任 CEO 雷富礼与现任 CEO 麦睿博之间顺利周密的交接计划,被认为是一个接班人计划的成功典范。喜欢未雨绸缪的雷富礼曾对媒体表达:"如果我下周乘坐飞机失事,第二天一早就会有人接替我的位置。"并非所有 CEO 都能如此坦然地谈论此类话题,不幸的是,这种 CEO 平日着实不愿主动思及的情况,发生的频率远比人们想象得高。

据调查,中国在未来几年内将面临 7 万名高级管理人才的缺口,高达 89% 的企业难以找到合格的高层接班人。如果说前几年接班人的话题还停留在概念上。那么现在,这个问题已经是许多企业的当务之急了。

所谓 CLO 接班人计划是指企业通过确定、评价法务岗位的高潜能的人才,对其进行系统开发和培养,以便为 CLO 提供储备和保障。CLO 接班人计划的主要任务是为企业储备未来的法务管理人员,它主要关注组织经验的延续和继任人员未来的发展。在很多状况下,这些接班人不是接原计划的位置,而是有新的机会让他去接,但此前通过培养锻炼,他的能力更强,素质更高,适应更高职位的要求。接班人计划的关键在于发现公司内部的"潜力股",并有意识地培养他。

CLO 接班人计划一方面有利于凝聚优秀法律人才的注意力,可以使其专心致志地为企业服务,让其觉得认真工作可以得到提升,极大地调动工作积极性和主动性;另一方面,当企业真正需要 CLO 接班人时,可以有足够的挑选余地。

三、CLO 接班人计划的模式

1. 内部培养模式

麦当劳对内部具有潜力的人才会进行长达数十年的观察评估,其采用的就是典型的内部培养模式,所以在领导人需要接班人时总能及时地补上有潜力的人才。

首先,内部培养的接班人具有较高忠诚度。CLO 大部分是在企业工作了相当长一段时间的优秀员工,由于其命运与企业的发展息息相关,因而会全力以赴地付出精力。相比较而言,一个引进的接班人可能会因为文化认同或者其他各方面的原因不易在企业扎根。

其次,内部培养的接班人对所在行业和企业有深刻的理解和运作能力。企业

① 《延促由于一念,宽窄系于绸缪》,资料来源:http://finance.sina.com.cn/roll/20110420/06259719846.shtml,访问日期:2016 年 5 月 1 日。

内部培养的接班人,一般都是从基层一步步上来的,他们在业内有足够的资源,与供应商、客户、金融机构等都有着密切的联系,因此较易调动资源,从而带领企业发展。

内部培养的接班人能够保持企业战略的连续性。很多 CLO 在退任之前已经高瞻远瞩地制订了企业法务管理的发展方向和目标,CLO 也非常希望下一继任者能够延续现有的路线,不轻易改变公司法务管理的发展方向。在这方面,内部培养的接班人更容易理解和执行前任 CLO 的意图。

最后,内部培养的接班人由于具有足够的人际资源,更容易在企业内部开展工作。内部接班人在企业内部有一定的威望,熟悉企业文化和公司章程和规则。而引进的接班人也许能力上比内部接班人更强,但行事作风可能会遭到企业内部抵抗。

2. 外部引进模式

引进的外部接班人多为本行业经验丰富的经理人,他们的综合能力、经验可能比内生式接班人更强。一般情况下,引进的接班人有过多年在大型企业担任部门一把手的经验,甚至有些空降接班人曾经有过非常辉煌的业绩。而内部培养的接班人可能是部门的第二甚至第三、四把手,考虑问题的角度和综合能力会存在不同,这也是内生接班人的弱项。

引进的接班人可能会具备内生的接班人所不具备的特殊能力并带来全新的视角。他们受企业内部各种错综复杂人际关系的束缚更少,当企业处于危难之时,具备更大的勇气和魄力来进行改革。

两种方式没有优劣之分,而是要适用到企业不同的发展阶段。例如,企业处于比较稳定的发展阶段时,可以优先考虑内部培养的方式。但是当出现以下情况时,可以考虑外部引进式的接班人选拔模式:经营活动发生巨大变化时或者出现行业性整合时或者企业出现重大危机时等。企业面临着从未经历过的局面,这时从外部引进具有丰富实战经验和良好业绩的接班人,较能帮企业应对混乱和危机。

事实上,许多大企业一直秉持接班人内生的传统,但同时也不拒绝优秀的外援。所以说,在接班人的问题上并没有绝对正确的模式。无论内生的接班人,还是从外部引进的接班人,都有可能使企业平稳前进或绝处逢生,也可能将企业引入深渊,所以还是需要结合公司的具体情形来决定模式。

◆ 结语

企业开发和培育 CLO 接班人,必须清楚认识到自身的使命与愿景,清晰地规划好未来的战略方向、重点举措与目标,因为企业所需的 CLO 的能力会随着经营目标不断演变。选择什么样的人不重要,重要的是用什么样的制度来选。这告诉我们管理者并不是天生的,需要不断地训练,接班人制度的建立尤其关键。

企业应该建立 CLO 的人才数据库,清晰地知道企业将来所需 CLO 应具备的素质和能力。企业还要做好 CLO 的岗位描述,并根据可以预见的商业和技术变化定义未来的职责。接班人的挑选标准既需要有一致性,但又必须因岗位需求而有相对的弹性。

一个诚实负责的 CLO 会制订一个明确的接班人计划并切实地履行①,例如,他们要对现有员工进行技能评估,挖掘优秀员工,并针对其发展做好培养计划。更具体地说,通过对法务人员的技能进行评估,找出现有人员中哪些人可能会成为企业未来 CLO,锁定这些优秀的员工,投入足够的资源去培养。CLO 还要经常性地调派锁定培养对象去迎接挑战,让这些接班人有更多的机会在公司高管面前展现才能。同时,通过一系列正式的领导力培训项目支持他们的职业发展。

第五节 CLO 否决与管理层不满

> 珍惜与你对抗的 CLO,他们完全有能力把你哄得开开心心。

不是每一位 CLO 都拥有否决权,真正的否决权需要董事会甚至股东会的特别授权,也不是每一位 CLO 都有勇气行使否决权,没有实力而盲目行使不仅会导致权力滥用,还会导致公司管理层的不满,最终会让 CLO 孤立无援,权威丧失殆尽。怎样才能把御赐的否决权杖用好,检验的不仅是 CLO 的专业和魄力,还有 CLO 的品质和智慧。

一、什么是否决权

否决权(Veto Power)的概念最早来源于古罗马,当时罗马的执行官有权否决罗马议会所通过的立法草案。英国在君主立宪制中同样赋予君主否决议会法案的权力。因此,否决权的本义指立法上的一票否决权,是指某一组织或个人有权力单方面决定停止一项立法工作,通常来讲,否决权的拥有者有绝对的权力禁止一项法案,但是没有绝对的权力推动一项法案。

---

① [美]卡罗尔·巴斯里、欧文·卡根:《公司法律部》,李平等译,法律出版社 2011 年版,第 38 页。

否决权机制引入公司治理中大概在20世纪80年代,美国企业开始基于企业股东和董事会的约定,尝试给有些企业董事长赋予一票否决权,在公司治理的某些领域的管理者也被赋予一些否决权,如首席执行官在重大事项方面、首席财务官在财务内控方面、CLO在合法合规方面、首席质量官在质量方面的否决权等,但依然是个别而不是普遍现象。2000年后,美国爆发了大规模的公司治理丑闻,对上市公司进行严格管制的萨班斯法由此发布,赋予公司高管不同否决权以增加制衡的声音又开始此起彼伏。公司决策的制定也许可以由董事长拍板决定,但一项决策的执行与推动绝非是一个人能够完成的,为了降低决策的风险性,增加权力的制衡是常规的办法,那么赋予不同环节的否决权则能够更好地进行权力约束与制衡。

二、CLO什么时候说不

具体到公司CLO,其否决的事项一般都是比较严重的情况,而否决权的行使往往会使已经过重重审批的决定推倒重来,必然会遭遇到很多方面的不满并被孤立,引发各方面的冲突,压力有多大可想而知。简单的否定尽管容易,却最好不用,除非他真的是唯一正确的答案。对重大责任和违规违纪采用否决权可以理解,但如果只涉及某方面的评价,则要小心应用。

1.不合规的,坚决说不

一般来说,在原则问题上不能退让。合规业务作为CLO的基础业务之一,公司对CLO最初的印象便是为企业保驾护航,使企业运营更加合规化。合规风险不像企业的财务风险、市场竞争风险等商业风险,合规风险涉及的是法律红线,企业运营如果触碰了法律红线带来的不仅是政府管制,还有可能是灭顶之灾。因此CLO也理应要帮助企业把控好这一关,如果连企业对其最基本的期望都要辜负,那又怎能奢求公司信任与进一步赋权呢?CLO如果发现公司在业务中存在违规事件,就要及时提醒,如果仍然没有改正,就要行使否决权,阻断违规业务的进行。

合规合法事项覆盖公司业务的各个领域,成熟的公司法务部往往会有一个相对完整的黑名单,并在实践中不断加以完善。当然这一黑名单并非人员名单,而是绝对不可姑息和容忍,需要当机立断坚决禁止的企业运营中的不可为行为。比较常见的如销售环节的商业贿赂和收受回扣,采购环节的腐败和出口管制,劳动用工的违反职业健康和社会保险,生产制造环节的安全生产等。CLO需要将公司所有需要合规合法的事项进行梳理并将这些禁止事项嵌入公司流程,从制度上对违规的事项明令禁止。

【案例:商业贿赂与销售返利的识别】

商业贿赂与回扣与销售业务中的销售返利与折让,以及终端销售奖励极易混淆,如果返利、折让与销售奖励没有政策备案,对方没有如实提供发票,与实际交易不符,而公司也没有按照实际交易进行如实入账,从而极易被认为是商业贿赂与回扣,除了承担民事责任与行政责任,被处以高额罚款与没收违法所得,甚至还要承担刑事责任,即处三年以下有期徒刑或者拘役,数额巨大的,处以三年以上十年以下有期徒刑,并处罚金。

那么 CLO 又如何将否决权嵌入销售业务流程呢?首先,销售在进行政策申请与备案时需要法务的审批。其次,将合同审批设置为核销的必备材料,无合同则不可能完成核销。同时在付款流程中,通过对业务合同的审查,审核其是否与真实业务相符,是否如实提供了合规等额的发票。如果一旦发现虚假交易,CLO 立即行使否决权,该付款流程则无法完成。当然,为了提供以儆效尤的作用,进一步杜绝该类现象的发生,CLO 还需发出风险预警,并输出相关法规与政策的正式文件进行宣贯,提高业务部门的法律意识,从而降低同类违法行为的发生。

2. 商业风险大的,谨慎说不

CLO 常常也会帮助公司进行商业机会的判断,比如涉及公司战略方向和公司日常运营。这时候,面对非原则性的商业问题,CLO 最好不要动用否决权,因为涉及商业评判的事项往往没有对错之分,而只有是否更加合理,而且公司对法务的一贯印象是法律专家,商业外行,如果 CLO 行使否决权极易被管理者认为是对业务乱指挥,CLO 也很难说服管理者。比如,对一项投资标的的价值判断,应该值 1000 万元还是值 1500 万元,CLO 可以提出自己的不同意见,但不应擅自否决该交易的进行。如果最终回答是否定的,就应该尽快让管理者知道。

在重大项目和事件上,CLO 会出具专业的法律意见并做出风险的判断。在一些大型法务部,风险的分析已经可以做到量化和分级,比如有些公司会将气象预警的红黄蓝模式引入公司风险管理,根据不同的等级,法务部会进行不同的预警。如果你发出红色预警,一定是遇到非常可怕的问题,而如果真的亮了红灯,CLO 就要准备好遭受前所未遇的挑战。如果 CLO 没有处理得当不仅不能阻止公司的巨额损失,更有可能被公司认为是公司的搅局者。如果处理得当,有效控制了损失,那么也会被认为是职责所在,但令管理者真正惋惜的还是被扼杀的业务与交易。

对于 CLO 来讲,面对合规遵循和商业风险的判断都好说,真正的难点在于对灰色领域的判断,这里面会牵涉的很多不仅仅是法律的问题,如税务、融资、运营等等方面。在违法和合法之间的地带穿梭,如果都一概否定,公司可能会丢掉巨大的商业机会,如果不否定,一旦风险爆发,则便是自己的失职。而风险的迷人之处便在于其不确定性,因为往好处想,现在不明确合法的东西可能未来就是合法的,而等什么都合法了,大部分商业机会已经被敢吃螃蟹的那批人分食掉。而往坏处想,就像行走在峭壁,稍有不慎,公司既面临巨大的违规惩罚风险,说不定更严重的是市场禁入,这样的窘境对 CLO 来说已经习以为常,他必须努力做出正确的判断。

三、否决要遵循规则

如上所述,每天要面对公司内部很多的咨询,CLO 要根据情况分析判断该行为是否可行。如果 CLO 对项目说“不”,就必然会遭遇很大的压力和来自各方的挑战。因此,为了减轻 CLO 的内部压力,CLO 对行使否决权一定要有明确的规则,比如,哪些工作可以采取否决制,哪些工作不宜或禁止采取一票否决,而且这些规则不管是软性的,还是硬性的,最好获得公司 CEO 和董事会的认同,并通过各种方式在公司内部公示。

Walgreens 制药连锁公司的 CLO Tom Sabatino 说,在接受 CLO 的工作之前,律师先要和他的首席执行官面谈,如果发现自己不能拒绝执行官的要求,“那么他是不会想去这家公司工作的”。其他 CLO 也同意这个说法。Ben Heineman 曾在通用电气担任高级法务多年,他这样说道:“如果总是摇头,那么你连会议邀请也得不到;不过,如果你总是点头,你可能会毁了自己”。①

规则一:红线不逾越

有知情才可能服从,所以什么是公司的红线必须要让公司的每一个员工明确知悉。由法律合规部起草,CEO 签发的公司合规遵循系列制度就是公司对内治理的法律,一旦通过,公司全体都要严格遵照执行,这样对公司来讲,就基本形成了外有国家法律,内有公司制度的内外合规框架体系。公司本身以及公司各部门的任何行为不得违反这个合规体系,这就是公司的红线。如果公司在全球运营,这个合规的范围就要覆盖公司业务拓展的各个国家和地区,因为国别不同、法律不同,红线设置的情况会更加复杂。下面以金融行业经常触碰的个人隐私保护为例讲一下。

【案例:欧洲的个人隐私保护】

个人隐私方面的规定,欧洲有着较为严格与明确的法律规定,而我国规定则比较宽泛,从而使消费者信息泄露丑闻层出不穷。在欧洲,要想获得消费者的个人信息及数据需要遵循的原则:用途合法、时间限制和地域限制。首先必须要有合

① [美]Schumpeter:《守护者与引导者,首席法务官权势空前》,载《经济学人》2012 年 4 月 7 日。

理的法律依据,必须用于法律规定的用途,超出法律规定的用途则涉及违法。其次,还有时间的限制,如果法律规定消费者信息某一用途仅为1个小时,则超出使用时间就会违法。最后,还有地域范围的限制,如不得向欧盟以外的第三方国家转移。

以上原则,违反其中任何一项都有可能被认定为侵犯消费者个人隐私,将被处以20万到50万欧元的高额罚款。较之于欧盟对个人隐私保护的严格规定,我国没有明文规定隐私权的概念,但是关于隐私权保护的内容散见于各个法律部门中,主要是《宪法》《刑法》《民法通则》对隐私权保护进行了相关规定,但仍旧缺乏严格的界定条件及参考依据与标准。

规则二:风险可控制

否决的目标并不是消灭风险,机会与风险并存,绝对无风险套利的事情原则上不应存在。认识到这一点,CLO就不会在细枝末节的风险点上锱铢必较,而会将精力花在主要风险点的处理上。同时,CLO对公司的风险承受能力应该了然于胸,比如他们会要求法务部提供公司对外担保和负债的最新数据,以便可以随时拿出来参考。CLO就是这样一步步地通过具体的风险控制技术,将风控的任务逐一落实。

交易的核心在于控制。一方面利用自己有限的资源去获取与控制对方及市场的资源;另一方面则是控制交易中存在的风险来实现利益,如果风险无法得到有效控制则意味着不仅不会得到预期的交易利益,还有可能搭上已有的利益。CLO会根据本企业的实力与现状,以及市场交易环境来评估未来交易的潜在风险。风险与利益并存,此时CLO心里很明白要想帮助公司获取利益,则不得不提前进行风控的设置与布局。

规则三:商业判断规则

在风险可控的前提下,如何做到利益最大化?也就是说在遵循前两个规则的前提下,规则三才是CLO否决的出发点。否决权行使中出现最多的抱怨是,CLO完全从自己的角度出发,不考虑商业的可行性。因为,相对于赞成或者附条件的通过,否决对于CLO来说总是相对容易和安全些,但损失最严重的却是公司,特别是如果事后证明CLO的否决不合理和不负责任,各方的攻击就扑面而来。所以,CLO在否决时,应该审慎地引入商业判断规则,以便判断怎样的行为和决策才有助于公司实现利益的最大化,同时也方便各方更加科学地评价CLO的否决行为。商业判断规则的应用非常广泛,例如,根据一项美国的调查,在股东针对公司高管过高的薪酬进行诉讼的案件中,法院一般都会依据既定的商业判断规则,拒绝推翻上市公司董事会作出的薪酬安排,只要董事会的决定满足一定的程序要求。[①]

毕竟替公司具体实施市场交易的是业务部门,法务部的传统角色则是服务职能的定位,而非业务实施部门。在公司及业务部门眼中 CLO 往往是法律判官,而非业务的深谙者,认为 CLO 有的仅是专业的法律知识,而非对商业也能入木三分地进行分析。虽然这是业务部门对 CLO 的偏见,但业务部门的惯常判断也并非言过其实,在实践中的确存在一部分 CLO 仅是法律的行家里手,而对商业仍是似懂非懂。

因此,CLO 要想顺利实施否决权,能够让公司赋予更多的否决权,让业务部门心服口服地感谢 CLO 进行的否决行为,CLO 就不得不从业务部门的角度,利用商业思维来进行通盘考量,而非仅是利用法律法规的严格规定来判断。法律法规是一种工具,而不是企业的目的。遵循商业规则会帮助 CLO 进行更加准确的判断,也会帮助 CLO 行使否决权。

四、CLO 否决与公司治理

CLO 的否决不管正确与否,刚开始都可能遭遇管理层的不满,如果管理层存在内部人控制等方面的舞弊行为,CLO 就会更加不招人待见。这时,CLO 更应该保持清醒,知道自己在公司治理中的正确位置,勇于发声但要充满智慧。无声胜有声是一种境界,而恰到好处地发声更是一种境界。

1. 谁是 CLO 的客户

CLO 应该谨记,自己服务的客户永远是公司本身而不是任何公司里的个人,这些个人包括下到公司职员,上到公司董事长和股东的所有成员。CLO 也应该对公司忠诚而不是任何一个个体,当商业要求与自己的职业守则冲突时,CLO 要特别记住这一点。这个区别认识的重要意义在于,CLO 维护的是公司这个法律实体的利益,而不是公司里任何自然人的利益,针对公司内部任何个人性质的违规违法行为,CLO 都有责任向公司 CEO 为首的管理层汇报,而如果管理层舞弊,CLO 则需要向董事会预警,以维护公司利益。不过,说实话,这一安排在股权较为分散的美国公司较为容易,而在亚洲股权集中的公司里则寸步难行。

曾担任过法官的 Norman Veasey 在新书中将公司律师描述为“勇敢的文艺复兴人士”。这句话的意思并非是说 CLO 是要一边打官司的同时还可以进行艺术创作,而是说一名合格的 CLO 要扮演的不仅仅是一种角色,它不仅是公司的法律判官,更是公司的业务伙伴,公司的守卫者。但也有人认为,公司律师的独立性可能

---

① [美]卢西恩·伯切克、杰西·弗里德:《无功受禄》,赵立新等译,法律出版社 2009 年版,第 40 页。

更容易受到侵蚀,因为他们经常会碰到公司的目标和忠诚的道德守则之间的矛盾与冲突,而且大多数内部律师对公司的生计和成功的职业生涯的依赖是持续的。[①]

2. 否决权在公司治理中的作用

否决权是 CLO 的“尚方宝剑”,也是公司治理的需要。否决权作为公司治理中一项重要的制度设计,有丰富的内容可以研究,比如否决权的行使规则,否决权的回避,否决权的驳回等。当 CLO 行使否决权时,反对的声音在公司的各个业务领域都会出现,尤其是在采购和销售环节最为激烈。这时候 CLO 应寻求管理层的支援,比如想办法得到 CEO 和 CFO 的响应,但 CLO 不要寄希望于他们当面的帮忙,这时候需要你独自上场,孤身应战。

CLO 如果不负责任,董事会最好不要给他授权,否则你不是给他权力,而只能给他带来更多的羞辱。一票否决的权杖是身份和地位的象征,公司 CLO 因持有该权杖而在公司身处要职,举足轻重。但 CLO 千万不要得意忘形而应当特别慎重地使用手中的否决权,这项权力一方面显示出董事会对 CLO 沉甸甸的信任和授权;但从另一方面讲,这种信任又是相当脆弱的,一旦你做不好,做得不专业,或者捅出了大的娄子,就可能失去董事会的信任,CLO 经常就处于这样如履薄冰的工作状态。

辉瑞制药法务曾经对业务投出了否定票,但这个案例没有给出任何正能量,法务否决业务的负面结果往往还是由法务承担。

【案例:辉瑞制药法务投出了否定票】[②]

在辉瑞药业,同是法务出身的 Jeff Kindler 现主掌辉瑞制药,Frank Blake 入主家得宝家居连锁店,而 Amy Schulman 却仍旧是法务,主要原因则在于 Amy Schulman 在辉瑞药业准备大力开拓营养品领域时,投了否定票,严重影响了辉瑞在该领域的进度,导致辉瑞丧失了率先占领该领域的优势,使其丧失了先机。从而 Amy Schulman 依旧是公司高级法务,而 Jeff Kindler 与 Frank Blake 却成功“入乡随俗”成为一名商业人士,成为公司的决策者。

这是一个让公司律师非常纠结的案例,Amy Schulman 是辉瑞的高级法务,作为公司律师她无可厚非,她敢于否决正是履行职责,以上案例也并不是说法务否决不对。Amy 坚持认为律师可以讲商业语言,但不应当“入乡随俗”,彻底成为商业人士,这一点深得同行认同。问题是,我们应该做一个本分的公司律师还是做一个有抱负的 CLO?

---

① ACC:Lunch & Program: Becoming anEffective Business Partner, Jan. 10, 2015.

② [美]Schumpeter:《守护者与引导者,首席法务官权势空前》,载《经济学人》2012 年 4 月 7 日。

3. 否决的边界和责任

一切以公司利益为重是 CLO 决策时参考的非常重要的一条软性标准。比如,很多小聪明的 CLO 会故意夸大风险来否决项目,总认为这样做的话对自己风险最小,殊不知他这样做会给公司带来巨大损失,当然,他们事后也会以此标准为自己辩护。赋予 CLO 否决权,必然会涉及 CLO 的法律责任。也就是说,如果 CLO 没有履行好自己的职责,就要承担相应的法律责任,这样对等的设置可以有效地保证 CLO 的尽职尽责。

现代公司治理引入 CLO 制度,当然也是尝到了甜头,若董事会给予 CLO 足够的权力,CLO 的监督效果会比独立董事要好得多。这是因为,CLO 在公司内部的监督半径很大,并且对公司业务有详细的了解,所以可以很快地发现问题并对症下药,而这正是独立董事的短板。但切忌每项工作都引入否决权,把其当成灵丹妙药则是一种怠惰行为。

◆ 结语

知道何时说不并敢于说不,知道何时舍弃并敢于舍弃,这对于任何一家公司来讲,都是极其重要的战略考量。企业应该有意识地招募这样的 CLO 并给予充分的授权和信任,他们绝对是企业的宝贝。

请珍惜与你对抗的 CLO 们,以 CLO 的智商,他完全可以把你哄得开开心心。但大多数自信的 CLO 们不屑于这样做:一是他们认为这样违背初心和职业道德;二是他们认为这样实在自掉身价;三是他们有太多的选择去找到能接受这种良性对抗的老板,实在没必要去迎合他人委屈自己。最重要的是,他们认为这样做本无可厚非,股东和董事会就需要这样的 CLO 为他们发声。

第六节 穿越企业全流程的 CLO 的手(LMS)

> 一个 CLO 是否眼高手低,问问他 LMS 就大概知道了。

Legal Management System(LMS)着力于解决公司律师在流程嵌入上最为棘手的问题,即应该自己建跑道并强制别人都来跑,还是在人流最大的跑道上安装自己的监控设备,好大喜功的 CLO 往往会选择前者,而聪明实干的 CLO 会选择后者。

一、LMS 的强大威力

如果有一天,公司 CEO 突然向法务部要一份关于公司竞争对手的专利地图,或者一份面向资本市场的公司合规治理报告,或者公司到目前为止的对外担保合同列表,或者公司非洲区三年来法律纠纷的趋势,或者公司全球合作律所的清单和费用,相信大部分公司法务部一定会手忙脚乱,然后在慌乱中拿去凑数的资料肯定也差强人意。越来越多的公司 CLO 意识到该问题,传统的法务管理手段已经很难跟上公司业务的发展。于是,先进的 LMS 被引入公司法务管理,配备了强大数据处理能力的 LMS 不仅会让 CLO 表现得很从容,而且还能更加及时准确地提供 CEO 所最想要看到的东西。

这只是 LMS 强大功能的冰山一角。在跨国公司,LMS 越来越得到高层管理者青睐的原因在于它在公司内部控制方面的效率提升作用尤为明显,在很多公司,是否拥有一个广泛使用并运行流畅的 LMS 已经成为其管理成熟度的评价标准之一。LMS 是现代公司法务管理系统化的集大成者,公司法律合规风控等各项管控动作都必须依赖 LMS 的大力推动,他可以保证各项任务的过程监控和落地执行,公司律师也因为 LMS 的协助,业务参与的深度和广度得以大幅扩张。

二、LMS 是什么

LMS 即现代公司法务管理系统,这里可以下一个简单的定义:LMS 是一个商业组织为了加强运营中的法律风险控制,通过运用信息化的手段打通组织内部杂乱无序的法务管理模块,整合相对分散的法律风险数据并梳理出关键风险点,然后将法律风险控制的动作逐个嵌入公司其他各项业务中而建立起来的公司相对完整统一的法务管控平台系统。

LMS 的价值表现在两个方面:其一是对业务的控制能力。LMS 通过信息化将制度设计、流程梳理、行为规范、惩戒处罚等串在一起,这样会更加符合新的业务需求。例如,LMS 实现了公司律师对关键流程的控制,将法律审核设置为不可逾越的节点,通过嵌入业务流程,使合规合法审核成为公司重大决策和经营行为的先决条件。然后通过设置法律人员在流程中的不同授权,使其能对各类行为进行实时监控和及时预警,风险控制的准确性和有效性大幅提高。其二是对业务的推动能力。LMS 实现了对关键流程的规范化,将外部监管要求内化为内部控制要素,并通过准确的数据统计和经验沉淀,为决策人识别和判断业务风险提供准确可靠的专业意见,对业务中存在的高风险行为及时进行纠偏和引导,通过标准化、规范化、网络化的工作平台,反过来会推动业务的向前发展。

三、公司法务管理的电子化不是 LMS

将日常落于纸面档案的法务管理进行 IT 电子化就是 LMS,这是一个巨大的认识误区。如果这么简单,公司根本就不需要耗费大量人力物力推行 LMS,但实践中,有这样理解 LMS 的公司律师甚至 CLO 却不在少数。必须清楚,将公司法务管理从人工手动形式向简单电子化的转化不是 LMS 想达到的目标,这种错误的思想认识不仅使大量的伪劣 LMS 大行其道,更严重的是这些伪劣 LMS 的差劲表现使公司管理者对真正的 LMS 失去信心并再难以推行。要理解 LMS,必须要清醒地认识到一个科学有效的 LMS 与电子化版法务管理的区别,这些差别将深刻影响到 LMS 的顶层设计以及其是否能匹配公司的法务管理战略。

1. LMS 的核心是流程控制

电子化的法务管理除了无纸化办公外,跟实际中运转的法务管理动作无实质区别,甚至因为电子化可能会带来许多沟通的障碍,所以经常看到,跨部门人员两三句话可以解决的问题,因为伪 LMS 的推行而需要反复很多低效的回合。LMS 最重要的功能不是日常工作的 IT 化,而是通过信息化的手段,实现传统法务管理无法实现的控制功能,以转型升级法务管理的动作。因此,LMS 在设计启动时,就和简单的电子化的路径不一样,最重要的是公司律师从流程控制的高度进行周全先进的设计,这样的 LMS 就已经成功了一半。

相比较于传统的法务管理,LMS 在控制力上有绝对的优势,因为冰冷的流程一旦定下来就不可逾越,不管对错或者是否合理,这样大大地减少了许多人为的因素。具体来说,一般的公司法务部首先是处理好合同和纠纷,而更优秀一些的会通过长期的经验积累在公司内部输出大量的规范文件(据调查,80% 的公司法务管理动作一般都会在制定并发布管理制度这个阶段止步),而事实上这才是法务管理开始真正涉足公司内部控制的第一步。制度如果没有流程控制,就是尘封于高阁之上的一摞废纸,现代公司的 CLO 深刻地注意到这一点,他们期望通过信息化的 LMS,将抽象的制度拆借出具体的关键控制点,再将这些关键控制点配置到业务流程的每个环节,这样在整个公司的业务运转中,法务管控的每一个动作都会清晰地展现在使用者面前。

2. LMS 的趋势是从封闭走向共享

大部分公司律师对 LMS 的开放性讳莫如深,通常也只给业务部门开一个很小权限的入口,理由是 LMS 承载了太多高级保密的资料,如果开放则会导致泄密。而真实理由可能是这样,公司律师不愿意让外部门接触到太多的资料和信息而显得自己无用。其实,这种封闭的现象并不是法务部独有的,而是在其他部门都普遍存在,每个部门都有对外保留神秘感的冲动,这样可以多给自己留些退路,但部门间的层层壁垒由此形成。

开放共享对 LMS 的推广有诸多好处,LMS 是一种方法和工具,只有让使用的人感觉体验非常好并且对工作很有用才能成为他们的工作伴侣,这要比一纸行政命令效率高得多。事实上,大部分 LMS 储存的资料都可以公开和共享,而对于需要保密的资料则完全可以通过信息安全技术的手段进行有效隔离,例如,混合云是一种两全其美的选择,通过混合云,它们不仅可以在私有云上存储数据及应用,还可以在公有云上进行共享和交流。从封闭走向开放共享是 LMS 发展的必由之路。

3. LMS 的竞争力在于大数据分析

LMS 的强大之处还在于其大数据的收集和分析能力。这里面有两个层面的问题:一是信息的沉淀和收集,二是信息的分析和使用。大量的信息源于日常的工作积累,传统的法务管理在这一块做的应该还不错,严格勤勉的档案管理保证了有案可查。但只有信息而没有必要的分析,信息的效用就会大打折扣而成为僵尸数据。LMS 的设计者着力于彻底解决了这一问题,它不仅将所有法律风险的信息储存起来,而且能从这些海量的信息中提取有用有规律的数据,并源源不断地将这些分析数据提供给 CLO 和 CEO。

4. LMS 不一定是独立的系统

大多数公司律师都希望有一套完整并且独立的 IT 系统对应着公司律师的业务工作,这样做对于公司律师来讲当然最方便省事,但事后证明这种想法愚不可及。公司律师常常会搬出律所管理的 IT 最佳实践,但却忘掉了公司律师与社会律师存在根本的区别。公司 LMS 与律所 IT 最大的不同也在这里,LMS 必须跟公司的主营业务在一起,而律所的主营业务就是法律事务,所以可以很容易地分出明确的合同管理、合规管理和风险管理等系统。

LMS 着力于解决公司律师在流程嵌入上最为棘手的问题,即应该自己建跑道并强制别人都来跑,还是在人流最大的跑道上安装自己的监控设备和测速仪器。好大喜功的公司律师往往会选择前者,而聪明实干的公司律师会选择后者。这么讲应该很清晰,一个公司业务的主航道应该只有一个,它是由研发、产品、市场、营销等主流业务组成,所有其他的职能部门应该在这一跑道上运行还是单独建跑道已不言自明。

四、LMS 不是万能的,人才是最重要的

LMS 的功能虽然强大,但绝不是万能的,如果期望通过 LMS 的上马解决法务

管理中的所有问题,结果一定会令人很失望。LMS 更多的时候是提供另外一种管理的可能,充当好法务管理的助手并使聪明管理者的工作更加精致。其实,不论在 LMS 的设计时,还是 LMS 的实施中,人才是最重要的因素,就像一头血液优良的种马,如果没有合适的骑手,它永远不可能在比赛中拿到头牌。

进一步讲,我们相信机器设备在分析海量信息时会变得越来越聪明,但是在瞬息万变的世界里,人的判断力将变得更加重要。过于相信 IT 供应商对法务管理功能的定制,而忽略公司律师在过程中的控制,会大大减损 LMS 的功能效果。道理很简单,业务总是变化的,公司律师也总是需要根据不同的管理场景对 LMS 的系统设计进行不断修正,而且为了提升用户的使用和体验,公司律师还需要耐心地对用户进行培训,这样才能最大化地发挥 LMS 的价值。

在业务流与控制流的平行进程中,公司律师应该始终留意 LMS 对效率的影响。流程是死板的,人却是灵活的,虽然风控一定要牺牲效率,但如果每次流程审计中,LMS 的效率总是排在全公司的最后就会有很大的问题。在公司整体的风险控制体系中,LMS 是重要的内控载体,风险管控的效果取决于执行情况,如果因为 LMS 效率低下而遭遇用户的消极抵抗则会大大影响 LMS 的目标实现。因此,LMS 信息系统一定要注重与公司的商业目标、管理模式和人员素质相结合,与公司的需求和发展阶段相适应,以确保其不会成为摆设。

◆ 结语

LMS 是法律风险管理的集大成者。如果一个企业的法务管理成熟度很低,LMS 的上马对他们没有任何用处。所以,最终 LMS 考验的是 CLO 的管理水平和对企业全局的把控能力。

第七节 CLO 的体面就是企业的体面

> 一个体面的 CLO 反映的是企业对法治的态度。

仓廪实而知礼节。一个体面的 CLO 反映的是企业对法治的态度,CLO 的体面就是企业的体面。体面的生活不仅可以高薪养廉,防止腐败,而且让 CLO 有尊严地活着。这样 CLO 才更有可能保持公正和独立,集中精力思考公司的现在和未来。西方公司的 CLO 阶层由内而外都过着体面的生活,体面已经成为一种生活态度。

一、什么叫职业经理人的体面

体面不是职业经理人的专享,每个人都希望能过上体面的生活。职业经理人的体面又有不同,因为他的体面不仅代表他自己,更代表了他所在的企业。与美国发达的经理人市场相比,大多数国家还不是很发达,下面的这些事实不能不令人唏嘘感叹了。

【案例:惠普 CEO 的金色降落伞】①

2005 年 2 月 9 日,一夜之间,惠普卡莉从 CEO 变成了"前 CEO",因为华尔街对她不满意。然而卡莉又是幸运的,因为她是在一个高度市场化的、对人才非常尊重的环境中当了替罪羊。她得到了总计 2140 万美元的离职金。卡莉遇到的问题在中国一样存在,但是国内的 CEO 们又有几个能够得以体面善终的呢? 而类似的例子在国外其实不胜枚举。

这不是好莱坞商业片的狗血剧情,而是活生生的现实。其他国家的 CEO 们禁不住望洋兴叹,被辞退了居然还可以拿那么多的钱,走都走得这么体面! 差距当然不止这些。我们不得不承认,在一个市场机制健全、尊重人才的环境中,公司高管的境遇总是不会太差的。美国财经杂志《福布斯》发布的第 27 届年度亿万富豪榜上人数达到了 1426 位,净资产总额则达到 5.4 万亿美元。其中,近 10% 都是美国上市公司的 CEO。而这些享受着丰厚的薪酬待遇的 CEO 中不少薪水都只有 1 美元。

二、怎样才算体面工作

体面的劳动、积极的价值、有尊严的生活,这应该是所有人共同的理想与追求。在当下社会,从事什么职业最体面?

【案例:什么职业最体面】②

智联招聘曾发布一项针对职场人士的调查结果显示,律师、银行职员、设计师被公认为最体面的三种职业。5000 余名受访者中,有 45.3% 的人认为律师或者法

---

① 《将惠普推下深渊的女人》,资料来源:http://finance.ifeng.com/a/20141008/13167205_0.shtml,访问日期:2016 年 1 月 12 日。

② 《从事什么职业最体面,调查显示律师排名居首》,资料来源:http://edu.sina.com.cn/j/2011-05-20/1031202485.shtml,访问日期:2015 年 1 月 1 日。

官是他们心目中最风光体面的职业,同时有39.7%和38.6%的职场人士将票投给了金融从业者和创意设计师,调查中可以发现,社会地位、收入、自由、是否可以经常获得知识和成长等是判断是否体面的标准。工作单位、工作环境和方式也是体面工作的重要因素。

那么到底怎么算体面?什么是体面工作?仁者乐山,智者乐水,答案似乎不一而足,然而却又殊途同归,因为体面不仅仅是表面的光鲜和富贵,更是一种感觉,一种引发自尊并为之惬意的感觉。

体面工作(decent work)这一概念最早由国际劳工组织于1999年在第87届国际劳工大会上提出。“体面工作”是指男女在自由、公正和具有人格尊严的条件下获得体面的、生产性的可持续工作机会。体面劳动有四项战略目标即工作中的权力、就业、社会保护和社会对话。体面工作在全球化背景下提出,旨在保证社会成员享受公平的待遇和相对公平的收入分配,体面工作是人的自由全面发展的核心。

体面是经济与社会发展的动力。知之者莫如好之者,好之者莫如乐之者。同样一个人,做同样的一件事情,其完成的质量与其精神状态息息相关。对绝大多数人来说,只有能够让自己感觉到体面的职业才能真正热爱,而热爱了就更容易提高劳动水平,通过同样的劳动形式和时间创造出更多的价值。

【案例:金字塔是谁造成的】①

2003年,埃及最高文物委员会宣布了一个结论,即考证证明,金字塔是由当地具有自由身份的农民和手工业者建造的,而并非希罗多德所描述的由奴隶所建造。但同样的推断,早在1560年就有人提出过。当时一名瑞士钟表匠在游历金字塔时,以自己曾在被囚禁状态下制造钟表的经历悟出:金字塔被建造得那么精细,建造者必定是一批体面的、怀有虔诚敬业之心的自由人。440多年以后,考古终于证实了这位钟表匠的直感。这件史实,饶有趣味地证明了劳动者精神状态以及体面的重要性。

当某个员工长期感觉不到职业的尊严,很可能修正自己的行为标准。当过多的员工感觉不到体面,就会形成一种不良的社会价值取向。有许多是因为长期欠缺职业尊严感,导致对自身的行为标准和道德要求不断降低,终至模糊了法律的界限。

从企业的角度来说,让员工体面工作,也是加快转变发展方式的必然要求。劳动者在体面的劳动中得到尊严和自身价值的体现,进而形成进取向上的职业精神,不断提升各行各业的职业化、专业化水平,社会经济的发展才能获得永不枯竭的精

① 《“体面劳动”是经济活力之源》,资料来源:http://news.xinhuanet.com/comments/2009-02/14/content_10814632.htm,访问日期:2016年11月1日。

神动力。

三、中国公司 CLO 的体面到哪里去了

【案例：中外 CLO 地位对比】[①]

在美国 500 强企业中，共有 480 家企业设立了 CLO。2011 年的调查显示，欧美企业的 CLO 都是公司高级副总裁，其中 83.6% 还入董事会。在日本公司 CLO 拥有很高职业自主程度和弹性空间，他们除了负责公司的法律事务，还要承担一定的社会义务和法律援助工作等。位高、权重、高薪，即使退职，巨额的补偿条款也可以保证他们稳稳妥妥的生活。管窥蠡测，见微知著，国外 CLO 的体面可见一斑。

相形之下，国内 CLO 的状况却显得有些困窘。与同行相比，社会地位不及法官，收入不及律师，更让人沮丧的是目前 80% 的中国企业根本就没有完整的法务部门，在少数设立法务部门的大公司或上市公司里，能充分重视法务发挥 CLO 价值的又寥寥无几，晋升到副总裁和公司高管的 CLO 更是凤毛麟角。

事实上，在中国公司重大决策上，CLO 话语权的分量也是微乎其微。法务部门对企业运作全程及各环节的参与度有限，甚至常常被游离于企业核心业务活动之外。相比 CFO 和 CEO，CLO 的待遇普遍偏低，在工作开展中也常常受制，难以大展身手。CLO 不能在工作中实现自我价值，又谈何体面呢？

四、CLO 的体面就是公司的体面

一个体面的 CLO 反映的是企业对法治的态度，反映的是企业国际化的程度，反映的是企业的未来有多大，CLO 的体面就是企业的体面。IT 圈的一种流行说法：工程师文化的缺失能够让你成为飘在风中的猪，但法务文化的缺失能够让你不经意间就成为一只任人宰割的烤猪。以下这个案例我们从某种程度上可以说，CLO 的缺失让公司在公众面前体面尽失。

【案例：快播的失败】[②]

2012 年，搜狐、乐视、优酷等多家反盗版联盟成员在“带头大哥”腾讯的张罗下，多次发起对快播公司的盗版诉讼。2013 年 12 月，国家版权局对快播发出警告；2014 年 1 月 2 日、26 日和 2 月 17 日，腾讯又连续三次警告。事实上，这些都是快

① 韩震：《公司首席法务官的价值及其实现》，载《企业研究》2013 年第 8 期。

② 吴琳琳：《快播被罚的背后：深陷反盗版诉讼》，资料来源：http://finance.sina.com.cn/chanjing/gsnews/20140623/031919488139.shtml，访问日期：2016 年 8 月 1 日。

播悬崖勒马的最佳机会,然而缺少法律合规意识的快播始终没有做出什么实质性的反馈。2014 年 4 月 22 日警方以“放任用户传播淫秽信息”来调查快播时,快播几乎有口难辩。更悲剧的是,在最后关头,竟然没有律师劝告快播创始人王欣主动自首,王欣潜逃至国外,这等于“罪上加罪”。

对公司而言,一名出色的 CLO 是一种十分重要的宝贵资源,应善加利用。CLO 和法务部门的价值不能有效发挥就是公司资源的巨大浪费,会从基础上削弱或限制了企业的发展和竞争力的提高。给 CLO 足够的体面、充分的尊重和施展空间,CLO 才能在为公司的保驾护航中负重致远,也在自我价值的实现中不断增强对公司的归属感和忠诚度。此外,由于 CLO 的职业特殊性,给外界的印象常常就是忠诚、正直和可靠,这是公司一块无形的金字招牌。由此,CLO 的体面就更加关乎公司的体面了。

要提升 CLO 的体面,最关键的是要改变人的观念意识。首当其冲的应该是公司最高领导人对法治观念和对法务工作作用的理解和认识,真正意识到 CLO 的巨大潜力和价值。

【案例:华为 CLO 带领的法务部】①

华为 2015 年正式加入世界 500 强,是来自中国唯一的民营高科技企业。1996 年开始走向海外,迈向国际化。2005 年对商业模式进行变革,迅速成为仅次于爱立信的通讯设备集成商。2011 年,开始追求云管端一体化,外部市场环境促进华为不断变革,不断成长壮大,而伴随着华为成长壮大的还有华为的法务团队。华为法务部于 1995 年成立,从两人成长为近千人的团队,在全球 14 个地区设有分部,面向全球 170 多个国家和地区开展法律业务。同时成长的还有华为的 CLO 宋柳平。

近二十年来,宋柳平博士领导完成了 4 万余项全球专利申请,IPD 申请量持续几年全球第一,主持了华为与诺基亚、爱立信、高通、摩托罗拉等公司的合作项目,主持了华为与思科、沪科和摩托罗拉等全球知名诉讼案件。从普通职员到部门经理,到 CLO,到集团副总裁,董事会成员,并多次入选“全球知识产权界 50 位最具影响力人物”,宋柳平博士逐步迈向自己职业生涯的顶峰。

◆ 结语

很多公司已经深刻认识到,CLO 的体面要通过实实在在的行动来提升。例

① 《强大的法务部,让华为剑指全世界》,载《公司首席法务官》微信公众号,2016 年 1 月 9 日。

如,要提高CLO在公司治理结构安排中的地位,让CLO更体面地参与融入到公司的经营管理、战略调整和风险管理决策中,提高在重大决策中的分量,而且也赋予CLO更多的自由发展空间和职业通道。针对国内企业的状况,公司应该提高CLO的收入水平,至少应与首席财务官和风控官的收入保持在相同水平。同时,企业也应该合理安排CLO的退出机制,制订金色降落伞计划,并将CLO纳入其中。这一切,都是基于对法治的尊重和CLO的重视。

第八节 为什么优秀的CLO都离你而去

千万元年收入的大律所合伙人很多,而千万元年收入的大公司CLO却很少。

公司律师与外部律师的收入差距在加大,而且越来越大,这种尴尬的薪酬常常导致法务部的人才流失和无以为继。但大幅提高公司律师待遇又会带来公司成本的大幅增加,公司必须要在二者之间找到平衡点,以保证一个相对稳定的精英团队。

一、尴尬的公司律师薪酬

公司养一个公司律师的成本不到社会律师的1/10。一个优秀的公司律师可以为公司省很多钱,很多公司法务部为了防止法律风险,专门设置了高级公司律师的复审环节,但即使这样,综合成本算下来还是要比社会律师低得多。而且加上公司律师业务的持续性,可以省掉很多社会律师因更换产生的重复性工作。

照理说,如果跟社会律师比较,公司律师薪酬应该有很大的提升空间。但在实践中,由于公司律师的薪酬激励机制不健全,在公司的地位普遍不高。公司律师身份存在双重性的特征,其薪酬机制不同于公司其他的员工,但又要统一于整个公司体系之中。

实际上,大多数律师事务所采用案件提成的薪资方式,基本工资加案件提成制以及定额上缴、余额归己的薪资方式。公司并不按市场化原则对公司律师的收入进行分配,导致公司律师与一般的社会执业律师的收入水平差距较大。通常情况下,律师事务所的执业律师在前几年的工资远不如公司律师,但是在积累几年执业经验之后薪酬水平增长速度大大超过了公司律师。相比较而言，公司律师的薪酬跟不上社会律师，而会跟公司其他职能部门员工的薪酬水平持平，发展空间相对也局限。因此，这种尴尬的薪酬常常影响了公司律师的工作积极性和主动性，法务部很难吸引优秀的法律专业人才的加入。

如何在成本管控的基础上提高公司律师的待遇，这里需要找到一个平衡点以保证稳定的法务队伍。公司律师薪酬管理的优与劣、薪酬体系设计的是否科学规范及合理程度等影响乃至决定着法务部门的发展。公司律师的薪酬管理作为重要的调剂杠杆，是法务部门吸引人才、发展人才及留住人才的基础所在。

二、尴尬的中美 CLO 收入落差

1. 美国 CLO 的收入平均数约为 210 万美元

美国证监会要求上市公司披露 CEO 和前几位最高收入的高管中，CLO 的收入往往在被披露的名单中。根据对全球收入最高的 100 位 CLO 的调查，我们得出如下数据：收入最高的前 100 位公司 CLO 的基本工资（现金部分）平均是 70 万美元/年；前 100 位收入最高的公司 CLO，不算股票和期权，上一年度到手的现金平均数约为 210 万美元。

【案例：2016 年美国 CLO 收入排行】①

21 世纪福克斯公司的高级执行副总裁兼 CLO Gerson A Zweifach，2016 年总现金薪酬 6，325，000 美元位列第三。美国管道巨头 Energy Transfer Equity 的 CLO Thomas P Mason，以 6，857，615 美元总现金薪酬位列第二，而如果算上期权行权与股票变现，其 2016 年的总收入为 7，973，255 美元。迪士尼的高级执行副总裁、CLO 兼公司秘书 Alan Braverman 非常强力，今年蝉联冠军。这位米奇和米妮的 CLO 拿了足足 7，034，692 美元的总现金薪酬回家。而如果算上期权行权与股票变现，其 2016 年的总收入高达 11，473，666 美元。CLO 收入的高低和行业有很大关系，前 10 位收入最高的公司 CLO，4 位来自金融业公司，3 位来自娱乐传媒业公司。

2016 年全球收入最高的前 50 名 CLO 中，有 10 人为女性。美国运通公司的 CLO Laureen E Seeger 以 5，298，200 美元的年薪成为全球收入最高的女 CLO。

---

① 菠莱、健君：《全球顶尖公司法务一年赚多少钱?》，载《公司首席法务官》微信公众号，2016 年 10 月 31 日。

表 4.1　2016 年收入最高的前 25 名 CLO

名次	姓名	所在公司	2016 年 总现金薪酬	2016 年 期权行使 及股票变现	2016 年 总收入
1	Alan N Braverman	Walt Disney 迪士尼公司	$7,034,692	$4,438,974,	$11,473,666
2	Thomas P Mason	Energy Transfer Equity 能源转换股权公司	$6,857,615	$1,115,640	$7,973,255
3	Gerson A Zweifach	21st Century Fox 21 世纪福克斯	$6,325,000	0	$6,325,000
4	Laureen E Seeger	American Express 美国运通公司	$5,298,200	0	$5,298,200
5	Bruce Sewell	Apple 苹果公司	$5,000,000	0	$5,000,000
6	Bruce Campbell	Discovery Communications 探索通信公司	$4,325,457	$731,453	$5,056,910
7	Lawrence P Tu	CBS 美国哥伦比亚广播公司	$3,900,000	$1,193,969	$5,093,969
8	Maryanne R Lavan	Lockheed Martin 洛克西德－马丁公司	$3,818,214	$3,655,016	$7,473,230
9	J. Michael Luttig	Boeing 波音公司	$3,658,423	$6,993,697	$10,652,120
10	John G Finley	Blackstone Group 黑石集团	$3,634,157	$3,412,363	$7,046,520
11	Thomas M Moriarty	CVS Health 西维斯保健公司	$3,386,298	$1,356,202	$4,742,500
12	Ira H Raphaelson	Las Vegas Sands 金沙集团	$3,288,462	$1,039,710	$4,328,172
13	Michael D Fricklas	Viacom 维亚康姆公司	$3,287,500	$4,054,328	$7,341,828

续表

名次	姓名	所在公司	2016 年 总现金薪酬	2016 年 期权行使 及股票变现	2016 年 总收入
14	Charles J Kalil	Dow Chemical 陶氏化学公司	$2,880,033	$2,357,446	$5,237,479
15	Marc Firestone	Philip Morris International 菲利普－莫里斯国际公司	$2,840,462	$5,185,709	$8,026,171
16	Stephen M Merkel	BGC Partners BGC 货币经纪公司	$2,750,000	0	$2,750,000
17	Stacey H Dore	Energy Future Holdings 未来能源控股公司	$2,745,699	0	$2,745,699
18	David J Sorkin	KKR 科尔伯格－克拉维斯集团	$2,690,000	$1,275,793	$3,965,793
19	Sandra Leung	Bristol－Myers Squibb 百时美德贵宝公司	$2,672,575	$5,787,462	$8,460,037
20	William H McDavid	Freddic Mac 联邦住宅贷款公司	$2,589,260	0	$2,589,260
21	Brett J Hart	United Continental Holdings 美国联合大陆控股有限公司	$2,434,054	$3,378,924	$5,812,978
22	David P Scharf	Baxter International 百特药品贸易国际有限公司	$2,329,096	0	$2,329,096
23	Laura J Schumacher	AbbVie 雅培生命公司	$2,309,838	$3,429,486	$5,739,324
24	Denise F Keane	Altria Group 美国奥驰亚集团	$2,262,667	$3,339,286	$5,601,953
25	Michael J Sharp	Leucadia National 莱卡迪亚全国控股公司	$2,250,000	0	$2,250,000

2. 中国 CLO 的收入状况

根据中智咨询 2016 年的调研，86% 受访公司律师年薪不足 45 万元，100 万元以上的高薪法务人约占 5%，仅 40% 的企业针对法务有明确或公开的职位晋升通道。拿收入最高的金融行业的数据为例，中国公司 CLO 的收入平均数应该在 100 万至 150 万元人民币。这个数字与美国同行的平均收入（以 200 万美元计算）整整差了 10 倍！

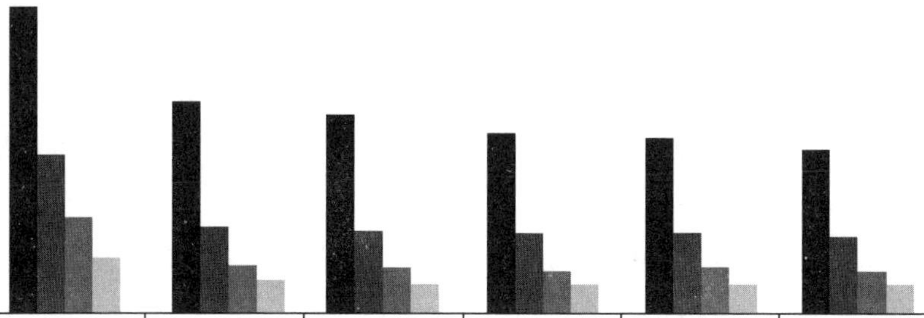

	金融	地产	消费品	制造	销售贸易	互联网
■法务总监	1,063,071	738,474	689,989	618,979	609,484	572,717
■法务经理	548,610	297,136	284,370	274,881	278,626	258,519
■法务主管	326,869	168,525	161,300	153,783	158,042	149,637
■法务专员	190,784	105,139	93,171	91,043	95,107	94,883

图 4.1　不同行业企业法务人才薪酬

三、尴尬的职业规划

在中国法律人的道路可以有很多种，最典型的一种就是步入公务员大军成为法官或是检察官。法官或者检察官收入稳定，社会地位高，只是在升职和加薪常常有限制，而且常常处于风口浪尖。另一种典型就是社会执业律师，其属于自由职业者，上班不受时间限制（在工薪制律所除外），长期看来收入可能会比法官或者检察官高很多，缺点在于律师权利缺乏保障，执业过程面临很多风险，而且可能刚执业时起步艰难。

还有一种选择就是成为公司律师，公司律师是企业的员工，他与社会执业律师的收入存在巨大差距，和法官、检察官的社会地位又不能相比，在企业里有时甚至还不如一般企业人员受到重用。目前，我国公司律师在公司的地位虽在逐渐上升，但是仍然不高，晋升的空间相对不大，公司律师的职业规划处于一种尴尬的状态。相比之下，社会律师的职业规划明朗而具有目标性，通过当律师积攒经验一步步向律所高级合伙人的目标前进。

四、走出困境

CLO 笃信:一个问题如果是个问题,你不说,别人也会说;一个问题如果不是问题,你说一万遍也是白说。所以大部分时候,他们会选择默默地离开,毕竟他们有太多更好的选择。而如果公司不断遭遇优秀的高管如 CLO 出走,公司就应该积极反思,到底是哪里出了问题,否则公司就会进入恶性循环。

首先,设计合理的薪酬结构和薪酬水平至关重要,让 CLO 有可能成为与律所合伙人一样富有的人。

良好的公司律师薪酬设计,既能兼顾公司律师的业绩与公司的绩效,也能考虑到公司风险与市场风险,不仅有利于吸引并留住高级法务人才,激发其潜能,还能降低代理成本,并为公司律师的发展壮大提供物质保障。公司应考虑构建有竞争力的公司律师薪酬体系,从原来注重岗位薪酬转变为注重绩效薪酬,将每一个薪酬级别所对应的薪酬浮动范围拉大,薪酬的激励作用明显加强。

其次,建立起公司律师的晋升制度和期权机制,燃气他们的希望。

有必要建立公司律师的晋升机制和奖惩机制。公司律师持股计划本质上是一种长期的激励机制,有利于调动公司律师的工作积极性和热情。一方面,公司律师作为企业的劳动者仍可以获得原有的工资、奖金等报酬和福利待遇;另一方面,公司律师作为股东,可以参与到企业的利润分配中来,从企业获得更高的收入。持股可以将公司律师的长期利益和企业的长远利益有机结合起来,公司律师若想要分享企业成长带来的资本增值收益,就必须留在企业,持有企业的股份,这在一定程度上有效地留住了企业的优秀人才。

再次,让 CLO 真正有话语权。

公司要提升公司律师的地位,让公司律师和 CLO 真正具有“话语权”,增加公司律师对公司的归属感。随着公司的法律需求的不断增长,提高公司律师的地位成为趋势,这利于公司律师更好地履行职责和发挥职能。公司律师负责人的地位越高,就越利于公司律师业务的开展,也越有利于公司律师团队的稳定。

最后,公司律所的有益探索。

【案例:西门子法务部内部收费的实践】①

西门子公司 2000 年开始尝试了内部律师收费的模式。西门子公司的法律服务部比较了内部法律顾问和外部律师每小时的收费标准,内部法律顾问每小时 157 欧元,而一般外部律师每小时的收费至少在 300 欧元以上。加之外部律师收费

---

① 衣学东:《欧洲企业法律顾问制度考察》,载《企业改革与管理》2003 年第 4 期。

行情总是一路看涨，而内部法律顾问的收费标准则较为平稳。在 2001 年，西门子公司总体的法律服务费用支出为 3571 万欧元，其中 55% 用于支付给内部法律顾问，45% 用于支付给外部律师。从控制成本的角度来看，多用内部法务人员无疑是明智之举。

公司律所还处在一种探索阶段，之前公司法务部门只对所属公司服务，服务对象的局限性导致了公司律师的职业发展比较狭隘。公司律所的设想无疑拓宽了公司法务部门的发展道路，由于公司律师对公司事务和具体领域比社会律师更具有专业性，这往往可以吸引到更多的业务。但事物的存在总是一把“双刃剑”，有利也有弊。公司律所的模式存在难以克服的隐患，会对公司的风险控制带来不良影响，因为公司律所的业务导向与风险控制的理念会格格不入，冲突不断。

◆ 结语

收入和职业规划一直是横在公司律师群体面前最厚实的两块挡板。其实，这好像也不是问题，美国同行已经找到解决的办法：转变你的定位，提升你的地位，你的价位自然会上升，其他所有的问题都能迎刃而解。

第五章

原谅 CLO 奇货可居需要抢

> 优秀的 CLO 屈指可数，选择那些对商业有浓厚兴趣的律师当 CLO。

认识到 CLO 的价值和功能，企业终于决定将 CLO 引入公司管理层。但很多企业都反馈，找到一个合适的 CLO 真是不容易，让各方都满意的 CLO 更是奇货可居。在中国，CLO 的职业经理人市场很不完善，优秀的 CLO 更是屈指可数，企业可选择的余地真的不大，挑挑拣拣的结果就是可能错过最合适的 CLO 人选。

他们最好有国际视野，熟悉海外投资，精通几门外语；他们要懂法律、懂业务、懂财务；他们有强大的人脉和社会圈子；他们最好年轻力壮，精力旺盛等。企业对 CLO 的选任往往设置过多的条件，建议尽量简化不超过三条，比如，他们对商业充满浓厚兴趣，精通一门外语，最好有海外背景，懂业务并做过管理。当然人品要好！

第一节 不想当 CEO 的 CLO，不是好 CLO

> 公司律师的职业目标不是 CLO，而是 CEO。

不想当将军的士兵不是好的士兵，不想当 CEO 的 CLO 也不是好的 CLO。虽然大部分公司的 CEO 都是从研发和营销产生，甚至 CFO 成长为 CEO 的案例都要比 CLO 多，但仍然有很多 CLO 晋升为 CEO 的成功案例，而且在未来知识经济的时代这种现象会越来越多。

根据一项对 CLO 的问卷调查显示，CEO 最看重的 CLO 能力依次为系统思维能力、战略规划能力、领导能力、创造能力、沟通能力、业务能力和人力资源开发能力。从深谙法务之道的 CLO 向掌管公司战略的 CEO 的转变，要有足够的自我意识和思维敏捷性，改变根深蒂固的行为模式，同时将这种改变扩散到整个管理团队，这正是 CLO 向 CEO 转变的真正秘诀所在。

通常 CLO 以专业技术著称,但这也就意味着他们的思维过于狭窄,未必能够胜任 CEO 在战略和非技术方面的工作。事实上至少在美国也如此,尽管有些 CLO 成功晋升为 CEO,但只占到全部 CEO 的很小部分。他们的成功有哪些可以借鉴的经验呢?对于有志成为 CEO 的 CLO 来说,最大的障碍在哪里?又怎样创造机会来实现转变呢?

一、CLO 的成就心

成就心表现出的这种敬业精神是作为公司高管 CLO 应具备的优秀素质。一个对工作充满了饱满热情的 CLO 肯定是爱岗爱业的,也应该是恪尽职守的,这种不自觉的主人翁意识、对工作工匠般的精益求精和对公司的兢兢业业,必然会引起董事会和公司股东的青睐和重用。微软 CLO 晋升总裁的案例或许会给我们带来某种启示,虽然此总裁非彼总裁。

【案例:微软 CLO 晋升公司总裁】①

Brad Smith 自 2002 年开始担任微软的 CLO,在他主持公司律师工作以来,在微软与美国司法部和各州检察官达成的反垄断同意令的问题上扮演了重要角色,并且在公司隐私、安全、环境可持续性和数字融合等领域的创新项目中也发挥了重要作用。在 Brad Smith 的带领下,微软法务部不仅仅是审查合同与处理案件,更重要的是参与公司的战略及项目,成为公司战略与项目制定和实施的重要参与者。

2015 年 9 月 12 日,微软正式宣布 Brad Smith 出任公司的总裁。微软的上一任总裁是 Rick Beluzzo,但于 2002 年辞职,至此微软这一职位已空缺 10 余年之久。Brad Smith 的接手标志着微软高级领导层进入新的时代,同时也标志着作为 CLO 的 Brad Smith 的职业生涯又达到了新的高度。

微软的 CLO 不是个例,Kenneth Frazier 在打赢一起有关关节炎药品的诉讼后,成功晋升为默克药品公司首席执行官。Jeff Smisek 在成为大陆航空公司首席执行官前是该公司 CLO,如今是联合航空公司 CEO,该公司 2010 年并购了大陆航空。通用电气简直成了律师 CEO 的摇篮,他们两位 CLO 都成了其他公司的 CEO:Jeff Kindler 主掌辉瑞制药,Frank Blake 入主家得宝家居连锁店,该公司主营庭院家居。

---

① 《微软任命法律总顾问史密斯为公司总裁》,资料来源:http://news.china.com.cn/live/2015-09/12/content_34232361.htm,访问日期:2016 年 3 月 1 日。

【案例:通用 CLO 出任 CEO】[1]

通用的前 CLO Jeff Kindler 成为辉瑞制药 CEO 就是一个成功转型的典型。原副董事长、公司首席律师 Jeffrey Kindler 替换 63 岁的 Hank McKinnell 成为世界制药业新任 CEO。McKinnell 在一份声明曾中表示:"董事会和我都发现目前制药业变化很快,辉瑞也需要与时俱进,主动转换其业务模式以跟进潮流。""现在是更换领导层的时候,这将有助于推动公司的转型。"

后接手的 Kindler 毕业于哈佛大学法学院,于 2002 年加入辉瑞。此前,Kindler 曾担任麦当劳旗下 Boston Market 子公司的董事长。Kindler 于 2005 年 2 月出任辉瑞副董事长。与 Kindler 同时登上副董事长职位的还有负责财务和战略规划的 David Shedlarz,以及药物运营部门负责人 Karen Katen。Kindler 是三位中年龄最小,也是在制药方面经验最少的一位。然而这位法律系出身的哈佛毕业生却最终意外地胜出。此前,Kindler 为辉瑞打赢降胆固醇药物 Lipitor 专利案立了大功。兴许正是在这场官司中的出色表现,Kindler 才得以脱颖而出。

二、CLO 的好奇心

有些 CLO 认为只要耕好自己的一亩三分地,就可以高枕无忧,的确此时你会是法务的行家里手,但也到此为止。CLO 要保持强大的好奇心,有兴趣去努力了解并熟悉公司的每一项业务类型和每一项业务流程,并做好为了进一步深入业务吃很多苦头的准备,毕竟隔行如隔山,多年养成的法律思维,一时间很难快速理解和接受业务利益至上的商业思维。有抱负的 CLO 还勇于揽事,不怕担责。其事业不会局限于自己的一亩三分地,而是珍惜公司指派的每一项工作任务,通过工作锻炼自己和所带领的团队,与公司共同成长。

三、CLO 到 CEO 的必由阶梯

阶梯一:了解自己的优劣势

CLO 之所以能够在特定的时刻力挽狂澜拯救公司,原因在于他们深谙风险控制和危机处理之道,相比之下,生产、销售等其他背景出身的 CEO 在这方面是非常欠缺的。

---

① 《辉瑞制药突然换帅,律师将成新掌门》,资料来源:http://finance. sina. com. cn/chanjing/b/20060731/01532775951. shtml,访问日期:2016 年 5 月 1 日。

公司有自己的生命周期,市场也有其自身发展规律,所以在公司不同的发展时期,公司对业务的侧重会明显不同。对于 CLO 讲,他只有在公司发展到某一特定阶段后,其价值才可以得到真正体现。

例如,企业规模对公司律师的需求影响就很大,我们很少会看到收入低于一亿美元的公司设置 CLO 的岗位,大多数中小企业根本也没有法务人员。这就是市场规律,如果强行违反规律设置公司律师,只会额外增加企业成本甚至影响企业生存。

在大公司,CLO 的优势就非常明显。特别是当公司遭遇重大案件或者危机之时,公司需要老谋深算的 CLO 出面解决,所以,CLO 最能胜任 CEO 一职。例如,花旗集团的 CEO 以前一直是花旗的 CLO,由于 2003 年花旗银行发生了一系列严重的合规和监管问题,包括花旗丢掉在日本的私人银行牌照,他被提升为 CEO。[①]

不过有时候,CLO 的优势有可能成为掌舵公司的弊端,运用 CLO 的头脑管理公司,常常过分注重风险而丢掉市场机会,同时被摧毁的还有服务质量及员工斗志,致使公司陷入困境。而且,资本市场常常对上市公司任命有 CLO 背景的高管为 CEO 有这样的猜想:企业可能遇到了较之以前更为严重的法律诉讼或者违规事件。[②]

阶梯二:了解 CLO 与 CEO 的差距

成功的 CLO 与 CEO 之间有哪些不同呢?很显然 CLO 的工作专业性非常强,而 CEO 则需具备战略、管理和人际交往等多方面技能。法务高管的遴选考察的是对法务的理解和掌控,而管理和人际交往能力往往很少在考查范围之内。有趣的是,在中国和美国,很多 CLO 被称为"爱打折扣的人",因为他们总是爱关注风险。

显然 CLO 类型的领导人可能会在风险控制方面发挥优势,但不利于产品创新和企业竞争力的提高。"爱打折扣"的领导思维对于企业短期目标有一定益处,但不利于其长期发展。

CLO 的认知偏见是安全保守、习惯性的夸大风险、不相信领导力的魅力、缺乏全局思维和社交能力薄弱。要改变 CLO 的这一行为就意味着要对自己的管理漏洞有自知之明,提高思维敏捷性,提高主动性,从而使其管理模式发生改变,成为优秀的 CEO。反之,他们将成为失败的 CEO,甚至永远坐不到 CEO 的位置上。

---

① Monica Langley, Behind Citigroup Departures: A Culture Shift by CEO Prince, Wall St. J., Aug. 24, 2005.

② Michael E. Porter et al., Seven Surprises for New CEOs, Harv. Bus. Rev., Oct. 2004.

阶梯三:专业技术替代不了管理智慧

几乎所有的 CLO 都具备优良的专业素质,但不能想当然认为管理智慧与专业素质成正比。某些情况下,专业素质高但可能管理策略不恰当。这是因为一般情况下,即便知道什么是正确的决定,但无意识的认知偏见会使决策过程受到影响。

"知道什么是正确的"与"真正做到正确的事"差距有十万八千里。如果 CLO 能不再是"单一型人才"。可以通过提升自我意识和管理智慧来解决。但多数时候靠个人能力是很难做到这种改变的,可以借助一些指导和训练,使他们意识到影响他们做出正确决定的行为漏洞和认知偏差,从而提高管理能力。

阶梯四:一分耕耘一分收获

改变行为模式犹如强迫自己走出舒适区,直面自己的弱点,这对人的心理是一种挑战,但只有经历这种挑战,公司律师才能获得晋升更高职位所需的技能。在这一过程中,管理智慧得到的升华对工作和个人生活都是大有裨益的。

在美国,CEO 等高管将通过评估得到的管理水平结果进行公布已经变得非常普遍,这极大地体现了开放性和透明度。同时也向他们的员工传递了这样的信息:高管都这样做了,他们必须也要做到。这样就迫使管理团队中的每个成员都更具开放性和透明度,从而每个人的工作技能和管理智慧都得到提升。

当一名成功的 CLO 的秘诀是什么?遗憾的是根本就没有秘诀,就是勤勤恳恳地工作,并与他的团队持之以恒地努力。CLO 要提升管理智慧最好的方法是让他们的员工也参与进来成为真正的团体努力而不是个人努力。个人的努力能为 CLO 提供改变管理模式的框架,但无法影响到管理团队和公司。如果提高他们的参与度,那么可能带来的是团队和公司革命性的改变,这样向 CEO 的进阶就又迈进了一步。

四、别人都没把你当竞争对手

CLO 在走向 CEO 的路上绝非坦途,他必然会遭遇到各种各样的狙击,其中最重要的竞争对手就是 COO、CMO 和 CFO。

1. COO:我是二当家

CEO 通常负责对外的公司形象的建立和公司长远规划的制定,日常的管理工作主要是 COO 的职责。COO 是整个公司中最接近管理工作的人,他需要有很强的处理不同问题的能力,从而使 CEO 从烦琐的日常管理中解脱出来,把精力放在对公司未来的重大决策的思考上。

虽然 COO 在企业的“内部控制”上具有相当强的优势,COO 对成本、业务流程以及风险均有相当的控制能力。此外,领导气质也是 COO 最终成为 CEO 的一大优势。但 COO 也因为其“位高权重”,与 CEO 的冲突往往导致其在成长为 CEO 的通路上“出师未捷身先死”,更有甚者,当公司业绩不好的时候,COO 往往会成为 CEO 丢卒保车的首选。

【案例:美国银行 CLO 出任 COO】[①]

汤姆·特鲁希略(Tom Trujillo)是美国银行首席运营官,曾任美国银行副 CLO 兼运营总监。他的经历可谓丰富多彩,在银行的很多岗位都工作过。2011 年的后半年,汤姆·特鲁希略被任命为法务部的副 CLO 兼运营总监。2015 年他被再次提升为首席运营官。而在之前,他在埃森哲做过多年的咨询。

美国银行的法律团队和整个银行领域,由于不断增加的法律和监管挑战,在过去的几年里经历了前所未有的时期。当汤姆第一次进入公司的时候,相比之前的法务部门,这家企业在法律实践方面的多样性和不同性方面让我感到震惊,法务部门在企业中是一个成本中心,他的价值并不在于你为企业带来多少收益,而是你为这个企业的业务模式增加多少附加价值。

汤姆·特鲁希略的职业生涯还在继续前进着,他把他成功的原因归结为他几乎从来不说“不可能”这三个字。“这不是在回避风险,”他解释道:“你把事情拿到桌子上来谈论的价值就在于,我们有问题需要去解决。通过适当的风险管理帮助我们处理这些问题,而不是去规避风险,因为你不可能去真正地规避所有风险。”

2. CMO:利润发动机

CMO 最大的优势是他们对市场、对客户的深刻了解,对未来市场发展趋势的洞察力。营销出身的高管出任 CEO 的比例也是相当高的。从调查结果的统计数字来看,营销人成为 CEO 的比例是最高的。在欧美企业里,营销出身的 CEO 比例超过了 20%,名列第一。这些成长为 CEO 的 CMO 们通常带有类似的色彩:他们通常从底层做起,创下骄人的业绩,拥有在企业不同部门工作的经历,由于他们在营销部门担任领导职务,通常对于市场的全面掌控有着独到的见解和经历,此外,因为营销是一个团队的系统工程,他们通常也拥有非凡的领导才能。CMO 最大的优势是他们对市场、对客户的深刻了解,对未来市场发展趋势的洞察力。但 CMO 如果要成为企业领导者,必须加强自身在后台运营、法务管理、生产、物流等方面的知识和经验的积累。

---

① ACC:《汤姆·特鲁希略:商业中的黑带选手》,赵青译,载《法人》2015 年第 11 期。

3. CFO:我是财神爷

研究表明,与其他的CXO们相比,CFO更有担任CEO的优势:CFO所具有的财务管理知识和洞察力,对公司的整体经营状况了如指掌;同时随着上市公司的逐渐增多,作为股东利益的代言人,CFO们也从一开始就成为公司最为核心的管理层,参与到几乎所有的公司重大决策之中。此外,CFO天生的股东代言人的特殊定位也为他们直接同董事会打交道开辟了通道。财务战略不是单独的数字游戏,不能独立于业务战略而存在。正是由于公司的财务战略与整个公司战略休戚与共,CFO们通常能够比其他CXO们更早地洞悉公司经营的核心。

另外,CFO升到CEO的通路并不会一帆风顺,影响CFO成长为CEO的最大障碍来自CFO经营能力方面的缺失。CFO有深厚的财务运作能力、风险控制能力和成本分析能力,但是过于从财务的角度来看公司可能导致偏好并购,而不注重公司的内部有机成长。

◆ 结语

让中国的老板真正地接受CLO,需要公司老板对CLO有深刻的认识和充分的信任,这个有非常大的理解困难,特别是在中国这种发展中国家里,大部分老板都出身于营销和产品,他们更无法理解西方为什么启用一个律师当CEO。西方企业走过的路我们正在走,而且不管我们怎么否认,其实基本走的路径跟人家大致不差,这就是谁都无法否认的经济规律。当我们盲目地喊出,我们跟美国企业不一样,不太需要CLO,就已经注定这个企业要走不少的弯路。

第二节 一半是商人,一半是律师

> 如果CLO对商业没兴趣,那就赶紧辞职去做律师,别耽误公司,也别耽误自己。

CLO必须带领自己的公司律师团队思考自己的职业定位,到底是商人还是律师?CLO肯定不是完全的商人,商人唯利是图,为了利益甘冒大的风险,不管自己能否承受。CLO也不是完全的律师,律师很少会从公司经营的角度考虑问题。

在中国,公司位高权重的CLO屈指可数,每天埋没在大量合同却无缘与公司老板面谈的公司律师则比比皆是。虽然在国资委建立公司内部法律顾问制度的号召下，大型国企的确建立了总法务官制度，但能够向董事会建言的总法务官则少之又少，在财大气粗的国企如此，更何况在无数的中小民企中，能够专设人员进行合同审查已经是可以对外宣称公司拥有自己的内部法务，而大多数中国企业连专门的合同审核人员都没有。在大多数中国企业眼中，市场交易达成位列第一，赚到钱再说，等出现法律危机时，经济殷实的企业选择再花一笔钱去请经验丰富的律师，而风险抵抗能力弱的企业则逐渐在市场中消失。

一个个体改变外部环境的力量是微小的，唯一可以改变的就是我们自己。CLO 在公司的地位与其自身的定位密切相关，由此直接引发的相关命题更值得我们深度思考，比如类似“CLO 是商人还是律师”的越界拷问。国务院已取消企业法律顾问考试等一大批职业资格考试，这再次将 CLO 在企业身份定位的争论甚嚣尘上。

一、公司律师的边缘化

据粗略统计，在中国上市公司中 CLO 做到公司高管的不足 10%，在公司董事会中更难觅 CLO 的踪影，而这一比例在美国保守估计在一半以上。当理想照进现实，理想很丰满，而现实总是很骨感。大部分公司律师不得不悲观地承认，自己和所在的部门还处于公司非常边缘的地位，说实话，有时可能连配角都算不上，比如说在有很多公司，律师几乎是最后一个知道项目合同的，如果不是需要他们审批盖章，他们可能压根就不知道有这么回事。

有时对我们来讲，西方大公司的公司律师的崇高地位如水中月、镜中花般难以企及，殊不知，他们一百多年以来在自己内外部生存环境上进行了怎样艰苦卓绝的努力。据说，美国石油公司成立地球上第一个公司法务部时，也并没有把法务部当回事，只是觉得相比外聘律师，内部法律顾问可以给公司节省很多律师费，给法务部的定位也仅仅是法律咨询和处理官司，西方公司律师一开始的处境比我们应该好不到哪里去。

中国公司律师历来不受重视，表面上，我们常常把这一现状归罪于公司对法务工作的无视和公司 CLO 的无所作为，但静下心来研究才发现没有那么简单。回头再审视下公司律师的自身，首先，要接受这样一个残酷现实：在中国，一流的毕业生选择走仕途或出国深造，二流的毕业生选择去国企，三流的毕业生做外部律师和公司律师，其中虽有例外，但大体如此。其次，公司律师的思想守旧，大部分公司律师把自己定位于专家顾问和法律判官的角色，而事实上自己没有这个水平，导致眼高手低，既不愿俯身去接触业务，又不能给别人解决问题。最后，只能落得尴尬的结局。

二、公司律师的身份再定位

我们应该对公司律师被边缘的内外部因素有一个清晰的认识,外部如市场、政府、法治等环境因素很重要,但却不是唯一影响因素,也就是说并不是外部环境好了公司律师自然会跃升到公司的权力核心。一个很明显的例证是,即使在欧美那么好的外部环境下,也有大把干不好的公司律师,这时候真怨不得别人,只能怪自己的无所作为。

恰恰相反,即使在中国这样不完善的环境下,我们看到很多有竞争力的大公司法务部成长迅速,在公司内部重大事项上频频发声,地位也越来越高。按照公司不养闲人的商业逻辑,他们一定给公司带来很多额外的价值,公司才会不惜成本地去大量招录公司律师。通过研究发现最有可能的根本原因是,这些现代公司法务部在公司管理中定位上的变化,他们正在从传统的法律咨询部门逐渐演化为参与公司竞争和经营的核心部门,而有关公司律师的错位和纠偏,必然会触及三个绕不过去的命题,将下面这三个命题想清楚是公司律师的准确定位的前提。

三、三个命题的提出和试析

命题一:公司律师应该厌恶风险还是偏好风险?

一般来说,律师天生厌恶风险,商人天生喜好冒险。反之,律师如果唯利是图而无风险意识就可能会不称职,商人如果惧怕风险就会错失商机而无盈利可图,所处的位置和出发点不同,思维就会迥异。

但是对于公司律师来讲,这个问题会变得复杂,因为公司对于外部律师的期望和对公司律师的期望会完全不同。例如,对于一个大项目的可行性,如果咨询外部律师,公司可能希望的就是外部律师出具法律的相关规定和法律风险分析,至于你公司是否能承担该风险是你自己的事。但如果要公司律师出意见,公司的要求就会更高,不仅希望公司律师熟悉法律,出具法律分析意见,还希望公司律师结合公司现状,然后从商业可行性和项目整体风险把控上出具最终意见,他不仅要告诉公司风险所在,还要告诉公司能否承受得起此项风险。

试析:律师与风险就像猫和老鼠一样是天敌,律师厌恶风险无可厚非。

公司律师与外部律师相比,既要对风险有灵敏的嗅觉,但又不能厌恶风险。公司喜好风险本身没什么错,商业的机会总是蕴藏在风险之中,公司律师更应该理解富贵险中求的含义。美国可口可乐欧洲公司 CLO Chris Barnard 曾说,公司律师必须对商业和风险充满好奇和兴趣,这是成功CLO的必备条件。① 他必须让别人知道,他不只是能够出几份法律意见书。

同时,因为与公司都在一条船上,公司律师不可能将自己置身事外,以一种第三人的角度看待问题。美国XL集团CLO Gould一直鼓励法律部人员要抓住机会,获得各种各样的经验并不怕将自己暴露在不同的工作问题和文化冲突中,公司律师非常不同于外部律师私人执业,你必须全身心地投入公司的工作生活中,呼吸公司每时每刻的创新,看到业务的全景以及其中所有的片段,虽然这意味着很多风险和责任,它是非常令人满意和令人欣慰的。②

命题二:公司律师用商人的思维考虑法律问题还是用法律的思维考虑商业问题?

作为公司律师,比较常见的现象是把一个商业问题从法律角度分析得头头是道,喜欢掰开了揉碎了不厌其烦地讲,并常常自负地认为很专业,认为在场的业务人员会惊叹得五体投地;但常常恰恰相反,发现很多人不仅没有听明白,甚至没等法务讲完时就已经被业务部门打断,基本没几个人心甘情愿地去耐心听,除非你的听众都是法律科班出身的,但如果这样,他们还需要你来分析吗?如果只会从法律角度分析业务,最后法务会发现自己已经没有了听众,也没有了分析业务法律风险的机会。

试析:公司律师用法律思维考虑商业问题是基础素质,用商业思维考虑法律问题才是能力。

但现实是,很多公司律师仍处于具备基本素质的阶段,成功实现能力的进阶,这要求公司律师对商业有清楚的认识、强烈的兴趣和职业的敏感。对商业具备了清楚的认识才能培养对职业的敏感度,才能准确地识别公司业务与商业模式中潜在的风险,否则识别出来的风险仅是浅显的风险,隐藏在更深层次的风险却一无所知,当公司律师还在为对风险设置了预防措施沾沾自喜之时,爆发的对公司产生致命影响的风险却给公司律师来了个措手不及。

法律思维与商业思维存在较大的区别,最重要的是考虑因素的优先级不同。法律思维首先强调权利义务与责任担当,而商业思维考虑的是否能成就商业,其他都是为商业服务的工具。但是,公司律师甚至到CLO,他都要整天在理性律师和商业决策这两个角色间痛苦切换,这要把控住的确不易。因为,如果过度沉浸于商业就会忘掉法律人的本分;而如果过于谨慎和理智,CLO在公司的职业晋级可能

① Nabarro LLP:From in – house lawyer to business counsel, a survey and discussion paper, https://wenku.baidu.com/view/1ee05c10e45c3b3567ec8bef.html, Aug. 22, 2014.

② Jennifer J. Salopek:CLO Kirstin Gould of XL Group on Progression inJob Responsibility, www.acc.com, Feb. 10, 2016.

就到此为止。

【案例:腾讯老外 CLO 艾文博(Brent Irvin)】[①]

“作为公司律师,你需要与商业紧密合作并且要了解商业运作。对我来说,幸运的是腾讯的核心产品:社交媒体、游戏、视频和音乐等使用起来非常有趣和好玩。”艾文博说:“同时作为篮球爱好者和前学院球员,获得与 NBA 共事的机会是一个特别有趣的经历。”

对艾文博来说,没有两天甚至两个下午是相同的。但是时间管理、交流和专注于腾讯的结构通常都糅合在他的日常工作中。像腾讯这样规模的公司,艾文博补充道,亲自处理如此多的个案是不可能的,所以他的团队是非常关键的。

“在我看来,腾讯法务是世界级别的,目前由大约 200 名律师组成,这 200 名律师分布在知识产权、诉讼、并购和内容保护几个团队中,”他说:“在某种程度上,法务参与到腾讯所做的任何事务中,尤其是内容的创建或者是许可,一直到知识产权执法。我认为腾讯在提供内容(从游戏到音乐、电影、体育直播)上将继续成为全球领导者之一。”

命题三:公司律师是商人,还是律师?

自己是商人还是律师是公司律师必须搞明白的一个问题。公司律师肯定不是完全的商人,公司律师也不是完全的律师。外部律师大多不懂企业,扮演的更多的是判官和顾问的角色,而很少会从商业模式和公司经营的角度考虑问题。在商言商,如果公司律师心里不清楚自己的定位,他就会整天在二者之间摇摆不定,更难在他们之间找到平衡。

把这个问题设定得更确切些,应该是公司律师是具有法律思维的商人还是具有商人思维的律师。按道理讲,执业律师一旦改行做公司律师,他原本的职业身份就应该被淡化,从这方面来讲,他更多是商人的身份。但如果从合规监管和独立性的角度来看,公司的董事会更愿意明确公司律师的职业身份,使其享受外部执业律师的一些特权,为公司所用,从这方面来讲有更多一些律师的职能。

试析:公司律师首先是法律思维的商人,然后才是有商业思维的律师。

首先,公司律师应该是具有法律思维的商人。如果把公司看成一个商业整体,公司律师永远都是公司的一分子,其本身就应该是一个商人。很多经验显示,这种现象在小公司非常明显,公司越小,其公司律师考虑的商业问题越多,法律问题越少;公司越大,其公司律师考虑的法律问题越多,商业问题越少。其内在逻辑是,如

---

① 马丽:《腾讯总法艾文博的“漂洋”之旅》,载《公司法务》(第一辑),知识产权出版社 2016 年版,第 5 页。

果你是一家几十人的小公司的公司律师,你会对公司的业务和盈利有直接的感受,因为离业务很近,你不会出具一些不切实际的法律意见,而更多的是以法律的思维考虑商业的可行性。而大公司因为分工越来越细,离业务越来越远,其考虑问题时,更多的是先入为主地考虑法律问题及风险控制,这本身没有错,但经常发现公司律师的天平经常向夸大风险否定业务倾斜,这样会让业务单位感觉法务部门的官僚气氛。

其次,公司律师是具有商业思维的律师。公司律师应该以商业为纲、以法律为领,一切以成就商业为目标,这样才能保证自己的行为不会有大的偏差。KPMG 对全球 CLO 的一项调查显示,70% 的 CLO 认为他们为公司提供商业意见跟提供法律意见同等重要(见下图)。①

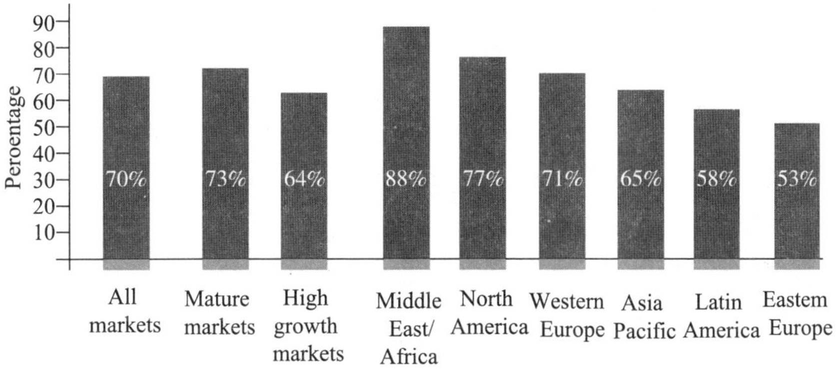

图 5.1　Number of respondents who slightly or strongly agree that giving commercial advice is as important as giving legal advice

如果公司律师能清晰地回答前两个命题,即确定自己风险偏好和思维习惯,那么,这个命题就会迎刃而解。公司律师如果偏好风险和注重商业思维,他自己首先定位为商人;而如果公司律师厌恶风险和排斥商业思维,他自己定位为律师。应该说,公司律师可能是律师和商人的聚合体,是具有强烈商业思维的律师或具有强烈风险意识的商人。

◆ 结语

如果把公司比做一艘驶入无际海洋的大船,那么,自你进入公司担任公司律师的那天起,就已经成为一名船员,并将自己的命运与大船绑定在了一起。公司这条

---

① KPMG: Beyond the Law, KPMG's global study of how General Counsel are turning risk to advantage, www.kpmg.com, Aug. 12, 2016.

大船有风平浪静的时候,船员可以四平八稳,各司其职,也有惊涛骇浪的日子,船员就要与大船共生死。你很难独善其身,因为你都不知道下一秒大船会不会翻覆,只有将自己完全变成大船的一分子,才多一份活下来的希望。

CLO 首先是公司一员,其次才是律师,这个顺序如果逆倒,就会导致一系列的思想混乱和行为错乱。他要像稻盛和夫所倡议的,成为自燃型的人,会为自己制造旋涡,并让自己成为公司主业旋涡的中心。[①] 其实,不仅是律师,会计师、税务师、工程师等拥有社会独立职业身份的人一旦进入公司,都应该立即忘掉自己的原有身份,而以一名公司成员的崭新身份与公司同舟共济,你在公司的位置越高,这种觉悟和感受就会越强烈。所以不难想象,一个进入董事会的 CLO 或者 CFO,如果不懂商业运作,整天强调自己律师或者会计师的身份,或者侃侃而谈干巴巴的法律政策和财务规范,他们一定会被认为是神经病而迟早被赶出董事会。

CLO 应具备商业思维已经无可争议,他若能具有创业精神则更难能可贵,因为,一个具有创业精神的 CLO 一定具备强烈商业意识和嗅觉,也一定会更多地从商业的角度去考虑项目的可行性和问题的解决办法,而不会死板地恪守法律教条。具备灵敏的商业思维是一个优秀 CLO 的特质,拥有一名创业精神的 CLO 更是一家公司的福分。

公司老板特别喜欢与这样的 CLO 沟通,他们很少讲法言法语让别人显得很白痴,而是会用对方听得懂的语言来阐述问题;他们很少喋喋不休地进行法律分析而让人生厌,而是会在简明的分析后进行果敢的判断;他们很少会以诸如"事情过于复杂""要考虑的因素很多"等借口来掩盖自己的无知无措,而是会敢于担责地给出最佳的操作方案。这样的 CLO 奇货可居,也必然成为公司老板的核心商业智囊和合作伙伴。

真理越辩越明,CLO 是商人还是律师的争论还会继续下去,实践是最好的试金石,相信市场经济会给出最终的答案。不管怎样,我们已经很欣喜地看到,在中国很多经济发达的地区,公司律师的思维已经在悄然发生变化。比如,他们已经走出办公室,开始深深介入公司各项业务中;他们逐渐坐上谈判桌并慢慢成为项目谈判的核心成员;他们开始关心行业趋势和研究报告,在公司的战略策划和落地中浮现出越来越多的身影;他们也不再故步自封,而是放下身段、以开放的姿态去参与到公司正面的竞争战场中,与公司同呼吸共命运。其实,这正是我们真正希望看到的,因为实质行动远比争论辨析来得更加靠谱和实在。

---

① 稻盛和夫:《干法》,曹岫云译,华文出版社 2011 年版,第 64 页。

第三节　一个律师到一千人的公司法务部

> 不必对百人法务部大惊小怪，千人法务部已经出现，万人法务部也在不远处。

美国甲骨文公司的组织架构设计会给人一种错觉，这应该是一家大型律所或者法律咨询机构，而不像一家软件行业的科技巨头，因为其庞大的法务组织在规模上已经远远超过了其软件工程部门，这在大部分科技公司确实不可想象。架构也是生产力，其实除了甲骨文公司，我们还看到国际上越来越多的跨国公司巨型法务部门的出现，而且这种扩张丝毫没有停下的迹象，这或许是对多年来忽视公司律师组织建设的一种补课行为。

一、公司律师组织的大规模扩张

在一些 500 强公司内，公司律师团队已经形成一个完整的产业链，即谨慎的非诉公司律师负责起草滴水不漏的授权许可合同，这些格式合同往往非常苛刻，到处充斥的都是霸王条款，但却要求被授权人只字不改；然后，老谋深算的许可公司律师负责发现市场上侵权的对象并展开调查，如果一旦掌握证据就通知目标公司，与其开始痛苦的许可授权谈判；如果目标公司不愿意出钱，谈判解决不了而必须刀枪相见时，咄咄逼人的诉讼律师就会跳出来，他会毫不犹豫地给侵权的公司发出律师函或者直接到法院递交诉状，开了漫长的诉讼程序，当然他也绝不会忘记申请配套的诉讼保全或者禁止令似的东西，这将是被授权公司噩梦的开始。

【案例：从跨国公司组织架构看 CLO 的作用】①

网上曾盛传一张包括了 Amason、Google、Facebook、Microsoft、Apple、Oracle 六家 IT 公司的组织结构图，有评论认为，Amason 有着严格的等级制度；Google 也有清晰的等级，但是部门之间相互交错；Facebook 就像是一张分布式网络；Microsoft 则是各自占山为王；Apple 是一个人说了算。最令人惊讶的是最后的 Oracle，法务部门远远大于工程部门，Oracle 主要靠 CLO 打官司来赚钱。

商业活动日益复杂，企业之间的法律纠纷也越来越普遍，在此背景下，法务部

---

① 《国内外的 IT 巨头组织结构图》，资料来源：http://www.ithome.com/html/it/1831.htm. 访问日期：2016 年 5 月 1 日。

门对公司的重要性不言而喻。Oracle 法务部一场专利官司就能赚取数十亿美元。此前，Oracle 曾于 2010 年起诉 SAP 侵犯其知识产权要求赔偿至少 23 亿美元损失，Oracle 的诉讼律师甚至在陈词时表示，SAP 向 Oracle 的赔偿金额应该至多 30 亿美元。同年 11 月，法院判处 SAP 赔偿 Oracle 13 亿美元。

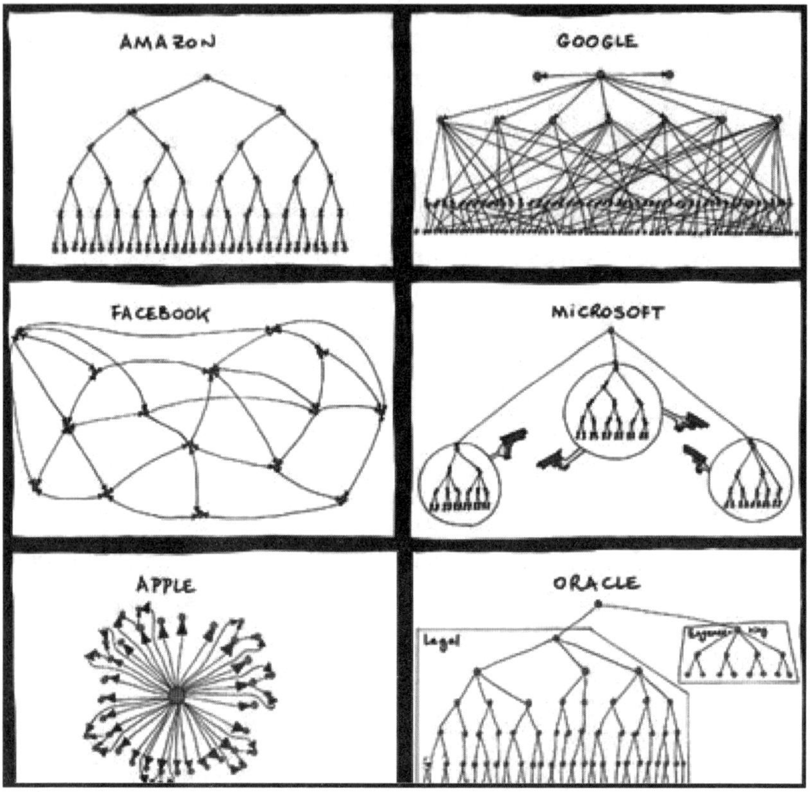

图 5.2　六家 IT 公司的组织结构图

甲骨文专门开发企业级应用和软硬集成套件，为此公司要投入巨大甚至昂贵的成本，面对应接不暇的侵权事件保持零容忍，法务部门自然很重要。对于大部分公司来讲，最怕就是收到类似甲骨文这样公司的律师函，因为他们的公司法务部往往通过一场官司就会为公司要回几亿美元。

其实，这种巨型法务部门不仅在 TMT 行业经常出现，在金融行业也不足为奇。在美国纽交所 4000 多名员工中，有将近一半的人都是公司律师。而汇丰银行被罚 19 亿美元案件的细节被披露后，让我们有机会了解美国银行业的法律合规人员的规模，根据美国政府的调查显示，汇丰银行被罚前，美国总部存在着严重的合规人员配备不足的现象，不仅许多重要位置的高管缺位，而且每个合规官负责审查的交易数量远超其合理的工作量，例如曾经一度只有 4 个合规官在审查每月 13,000 ~

15,000 个可疑交易。而汇丰银行美国总部整改后,同一个职能上安排的合规官是 430 名,前后画风对比强烈。[①] 如此推算,整个汇丰帝国的法律合规人员有多少我们可以想象下。

越来越多的跨国公司也认识到这一点,投入巨大的人力物力建设公司律师的组织。如果在十年前,上百人的公司法务部门已经是凤毛麟角,而现在找一些千人规模的大公司法务部却不算难事。那么,随着大公司律师的概念逐渐被接受,如何设计最有效的法务组织架构便备受关注。CLO 不仅要为自己的职务范围划定界限,而且还要决定横向的合作协同与纵向的汇报关系。面对琳琅满目的各种法务管理模式,是垂直、分散还是矩阵模式适合公司的发展?这都在考验 CLO 的架构能力。

二、法务部门在公司整体架构中的位置

1. 虚实结合的纵横组织

在一个公司的治理中,内部组织一般有两条线。一条是横向展开的显性组织和部门,比如财务部、人事部、市场部等;另一条是纵向展开的隐性虚设组织,比如风控委员会、社会责任委员会、审计委员会、投资管理委员会等。到目前为止,还没有见到一个公司仅仅设置实体部门或者虚职部门,大部分公司都是采取虚实结合的结构开展公司治理和运营,这一组合管理概念已经被大部分商业组织所广泛接受。

具体到公司法务部,当 CLO 面对公司内部林林总总、纵横交错的部门和委员会时,他必须首先要清晰地梳理出跟自己职能定位有关的组织。例如,跟自己有关的实体组织可能有财务、风险、人事、审计、市场等部门,跟自己有关的虚拟组织则包括风险管理委员会、合规遵循委员会、知识产权与标准委员会、商标品牌委员会、危机应对委员会、投资管理委员会等组织。

CLO 应该明确法务部在这些虚实结合的组织中的定位和价值,对于实体组织来讲,分工最关键。例如,法务部跟风险管理部在哪些职能上是交叉的,哪些职能上是独立的,而又有哪些职能是重合的,这些都要讲得清清楚楚,否则就会不断地扯皮。而对于虚拟组织来讲,协作最关键,CLO 要考虑清楚如何协作的问题,比如,法务部在各个委员会中是否作为牵头或者秘书部门,怎样与其他部门展开合作,怎样才能达到目标,最后获得共赢等。

---

① 赵何璇:《汇丰银行的故事:不只是"大而不能倒"》,载《国际合规法律问题实务与观察》2016 年 11 月 1 日。

2. 你中有我,我中有你

客观来讲,一个成熟的法务部门不在于它规模有多大,而在于它与其他部门和组织的黏性有多大,这种黏性越大,就说明其他部门越离不开你,形成了一种你中有我,我中有你的格局。所以,我们经常会发现有这样一个现象,虽然一个公司的法务部门律师并不多,但公司业务的方方面面都能见到公司律师的身影,在董事会、在风控会、在谈判现场、在危机处理中等,好像公司律师无所不在,如果做到这一点,则意味着这是一个相当成熟的法务部门。而一个失败的法务部门往往很清静,谁也懒于或者不敢来打搅他的孤芳自赏,他们事后往往抱怨一通,说其他部门或者公司领导没有法律意识,这样的法务部一定会在其办公室见到一堆人,但在办公室外却很难见到公司律师的出现和参与,他们在消耗公司的成本却未带来效率的提高,这样的法务部门说实话已经到被解散的边缘。

如何让法务部在公司治理中从可有可无到必不可少,是 CLO 的必修课。公司律师组织需要走过怎样的革命和蜕变,这更是现代公司法务管理需要考虑的重点问题之一。这里涉及的问题很多,例如外部法制环境和内部股权结构,但不管怎么复杂,CLO 都知道,应该找到一种方法和信念,可以帮助公司法务部门与其他部门全力合作,通过这些直通总裁和董事会的委员会,通过流程嵌入和内部控制,让法务部发挥出它的价值,成为公司组织中举足轻重的部门。

三、公司律师最佳的内部管理模式

公司法务管理的模式有多种形态,不同国家或者同一个国家不同区域的公司会根据自身的业务实际情况、发展阶段和公司治理模式,采用不同的法律事务管理模式,设置不同的法务组织结构。目前比较普遍的有垂直管理模式、分散管理模式和矩阵管理模式等。集中管理即法务部在集团层面对企业的所有法律事务进行垂直管理,采取此模式的有日本新日铁、中国的中兴华为;分散管理模式即总部法务部只对子公司法务部进行业务上的指导,采取此模式的有德国西门子、中国的万科、TCL 以及很多国企等;矩阵式管理模式即按照业务类别和隶属关系两条主线设计法务管理的模式,采取此模式的有柯达、IBM 等。

1. 垂直管理模式

垂直管理模式是最传统和最悠久的管理模式,自公司法务部成立起大部分采用的都是这样的模式。它要求集团法务部将所有集团包括控股子公司的所有法律事务都管理起来,总部法务部对整个集团的公司律师的招聘、考核、预算进行全面负责。垂直管理模式是民主集中的典范,它大大增强了集团对风险和危机的掌控力度,同时可以防止子公司等隐瞒不报和内部舞弊行为。但随着公司规模的扩大,特别是跨国上市公司在全球经营时,这种模式对效率提升的阻碍就会越来越大。垂直集中管理模式饱受诟病的是坐在总部的官僚律师如果不到现场,他很难真正了解和解决问题,搞不好还会制造很多问题出来。

【案例:壳牌的公司法律部】

遍布全球各地的专家,包括超过 1000 名内部专业人士,壳牌公司扩展的法律团队也反映了它所服务的公司的行业地位。壳牌法律部处理从投资并购、知识产权到解决争议的各种事务,并将道德和合规考虑纳入每个业务决策的核心,同时要求将法律战略与业务战略紧密结合。因此,壳牌法律部可以说是作为一家企业运营的,以确保对预算和结果有单点责任。为了正常运行,企业需要与外部律师事务所建立牢固的工作关系。虽然多样性和专业化推动了卓越的绩效,异质性和距离给问责制和管理带来了挑战。管理外部律师的基本任务与其他管理动作没有区别:通过共同目标、共同价值观和正确的结构实现联合绩效。

2. 分散管理模式

为了提高效率,很多公司法务部采取了相对分散的法律管理模式,即重大法律事务和规章制度由总部法律事务管理机构归口管理,而一般法律事务根据总部的授权由子公司自行处理。集团总部对区域所属企业 CLO 和法律机构负责人一般无实权管理。例如,大多数中央企业的集团法律事务垂直管控力度不大,法律事务管理架构多是分散式模式。在分散管理模式下,法律机构和人员全面实行区域化和专业化的科学配置,虽然一定程度上提高了公司律师的效率和压力,但法律人员的各自为政、各为其主、缺少沟通等因素会很大程度上影响公司的整体法律风控效果。这里面需要关注的问题还有很多,需要进一步厘清、分析和重建。

3. 矩阵管理模式

为了解决以上两种模式的缺憾,矩阵式法律管理模式围绕着保障集团业务和子公司或者区域组合均衡发展的战略目标,以推动全球业务的区域化和专业化的法律协同管理。矩阵式管理模式下公司总部的全球法律业务设置有 CLO,根据法律事务类别可设置各类业务首席法律顾问,又在各个区域或各个主要业务国家配备专业公司律师,他们一般仅仅负责合规性审查和公司内部日常基本法律事务审核。在这种模式下,集团总部法务部和区域总部对这些专业公司律师都有一定比例的管理和考核权限,从而形成中央和地方的双向负责、双向汇报的矩阵机制。矩阵式管理的核心是考核权的正确分配,否则就可能形同虚设。

【案例:扁平化的法律组织】

法务部门通常是扁平化组织结构,包括 CLO,也可能是副 CLO,然后就是其他人。法务部与其他部门的管理结构保持平行非常重要,具体而言,如果法务部门的结构包括副总裁、总监和经理,那么就会与其他部门类似职位的人建立了即时联系。这很关键,因为一个在职律师作为高级专业人士在企业内能与其他同等职位的人实现平起平坐。一旦一个总监级别的律师参与了一般只有业务部门才能参加的会议,并且在会议讨论中做出了贡献,他或者她将会被不一样看待。扁平化框架也有另外的优势,当 CLO 的直接报告减少之后,他就有时间去营销法务部,并且参加一些战略性或者其他的讨论。另外,这种组织方式还可以让法务部门的律师清楚地看到有利于职业晋升的框架。

四、规模与成本

这些规模巨大的法务部门毫无疑问对企业的成本和管理提出了很大的挑战,公司法务部也不可能这样无限制地扩张下去。例如,2013 年美国法律服务市场的总规模是 2450 亿美元,所有企业的外部法务开支平均为 3100 万美元。虽然一些企业的法务部已经立下雄心,力求达到战略价值驱动零成本状态,但是太多的企业正在步履沉重,沿着年度成本增加的老路走下去。① 大型公司律师的规模扩张与成本增加的边际效应逐渐显现,这里面需要找到平衡点。公司认同无所不包的理念,将每个问题都调查到极致并聘用最好的律所的日子可能一去不复返了。

CLO 的动机和目标发生了变化,为了获胜不惜代价已经被成本和风险的权衡取而代之。这是公司高管用以评估部门绩效的普遍衡量工具。如果法务管理的成本无法达到企业成本控制的要求,纵使实现了法务部的部分价值,高额的费用也很难证明法务部的职能得以有效执行。② 公司法务部对此压力,采取的措施一般包括:争取扁平化的组织机构,实行流程穿越与其他部门整合在一起,外包更有效率时采取外包的方式获取法律服务等方法,同时争取找到获得盈利的模式。

【案例:杜邦的法务部门】③

在过去的几年间,杜邦公司的法务部已经证明零成本的法务部门的概念是可能的。2009 年,杜邦的法务部门创收 3 亿美元,并且自《杜邦法务模式》(Du Pont Legal Model)制定以来,创收超过 15 亿美元。大多数首席执行官和法务总监并未

---

① [美]小多米尼克:《“黄金之星”法务部价值几何?》,载《法人》2013 年第 5 期。

② 黄胜忠、健君:《公司法务管理概论》,知识产权出版社 2016 年版,第 111 页。

③ 《杜邦法务模式》,资料来源:http://www.dupontlegalmodel.com,访问日期:2016 年 1 月 11 日。

意识到这样一个机会,或者认为,这是基于杜邦公司的业务模式而产生的一种反常情况。杜邦公司这一促使其法务部为企业钱袋增收,或至少实现成本中性,亦即为自己买单的现象,并非因为杜邦公司的业务模式有任何特别之处。

杜邦通过把六西格玛式的流程完善引进到法务管理流程当中来,节省了30%的法务成本。同时,他们把替代性纠纷解决机制(ADR)作为一种工具利用起来解决诉讼,这些方案起到了压低诉讼费用和赔偿费用的效果,很多ADR使其解决诉案的开支降低了一半。

杜邦有着完善的法务预算模式,包括运营预算和战略预算两个部分。前者对法务支出进行一揽子规划,后者对影响巨大的支出事件进行持续跟踪,以便及时调整。这个方法对大型公司法务部的预算管理具有很好的借鉴意义。因为法务部长期以来一直处于减少法务支出的压力之下。

美国邮政服务公司(US Postal Service)的"诉案调整"(Redress)制度,使其案件数量每年降低2000件。这里的关键是,需要实实在在地拥有一个系统性的替代性纠纷解决方案。这与把替代性纠纷解决机制仅仅视为一件特设工具有很大的不同。考虑到这种方案的巨大力量,一项成功的替代性纠纷解决方案是一种秘密武器。一些关键的工具和战略正在帮助法务部发生演变,进入现代化时代,并成为价值创造的驱动者,而不是简简单单地成为"做生意的成本"。进入这一境界的法务团队,将会成为公司领导富有价值的合作伙伴,他们会把法务部门当作真正的业务伙伴。

◆ 结语

不管公司法务部门内部采取怎样的管理模式,他都是要服务于公司律师在公司的整体定位。因此,当法务部门将自己定位于风险控制时,那么毫无疑问,垂直管理模式最有利于公司律师的独立客观和信息传达,总部法务部可以统一地调配法律资源,制订统一的工作规划,降低管理的成本,提高管理的效率,具有非常明显的优势,从而也最有利于风控管理。而当法务部门定位于提高效率,分散或者矩阵的管理模式就可能更好些,毕竟冲在最前线的组织最有成本意识,他们能少雇佣一个人就不会多雇佣一个,在分散模式下,很难见到庞大臃肿的法务组织。

规模不是最重要的,对法务规模的追求也不应该成为CLO的目标。事实上,再大的跨国公司律师组织也不可能无限制扩张,否则极易被引入大机构膨胀的误区,毕竟像甲骨文这样对法务如此依赖的公司会少之又少。CLO应该将更多的时间和精力转向职能定位和价值创造,例如,在适度规模发展中如何发挥出超出规模的价值,可能才是公司律师们需要真正思考的问题。

第四节 请社会律师还是雇公司律师

> 大公司 CLO 对社会律师颐指气使,大牌律师对公司律师耀武扬威,再没有比这更轻浮的事情。

在选择社会律师还是公司律师提供法律服务这一问题上,很多公司管理者意见不一。但这种分歧却丝毫没有阻止近些年公司法务部的设立和扩张,可以说,公司法务部基本上是在一路质疑声中默默壮大。社会律师与公司律师的相互替代性本身可能就是个伪命题,事实上,社会律师和公司律师不仅谁都无法完全替代对方,他们之间的竞争关系也微乎其微,社会律师精业务而有见识,公司律师长管理和通行业,二者应该取长补短并各司其职,成为合作互补的战略伙伴,这也是公司管理者在实践中的选择。

一、选择的困惑

公司律师是指任职于公司并为公司提供法律服务的内部法律顾问,社会律师是就职于律所并对外提供法律服务的自由职业者。与社会律师的悠久的发展历程相比,公司律师近一百年的历史显得相对短暂,但却展现了公司管理者在选择法律服务时的困惑、反复和艰难抉择。

通常来讲,就像公司在规模很小的时候会将财务管理外包做账一样,小公司也会选择与一到两家律所合作,将为数不多的公司法律事务外包给外部社会律所,而不是自己招录公司律师。但当公司规模扩大后,完全外包方式的问题就会接踵而来:动辄几千万元甚至上亿元的律师费会让公司吃不消,除了成本考虑,更重要的是在公司战略规划、风控合规和授权信任等方面,社会律师的工作很难做到让公司满意,于是公司管理者开始考虑,是否要组建自己的公司律师团队。

【案例:外部律师的预算控制】

西方大公司 CLO 有个不成文的原则,即为了确保内部律师可以保留对外部律所的主导,所有的外部律所的预算都应该低于 CLO 的预算。如果法律顾问没有控制好预算,业务部门的同事也许直接就去找外部律所,而不需要法务部门的介入。这样不仅会导致潜在的重复和低效率,而且最终服务效果可能会受到损害。如果法律服务不以这种方式集中在一起,那么法务部门将不知道潜在的令人担忧的风险和发展趋势。这反过来又危害了 CLO 向着 CEO 和董事会期待和需要的方向去发挥作用的能力。

二、公司律师与社会律师拼的是管理和行业理解

社会律师无法完全替代公司律师,否则就不会产生公司律师。除了考虑成本因素,社会律师在很多业务上并不能满足公司的要求,公司如果觉得一个社会律师好用就想长期占用也是一厢情愿,因为社会律师服务的客户不止一家,除非公司把他纳入麾下。同样道理,再庞大的法务部也不能完全替代社会律师,特别是在公司遭遇重大诉讼、重大项目和重大危机时,外部专业资深的社会律师的介入就显得更有必要,他们在出庭诉讼和复杂投资并购项目上更有专长。

但是,在实际业务中,公司管理者仍然常常在社会律师与公司律师的选择和分工中陷于困惑,主要表现在以下几个方面:

困惑一:成本管控与质量

公司最初选择建立法务部的原因是从成本考虑,例如,一个公司律师一年可以审查上千份合同,如果外包给社会律师,这将是笔非常大的费用,而公司律师成本要比外部律师低很多。但是,公司律师的低成本很大程度上是由于其低价值决定的,很多公司律师都是初级律师,对法律业务的把握程度不够,同样一份合同,一个有经验的律师和一个初级的律师审查的意见会结果迥异。为了保证工作质量,有些公司不得不招聘资深律师,但费用便直线上升,公司律师便没有了成本优势。而如果公司律师看不出潜在风险,公司以后就有可能为此加倍买单,很多公司已经注意到很多类似的问题。

成本与质量之间的博弈各行各业都存在,在公司法务管理领域也概莫能外。公司管理者当然知道,既要成本低,又要质量高的好事很难遇到,因此,如何在成本管控和业务质量之间找到一个平衡,有很多因素需要公司考虑。

困惑二:风险管理与合规

在社会律师华丽的宣讲胶片和让人顿觉自己愚笨的数据模型的蛊惑下,很多公司开始都会将合规风控的项目外包给知名律所,但最后都发现效果差强人意,因为公司以前存在的风险依然存在,潜在的风险没有得到解决,该发生的风险照常发生。风险分析的数据模型是放之四海皆准的东西,而合规风险管理对负责律师的综合素质和主观能动性要求极高,如果社会律师不熟悉公司的内部情况,得出的结论自然不会是公司希望得到的东西。

吃过几次亏之后,公司不再轻易将风控项目外包给社会律师,而开始请 CLO

牵头组织公司律师做风控工作。项目开始阶段,公司律师不负众望,很快整理出一份公司风险清单,公司将这份清单与社会律师输出的清单进行比对后非常满意,因为这份清单不再是一份标准件,比较符合公司目前的实际情况。但发现问题不易,处理起来更难,公司律师在风险治理的过程中发现举步维艰,这里有专业的问题,也有经验的问题,别无他法时他想到了足智多谋的社会律师。公司律师与社会律师联手共同努力,是目前做好风控工作的有效途径。

困惑三:战略规划与决策

公司律师应参与公司的战略规划和决策,但社会律师在这方面的参与就会非常有限。且不论社会律师参与的昂贵成本,公司律师全程参与公司战略的规划就是一个非常耗时的过程,而社会律师很难专职在一个公司坚守那么长时间,何况这种时间安排又是那么不确定。

对于公司来讲,在战略方面对公司律师和社会律师的要求也不同,公司从来不会勉强社会律师能讲出除法律以外的建议,比如自己公司所处行业的知识产权竞争态势、有关政策和立法在该行业的方向等。但公司律师就必须对自己所处的行业有一个全面的了解,虽然公司律师也可能通过各个专长的社会律师去收集信息,但对于公司来讲,最有效的办法就是让公司律师成为一个集大成者,可以随时随地告诉公司他想知道的答案,很多时候遇到的不是纯粹的法律问题,比如,根据公司的现状可能在战略规划中有哪些违规?该战略可能会遭遇到的行业政策因素?公司还有哪些问题成为战略执行的障碍?对于这些问题,公司律师因为对公司的透彻了解应该比社会律师更清楚答案。

困惑四:授权信任和保密

公司可以完全信任公司律师,但是否可以完全信任社会律师估计大部分心里没底。特别是涉及机密的事宜,比如技术秘密和商业竞争策划,信息一旦泄露给公司带来的损失会非常大。因此,很多涉及保密的事务,公司更愿意让公司律师去完成,即便在西方,很多社会律师为争取业务,不断向公司强调自己的职业道德和律师特权,但仍是于事无补。

在合规方面,公司在使用社会律师上会更加谨慎,特别是公司明知违规还咨询社会律师如何规避的情况下,公司会将自己和社会律师皆置于非常危险的境地。在很多法律没有禁止的灰色地带,如投资管理和税务筹划等方面,公司的行为很容易出现问题,一旦被外部知悉或者误读,对于公司特别是上市公司来说,可能是灭顶之灾。把这些问题交给公司律师处理可能会让人更放心些,他们的职责之一就是进行合规合法的诊断并进行相应的治理,他们在咨询社会律师时也更加有技巧,特别敏感的问题会被筛掉或者转换成其他假设,这样便在公司与社会律师之间筑起一道防火墙。

三、从竞争走向合作

1. 冲突与竞争

随着公司律师专业性的加强和经验的积累,社会律师以前在公司非专业部门面前的神秘面纱被揭开,坐地起价的好日子一去不复返。于是,在很多重大问题上,如果社会律师不专业或者不负责任,则非常容易受到来自于公司律师的挑战和责难,在公司律师面前他就很难像以前一样蒙混过关。对于一些资源依赖性的社会律师,一旦公司律师掌握了类似的资源,这样的社会律师就会失去价值。很多社会律师不习惯于这种专业对专业的管理,常常因此与公司律师产生冲突。

公司律师对律师费用的严格控制更会导致社会律师的不满。对于公司律师来说,公司是自己的唯一客户,他一般都会站在公司利益的角度考虑问题,更多考虑的是成本和风控的问题。但社会律师大多服务的不止一个客户,因此他们往往是利益和效率导向,这里面存在很大的区别。例如,社会律师可以为了多赚取律师费,怂恿公司将官司一直打下去,常常导致公司赢了官司输了钱。而公司律师如果觉得和解的总成本低于把官司打到底,他会毫不犹豫地建议公司和解,毫无疑问,这样便断了社会律师的财路。

2. 开放与合作

面对这些不和谐,公司律师作为管理者首先要检讨自己。公司律师要把自己与社会律师放在一个平等的地位,不卑不亢地进行沟通。如果公司律师没有这样做的话,社会律师最多成为你呼之即来、挥之即去的幕僚,却永远不会成为你真正的战略合作伙伴。虽然从地位上讲 CLO 是甲方,社会律师是乙方,但正直的公司律师从来不会以势压人,更不会生怕社会律师忘掉你们甲方乙方的关系,而是会更加客观地从专业、经验、案例等方面去判断最有利于公司利益的社会律师并加以善待。这样,社会律师才会成为你可以信任的盟友和伙伴,关键时候也挺身相助。

而对于社会律师,如果没有开放的心态,就会将公司律师视为对手,这种想法的确怪异但却真实存在。有些社会律师自恃清高,不把公司律师放在眼里,特别喜欢越过公司律师向公司高层故意卖弄,生怕公司律师抢了自己的风头。可以断定,这样做的社会律师很没有水平,社会律师的越级汇报和公司对社会律师的越级指挥一样,都会造成不必要的矛盾,对公司和对社会律师有百害而无一利。社会律师要毫无保留地尽力去提升公司律师的地位和价值,而不应该担心公司律师翅膀硬了甩开自己,这是没有实力和信心的表现。的确,很多公司律师的专业水平不如社会律师,但这不应该成为社会律师要大牌的资本,厚道的社会律师常常在重要的时候帮公司律师一把,公司律师会非常感激,社会律师也会得到相应的回报。

3. 共赢的目标

需要谨记,不管是公司律师,还是社会律师,最终目标都是为了公司的利益走到了一起。他们的关系是合作大与竞争。虽然细分的话,公司律师毕竟是公司员工,而社会律师是独立于公司之外的自由职业者,但这不妨碍他们为了共同的公司利益走在一起。二者强强合作,将法律的地位在公司得到不断提升,公司律师的工作得到公司管理者的认可和依赖,社会律师也会得到公司源源不断的业务,最后是双赢的结果。

◆ 结语

社会律师和公司律师只是分工不同,却无高低贵贱之分。大公司的公司律师对社会律师耀武扬威、颐指气使,社会上的大牌律师又对公司律师看不起,这都是很不成熟的表现。公司律师与社会律师的竞争和冲突很自然,如果把公司法律业务比喻成一个大蛋糕,过多地关注蛋糕的分割肯定会产生矛盾,如何把蛋糕做大才应该是公司律师和社会律师思考的首要问题。

社会律师必须接受这样一个现实:一个优秀的公司律师可以大大提高公司法律事务的效率和满意度,越来越多之前由社会律师承担的法律工作将由公司律师完成。公司律师有着社会律师无法比拟的地位优势和无法超越的核心价值,公司律师与公司有稳固的关系,对公司了解更加透彻,随时随地可以提供应急服务并参与到公司业务的最前线。回溯西方公司律师的发展历程,基本上也是这样一个套路:公司在初期会考虑招录公司律师人员,处理日常的法律事务如合同审查、劳动纠纷。当公司规模进一步扩大时,公司就会成立专门的法务部门,处理公司的诉讼和非诉业务,这就是公司在发展中的必然选择。

社会律师应该清楚自己在现代公司律师中的定位,尽快回归到专家智囊的角色。社会律师要抱着一种开放的心态去理解和接纳公司律师的崛起以及新型的法律服务合作模式。公司律师将慢慢侵蚀原本社会律师的日常法律业务,这是社会分工的大趋势,社会律师或者固守被淘汰,或者尽快向高端法律业务升级转型并主动地开展创新型的业务。

公司律师也必须接受这样一个现实:一些大型公司律师常常处于一种亚健康状态:即大事干不了,小事不愿干,这历来饱受社会律师诟病。而一般来讲,社会律师在专业分工和司法经验方面的特长都非常显著,公司律师很难望其项背。如果公司法务部试图大包大揽,一切事务都由自己处理,必然会自取其辱并给公司带来不可挽救的损失。

第五节　从 CLO 的圈子可以看出他的实力

圈子是 CLO 的翅膀,可以帮他飞得更高。

道不同,不相为谋。CLO 深刻领悟到圈子的作用,但他考虑的不仅仅是经济或政治某一维度。圈子就是生产力,CLO 加入的圈子和在圈内的口碑都会实实在在展示他的真实能力。公司各种委员会构成公司内部的圈子,你加入的委员会越多,层次越高,说明你在公司的地位越高。CLO 的外部圈也是同样的道理,每个圈子都不会无缘无故地拉一些不尴不尬的人进来,CLO 的外部圈体现的是社会对他的认可程度。

一、圈子有多大,舞台就有多大

“圈子”文化自古有之,中国人喜欢谈论“圈子”也热衷经营各类“圈子”。随着社会生活的发展和人与人之间联系的日益加深,圈子文化成为新时期处理人际关系和谋求个人发展的有利工具,在社会生活中被越来越多的人所熟知,也愈来愈受到人们的重视。

圈子决定事业。CLO 事业的成功只有 20% 是由专业技术决定的,另外的 80% 则要靠人际关系。人际关系来源于良好的社交圈,即所处的各种圈子的总和。所以 CLO 要善于合理利用圈子,整合企业人脉,处理好人际关系。对 CLO 而言,专业技能是利刃,人脉是秘密武器,专业技能加上好的人脉,简直就可所向无敌了。

圈子可以增加 CLO 的话语权,克服传统体系的无效率。在中国,设置 CLO 的公司比较少,而且其影响政策的能力有限,加入各种圈子有利于提高 CLO 在公司的话语权,有利于 CLO 展现自我魅力,从而提高威信,甚至可以提高法务部在企业的地位。

圈子本身是一种互惠制度,它能够为商业合作创造条件。企业圈子实际上就是一种互惠制度,圈子内部成员之间的相互支持现象比较普遍,但是绝非出于眼前的经济利益考虑。圈子内成员在向其他成员提供帮助时,是两个圈子成员之间的一次施惠或受惠行为,然而综合或长期来看,是未来商业交易和合作的一种铺垫和延伸。

二、CLO 的内外圈

1. 内部圈

公司的内部圈子种类繁多,可以这么说,大大小小的圈子基本构成了公司的人员组成的全部。圈子在公司的治理中发挥着不可忽视的作用,在一个圈子里人员的信息实现共享,在这种圈子氛围之下对公司的治理起的是"柔性"的力量。这些圈子根据其在公司的重要性也有核心圈和非核心圈。对 CLO 来说,如何发挥在公司核心圈的作用尤其重要。

公司核心圈主要包括了董事会、下设的各个委员会和高层圈。董事会是核心中的核心,董事会履行经营监督权和决策控制权,经理层履行经营权。为了使对经理的决策经营授权不失控制,确保股东财产的保值增值,董事会必须对经理采取直接和间接的制衡措施,CLO 接近董事会和经理层为董事会对经理层的制衡提供了一种可能。

各委员会是公司分管职能下设机构的组成,也是核心圈的构成。审计委员会制度是上市公司治理中最重要的监督机制,CLO 经常会成为审计委员会成员,在重大诉讼、风险和合规等方面向审委会进行汇报。风控委员会按照其具体的工作细则进行风险管理、审议风险控制策略和重大风险控制解决方案。风控委员会制度功能的发挥离不开 CLO 的鼎力支持,对于风险的敏感性和卓越的法律素养赋予 CLO 游刃有余地管控企业风险的能力。在很多跨国公司,CLO 往往兼任企业首席风控官职务并主导风控委员会的工作开展。

公司的高层圈是核心圈的关键,各大项目的决策主要由高层表决后作出的,CLO 接近高层圈有利于提高自身影响力,参与进公司的各项决策。在公司治理结构中,董事会和 CEO 间的权力平衡是很多企业面临的重要问题。当权力向 CEO 倾斜时,就出现 CEO 的专制行为并有过分扩张的危险,当权力过分地倾斜于董事会时,又往往会出现决策制定的官僚主义。因此,双向负责的 CLO,就非常有助于缓解董事会和 CEO 间的角色冲突,成为向董事会报告的监控人和向 CEO 报告的战略家。

2. 外部圈

CLO 的外部圈的范围远比内部圈的范围宽广,这些外部圈拓展了 CLO 在公司以外的人脉,CLO 必须学会甄别,什么外部圈是要加入的,哪些又是可以不加入以避免精力的分散。

(1)同行圈

CLO 加强同行业的人脉管理,建立良好的合作伙伴关系,对扩大行业影响力起着积极的促进作用。与同行业的法律人员建立良好人脉关系,按照优势互补的原则,增强市场竞争力,走合作共赢之路。CLO 要善于与国内、国际知名法律专家合作交流,可以在合作中学习获取法务管理的知识经验,有利于增强企业的竞争能力。此时,CLO 专注融入有实力有潜力的专业同行圈,借以巩固关系,使自己的影响越来越大,铸就 CLO 的人脉地图。

(2)政府圈

良好的外部关系是企业长期发展的重要保障。政府关系圈既是企业公共关系的基础,也是企业人脉管理最重要的内容之一。企业在生存发展的每一个时期都需要外部的支持,需要有一个适应企业发展的舞台和社会环境。企业 CLO 要积极主动创设有利于企业的和谐关系和生存环境并积极地“走出去”,成为公司的代言人,可以更好地协调企业与外部相辅相成的关系,有助于企业的生存和发展。

(3)学术圈

现代企业越来越强调丰富理论基础和实务能力的结合,为此,CLO 必须要有理论基础和知识水平。加入学术圈无疑是一个最佳选择,与圈子里的学术大咖们的交流可以迸发思维的泉涌,建立沟通渠道后,营造了知识共享、信息共享的环境,这些都有利于增加 CLO 的理论基础和管理水平,并且提高在学术圈的知名度也有利于 CLO 的社会威望的铸成。

三、没有能力,CLO 的圈子都是浮云

作为一名公司律师的收益是他有机会为公司委员会服务。随着优质圈子的出现,这种情况尤甚。由于沟通技巧、推理能力方面与资深管理层的接近,CLO 被要求为许多委员会服务。这样的活动也为公司法律部提供了很好的展现机会,并在整个公司内部提升他的形象。①

但是,圈子不是万能的,如果自己修养不够,进入再多的圈子也没有用,只有自己变得强大,才会与圈子形成良性互动。混江湖讲的是规矩,混圈子讲的是交换。这世界上没有无缘无故的关爱,也没有无缘无故的圈子,圈子的本质是价值交换,CLO 必须有等价交换的价值。毕竟只有等价的交换,才会有等价的友谊,这就是圈子的游戏规则。

---

① [美]卡罗尔·巴斯里、欧文·卡根:《公司法律部》,李平等译,法律出版社 2011 年版,第 176 页。

◆ 结语

老子讲“良贾深藏若虚”,这应该是对圈子的正确态度。CLO 的圈子再大,如果他自己不行那就等于零。成就越大的人,圈子越小,因为他们会更多地去权衡时间成本,而在权衡投入产出后,把更多的时间和精力投入到提升自己的能力和修养当中,所以,不要太迷信圈子。

第六节 敢于拒绝的 CLO 才值得信任

有理有力地明确拒绝胜过糊里糊涂地大包大揽。

拒绝不可能完成的任务不丢脸,CLO 不是神仙。对于无能为力的事情不要大包大揽,合理的拒绝也是自信和负责任的表现。否则,背上的猴子越来越多,最终会把自己压垮。更重要的是,你的拒绝会让公司认清方向,不在无谓的事情上耽误时间。

一、当心过度承诺的公司律师

《老子》曾言:“夫轻诺寡信,多易必多难。是以圣人犹难之,故终无难矣”。前半句话教育我们不要轻易许诺,只要许了诺就要认真践行,不要失去了信义;后半句教育我们不要轻视我们所遇到的事情或者对手,否则我们肯定会在做这件事的过程中缺乏后劲和必要的准备而失败。

当心过度承诺的律师,他们往往都缺乏诚信。成熟的 CLO 知道自己的能力极限,善于和敢于拒绝不合理的要求,否则答应自己做不到或没把握的事情,表面上的高效率,换来的却是资源和信用的高度透支,损失的是公司,伤害的是自己。

在公司中做法务,承接的很多工作都是其他部门无法处理的事情,例如无法要回的坏账、没有证据的官司等。很多时候,公司律师会迫于压力来者不拒,这样做的结果非常危险,绳子已经套到自己的脖子上了。有些法务为了表现自己,在没有明确事情相关背景的情况下,保证将目标达成,而往往事情会不如所愿,到最后导致无法交差;纵使花费了九牛二虎之力勉强将事情解决了,但过程的艰辛还不能被他人知道,因为也许会被别人认为是一种无能的表现。

现在有一个明显的趋势,除了 CLO 要处理属于其职责范围内的传统事务之外,CLO 在公司负责的事务涉及公司的方方面面,面对越来复杂的事务,再强的 CLO 也不是神仙,对于许多无能为力的事情要学会拒绝。毕竟,CLO 还是要将自己的大部分精力集中在力所能及的事情上。

二、CLO 的威信是这样树立起来的

"言必行,行必果",在当今的市场经济,诚信原则也被认为是市场经济与市场交易的基本原则之一,市场交易双方要想实现自己的交易目的,则不得不遵守自己的诺言,按照自己的诺言行事,并从长远角度来说,诚信是维护合作伙伴关系的基本原则,要想将生意做大,不得不信守诺言。

对于 CLO 来说,作为法律从业者,世人难免会将其形象与公平、公正和正式等词语相联系,所以 CLO 的承诺则更显得正式与难能可贵。只有言出必行,才能彰显法律工作的专业性与严谨性,才能让业务人员信服我们的法务所出具的意见。

当 CLO 要决定是否承诺时,他需要综合评估自己的能力、精力以及事情的价值。如果将自己的能力与承诺的价值作为划分的标准,则有以下四种情况:第一种是超过能力范围,但是承诺价值比较大,那么纵使存在较大风险,但仍旧值得承诺去努力,而且这类事情是最容易帮助法务部树立威信。第二种是在能力范围之内,而且是值得去承诺的事情,此时我们需要抓住机会,果断去承诺,而这种承诺不仅不会花费太多精力,还能够获得信任。第三种是虽然没有价值,但在能力范围之内的事情,此时要做的是拒绝,不要耗费精力。第四种是超越我们能力,但又没有价值的,此时公司律师应果断拒绝,因为这类事情一旦承诺,将严重透支法务部门的信用与威信,极易让别人怀疑公司法务的能力。

三、面对不可能完成的任务

1. 果断拒绝是一种自信

一个没有经验的 CLO 往往因为轻易承诺,轻易答应老板、轻易答应业务部门、过分关怀下属,而最后导致自己每天被无数的承诺所迷失方向。这样的 CLO 每天都很忙,每天心里都在惦记着还有哪件事没有做,当然这也是一位负责人的 CLO 应该做的,但这绝非是一位优秀、高效的 CLO。他为了维护自己的威信与信任,需要应付各种承诺,整天在履行承诺中度过,而忘记了自己的计划与布局,忘记了自己的方向,每天被承诺牵着走。一个被承诺绊住脚的 CLO 是没有空闲的时间来谋划部门的威信与个人威信的。

2. 争取所有的外援

借助外脑是CLO解决很多棘手问题的关键。实践中CLO没有办法的时候,最好就是想办法找到合适的外聘律所外包出去。相对于内部法务而言,外部律师的办案经验、信息的获取、周围的人脉都会更加丰富,对法律问题的处理和判断更加灵活、准确。从其优势来看,对于一些跨行业纵深发展的企业而言,采用外包的模式,企业能够灵活地选择与企业经营事务相关的律师团队,为企业提供更加专业的法律咨询服务。

CLO还需要根据实际的情况进行决策判断。比如,在跨国公司中很容易遇到与政治相关的事务,这些事务在法务部门难以有精力去面对时就可以交给当地的政治游说专业团体。又如,在进行一个重大项目的专业谈判之前,法务部门在难以做好详细准备之时就可以交给经验丰富的谈判团队。通过高端的法律外脑,企业可以减少外围因素的干扰,将主要精力投放在核心竞争能力的提升方面,增强企业的市场竞争力。

◆ 结语

敢于明确拒绝是大多数成功企业家的品质。但真正在公司大事上敢于明确否定和拒绝的CLO见得不多。CLO很清楚,这样的拒绝需要极大的勇气和厚实的身板去担当,大多数CLO还没有这样的自信。因此,聪明的老板对敢于拒绝的CLO格外珍惜。

第七节 CLO待在办公室的时间不该超过50%

> 不去农贸市场买菜,你就永远不会知道真实的菜价。

走出办公室,下到业务中去。客户黏性会形成习惯,CLO要通过自己的出色工作,增强法务在各业务中的黏性,增强公司各部门、公司管理层和董事会对CLO的习惯性依赖。CLO鼓励走动式管理,公司律师要走出办公室到业务中去,离客户越近就越快知道真实的需求,也才能提供最优质的服务。CLO主管的业务越接近公司业务核心,这样的黏性就会越水到渠成。

客户黏性决定公司法律风险管理的水平,同时也决定着公司律师地位。公司律师一直很困惑，如何提升自己在公司的地位？如何将法律风险管理动作渗透到公司的每一个环节？实践证明，最好的办法就是增强自己在客户中的黏性，让客户有什么风险都会想到自己，或者离开自己就无法更有效地运作，这样作为公司律师的地位就会在不知不觉中得到提升，客户黏性就会形成习惯。

那么，公司律师的客户是谁？他们又应该如何通过自己的出色工作，增强法务在各业务中的黏性，增强公司各部门、公司管理层和董事会对公司法务部的习惯性依赖？

【案例：中建的项目法律顾问制度】①

秦玉秀是中建的副 CLO，她在一次论坛上介绍中建的实践，"中建涉足投资业务之后，发现与施工项目相比，投资业务对政策法规高度敏感，风险大多了，因此要求每个投资项目都要配备项目法律顾问。"时至今日，中建的项目法律顾问制度已经探索了 10 年。10 年间，这一制度已经融入中建各级公司的业务过程中。如今，中建旗下 6000 多个在建施工项目和 190 个投资项目，全都配有相应的项目法律顾问及法务经理、法务联络员等，项目覆盖率超过 95%。

一、企业法律风险管理中的客户黏性因子

所谓客户黏性，原本指的是在消费领域，客户对于品牌或产品的忠诚、信任与良性体验等结合起来形成的依赖感和再消费期望值。依赖感越强，客户黏性越高；再消费期望值越高，客户黏性越高。而在法律风险管理中，客户黏性往往基于公司律师优秀卓越的工作业绩和服务态度，内外部客户对公司法务部门产生的信任和依赖，CLO 带领的团队越优秀，这种黏性在客户遇到事情特别是危机时就表现得更为淋漓尽致。

1. 谁是公司律师的客户

公司律师怎么还有客户？这应该是很多公司律师看到此题目的直接反应。是的，如果你有这样的想法，说明你已经 OUT 了。在很多公司律师眼里，只有业务人员才会有服务客户，至于谁是公司律师的客户，大部分的公司律师更是不清楚。这种思想上的误区是造成很多公司律师对自己工作价值模糊不清的根本原因，因为服务对象的不清晰会导致工作目标的无所适从。事实证明，那些很快搞清楚自己客户是谁的公司法务部门，往往会很快成长为商业组织中的核心和强势的业务单元。

---

① 《秦玉秀，三十年不变的法务情怀》，资料来源：http://news.hexun.com/2016-02-17/182287887.html，访问日期：2016 年 11 月 1 日。

实际上,公司律师所服务的客户无处不在。一般来讲,我们将公司律师的客户可以分为内部客户和外部客户。内部客户是除公司法务部以外的所有部门,很多公司律师自视很高,不愿意降低身段跟别的部门交往,除非其他部门找上门来,这种状态必须改变。一个强大的公司法务部决不会自我设限,仅仅选择性地跟公司一两个最直接的部门产生联系,而是会跟公司内部所有的部门打交道。而公司律师的外部客户也非常广泛,不仅仅是公检法等司法机关,还包括各种监管机构、行业组织和政府机构等,这对公司律师的沟通和交际能力提出了更高的要求。

2. CRM 技术在法律风险管理中的应用

CRM(客户关系管理)是现代企业管理的重要组成部分,企业在法律风险管理中同样可以应用 CRM 的技术。CRM 是一种以客户为中心的经营策略,它以信息技术为手段,并对工作流程进行重组,以赋予单位更完善的客户交流能力,最大化客户的利益。CRM 包括一个组织机构判断、选择、争取、发展和保持其客户所需要的全部过程。CLO 在法律风险管理的过程中要对 CRM 活学活用,主要表现在始终贯彻这样的核心思想:即法务部要有客户管理意识,以客户为中心,所有的服务和监管都是围绕着客户而进行,在合理控制法律风险等红线的前提下,要最大程度地提高客户满意度,提高企业的运作效率,降低企业的运行成本。

大公司的 CLO 们已经意识到,法务部的客户是推动企业内部法律风险管理良性发展所依赖的最重要资源,通过 CRM 先进的管理思想和管理方法,公司律师的客户管理工作会更加游刃有余。尤其是移动互联网技术的变革正在改变着各个行业的经营模式,也彻底改变了公司律师的传统工作模式,在这种情形下,谁能更及时地把握住客户的需求,谁就能获取最新鲜的信息和保持对风险的敏感,这样在风险控制中才能处于不败之地。很多公司法务部门已经从"以法律为中心"的模式转向"以客户为中心"的模式。利用 CRM 的技术和系统,法务部可以搜集、分析和跟踪每一个客户的风险信息和状态,真正做到点对点地及时沟通,从而顺利实现法务部的管控目标。

二、法律风险管理为什么要增加业务黏性

增加业务黏性对于法律风险管理的好处非常明显,公司律师不仅可以获取第一手的风险信息情报,并且让自己无限地接近真相,在此基础上 CLO 所做出的法律分析和判断才会更加即时和准确。

1. 信息获取

在企业法律风险管理中,最难的不是建立流程和数据模型,也不是事后的责任

追究，而是风险信息的获取。法律风险管理的基础是获取尽量多的风险信息，这些信息在收集时首先不要局限在某一个类别，什么样的信息都可以。然后，公司律师再进行有经验的层层筛选，将无效的信息去掉后，再将最有价值的上传给 CLO 进行判别。为了获取足够的信息，公司律师势必要放弃自己高高在上的定位，而要放下身段，深入到企业的一线业务当中。很多公司律师对此非常不屑，觉得这样跟一线人员在一起实在有辱斯文，而没有意识到，在听得到炮火的前线才是历练自己和施展才华的最佳平台。

2. 接近真相

如果一个公司法务部能接受到足够的信息，这已经非常不容易，基本打败 80% 的公司法务部门。但获取信息并不是目的，对这些大数据信息的分析和甄别才会体现公司律师的价值，否则再多的信息如果不能有效利用，法务部就会成为 100% 的成本中心，而不能将成本有效地转化为利润。对风险大数据的分析需要专业的技术，同时也需要敏感的神经。常常发现，同样一条信息，对新兵的公司律师来说很容易视而不见，但对于老谋深算的 CLO 来讲却异常珍贵，这揭示了人眼力不同，对信息的利用就会结果迥异。因此，在这一个阶段，务必请有经验的公司律师进行把关，否则极易造成巨大的信息浪费，同时没有良好的分析也不可能接近真相。

三、增强法务工作黏性七步法

公司律师人员如何增强业务黏性，记住以下七步法，我们的职业疆域将完全被打开，你也将终身受益。

第一步：暂时忘掉法律

除非你开的是律师事务所或者法律服务公司，法律在其他公司或者机构都是一种工具而已，因为每个商业组织都有自己的主营业务。这时候，作为公司律师就要有暂时忘掉法律的勇气，否则法律不但不会成为你的优势，而且有可能成为你开展工作的羁绊。因为在一个公司里，除了 CLO 外，从上到下，没有一个人愿意听你讲枯燥的法律。

第二步：读懂业务

忘掉法律干什么，去花时间努力读懂业务。每个行业都值得公司律师花上好几年时间去了解和熟悉，这里讲的熟悉业务绝对不是蜻蜓点水，而是真正关注业务的实质，至少做到对业务的理解不比其他业务人员差。其实，如果真的用心去了解，对于高智商的公司律师一点都不难，但大部分情况下，公司律师根本就不愿意花太多的时间在公司的主营业务上，因为他们觉得跟自己没什么关系。而一个不懂业务本质的律师，怎么期望他能出具一个有质量的法律意见，更遑论跟业务产生黏性，根本就是无源之水。

第三步：扩大联系点

扩大客户的联系点有助于黏性的维持，这一点看似平常却相当重要。通常在客户关系中，一旦双方达成协议一起合作，客户关系管理就会变得缺乏。某个公司律师往往成为与客户的主要而且通常是唯一联系点。从公司律师的客户方面来看，他们也会削弱联系，只是处理具体事务。如果想要保持黏性，CLO 就需要在关系中设置更多的接触点，保证此消彼长的状态。比如，安排不同的公司律师与内外部客户进行定期的交叉沟通和联系，防止单线联系，确保组织的长久利益。

第四步：了解客户的主张

不要跟你的客户玩过家家，这是公司律师经常犯的错误。在很多事情上，公司律师假装你的客户不知道新的法规、隐瞒事情的真相、故意夸大或者忽视风险，其实这真的只是在愚弄自己。有案例显示，在遇到政府调查时，公司律师欺骗政府监管机构，隐瞒事实真相，最后结果是把一件很小的事情搞得很大，甚至影响到公司的声誉，这的确得不偿失。正确的做法是了解情况并准备好相应措施，真诚地与你的客户沟通，了解他们的主张，该改正的错误及时改正，以得到他们的支持，这样才能主动地与客户一起解决问题。

第五步：提供"超出范围"的服务

作为公司律师，如果你不能带来更多有价值的额外见解，那么客户就会慢慢远离和忽视你，而公司律师会变得越来越没有价值。你必须要增加你与客户关系的价值，否则你会变得边缘，而不是更有黏性。于是，当客户对"超出范围"的服务提出要求时，公司律师千万不要一概拒绝（而大部分情况下，公司律师就是理所应当这么干的），理由在于，是否超出范围本来就没有明确的界限，比如客户咨询一项交易是否安全，你很难说是不是法律的问题。而当我们的客户认可了我们所做的超出服务范围的事情时，这会在客户中产生广泛的影响，他们会觉得受到足够的重视，公司律师在客户中的形象就会直线上升。

第六步：对客户进行分类

必须明白，我们的每个客户的需求和目标都不一样，例如在公司内部，风控部往往跟法务部站在一个阵线，财务部和法务部共同行使业务监控的职能，而营销部门则在很多地方会与法务部冲突,特别是公司律师在踩刹车的时候,这种矛盾更容易激化。因此,法务部要对自己的客户进行适当分类,例如按照客户职能、特征或者关系密切度等制定不同的策略,从而进行精准化的分类管理,这样才能最大化地满足不同客户的需求。

第七步:与客户共赢

CLO 可以很谦逊,但也要有点锋芒。法务部在与其他客户沟通和合作的过程中,既会有竞争又会有合作的关系。公司律师必须有这样的高度,敢于揽活儿但不抢功,其实是你的别人也抢不走,不是你的强求也得不来。先不论小公司,即使在大型公司,各个部门的分工都已经比较成熟和明确的情况下,仍然会有很多模糊地带,这时,公司律师共赢思想的发挥就显得至关重要。当趋利避害、有功劳时总是冲在前面已经成为很多领导的不良嗜好时,吃亏是福的法务部会逐渐成为人见人爱的部门,这跟做人差不多,当然,遇到欺软怕硬的,CLO 也不会甘受欺负。

如果公司律师不主动,业务人员也抗拒公司律师的参与,这里存在一种双输的可能性,但是如果业务伙伴能够更好地理解让公司律师早点介入前期策划和研讨所带来的价值的时候,那么这种不好的可能性就可以被避免。但是更妙的是,业务人员对于公司律师在法律与商业方面能力的欣赏更有利于企业得到最好的结果。[①]

提升商业伙伴的信任有些时候需要克服机构或者个人的偏见。刻板的情况比比皆是,这其中包括一些对于公司律师经常扮演一个反对者的角色所造成的习惯性的指责。即使一些有远见的、有益的内部商业建议,在他们耳中都会变成不利于企业的信息。

建立健康的互动关系,有时候需要公司律师走出他们的舒适空间。公司律师要强迫自己去参加业务讨论。当然,为了使得影响最大化,公司律师要在前期进行相关的尽职调查,这类尽职调查可以让公司律师更好地理解商业操作模式,包括特定商业讨论的历史和背景。

◆ 结语

公司对法律顾问的需求已是无可争论的事实。法律监管的日渐严厉、诉讼数量的增加以及高度流动的高科技社会带来的与日俱增的复杂性,都会导致公司继续保持对法律服务的高度依赖。

走出办公室,下到业务中去。在办公室做不出优秀的公司律师。如果你在办

---

① 玛丽·马丁:《外国公司法务如何贴近业务》,马丽、赵青译,载《法人》2016 年。资料来源:https://sanwen8.cn/p/5075pmg.html,访问日期:2016 年 7 月 1 日。

公室的时间超过一半，基本上对业务就是一知半解。CLO 手中最重要的资源就是律师，法务部应该源源不断地向业务部门输出优秀的律师，输出的律师越多，CLO 的风险控制力越强。

CLO 鼓励走动式管理，公司律师要敢于走出自己的舒适区，增强自己了解业务实质的意愿度。而公司律师离客户越近，就越快知道真实的需求，也才能提供最优质的法律服务和最适度的法律控制。客户黏性会形成习惯，而在这种习惯的表象下是 CLO 努力去建立的一种认知环境，即法务部的客户愿意花更多的时间跟我们在一起，因为他们看到公司律师实实在在的工作和价值，这才是一个法务部的真正品牌。

第六章 中国的 CLO 要被重视还要一百年

> 如果你选择做公司律师，就要准备好走一段最艰难的路，不过，大多看上去容易的事情，都是在走下坡路。人生很短，听从自己的内心，不要浪费过别人的生活①。

虽然 CLO 声誉日隆，但在大部分公司，还没有设置 CLO 的岗位，或者没有进入高管序列，或者即使进入也排在 CXO 的最后面。CLO 如果想真正成为公司治理的核心还有很多问题待解决，随着人工智能和第四次工业革命的到来，公司治理结构存在多种的可能性，CLO 如果能主动去适应这种变化，或许有弯道超车的可能，但未来的路一定充满荆棘与挑战。特别对于中国 CLO，难走的路还在后面。

第一节 全球最佳 30 位 CLO，为什么没有中国人

> 大环境不改，CLO 再努力都没用。

在西方国家，CLO 加盟的公司治理模式越来越受到投资者和资本市场的认可和青睐，他们共同肩负起股东的受托责任，逐步从传统的业务合作向企业战略伙伴转型。在中国，国资委力推的总法律顾问制度曾经大大推动了企业法律顾问的发展，但总体上，CLO 仍然是处理具体法律事务的企业管理人员，而未进入企业高管序列甚或成为董事会成员，这与西方 CLO 在公司的作用和地位形成了明显的差距。

---

① [美]沃尔特·艾萨克森：《乔布斯传》，管延圻等译，中信出版社 2014 年版，第 123 页。

一、混合所有制改革提供公平法治环境

混合所有制自1993年提出以来已经有近25年的历史。其中十五大报告、十六大报告等文件对此均有论述，2003年新华社发表社论《大力发展混合所有制经济》更是为混合所有制吹响改革的号角。但是由于各方面的原因，国企改革仍然裹足不前，单一股东的状况不仅未有大的改变，而且还出现了国进民退的局面，但国企经营状况并不理想。根据国家统计局2012年数据，国有经济占工业生产总值比重下降，国企亏损逐年扩大，资产负债率居高不下，企业效率普遍不高，主要经济效益指标呈下降趋势，国有资本盈利能力低下，明显不如非国有经济成分。

国企在经济中占比巨大，国企改革是经济改革成败的关键，混合所有制是国企改革的必然出路。根据测算，国企混合所有制改革（以下简称混改）的红利增加率超过15%，反映出混改在提高经济效益方面的巨大潜力。然而，现实的情况不容乐观，混改雷声大、雨点小，甚至面临中途夭折的风险。正是认识到混改的必然性和实际推进改革举步维艰的严峻性，中央在时隔20年后，再提国企改革并将混合所有制经济上升到"中国基本经济制度的重要实现形式"的高度，强制从国家层面推动国有企业的私有化运动。

此轮的混改要解决的问题很多：因股权结构失衡和国企所有者缺位导致的长期低效问题；因公司治理结构单一导致的公司治理混乱问题；因国有企业观念陈旧和对非公经济歧视导致的非公经济参与积极性不高的问题；因国企在社会福利、公共利益的沉重负担导致的社会和政治问题；因缺乏员工激励措施而导致内部人控制等问题。此轮的混改也具有鲜明的特点：从企业内部治理和外在环境因素营建两方面出击，以引入其他经济组织形式为契机，努力开展国有企业去行政化和对权力进行制衡的进程，通过树立合规遵法的法商理念和价值观，建立改革所需的自由、公平、法治的市场新秩序和新环境，推动国企治理现代化。

二、西方CLO制度的最佳实践

为什么要谈混改，因为外部环境对CLO制度来说至关重要。综观国外现状，并不是所有企业都需要设置CLO这个岗位的，只有在公司治理完善到一定程度或者当企业发展到一定阶段时，才需要这个岗位，CLO是日益纷繁复杂的经济运行的伴生品。CLO的职能也从最初的合同和案件处理开始扩展到战略规划、风控管理、重大购并、公司架构、合规遵循以及对外协调等领域。可以说，CLO一开始就肩负保障股东权益最大化和企业价值最大化的职业经理人的双重责任。

美国公司CLO大多处于股东和公司之间，是公司重要的战略决策制定者和执

行者。而我国大部分公司的 CLO 阶层在公司中的作用还是停留在传统合同审查和诉讼等法律事务,没有参与到公司经营的全过程,这离制定公司的发展战略和与首席执行官一起决策还有很大距离。

美国在 CLO 制度方面的最佳实践非常值得我们借鉴。首先,他们确立了 CLO 制度在公司治理中的核心位置,明确了 CLO 在现代公司治理中的角色和职责,特别强调了 CLO 在公司治理设计、策划和监督中不可替代的作用。其次,美国已经有完善的 CLO 经理人市场和充足的适格人才储备,而我国中低层次的法务人员已经大大过剩,而高层次的法务人员却十分缺乏,远远不能满足市场经济发展的需要,因此,迫切需要加快高级法务管理人才的培养。再次,美国 CLO 的蓬勃发展得益于其肥沃的土壤和环境,诸如自由竞争的市场、公平法治的环境、分散的股权结构、投资人和债权人较高权利意识和监管机构的合规管制,这些因素都强烈地激发出公司对 CLO 的巨大需求。最后,美国 CLO 承担的首要角色是战略参与,其次才是作为一个法务运转的体系,保证战略得以有效实现。这些关键的任务意味着: CLO 的角色实际上已将其管理行为贯穿到整个企业治理的全过程。CLO 在未来的作用将是商业策略和风险控制的连接点,是为企业战略提供全面系统风险管理的保证。

关于职责定位,美国在 CLO 职能定位方面堪称典范,其职能范围被定义为战略管理、管理控制、风险管理、合规管理、投资管理、资源管理、公关管理和安全管理等方面。美国的 CLO 的职业角色已经经历了很多变革,传统的法律职能的首要地位已经弱化,CLO 在企业中的作用着重于为战略目标的制定、重大改革方案的评估提供决策的依据,它已经从为 CEO 的决策提供风险信息背景转变为与 CEO 共同分担决策制定的合伙者。

在公司治理环节,美国 CLO 可以代表董事会对企业管理实施外部监督,以规范和约束经营者管理行为,最大限度地保护投资者利益,防止经营者以损害投资者利益为代价的决策行为。CLO 是企业法务的最高管理者,拥有独立决策权,也是企业法律资源配置的第一责任者,管理和控制着企业所有的法律和合规职能,并可以直接向董事会报告工作。在市场经济体制下,CLO 被赋予极大的监察权力,当然也承担极大的法律责任。

三、中国企业法律顾问制度改革的困境和路径

1. 发展困境

我国 CLO 制度尚在发展初期,即使 CLO 制度也仅仅发展于入世前夕,相比西方国家起步较晚。客观地讲,国家在 CLO 制度建设和培养力度上不可谓不大,国

家先后制定发布了《企业法律顾问执业资格考试实施办法》《企业法律顾问管理办法》《企业法律顾问注册管理办法》等法律文件，为中国企业法律顾问制度提供了法律依据。2002 年国家经贸委联合几部委公开发布《关于在国家重点企业开展企业法律顾问制度试点工作的指导意见》，标志着企业法律顾问制度进入实施阶段。2004 年国资委发布《国有企业法律顾问管理办法》，进一步明确了企业法律顾问制度在国有企业中的贯彻实施。

但是，由于国有企业去行政化和去垄断进程的缓慢，法律顾问制度遭遇到较大的环境障碍。过多的行政干预和指导导致自由竞争市场化土壤的缺失，国有企业迟迟未建立起现代化的公司治理结构，企业法律顾问在公司治理中的略显多余，整体地位较低，大多数还不属于董事会成员，所以在企业中的声音很微弱，参与企业管理控制的机会较少。于是，CLO 制度在中国传统的国企和活跃的民企表现出完全不同的突出特征，形成双轨并进的具有中国特色现象：国家通过立法在国有企业中大力推动，但效果难以达到预期。民营企业自发性回应市场竞争并借鉴国企经验，CLO 制度在公司内部生根发芽，CLO 地位日隆。但是，由于国有经济和民营经济在国民经济中的严重失衡，民营经济的勇敢实践尚难以影响国企的 CLO 制度改革。

2. 变革的路径

对比西方的 CLO 制度，我们可以非常清晰地得出结论，即外部的环境变化激发内部的需求和变革，中国 CLO 制度的发展瓶颈不仅在企业内部，更在于外部的因素。具体来说，对 CLO 制度影响最大的有政府与市场的严苛监管、公平法治的市场秩序、企业优良股权结构和内部治理结构三方面因素。

因此，中国企业法律顾问的发展存在体系性问题，任何停留在以前 CLO 制度层面的修修补补都已经无法满足企业法律顾问变革的要求。CLO 制度的发展最终依托企业的发展，企业的发展又依赖规范的市场经济，而且这个顺序不可逆反。企业的良治是 CLO 制度发展的内部因素，规范的市场是 CLO 制度发展的外部因素。

【案例：全球最佳 30 位 CLO，为什么没有中国人？】[①]

2016 年，英国的《金融时报》发布了一期研究报告，对于过去一年内各大企业和机构的法务状况进行了研究，并发布了 FT Global General Counsel 30 榜单，评选出了 2015 年全球最佳的 30 位 CLO。

在上榜的这 30 位 CLO 中，有资料可查的有 25 位。我们发现，绝大多数 CLO

① 健君：《全球最佳 CLO 为什么没有中国人》，载《公司首席法务官》微信公众号，2016 年 11 月。

都拥有美国大学的法学博士(J. D.)学位,另外,来自英国本土的多位 CLO 都取得了英国的法学院法学学历(Diploma of Law)。可见,英美法对全世界企业的影响不容小觑。甚至有两人没有任何法学相关学历,可是依旧不妨碍其成为最牛逼的三十个 CLO 之一。

在《金融时报》的这份研究报告里,所列举的公司,也基本上来自于英语系国家(腾讯、阿里和长江和记的上市地都设在中国大陆)。这些大牛 CLO 都有着资深的英美法的教育背景,甚至是浸淫在英美法体系下的商业活动中多年之后,才晋升为公司的法律顾问。这从另一方面也可以看出,英美法在国际商业中的重要地位,即使对于一个大陆法国家企业的 CLO 来说,对英美法的熟悉了解那也是相当有必要的。这也是全球最佳法律顾问中没有中国人,甚至连亚洲脸孔都没有的原因之一。

随着改革开放的深入发展,我国的市场经济越来越完善,经济影响力也越来越大。但是,有个不得不面对的缺陷就是,我们的法律体系建设总是跟不上经济发展的步伐,中国法律体系对国际商业影响甚微。中国的市场经济以及相关的法律体系建设也就短短三十多年,无论如何也无法和已经发展了几百年的欧美资本主义市场经济体系相抗衡,这也就导致了大部分公司依靠欧美法体系进行国际商业活动。

表 6.1 全球最佳 30 位法律顾问①

Name	Title	Company
Martin Bowen	Group General Counsel	Dyson 戴森
Philip Bramwell	Group General Counsel	BAE Systems BA E 系统公司
Geoff Brigham	General Counsel	Wikimedia Foundations 维基传媒
Mitsuru Claire Chino	Executive Officer and General Counsel	Itochu Corporation 伊藤忠商事株式会社
Felix Ehrat	Group General Counsel	Novartis 诺华制药
Dan Fitz	Group General Counsel and Company Secretary	BT Group 英国电信集团
Ivan Fong	Senior Vice President for Legal Affairs and Group General Counsel	3M 明尼苏达矿业

① The FT Global General Counsel 30, https://www.ft.com/content/9daadf20-32c5-11e6-bda0-04585c31b153, JUNE 22, 2016.

续表

Name	Title	Company
Amanda Harkness	Group General Counsel	Australia Securities Exchage (澳大利亚证交所)
Brent Irvin	Vice President and Group General Counsel	Tencent(腾讯)
Tom Kilroy	Chief Operatring Officer	Misys(万盛系统)
Edward Knight	Executive Vice President and Group General Counsel	NASDAQ(纳斯达克)
Massimo Mantovani	Head of Legal and Regulatory Affairs	Eni(埃尼石油)
Rosemary Martin	Group General Counsel and Company Secretary	Vodafone(沃达丰)
Carmel Mulhern	Group General Counsel	Telstra(澳洲电信)
Timothy Murphy	Group General Counsel and Chief Franchise Officer	MasterCard(万事达)
Louise Pentland	Senior Vice President Chief Legal Officer and Company Secretary	PayPal(贝宝)
Bill Reilly	Senior Vice President and Group General Counsel	Ansell(安塞尔)
Steven Rodgers	Senior Vice President and Group General Counsel	Intel Group(英特尔)
Donald Rosenberg	Executive Vice President, General Counsel and Company Secretary	Qualcomm(高通集团)
Thomas Russo	Executive Vice President and General Counsel	AIG(美亚保险)
Jos Sclater	Group General Counsel and Director of Stategy and Merger & Acquisitions	GKN(吉凯恩)
Edith Shih	Group General Counse l and Corporate Secretary	CK Hutchinson Holdings (长江和记实业)
David Snively	Executive Vice President, Secretary and General Counsel	Monsanto(孟山都)
Tim Steinert	General Counsel	Alibaba(阿里巴巴)

续表

Name	Title	Company
Geoffrey Timms	Group General Counsel	Legal & General（英国法律通用保险）
Dirk Tirez	Chief Legal Officer and Company Secretary	Bpost（比利时邮政）
Dan Troy	Senior Vice President and General Counsel	GSK（葛兰素史克）
Kent Walker	Senior Vice President and General Counsel	Google（谷歌）
Clare Wardle	Group General Counsel and Company Secretary	Kingfisher（碧丰集团）
Geoff Wild	Director of Governance and Law	Kent County Council（英国肯特郡议会）

◆ 结语

在发育成熟的市场经济条件下，企业经营的目标是一切为了股东财富的最大化。而股东价值的增长需要公司内部各种职能部门的努力和通力协作，其中就需要有一个深谙风控之道的 CLO 来统领公司的合规与风控，他们在企业中扮演的角色既是 CEO 的决策参谋，也要协调各管理部门，以降低高额的委托代理成本，为企业经营和战略及时提供相关的信息。

从迷信行政权力到敬畏市场规则，西方国家走了几百年的历程。这种思想的转变比市场体制的转变更加艰难。我国的 CLO 总体上还处于初级阶段，CLO 队伍尚未发展壮大起来。我们应该顺应国际潮流，虚心学习西方大公司的先进经验，依托中国混合所有制破局所营造的难得历史机遇，尽快将西方公司先进的 CLO 制度设计完整地引入中国公司治理结构，在中国公司特别是上市公司中全面实施 CLO 制度并加以充分的尊重，这将是中国企业法律顾问制度改革的必由之路。

中国 CLO 的角色要转型，其自身观念的转变也很重要。CLO 通过参与企业的生产经营的全过程，从而参与企业决策，只有这样，CLO 才能为股东和社会创造价值，才能够得到社会的认可。CLO 也将会在工作中与 CEO 和经营单位的管理者共事的时间越来越多，并深度参与所有的改进计划并在多项计划中处于领导位置。中西方 CLO 重点职能的转移已经趋向一致：从业务处理和控制转为决策支持和全球战略发展。CLO 在现代企业中发挥的作用将无可替代。

第二节 意淫的大多数

> 现实中做不到的事情,让我们到梦中去实现。

【案例:CLO与大师的对话】

我问大师:我是公司的CLO,外表光鲜,但实际上工作整天讲风险惹人厌,辛苦却赚不着大钱,感觉特别迷茫。大师我该怎么办?

大师右手捂胸,沉默不语。

我追问大师:"您是说不要抱怨,要问心无愧,对得起心中梦想,对吗?"

大师仰望天空,然后又低头不语。

我继续追问大师:"您是说干我们这行要耐得住寂寞和孤独,抬头要仰望星空不忘理想,低头可脚踏实地解决问题,公司总有一天会认识到我们的价值?"

大师摇了摇头说:"你离我远点,我出家以前就是公司律师!今天听你又说这些,心里堵得慌。"

"公司律师在公司发挥了巨大的价值;公司律师成为企业不可或缺的业务单元;没有公司律师的意见,业务根本无法进行下去;公司律师拥有否决权,在项目上的话语举足轻重;公司律师不能总是说不;有作为就有地位;CLO成为CEO的左膀右臂,是必备的内阁高参。"这些说法是不是很熟悉,没错,这就是从各大法务论坛传达过来的各个公司法务老大的高见。

现实中真的如此吗?一般来说,当人类绝望时,有两种应对方式:要不选择自杀,要不选择在意淫中苟且。中国公司律师真实的生存现状到底是哪一种情况呢?以下负能量酸爽的爆棚,没有深厚功力者请谨慎观摩。

意淫一:CLO是CEO的左膀右臂

评论:还有总法律顾问已经成为董事长的高参和股肱,有什么重大事情都会请教CLO的意见,等等。

这应该是在说梦话吧!中国的法务总监一年能见几次CEO?美国公司的情况不清楚,但中国公司律师的实际情况应该不是这样。在中国,公司法务部实际地位真是不堪提起,说公司法务部是边缘部门已经很客气了,在很多公司,如果法务老大再没想法和能力,它可能沦为边缘部门中的边缘。这样的环境如何能找到优秀的律师和留住法律的精英,想想都泄气。

事实上,在美国公司的治理结构中,有什么重大决策 CEO 一定会问 CFO 和 CLO,说他们成为公司总裁的核心高参一点也不过分。可惜那是在大洋彼岸的美国,现代公司治理已经走过了 100 多年。

意淫二:公司法务部是企业的核心部门

评论:法务部已经成为企业中必不可少的部门,公司的发展离不开法务部的保驾护航,法务部在企业管理的各个方面发挥着非常重要的作用,诸如此类的说法很有市场。

其实,咱们就是个打酱油的,非要说成是写字楼的!看来必须要说句打击人的话,否则捶不醒梦中人:除了个别特殊行业如金融证券,大多数公司法务部从来就不是一个公司的必备单元,公司离开你一点问题没有,说不定还会因为成本降低,公司会活得更好。事实上,大部分企业根本就没有法务部门,设立法务部的企业还是少数派,很多企业老板甚至连法务部是个什么东西都没有听说过。

意淫三:公司律师不能总是说 NO

评论:这种说法,堪称公司法务管理的心灵鸡汤。还有公司律师不能总说 NO,要想办法为公司找到可行的办法,成就公司业务才是你真正的价值,等等。

想问的是:公司律师啥时候说过 NO 啊?另外,你确定你有否决权吗?你真的行使过否决权吗?这真的是往自己脸上贴金。很多公司法务总监声称,他们有一票否决权,基本可以断定他在吹牛。最恐怖的是,大部分老板确实也很认同这种说法,遇到谨慎较真的公司律师说不行的时候,往往用这句话一把噎死公司律师"自作孽不成活"。

事实真的是这样吗?

在西方可能,在中国却完全不是这么回事。据调查,中国 90% 以上的公司律师实际上根本就没有真正否决过,你连否决都没有尝试过,谈何说 NO,所以这完全是公司律师的幻想。公司律师不敢说 NO 的原因很多,最重要的还是位卑言轻或者自己不专业。

所以,对于中国公司律师的当务之急不是不说 NO,而是提升自己的地位和自信,要勇敢地说 NO。等你做到第一步了,再想第二个层次的事情。就像人类的两个需求,说 NO 先解决你吃饭的问题。如果明知企业在违法还帮企业筹谋划策,想尽各种办法和歪门邪道去掩盖都是作死的节奏。见过很多该说 NO 时不说 NO 或者不敢说 NO 的案例,结果因为法律合规的不作为误导公司行为,最终让企业损失惨重。然后才是第二步,等我们有敢说 NO 的基础,有选择地不说 NO,解决的是满足公司法务温饱之上更高层次的享乐问题。

记住：法律合规成就的永远是合法合规的事业，而不是所有的公司事业！勇敢地说出NO，老板有一天会感激你。

意淫四：有作为就有地位

评论：这简直是公司法务管理鸡汤中的老母鸡汤！见过营销业务部门说这句话吗？或者公司财务、融资部门把它当口头禅吗？基本没有！说句不中听的话，人们总是越缺什么越爱显摆什么。常常听到说这句话的都是公司中最没有地位的后台部门，最悲催的是，常常发现公司法务部的领导最喜欢说这句话，简直奉为圭臬，多么痛的领悟！

各部门在企业中的地位就像小剧场的座位，大多数是固定的或者与生俱来的，你再争都无济于事。比如一个公司的产品和营销，财务和融资还有人力资源。有了产品就可能有市场，有了资金就可能生产和扩张，有了人什么都有了。除了这种与生俱来的地位，其他大概都是临时座位。

在争夺一席之地的过程中，新老公司律师前赴后继，但大部分公司律师都不清楚，你的目标是个临时座位还是个固定座位？如果是临时座位，有作为时，给你落个座；没作为了，撤的比谁的都快。如果是固定座位，你就真的要付出相比其他部门成倍的努力，谁都知道，加个临时座位容易，但加个固定座位却很难。何况，当你发现如果大势不变，个人再多的努力都没办法争取个固定座位时，你会感到被掏空了的绝望。

意淫五：CLO是公司管理班子成员

评论：还有CLO已经成为公司高管或者管理班子成员，在公司的各项重大决策中发挥着重要的作用，等等。

这确定是说现在吗？还是在说30年以后的事情，到那时或许真的有可能。而现在，真正进入高管序列的CLO比例少得可怜。不管是在国企，还是在民企，基本都差不多。如果不服，去看看上市公司公告或者公司官网，中国有几个CLO在高管披露名单里？即使有些特别优秀的奇葩进入了管理层，要不就是转行负责人力行政或总裁办监管法务，要不就是排在公司高管序列的最后。

还是不吹牛了吧！

意淫六：公司律师参与战略决策

评论：还有CLO是董事会的重要成员，并成为董事会下属各委员会常设委员，公司的战略、风控、投资并购、高管薪酬等都要经公司律师同意才可执行等说法。

法务兄弟，咱见过董事会吗？咱开过董事会吗？咱知道董事长的办公室在哪里吗？相信大部分CLO都不在董事会中，估计列席董事会都很难。如果你连董事会都参加不了,谈何战略参与和决策?

另外,咱懂战略吗?咱熟悉所在东家的战略核心吗?咱想过法务管理与战略决策的关系吗?公司高层战略会有过咱的身影吗?如果没有,怎么好说参与战略的拟定、决策和执行呢?

事实上,大部分法务部对公司战略都是后知后觉,如果公司战略发生重大变化,说不定还是最后一个知道的部门。而从繁冗的日常事务过渡到战略决策才是一个法务部真正受重视的象征。

意淫七:法律合规是个专业部门

评论:我们是公司中少有的专业部门,公司律师是公司业务强有力的保障,拥有高学历、高素质、高颜值的人才,等等。

专不专业不是自己说的,而是第三方外部门评价的。凡是自己迫不及待说这话的人,往往是最不专业和最没自信的法务人员。他们企图在与外部门频繁的碰壁中,用这句话找到安慰,给自己疗伤,却不知道伤口因为封闭不透气而加速溃烂。

事实上,在与社会律师的交往中,公司律师没有任何专业的优势,如果再对企业本身、行业趋势和风险管理都一窍不通,真不知道公司为什么要雇用这样的法务。

意淫八:因为忽视公司律师,公司惨遭重大损失

评论:当讲到公司律师的价值时,他们最爱举的例子就是因为不重视公司律师或者离开公司律师,公司遭受的重大损失。

这是公司律师最不自量力的说法,记住,他们在偷换概念。公司遭受重大损失的案例不胜枚举,但完全是因为忽视公司律师而失败的案例却凤毛麟角。且不论中国公司律师地位尚浅,就是美国大公司的公司律师也没有几个敢这样说的。

意淫九:公司律师是最有前途的新兴职业

评论:诸如公司律师在崛起,他们代表了一种新兴的职业,是典型的三高人群(高收入、高学历、高素质),等等。

先不评论,说个很有意思的现象,大部分公司法务部都是女性居多,女孩子向来比男孩子更好学,学历也更高,本来是好事情,但过度的比例失衡就会带来很多问题。阴盛阳衰已经成为公司法务部最头疼的问题,而且这个比例还在拉大。为什么公司法务部不是大部分男生的最佳选择?为什么很多男性没待多长时间就会离开法务部而去当执业律师?

很简单的道理,公司律师没钱、没前途、没地位。而在男生的收入压力普遍比女生大的情况下,男生必须寻找更多收入,更有前途的工作好养家糊口,让自己混

口饭吃。

公司律师与外部律师的收入差距悬殊：如果管理合伙人是律师的终极目标，CLO大概是公司律师目前看得到的未来的影子。那么，年收入上千万元的管理合伙人应该不在少数，年收入超过千万元的CLO在中国又有几个？

◆ 结语

写完这些酸爽的负能量，都不想再讲话了，洗洗睡吧。希望能敲醒一些还在做梦的公司法务人。

第三节　过分迷信刑事打击的中国企业家

> 老板尝到刑事打击的甜头，CLO就要开始吃苦头了。

当中国的公司老板尝到刑事案件打击企业内部违规行为的甜头时，民事案件的刑事化已经成为中国的CLO们最为头疼的问题，这是个危险倾向。一方面要取悦老板；另一方面去刑事化呼声日益高涨，刑事打击企业内部违规越来越受到公众的质疑。CLO们展现出的腾挪术令外国同行为之侧目，但是，这样真的可以持续下去吗？

一、场景故事

作为CLO，你一定不会陌生以下场景：

场景一

老板把你叫到办公室，办公电脑上展示的是公司的负面新闻或者文章，大量的点击量和转载量让老板暴跳如雷，“这些信息都是不实消息，是对公司的污蔑和诋毁，立刻发律师函，到法院告他，一定要把流氓写手绳之以法！”

场景二

业务部门领导找到你，“公司的一个合同款一直没收到，现在对方电话不接而且就是不还钱，这是合同诈骗吧，法务部赶快报案”。

场景三

行政部门的领导打电话给你，“公司门口有人在闹事，严重干扰了公司的正常经营活动，快报警抓人”。

场景四

培养多年的业务员被竞争对手挖走，老板气愤填膺要对方付出惨痛的代价，你却说根据法律规定和目前掌握的证据情况做不到，老板直接说“那你们法务可以干什么！”

以上场景是不是很熟？因为他每天都发生在我们的工作中。看得出，中国老板是有仇报仇、有冤报冤的江湖文化，而公司律师则凡事都要讲法律、讲证据。老板的逻辑没有错，代表了大部分人的正常思维，但是公司律师深知：要实现老板的目标，在法律上有无数个障碍，所以只能说这也不行，那也不行。

如果更深一步，我们发现，中国企业家对刑事程序是偏爱的，因为刑事打击的力度够狠、够劲，试想一下：民事程序中对方可能连庭都不用出，找个律师跟你对堂，然后提个管辖权异议拖你半年，等你拿到胜诉判决，早已没有了什么惩治效果，远不如“报警抓人”大快人心。

二、实务案例解析

先选取近几年公布的一些刑事打击的经典案例，有些案件取得了超出公司预期的效果，各自公司的 CLO 因此被表扬和中奖。殊不知，这就像 CLO 给公司递上的精神鸦片，公司很容易上瘾而难以自拔，CLO 也在不知不觉中给自己脖子上套上了绞索。

【案例一：中联重科 vs 新快报记者】①

从 2012 年 9 月 26 日到 2013 年 6 月 1 日，新快报记者陈某曾先后发表 10 篇有关中联重科“利润虚增”“利益输送”“畸形营销”及“涉嫌造假”等一系列批评性报道。截至 2013 年 10 月 19 日，广州新快报记者被湖南长沙警方以涉嫌损害商业信誉跨省刑拘，后陈某被判处有期徒刑。

该案曾在国内引起了轩然大波，当陈某因涉嫌损害商业信誉跨省刑拘的时候，社会舆论及法律业界都一致批判长沙市公安部门“地方保护主义”“民事纠纷的刑事化”，让长沙市公安部门出于舆论的风口浪尖，而后来陈某承认收数十万元人民币发报道诋毁中联重科，让故事有了戏剧性的反转，最终的结果是陈某被判刑 1 年零 10 个月。

故事就此似乎尘埃落定，然我们回味一下却发现该案中没有赢家，中联重科的

---

① 《新快报记者陈某涉损害商业信誉罪被刑拘》，资料来源：http://media.people.com.cn/n/2013/1023/c40606-23295350.html，访问日期：2016 年 5 月 1 日。

股价大跌商业信誉受损、陈某则失去了人身自由、公安机关的公信力受到了质疑,而法律尊严的贬损才是本案的最大痛点。

【案例二:华为 vs 沪科】①

王某、刘某、秦某均为前华为公司员工,曾任职硬件工程师并参与了华为公司光网络设备的研发工作。2001 年 7 月,尚在华为公司工作的王某、刘某就与贝尔公司商谈合作开发生产盒式的 2.5G 光网络设备事宜。同年 11 月 7 日,王某、刘某各出资人民币 25 万元,在上海市成立了沪科公司,并聘用了秦某等 20 多名原在华为公司从事光网络技术研发的技术人员进入沪科公司工作。

2002 年 5 月,三人利用其在华为公司工作期间掌握的以及秦某从华为公司窃取的光网络设备的相关技术资料,完成了有关产品技术文档的制作,并发送给贝尔公司。贝尔公司据此生产的产品在市场上的销售额约人民币 600 万元。

2002 年 10 月,华为在上海一中院提起民事诉讼,向沪科索赔 200 万元。传票已经发出,开庭已敲定在 2002 年 12 月 4 日。但华为突然撤诉了。10 天后,王某等 3 人在杭州意外遭遇佳木斯警察搜查并被逮捕,3 人分别被拘留。2002 年 12 月 18 日,该案在华为要求下被转至深圳司法机构,同时对 3 人的诉讼也由原来的不正当竞争上升到盗窃商业机密,并提请刑事立案。同时,沪科公司研发、销售、生产等一切活动都停止,相关的产品被禁止出售。

2004 年 12 月 6 日,深圳市南山区法院一审判决 3 名被告人均构成侵犯商业秘密罪。王某和刘某均被判处有期徒刑 3 年,各处罚金人民币 5 万元。秦某被判处有期徒刑 2 年,并处罚金人民币 3 万元。已被冻结的沪科公司账户内款项,责令退赔给华为公司。

该案给出的启示在于:刑事案和民事案非常不同,刑事侧重以量刑为主要惩罚手段,而民事则注重经济赔偿。前者在取证的过程中可以动用公权力进行,而后者的取证则相对困难,只能依靠互相举证。华为可能是认识到取证的困难,就撤销了对 3 人的民事诉讼,而改为刑事诉讼,通过公安的公权力介入来获取证据,并且起到了有力的震慑作用。

【案例三:腾讯 vs 刘某】②

刘某,在腾讯有近 10 年的工作经验,曾担任在线视频部总经理、电子商务部总

---

① 《沪科案终结华为公司获胜》,资料来源:http://tech. sina. com. cn/it/2005 - 05 - 21/0440613665. shtml,访问日期:2016 年 5 月 1 日。

② 《阿里副总裁刘某被警方带走》,资料来源:http://business. sohu. com/20150710/n416509054. shtml,访问日期:2016 年 10 月 12 日。

经理等职务。2013 年 7 月，他以创业为由从腾讯离职。当年 8 月，他入职阿里巴巴，负责管理数字娱乐事业部事务。2015 年 7 月的一天晚上，网上传出刘某被深圳警方带走调查的消息，原因是他此前在腾讯公司任职、负责腾讯视频版权采购时期涉嫌商业贿赂，随后这条消息被腾讯、阿里官方证实。

此番刘某被带走调查，是因下属岳某涉职业侵占和受贿案引发，岳某已经被深圳南山区法院判处 9 年刑罚。据悉，腾讯在 2013 年一次常规内部审计过程中，发现前两年的视频内容采购过程存在疑点，随即报案。公安机关侦查后认为涉及贪腐，当事员工勾结视频供应商抬高采购价，从中大肆渔利。

任何一家公司对内部腐败都难以容忍，更何况腐败的对象还跳槽到了自己最警惕的竞争公司就任要职。实际上，腾讯方面已就竞业限制问题，对刘某提起民事诉讼，并向其追讨在腾讯就职 10 年的全部股权收益，高达数千万元人民币，2014 年底，深圳南山区的一审判决支持了腾讯这一主张，这也被视为"互联网竞业禁止协议索赔第一案"。随后刘某被以刑事罪名采取强制措施，还是延续了腾讯民事刑事两手都要硬的原则。

【案例四：中兴 vs 常某】①

常某是中兴公司一技术总监，为中兴公司应标法国电信项目组的成员。在中兴公司成功在法国电信项目第一阶段中标，并进入法国电信项目第一阶段短名单后，常某违反中兴公司保密要求，通过电子邮箱向竞标对手华为公司的员工杨某发送了 5 份记载中兴公司内部经营战略和产品规划的文档。

随后，中兴公司在法国电信项目第二阶段未中标，而竞争对手华为公司却得到该项目的两个标。经资产评估公司对中兴公司其中 5 份文档进行资产评估，其商业秘密价值为人民币 1550 万元；中兴公司因商业秘密被侵犯造成部分损失价值为人民币 1290 万元。

此案经南山区人民检察院提起公诉后，南山区人民法院经审理认为，被告人常某违反权利人有关保守商业秘密的要求，披露其所掌握的商业秘密，造成特别严重后果，经鉴定，该 5 份文档的必要开发成本为人民币 763.12 万元。该院认为常某构成侵犯商业秘密罪，一审依法判处其有期徒刑 3 年，并处罚金人民币 12 万元。

俗话说，日防夜防，家贼难防。在欧美大片中，为了窃取商业秘密，特工们使出浑身解数，各显神通。而现实中盗取企业的商业秘密，简直如囊中取物，轻而易举就能把商业秘密窃取到手，这些盗贼竟然往往都是一些企业内鬼。中兴法务非常

---

① 《中兴一总监"私通"华为获刑 3 年》，资料来源：http://www.cnsymm.com/2015/0514/7079.html，访问日期：2016 年 11 月 1 日。

清楚，对于这类案件因为举证复杂导致维权难度极高，一纸保密协议根本不能预防商业秘密的外泄。通过刑事手段司法取证，就成了公司维权的最佳捷径。

三、公检法要民事案件去刑事化

经济案件刑事化固然简单高效，可以给企业舞弊行为以沉重打击。但是，这样做的负面效应也在逐渐体现。从官方数据统计来看，近年来正“依赖刑事手段解决民事争议”的案件数量不断上升，法律界人士所称的“民事纠纷刑事化”倾向，屡禁不止、愈演愈烈，已经引发了大量的社会矛盾，对法治社会建设危害甚大。

目前，国际社会的司法进步趋势是尽量采取民事而非刑事手段解决经济领域内的纠纷，能不抓的尽可能不抓，能不判的尽可能不判，能不杀的尽可能不杀。如果纵容严刑主义的泛滥，势必对社会进步和经济发展带来无尽后患。

四、跟外国同行比，中国 CLO 太不容易了

司法实务中对于“民事纠纷刑事化”出现了一边倒的反对之声，但作为公司律师我们也要有清晰的认识，根据专业知识判断案件的性质和处理模式，最大化地保护公司的合法权益。这里要考虑的因素很多，跟外国同行比，中国公司律师的确更不容易，

1. 理性分析

所谓不盲目崇拜是要扭转公司管理层的管理理念，积极引导，对公权力不要盲从认为其是万能的，对于相关的纠纷，法务人员一定要主导处理案件，避免非专业部门引导专业人士处理案件。切记不能为了管理层的指示而歪曲事实。

2. 专业开路

法务部作为公司的职能部门，一定要专业立本，以专业化的角度判断案件的性质，确定案件的处理模式，既避免将民事案件刑事化，也防止刑事案件民事化的处理模式：

（1）确定案件的性质

根据法律专业判断案件的性质而不是老板或者领导的指示，刑事案件因其处罚相当严格，其基本原则是罪刑法定且有严格办案流程和证据规则，因此采取刑事手段处理案件时，确定案件性质、准备证据都需要相当的谨慎。

（2）确定案件的罪名

如确定使用刑事手段保护，对于罪名的选取要慎之又慎，这关系到案件能否办

成的关键。以商业秘密案件为例,因其案件处理的复杂性,无论证据的准备还是案件的立案都相当困难,如立案时证据的统一性、非公知性鉴定、损害评估等既耗时又耗力,一旦出现纰漏就会功亏一篑,此时如变通使用非法获取计算机系统数据罪(如有条件时)去处理该种案件,在举证上相对容易很多,并且也会达到相关的效果。

(3)帮助公检法机构处理案件

诚如以上所言,"民事纠纷刑事化"让公检法对于介于民、刑之间的纠纷相当谨慎,一边倒地让类似案件采用民事化处理模式进行立案和处理是非常困难的。对此,法务人员以既有判例以及法学理论知识引导相关机关处理案件,成为决定案件立案的关键因素,只有以扎实的理论为基础,以完整的证据为后盾,才能顺利推进案件的解决。

(4)总结提升

中国不属于案例法国家,除最高人民法院刊发的案例效力较高外,其他案例的效力,司法实务界仍存在争议;但从实务操作来看如有先前案例的支撑,在同一区域内对相同案件的处理,公检法机关明显会有先前的包袱。因此建议公司律师能精炼提升相关案例,发表点评,这将为以后案件的处理铺平道路。

3. 合理利用程序

刑事案件的办理有严格的程序,在立案之前是案件的受理和初查阶段,在此阶段可以通过公安机关进行调解,公司律师也可以充分利用该流程通过行政机关作为第三人进行调解从而以和解的方式解决纠纷。这主要是因为公安机关的介入使对方倍感压力,在合理的范围内解决纠纷有利于自身利益的最大化。其次,公安机关作为调解人,对双方而言相对公平也有利于双方和解的达成。

◆ 结语

一旦中国的公司老板尝到刑事案件打击内部违规的甜头时,民事案件的刑事化很快成为中国企业家的惯性思维:有事情找警察,多快好省! 法务部的能力就是看你找公安的能力。这样的危险思想一旦开花,CLO 的噩梦就会接踵而来。即使有很多大公司在经济纠纷的刑事打击上硕果累累,但这并不意味着大公司就可以继续这样任性下去,特别是国民权利意识和法律意识的苏醒,更让 CLO 惶惶不安。

如果问中国 CLO 最想跟老板说的一句话,一定是"公安局不是我们开的"。公检法机构收紧的趋势,使我们相信这绝对是由衷之言。未来怎么办,中国 CLO 和他带领的法务部门必须做出选择。

第四节 CLO最让人讨厌的六个坏习惯

> 自我批评总比别人批评难。

他们往往是各种论坛的座上客,也常常出现在各个商业或者法律期刊的封面。他们手中掌控着很多500强企业的法律合规甚至风控部门,有的还领导超过千人的律师团队。他们不屑与市场和销售为伍,自认是行业的专业明星。

这些CLO享受高薪高福利,但他们认为理所应当。这些高智商+高情商的怪物的确奇货可居,上市公司也愿意花非常高的代价从职业经理人市场挖猎聘请。的确,他们有把握给企业的贡献要比自己的收入多得多,这好像真是笔划算的买卖,特别对于企业来说。

于是,他们有恃无恐,逐渐变得傲慢、固执,听不进任何意见。他们甚至自以为是地认为,公司离不开自己或者CEO不识时务地炒了自己鱿鱼,他们可以很快在外面找到更好待遇的工作。真的是这样吗?CLO们,是时候静下心听听别人的意见了,尤其是那些走路以及待人接物时已经习惯鼻孔朝天的CLO们。

一、好为人师

我们常常被这样的领导折服,他们总能迅速地理解事务本质并抓住重点,他们总能果断地做出判断并能保持方向上的精准正确,他们涉猎广泛并对什么都有很深的研究。今天,可以明确地告诉你,这样的CLO只能停留在想象阶段,但有的CLO真的相信自己是这样的人。CLO自己切记,谁都不愿意每天听你唧唧歪歪,特别是很多CLO把自己当成万事通,什么问题都要发表意见。这样的CLO对于下属的建议往往充耳不闻,因为他根本就没有准备听取任何人的意见。

CLO的好为人师还表现在,与下属非要在专业上一比高下,这样的比试注定是个不好的结局。如果你比赢了,下属不会真正地服你,因为他们觉得你懂得更多是理所应当的。如果比输了,很多CLO又会死要面子,不承认自己的专业不足,用各种方法掩盖,这会让下属更加看不起。而且,从职业分工来讲,CLO在专业性上无论如何无法与精通某一领域的律师相比,再说明白些,这本不该是你的长项。

二、越俎代庖

很多 CLO 喜欢亲历亲为，背后的原因他自己可能都没有意识到，是对下属的超级不信任。这种不信任可能是 CLO 的不良习惯，也可能吃过一两次下属的亏，一朝被蛇咬，十年怕井绳。但不管怎样，这样的 CLO 做得再多，都不会有人感激，因为即使你再忙再累，都不会给下属的成长带来任何好处，他们反倒会觉得跟这样的领导既没有自己的工作空间，又没有学习机会，于是，离职率骤然上升。

更加不能让人接受的是，CLO 这样的做法是对团队凝聚力的巨大伤害，你一个人怎么任性地玩都可以，但作为一个团队 Leader，你越大包大揽越无法对冲大部分人的怠惰。而这一切都是因为 CLO 的越俎代庖所引起的，公司如果哪一天遭受重大危机或者损失，CLO 只能独自上场，但既然你把自己当成兵而不是将，最多也就独当一面，其他方面就会一溃千里。CLO 已经忘了，公司当时聘请你的时候可是准备让你带兵打仗的。当然，这样做的 CLO 自己也没什么好冤的，因为有种活该叫出力不讨好。

三、不愿改变

说实话，很多资深的 CLO 不是不愿意改变，而是已经很难改变了。以往成功的经验、定向的思维习惯和几乎耗尽的精力让他们更乐意选择维持现状，否则太多的改变让他们会觉得心里没底而无所适从。但是外部环境每天都在变化，商业模式推陈出新，技术演进突飞猛进，这些 CLO 无法阻止的改变已经完全突破了他可以掌控的范围。

不改变必然被淘汰，固守以前的成功经验，这让 CLO 们在未来不可预知的不确定性前显得那么无力和不合时宜。很多 500 强的 CLO 已经深深地意识到这一点。从工作内容到工作方法，陈旧的知识和过时的思想与新生事物显得如此格格不入。新的举措和调整的办法必须果断实行才能适应新的挑战。而那些墨守成规的 CLO，浑然没有意识到自己已经落伍，还傲慢地躺在以前的功绩中渐行渐远。

四、刻意打压下属

CLO 为什么要打压下属呢？一种是基于传统的御人术，为了平衡而不计公平，这是影响效率的一种管理方式，但很多大企业的 CLO 却乐此不疲。更多的时候，是 CLO 没有充分的自信，对于表现优秀的公司律师，他们不是像伯乐一样遇到人才会倍加珍惜，而是表现出极度的不安和焦虑。特别是当越级指挥事件产生时

(我们先不讲越级汇报,因为这里往往也有下属的责任),这种现象就表现得更加明显。

还有一种打压叫铲除异见者。在CLO实施的工作纲要和具体安排中,总会有来自内外部的不同声音。这本来很正常的事情在某些CLO看来实在无法忍受,他必须要让对方接受自己的观点,否则就毫不留情地清除出团队,有时甚至有些强迫症的味道。这样做真的没有任何必要,每个人都有自己的想法很正常,何况那些默默按着你方法做的人内心也不一定真的认同你的意见;而且一个计划的执行和完成大部分按部就班即可,真的没有必要让每个人无条件接受,除非你是希特勒或墨索里尼。

五、趋利避害

每个人都是趋利避害的,这是人的天性。但当一个团队需要CLO出来承担时,CLO总是选择逃避或者找个替死鬼,这无论如何无法让人接受。很多明哲保身的CLO在这种情况下,位置虽然保住了,却失信了整个团队。

该出手时就出手,该担当时勇担当。如果有好处的时候CLO都站在最前排,有灾难的时候CLO总是看不到人影,每个人都会看得清清楚楚。其实,很多情况下,CLO已经逃无可逃,你如果没有勇气站出来,那么公司就会选择愿意站出来的人来替代你,无数案例已经证明了这一点。企业非常清楚,这样精明的CLO是不可能服众的。

【案例:RPM不愿意背黑锅的CLO】①

Edward Moore是RPM的CLO兼CCO。2010年公司被前员工投诉RPM有欺诈行为,其在某项与政府的合同中多收了钱。司法部随即展开调查,Moore作为该调查的公司负责人,没有履行上市公司义务,及时披露与调查相关的信息,甚至当他最终与司法部以2800万美元报价时,公司的CEO和CFO才知道公司可能遭遇的巨额罚款。

经过调查,SEC对RPM和Moore提起民事诉讼,认为它们的行为严重违反了法律规定的披露义务。Moore为什么不及早披露呢?主要因为RPM之前已经被罚款过多次,而CEO警告不能再发生类似的事情。在这种情况下,Moore怕此事再一出饭碗可能都保不住,所以选择了侥幸地悄悄处理以逃避责任,但最终事情失去控制而败露。因为Moore不敢担责的行为,RPM最终缴付了6500万美元的罚款。

---

① SEC:SEC Charges RPM International Inc. and its General Counsel for Disclosure and Accounting Failures,https://www.sec.gov/litigation/litreleases/2016/lr23639.htm,Jan. 10,2016.

六、与下属抢功

CLO 与公司律师抢功，这是最让下属看不起的行为，但这种事每天都在我们周围发生。CLO 与下属抢功劳真是天下最愚蠢的做法。按道理，每一个公司律师的业绩都会算到 CLO 的头上，为何还要和下属斤斤计较？要知道，即使你把每个人的工作成绩都说成自己做的，也没有任何 CEO 会觉得你是个胜任的管理者，顶多说你是个能干的律师。

◆ 结语

CLO 的六个坏习惯是 CLO 没有自信的集中表现。本来在公司的地位就不高，如果再摊上一个五毒俱全的 CLO，公司律师就真的没有活路了。如果遇到心比较大的 CLO，算你走运，因为你的职业生涯将会顺利得多。

第五节　企业越全球化，公司 CLO 越重要

> 每个公司律师都是 100% 全球化的支持者，并以 100% 的乐观心态迎接全球化。

经济的全球化带来的机会和挑战并存。一方面，公司法务管理受益于全球化的发展逐渐壮大；另一方面，因为全球化复杂问题而让法务部门应接不暇。

一、全球化的内涵

全球化不仅包括经济的全球化，还包括法治的全球化、文化与价值观的全球化。

经济全球化是世界经济发展的大趋势，在经济全球化的背景下各国之间的联系进一步加强，经济层面的“国界”逐渐地失去原有的意义。世界市场的形成促进了资本、人力、商品、法律服务的跨国流动，优化了各种生产要素和各类资源的配置，极大地促进了世界经济的发展。在经济全球化的背景下，公司的发展也产生了巨大的影响：

1. 经济的全球化

在世界范围内,随着经济的全球化、自由化和一体化进程不断加快,经济的无国界发展迅猛,国与国之间的市场开放程度越来越大,一个无形的、统一的国际性大市场正在悄然形成之中。公司全球化经营活动已经从跨国公司内部的母、子公司的单向发展,转变为母子公司之间、子公司和子公司之间,公司总部与分布在世界各地的地区总部之间的网络化经营模式发展。

经济全球化对各公司提出了新的管理和经营要求,原先局限于一国范围的经营模式和发展思路在经营全球化的现实要求下必须进行全新的突破和超越,从而对企业的用人机制、创新机制和科研开发活动的基本模式进行新的开拓,推动了全球企业改革的快速发展。

中国企业的全球化所面临的挑战可能是最大的,也可能是前所未有的。因为我们既会遇到西方公司全球化过程中遇到的所有问题,还会遇到中国公司全球化过程中的特有问题,鉴于我们遇到的巨大挑战,我们就需要建立一个强大的团队,来应对挑战。

2. 法治的全球化

当企业走向世界以后,就会发现国家的法治实际上是企业全球竞争力的一个重要组成部分。法律是一种重要的先行工具,中国企业走向全球最大的难点在于,如何来适应这些不同国家的法律管制,形成一种安全的运营架构。在传统上,无论从立法、司法还是执法层面,我们更多考虑的是构建国内公平的竞争秩序。

但是如果用全球化的视野来看这个问题,才发现其实法治同样具有另外一个作用:法治不仅保证国内的公平竞争秩序,还保护本国企业的全球竞争力。这一点我们可以看到西方国家在法律架构的设计上、在法律管制的方式上,都充分地显现出这样的双重性。

3. 文化与价值观的全球化

企业走出去的过程中,遇到最大的问题除了法治,就是文化,其实法治也是文化的一种。各个国家不同的企业文化和价值观导致跨国企业内部冲突不断,处理不好,就会严重阻碍企业的发展。例如,我国企业并购海外企业后的文化整合是困扰我国企业对外扩张的难题之一,更具挑战性的是我们的东方文化与西方文化现在还缺乏足够的共识,即使在相近的东方文化范畴内的并购亦面临着诸多的难题。柳传志对于联想并购 IBM 的 PC 业务这一事件曾感慨道:对境外并购交易中文化融合的难度,估计多高都不算过分,文化磨合决定收购的成败。据国际并购联盟的相关数据显示,中国企业海外并购案例失败率高达 70%,而其中大多是由于文化整合不善造成的。

【案例：明基收购西门子】[①]

2005 年，明基并购西门子手机业务。当时，这曾被外界视为非常划算的一笔交易，明基分文未出，西门子手机业务还另外补贴给明基 2.5 亿欧元。明基还获得西门子在 GSM、GPRS、3G 领域的核心专利技术，但西门子手机日亏损达 120 万欧元也给明基带来了巨大的负担。

在并购之后对目标企业的整合往往考验着企业的执行力。尽管明基已经为接受西门子做好了充分的准备，但事后企业的整合特别是两家企业的文化调和一直没有达到想象中的状况。作为欧洲知名的大型企业，西门子一直以其强健的企业文化著称。而明基作为一个中国新兴的刚近四年的企业，在吸收甚至改变西门子文化上显得势单力薄。

在战略上，西门子追求高质量、高品质的产品，关注创新，而以代工出身的明基则更关注产品的设计和顾客的需求。在管理上，明基是一个创业型组织的管理模式，强调创新和速度，而西门子则是一个管理性组织，更强调规范和程序。在运营管理上，西门子强调程序和规章的完整性，明基则更有灵活性。因此，这样两个几乎相悖的企业文化碰撞在一起，一个是快速、弹性、机会型，另一个是稳健、规范、完美型，双方的企业体系和社会体系相差太远。

整合过程也受到了当地政治、文化和法律的一些影响，这种直接的文化与体制冲突风险加大了整合成本，如对本地劳工强有力的保护体系和各种组织力量的干扰。明基陷入 3000 名德国员工的高薪酬水平无法降低以及囿于当地法律限制无法裁员减负的困境就是很好的证明。明基董事长李焜耀事后感叹："亚洲的消费型、成长型品牌，要收购融合一个欧洲'汽车文化'式的老品牌，困难超乎想象。"

二、全球化是 CLO 被重用的首要原因

全球化意味着企业要进入全球的市场体系参与竞争，在参与全球化的市场竞争中，必然涉及法律风险防范和权益保护等问题。与此同时，随着中国企业不断走向国际市场，跨国公司战略发展向中国转移，企业需要处理的法律事务急剧增加，企业间并购重组活动日益频繁，都提高了企业风险的发生概率和风险影响程度，风险数量及其复杂性也与日俱增。这时候，企业必须开始启用并重用 CLO 了。

---

① 《中国企业海外并购文化整合失败的案例与经验教训》，资料来源：http://finance.sina.com.cn/chanjing/gsnews/20130924/161316836633.shtml，访问日期：2016 年 8 月 11 日。

【案例:知识产权与全球化】①

知识产权在经济全球化中发挥的作用更为显著。第一个例子是英国作家罗琳的《哈利·波特》系列书籍在全球销售4亿册,第一时代华纳公司将《哈利·波特》搬上荧屏后,在全球创造了70亿美元的票房收入。第二个例子是中国本土企业腾讯制造的"洛克文化"效应,2010年腾讯游戏推出了洛克王国的儿童网络社区,中国用户在两年间达到1.5亿人次,腾讯基于此策划了两部电影,分别获得3500万元和8600万元的票房,2013年2月,腾讯又开始制作儿童音乐舞台剧。

这两个例子说明,在全球化的趋势下,文化产业正在形成一个以知识产权为核心,涵盖了动漫、影视、音像、图书、游戏等领域的跨行业的知识产业布局,这个产业链的核心是知识产权。在这样的背景下,知识产权许可协议已经不能像制造行业那样单一技术、单一行业设计,而要在一个协议群的整体布局下依赖专业的法律团队进行条款的安排,同时也要注意与新科技、新媒体的结合,这对公司的法务来说既是一个挑战也是一种机遇。

同时,全球化不仅是中国企业"走出去",还有外国企业"走进来"。中国企业在与外资合作的过程中,同样不占便宜,因法律意识的淡薄而吃亏的企业不在少数。2007年娃哈哈和达能之争,官司的起因就是涉外合同的陷阱。娃哈哈陷入了达能的合同陷阱,从投资合资公司、商标使用、合资协议,到并购程序,处处是陷阱。娃哈哈在当初签订协议时,决策高层里既没有法务人员,也未依靠律师的外援帮助。起用律师时已是最后救场,尽量找寻和弥补当年的漏洞但已无力挽回,而达能则表现出长远的法务战略眼光和娴熟的法律策略与技巧。

在经济全球化的背景下,企业法律合规功能也被进一步强化,实际上,美国CLO制度的普及是与反商业贿赂紧密相连。随着中国法治国家建设的推进和融入全球化的加速,企业合规部门预防腐败的功能也逐渐被强化。这股反腐潮流已经影响到中国。

三、CLO面临的全球化挑战

在全球化浪潮的推动下,CLO面临的新挑战主要包括以下几项:

1. 法务素质与战略同步发展的问题

人员的调整是应对法务管理全球化的重要方面。在经济全球化的背景下会带来大量的涉外案件和各类新型案件,涉及金融、保险、证券、知识产权、货物与服务

---

① 马丽:《全球化下的公司法务变革》,载《法人》2014年第1期。

贸易等。法务人员应该具有深厚的法律、经济、金融知识和外语水平。这就要求法务人员不仅要精通相关的法律知识，还要熟悉其行业的相关管理，这样才能跟上企业全球化的步伐。

然而我国法务人员相对而言知识结构比较狭窄，缺少相关国际交往经验，并且绝大部分不具备基本的外语能力，面对新领域的法律服务经验不足，无论在理论还是实务操作上与全球市场需求存在差距。这对 CLO 提出了不小的挑战，他必须花更多的精力在法务团队水平和意识的提升上。

【案例：ACC 调查法务管理的全球化】①

据全球企业法律顾问协会 2011 年 CLO 调查报告显示，实现公司目前与未来每一项行动同步进行是法务管理面临的巨大挑战。在这个背景下，无论是内资企业还是外资企业，无论是国有企业还是民营企业，也不论是大型企业还是中小企业，都不能置身事外，公司的法务工作也面临着全新的机遇和挑战。

国际上不断出台新的与公司相关的条例及规定，加大了公司法务管理的难度，公司面临的风险内容不断增加，风险级别不断升级。开放沟通途径，逐步与国际接轨，实现公司法务管理全球化是公司寻求长久经营发展的趋势。以全球化的视角建立公司强硬的法务部门和一套相对完备的法律风险防范体系，将大大增强公司法务管理的效用。在国际市场中，法律服务的作用不只是为公司经营目标保驾护航，其本身也被视为公司竞争软实力之一。

2. 法务成本的控制问题

全球化趋势下，法务成本的控制这一问题也越来越引起公司的重视。面对层出不穷的法律案件，CLO 在全球化趋势下，通过境外律所和本地的法务部门联合、合作或者是聘请海外律师等手段，获得高质量的法律服务，提高法律服务市场上的竞争能力，相应的经营成本也就会大大增加。这种成本的迅速增加给企业造成的压力越来越大，有些大型企业的法律预算已经以亿元为单位。如何控制好成本是 CLO 必须考虑的问题。

3. 跨文化管理的难度加大

法律有地域性，每个国家的法律都不一样，对于公司律师来讲，如果他说他熟悉多国法律，他一定是在说大话。事实上，很多法律人穷尽一生把本国法律深入了解透彻就已经很不错了。

那么，矛盾就由此而来，总部派出的法务人员往往对本地律师指手画脚，而本

① ［美］文吉姆·默克林格：《公司法务管理的全球新趋势》，载《法人》2012 年第 1 期。

地律师又认为总部律师一窍不通,并因此双方常常大动干戈。有些公司为了缓解这一矛盾采取了本土化措施,在当地设置公司的分支机构来控制法务成本。该机构本土化程度越高,业务就越有保障,在当地也就越能获得发展。

本土化在结果上看应该是双赢,首先境外的公司分支机构在本土化过程中获得了更大的发展,而本地的法律服务消费者获得了高质量的法律服务,同时本地的法务部门和法律人才通过与境外律师事务所合作学到了先进的经验。当然在这一过程中本地律师与总部律师已经融为一体,本土化也已经成为公司跨国法务管理的重要目标。

【案例:全球化对华为的挑战】①

华为是中国较为国际化的企业,主要业务来自于海外,已进入世界500强。如何构建长久的、可持续的海外业务能力,继续保持全球业务快速增长,法律的支持也显得非常重要。一个公司能够长期领先于世界最重要的核心能力在于整合世界上最优秀的资源。所以,华为是以资源为中心来开展全球化的,而不是传统意义上的国际化。它是以中国为中心走向世界的概念,资源在哪里,哪里就是中心,这样就可以整合各方面的资源。法律也是一个非常重要的资源,要长期稳定地经营,平台的高度决定可持续的程度,所以法律这个平台就要建得更高、更厚。

华为全球大概有700多名专职律师,法务的责任和职责在于,如何让这十七八万的员工按照规则和秩序进行运作。另外,华为怎么能够在所在的国家建立起商业生态环境,形成一种和谐的商业环境,形成一种资源的能力,这也是要构建的核心能力。

从内部来讲,整个法务系统采用职业发展通道,华为今天的法务更多是走专业化道路。比如,在法律领域我们有十三大专业群,即网络安全、隐私保护、出口管制、公司治理、交易和合同、投资与并购、内控与反腐败等十三大专业群,这样保证有一个团队完成专业群的法律细分的管理,通过实战来不断地提高能力,同时也通过团队的协作,能够提高组织力和具备继承能力。华为法务部的目标是构建起了能够应对全世界180多个国家不同法律的各种法律问题的团队,这个构建过程也是非常艰难而且投资巨大的。

◆ 结语

全球化对于CLO来讲,机遇大于挑战。一个企业越国际化,CLO就越重要。

---

① 《华为全球化法务布局》,资料来源:http://www.sccietac.org/web/news/detail/1644.html,访问日期:2016年10月14日。

全球化为中国企业提供了难得的与狼共舞的机会,能活下来的就是好企业。全球化也为公司律师营造出非常有利的外部环境,并激发出相对硬性的内部需求,中国 CLO 们应充分珍惜这次翻身的好时机,成为公司治理和企业参与全球竞争的中流砥柱。

第六节 机器人律师会让 CLO 失业吗

> 机器人律师不会替代公司律师,而是会超越公司律师。

颠覆性创新给本来就复杂多变的商业环境增加了更多的不确定性。CLO 是回头拒绝还是双手迎接新的工业革命的到来,似乎也没得选择。

从零到一,颠覆式创新就是创造出一种世界上本不存在的东西。取代人们原本习惯使用的东西。电灯取代煤油灯、汽车取代马车、内燃机取代蒸汽机,这些都是耳熟能详的颠覆式创新。近些年来,随着各国不断加大在科技领域的投入,有许多科技项目都站到了从量变到质变的门槛上。可以预言,在未来数年内,将有一批对人类社会产生广泛影响的颠覆式创新成果出现。

一、非诉律师一定会被机器人律师替代?

法律行业也存在颠覆式创新,机器人律师便是一种典型。网络经济时代必然伴随着各式各样的纠纷,其中很大一部分纠纷的产生源于违法成本低执法成本高。现在人们利用互联网和人工智能技术,以极低的成本,为纠纷提供一种高效的解决方式。

【案例:机器人律师 ROSS】①

人工智能是法律服务行业的新突破,Baker Hostetler 是美国最大的律师事务所之一,它已经成为世界上第一个公开宣布“雇佣”机器人律师协助处理破产案件的律师事务所。这名叫做“ROSS”的机器人被冠以“世界上第一个人工智能律师”的美名。ROSS 已加入的 Baker Hostetler 律师事务所在破产领域雇佣了约 50 名律师,这台由 IBM 沃森(Watson)智能技术支持的机器,将作为该律所的法律检索工

① 《世界首位人工智能律师入职美国律所》,资料来源:http://www.acla.org.cn/html/lvshiwenhua/20160520/25444.html,访问日期:2016 年 10 月 1 日。

具,负责从成千上万的法律文件中筛选出能支持律所案件的材料。而这些法律检索工作过去通常由刚从学校毕业进入律所的年轻律师承担。

Ross 会为那些需要查阅大量法律法规的人类律师节省时间。人类律师无须自己消耗大量时间和精力阅读每一个单一相关法律案例,而是从 Ross 那里迅速得到所需要的信息,这能让人类将更多精力投入分析复杂细节和案件当中。ROSS 是将人工智能超级电脑提供的机器学习技术应用到了法律领域,它的工作原理是,在识别自然语言提出的问题后,从庞大的法律和案例数据库中进行搜索,找到可能的答案,对所有答案进行评估,最终提供一个解决方案。ROSS 的智能还在于,它会根据用户的反馈进行自我学习,算法也不断调整优化,这意味着,跟律师一样,它接受的咨询越多,就越有经验,也就是它会变得越来越聪明。

二、大数据时代,大部分公司律师的优势没有了?

大数据会对整个产业产生深远影响,大数据的应用将为企业带来从流程核心到数据核心的变革。用数据核心思维方式思考问题,解决问题。以数据为核心,反映了当下 IT 产业的变革,数据成为人工智能的基础,也成为智能化的基础,数据比流程更重要。

大数据真正有意思的是数据变得在线了,这个恰恰是互联网的特点。大数据的真正价值在于创造,不管大数据的核心价值是不是预测,但是基于大数据形成决策的模式已经为不少的企业带来了盈利和声誉。

【案例:SWIFT 的大数据】①

SWIFT 是全球最大的支付平台,在该平台上的每一笔交易都可以进行大数据的分析,他们可以预测一个经济体的健康性和增长性。比如,该公司现在为全球性客户提供经济指数,这又是一个大数据服务。定制化服务的关键是数据,《大数据时代》的作者维克托·迈尔·舍恩伯格认为,大量的数据能够让传统行业更好地了解客户需求,提供个性化的服务。

从抽样转变为需要全部数据样本。数据这么大这么多,所以人们觉得有足够的能力把握未来,并对不确定状态做出判断,从而做出自己的决定。统计学里头最基本的一个概念就是全部样本才能找出规律。为什么能够找出行为规律?用全数据样本思维方式思考问题,解决问题。从抽样中得到的结论总是有水分的,而全部样本中得到的结论水分就很少,大数据越大,真实性也就越大,因为大数据包含了

① 蒋卫东:《大数据十大原理》,资料来源:http://www.thebigdata.cn/YeJieDongTai/14829.html,访问日期:2016 年 5 月 12 日。

全部的信息。

从不能预测转变为可以预测,大数据的核心就是预测,这正是法律风险控制亟待解决的问题。大数据不是要教机器像人一样思考,相反,它是把数学算法运用到海量的数据上来预测事情发生的可能性。正因为在大数据规律面前,每个人的行为都跟别人一样,没有本质变化,所以商家会比消费者更了消费者的行为。

【案例:大数据的预测】①

大数据助微软准确预测世界杯。微软大数据团队在 2014 年巴西世界足球赛前设计了世界杯模型,该预测模型正确预测了赛事最后几轮每场比赛的结果,包括预测德国队将最终获胜。预测成功归功于微软在世界杯进行过程中获取的大量数据,到淘汰赛阶段,数据如滚雪球般增多,掌握了有关球员和球队的足够信息,以适当校准模型并调整对接下来比赛的预测。

互联网、移动互联网和云计算机保证了大数据实时预测的可能性,也为企业和用户提供了实时预测的信息和相关性预测的信息,让企业和用户抢占先机。由于大数据的全样本性,人和人都是一样的,所以云计算机软件预测的效率和准确性大大提高,有这种迹象,就有这种结果。

大数据还改变了信息优势。按照循证医学,现在治病的第一件事情不是去研究病理学,而是拿过去的数据去研究,相同情况下是如何治疗的。这导致专家和普通人之间的信息优势没有了。原来我相信医生,因为医生知道得多,但现在我可以到谷歌上查一下,知道自己得了什么病。同样的案例也发生在法律这一行业,基于大量的案例数据分析,经验老道的法官或者律师已经没有任何信息优势,一个刚入行的同行借助大数据,同样可以准确无误地判案。

【案例:Do Not Pay】②

过去,如果司机因为停车被罚,他们要请律师帮忙申诉,但现在他们不用了。一名 18 岁的英国"码农"开发一款叫做 Do Not Pay 的停车票管理软件,它通过问答聊天迅速处理票务申诉。这款软件可以免费在线下载,已经成功处理了总额约 300 万美元的票务申诉,节省了大量司机聘请律师的申诉成本(每位司机的成本在 400 美元到 900 美元之间),Do Not Pay 软件还可以处理保险索赔申诉。

---

① 蒋卫东:《大数据十大原理》,资料来源:http://www. thebigdata. cn/YeJieDongTai/14829. html,访问日期:2016 年 5 月 12 日。

② Karen Turner:Ross legal robot,www. washingtonpost. com,Aug. 10,2016.

三、机器人律师一定会超越律师?

没有技术背景的法学专家思考的法律如何去规制越来越聪明的机器人,而有着技术头脑的法律人则在考虑机器人如何可以帮助律师做一些工作,提高法律人的工作效率。很多有前瞻视野的人已经发出了担忧和预言,机器人在未来的某一天会取代律师。如果机器人律师只是辅助律师,那么则意义不大。更大胆的预言是,机器人律师不仅会取代律师,而且一定会超越律师,甚至让律师成为他的助理,这没有什么不可能。

也有人提出反对,认为机器人律师无论如何都无法替代律师。人工智能只能在很大程度上降低基础工作量,却很难真正取代法律人,在中国尤其如此。依赖于人工智能直接得出工作结果,无论是诉讼仲裁还是非讼事务,风险都是极大的。律师业务并不是拿着个案去比对法条,实践中并没有一套清晰、稳定并且可预期的规则以供机器人去套用。人工智能会大幅度降低查询、检索和研究这些基础工作的成本,从而降低律所对辅助型律师的需求。

问题是,所有的技术问题都不是问题,它并会随着科技的发展得以化解,如果机器人律师变得跟人类律师一样爱思考呢?

【案例:人工智能在法务管理的应用】

现代公司法务管理越来越依赖大数据的支持,真正的大数据是通过网络大数据抓取,提供更多的解决方案。不少公司都致力于利用数据搜索技术和公开的法律文件来研发功能强大的法律服务软件,以实现法律服务的颠覆式创新。例如Legal by Lex Machine,它通过检索法院的判例来预测某一特定案件的判决结果,另一个名为Case Text的初创软件利用众包模式分析成千上万的联邦和各州的案件。甚至在日常生活中,人们也发明了智能工具来协助法律应用,例如通过大数据调取的历年公司法律纠纷和诉讼的分析,公司管理者可以很清楚地知道公司面临哪些类别的重大风险和法律漏洞,然后才能进行亡羊补牢。

◆ 结语

现在的商业世界被一种即兴表演、弹性组织式宣言所包围,人们强调的是管理中的热情、想象力,而不是冷静和控制。重读《蓝血十杰》,我们发现不管是桑顿、麦克拉马纳还是利斯,他们信仰数字、统计管制,所有的事实都寄望图表,每到一个地方,第一件事就是理清所有的混乱,包括组织、财务和流程。[①] 这些严肃的理性和张扬的热忱就像机器人对人一般:创新总是在人类的混乱中产生,而成长必须在机器的秩序中进行。

Paypal 创始人彼得·泰尔曾一阵见血地总结道:针对不确定性,最好的办法就是数学,更准确的应该是统计学,统计学思维将会推动未来的发展。[②] 而这正好是计算机的强项,无论是之前的深蓝还是最近的阿尔法狗,都毫无悬念地证明机器比人快。在风险控制领域,越来越多的金融机构和大企业引入大数据、云计算和区块链等技术,取代以前大量的人力工作。不过到目前为止,做风险控制还需要人去搭建各种风控模型,至少给人类保留了点颜面。

但最新的一则消息对公司律师尤其不利,俄罗斯最大的银行 Sberbank 最近对外宣布,他们将大量使用机器人律师,这些机器人将在 2017 年用来处理各种银行投诉函件,而这个举动将导致超过 3000 名银行律师失业。银行进一步解释说,未来几年银行所有的日常法律事务等非诉事务都会交给机器人律师处理,而银行只留下少量的公司律师来处理诉讼和紧急程序。做非诉的公司律师的大多数,你们准备好了吗?

---

① [美]约翰·伯恩:《蓝血十杰》,陈山、真如译,海南出版社 2014 年版,第 231 页。

② [美]本·霍洛维茨:《创业维艰,如何完成比难更难的事》,杨晓红、钟莉婷译,中信出版社 2015 年版,第 70 页。

图书在版编目(CIP)数据

公司首席法务官:企业的守夜人/健君著. -- 北京:法律出版社, 2017.4(2021.3 重印)
(首席法务官与风险控制系列丛书)
ISBN 978-7-5197-0786-6

Ⅰ.①公… Ⅱ.①健… Ⅲ.①企业法-研究-中国
Ⅳ.①D922.291.914

中国版本图书馆 CIP 数据核字(2017)第 074398 号

公司首席法务官:企业的守夜人
GONGSI SHOUXI FAWUGUAN:
QIYE DE SHOUYEREN

健 君 著

策划编辑 刘秀丽
责任编辑 刘秀丽
装帧设计 汪奇峰

出版 法律出版社
总发行 中国法律图书有限公司
经销 新华书店
印刷 三河市龙大印装有限公司
责任校对 晁明慧
责任印制 胡晓雅

编辑统筹 独立项目策划部
开本 710 毫米×1000 毫米 1/16
印张 22
字数 390 千
版本 2017 年 5 月第 1 版
印次 2021 年 3 月第 5 次印刷

法律出版社/北京市丰台区莲花池西里 7 号(100073)
网址/www.lawpress.com.cn
投稿邮箱/info@lawpress.com.cn
举报维权邮箱/jbwq@lawpress.com.cn
销售热线/400-660-8393
咨询电话/010-63939796

中国法律图书有限公司/北京市丰台区莲花池西里 7 号(100073)
全国各地中法图分、子公司销售电话:
统一销售客服/400-660-8393/6393
第一法律书店/010-83938432/8433
西安分公司/029-85330678
重庆分公司/023-67453036
上海分公司/021-62071639/1636
深圳分公司/0755-83072995

书号:ISBN 978-7-5197-0786-6
定价:58.00 元